"十二五"职业教育国家规划教材
经全国职业教育教材审定委员会审定

邮政企业经营管理实务

王为民　周晓燕　主编

北京邮电大学出版社
www.buptpress.com

内 容 简 介

本书以企业经营管理的基本理论为基础,全面分析了邮政企业经营管理体制、邮政企业经营战略以及邮政企业经营活动分析的方法。在此基础上以案例分析的方式,通过两条主线全面系统地介绍了邮政企业经营管理的状况和策略。一条主线围绕在邮政经营体制中占据重要地位的邮政支局(所),介绍了其经营管理的内容。另一条主线围绕邮政业务,全面系统地介绍了函件、包裹、报刊发行、电子商务、集邮、速递、物流等各种业务的经营状况和业务发展策略。本书为邮政企业各级经营管理人员学习企业经营管理知识,掌握邮政经营活动分析方法提供了极大的方便。

本书可以作为企业基层经营管理人员自学之用,也可以作为企业基层和中层经营管理人员晋升考试的培训教材,还可以作为邮政院校管理专业学生的专业教材。

图书在版编目(CIP)数据

邮政企业经营管理实务 / 王为民,周晓燕主编. --北京:北京邮电大学出版社,2016.5
ISBN 978-7-5635-3928-4

Ⅰ.①邮… Ⅱ.①王… ②周… Ⅲ.①邮政—邮电企业—企业管理 Ⅳ.①F616

中国版本图书馆 CIP 数据核字(2014)第 092962 号

书　　　名	邮政企业经营管理实务
著作责任者	王为民　周晓燕　主编
责 任 编 辑	马晓仟
出 版 发 行	北京邮电大学出版社
社　　　址	北京市海淀区西土城路 10 号(邮编:100876)
发 　行 　部	电话:010-62282185　传真:010-62283578
E-mail	publish@bupt.edu.cn
经　　　销	各地新华书店
印　　　刷	北京源海印刷有限责任公司
开　　　本	787 mm×1 092 mm　1/16
印　　　张	18
字　　　数	471 千字
版　　　次	2016 年 5 月第 1 版　2016 年 5 月第 1 次印刷

ISBN 978-7-5635-3928-4　　　　　　　　　　　　　　　定 价:36.00 元

· 如有印装质量问题,请与北京邮电大学出版社发行部联系 ·

编 者 的 话

"邮政企业经营管理实务"是石家庄邮电职业技术学院邮政通信管理专业的核心课程。它是一门集邮政业务、邮政经营与管理的综合性很强的专业课程,也是一门与邮政企业经营管理实际联系非常紧密的实践性、方法性很强的课程。通过对该课程的学习,学生可多角度、多侧面地了解邮政企业经营管理现状,分析其经营管理中存在的问题,从而培养学生邮政业务经营分析能力和基层岗位管理能力。本教材是培养学生上述能力的基础。教材主要内容包括邮政经营管理基础知识和案例分析两大部分。邮政经营管理基础知识部分主要包括邮政企业介绍、邮政经营管理体制、邮政经营战略制定、邮政经营活动分析和邮政支局(所)经营管理知识。案例分析部分主要包括邮政支局(所)的经营管理案例分析、函件业务市场、包件业务、特快专递业务、报刊发行业务、集邮业务、邮政物流业务和邮政电子商务业务的市场定位、经营策略、经营分析以及相关案例分析。本教材所采用的案例全部是根据企业提供的真实案例加工而成,从而把最新的邮政企业经营管理现状及业务开发案例移植到课程中来,使学生了解邮政企业的真实情况,尤其是对订单生,在进入工作岗位之前,对邮政企业能有一个比较深刻的了解与认识。本教材的第一章、第二章、第五章、第六章由石家庄邮电职业技术学院周晓燕副教授编写,第三章由张瑞凤副教授编写,第四章由靳艳峰副教授编写,第七章由孙博讲师编写,第八章由苏艳玲副教授编写,第九章由张慧峰副教授编写,第十章由都继萌讲师编写,全书由王为民教授统稿。

由于邮政企业的业务、产品正在发生变化,邮政企业的组织架构和经营管理模式也将会发生变化,而教材的编写、出版发行有一定的周期。尽管作者尽量搜集最新的企业发展动态,但是,仍难免出现教材落后于企业发展实际的状况。因此,在此向读者表示歉意。

编 者

目　　录

第一章　邮政企业经营管理概述 ………………………………………………… 1

第一节　邮政企业概述 …………………………………………………………… 1
一、邮政通信的性质、特点和服务方针 ………………………………………… 1
二、邮政企业的性质 ……………………………………………………………… 2
三、邮政的改革 …………………………………………………………………… 3

第二节　邮政企业经营管理体制 ………………………………………………… 5
一、邮政企业的组织结构 ………………………………………………………… 5
二、邮政业务体系 ………………………………………………………………… 6

第三节　邮政企业经营环境分析 ………………………………………………… 8
一、宏观环境分析 ………………………………………………………………… 9
二、微观环境分析 ………………………………………………………………… 13

第四节　邮政企业经营战略的制定 ……………………………………………… 17
一、经营管理的含义 ……………………………………………………………… 17
二、经营管理的过程 ……………………………………………………………… 20
三、邮政经营特征和经营观念 …………………………………………………… 25
四、邮政经营战略的层次 ………………………………………………………… 27
五、战略管理过程 ………………………………………………………………… 29
本章小结 …………………………………………………………………………… 34

第二章　邮政企业经营活动分析 ………………………………………………… 40

第一节　邮政企业经营活动分析基本知识 ……………………………………… 40
一、经营活动分析的意义 ………………………………………………………… 40
二、经营活动分析的程序 ………………………………………………………… 41
三、邮政企业经营活动分析的内容及类型 ……………………………………… 42
四、经营活动分析的基本方法 …………………………………………………… 44

第二节　邮政业务收入分析 ……………………………………………………… 48
一、邮政业务收入的含义及影响因素 …………………………………………… 48
二、邮政业务收入分析 …………………………………………………………… 49

第三节　邮政业务成本分析 ……………………………………………………… 50
一、邮政业务成本的含义及构成 ………………………………………………… 50
二、邮政业务成本的特点 ………………………………………………………… 50

三、邮政业务成本分析的内容 ··· 51
第四节　邮政企业人力资源分析 ··· 53
　　一、邮政劳动生产力配备情况分析 ··· 53
　　二、邮政劳动生产率分析 ··· 54
　　三、邮政劳动生产率潜力分析 ·· 54
第五节　邮政企业综合经济效益分析 ·· 55
　　一、综合经济效益分析应考虑的因素 ·· 55
　　二、综合经济效益分析指标体系 ··· 56
　　三、综合经济效益分析方法 ·· 57
第六节　邮政经营预测与决策 ·· 58
　　一、邮政经营预测 ·· 58
　　二、邮政经营决策 ·· 69
第七节　邮政企业经营活动分析报告撰写 ··· 79
　　一、经营活动分析报告编制的原则 ·· 79
　　二、经营活动分析报告的主要内容 ·· 79
　　三、经营活动分析报告的一般格式 ·· 80
本章小结 ·· 80

第三章　邮政支局(所)经营管理 ··· 88

第一节　邮政支局(所)经营管理基本内容 ··· 88
　　一、邮政支局(所)的性质和任务 ·· 88
　　二、邮政支局(所)的基本现状 ·· 89
　　三、邮政支局(所)经营管理的内容 ··· 89
　　四、邮政支局(所)长的职责 ··· 94
第二节　邮政支局(所)经营管理案例分析 ··· 97
本章小结 ··· 104

第四章　函件业务经营管理 ·· 108

第一节　函件业务经营管理基本内容 ·· 108
　　一、函件业务管理体制 ··· 108
　　二、邮政函件专业大客户管理 ··· 111
　　三、函件业务处理流程 ··· 114
　　四、函件业务市场定位 ··· 116
　　五、函件业务经营发展状况 ··· 117
第二节　函件业务经营管理案例分析 ·· 121
本章小结 ··· 132

第五章　包件业务经营管理 ·· 139

第一节　包件业务经营管理基本内容 ·· 139
　　一、包件业务管理体制 ··· 139

二、包件业务经营状况分析……………………………………………… 140
　　三、邮政包件业务市场定位……………………………………………… 142
　　四、邮政包件业务经营策略……………………………………………… 143
第二节　包件业务经营管理案例分析………………………………………… 143
本章小结……………………………………………………………………… 149

第六章　邮政报刊发行业务经营管理……………………………………… 152
第一节　邮政报刊发行业务经营管理基本内容……………………………… 152
　　一、邮政报刊发行业务管理体制………………………………………… 152
　　二、报刊发行业务经营状况分析………………………………………… 154
　　三、邮政报刊发行业务市场定位………………………………………… 155
　　四、邮政报刊发行业务经营策略………………………………………… 156
第二节　邮政报刊发行业务经营管理案例分析……………………………… 157
本章小结……………………………………………………………………… 172

第七章　集邮业务经营管理………………………………………………… 176
第一节　集邮业务经营管理基本内容………………………………………… 176
　　一、集邮业务管理体制…………………………………………………… 176
　　二、集邮业务经营状况分析……………………………………………… 177
　　三、集邮业务经营的定位………………………………………………… 180
　　四、集邮业务经营的策略………………………………………………… 181
第二节　集邮业务经营管理案例分析………………………………………… 182
本章小结……………………………………………………………………… 186

第八章　邮政电子商务业务经营管理……………………………………… 190
第一节　邮政电子商务业务经营管理基本内容……………………………… 190
　　一、邮政电子商务业务概述……………………………………………… 190
　　二、邮政电子商务业务管理体制………………………………………… 195
　　三、邮政电子商务业务经营活动分析…………………………………… 199
第二节　邮政电子商务业务经营管理案例分析……………………………… 201
本章小结……………………………………………………………………… 216

第九章　邮政特快专递业务经营管理……………………………………… 220
第一节　邮政特快专递业务管理基本内容…………………………………… 221
　　一、邮政特快专递业务的管理体制……………………………………… 221
　　二、邮政特快专递业务经营状况分析…………………………………… 225
　　三、邮政特快专递业务经营管理的内容………………………………… 226
　　四、邮政特快专递业务的经营活动分析………………………………… 232
第二节　邮政特快专递业务经营管理案例分析……………………………… 235
本章小结……………………………………………………………………… 247

第十章 邮政物流业务经营管理 ………………………………………………… 252

第一节 邮政物流业务经营管理基本内容 ……………………………………… 252
一、邮政物流业务的管理体制 ………………………………………………… 253
二、邮政发展物流业务的 SWOT 分析 ……………………………………… 253
三、邮政物流业务体系 ………………………………………………………… 255
四、邮政物流业务的市场定位 ………………………………………………… 257
五、邮政现代物流业务经营的基本理念和思路 ……………………………… 260
六、邮政物流业务经营分析 …………………………………………………… 261

第二节 邮政物流业务经营管理案例分析 ……………………………………… 264
本章小结 ………………………………………………………………………… 277

参考文献 ……………………………………………………………………………… 280

第一章 邮政企业经营管理概述

【学习目标】
熟悉政企分开后邮政企业的性质、组织架构、三大业务板块的划分,掌握邮政经营的环境分析,掌握邮政经营战略的制定。

【关键概念】
经营 管理 滚动计划法 SWOT分析 战略管理

【案例导入】
2013年3月,人们争相来到即将撤销的铁道部门前拍照留念,有的甚至千里迢迢赶来。2013年3月14日上午,十二届全国人民代表大会一次会议批准了组建国家铁路局和中国铁路总公司的方案。自国务院2005年提出"稳步推进邮政、铁路行业改革"以来,邮政"自下而上"实现政企分开,重组后的国家邮政局和新组建的中国邮政集团公司于2007年1月29日一同揭牌、挂牌。中国邮政集团公司积极主动地深化体制机制改革,先后成立了中国邮政储蓄银行股份有限公司、中国邮政速递物流股份有限公司和中邮人寿保险股份有限公司,形成了三大板块、四大实体独立运行的格局,正朝着具有较强竞争能力和可持续发展能力的世界一流邮政企业迈进。

第一节 邮政企业概述

一、邮政通信的性质、特点和服务方针

(一) 邮政通信的性质

《中华人民共和国邮政法》(以下简称《邮政法》)第八十四条规定:邮政企业是指中国邮政集团公司及其提供邮政服务的全资企业、控股企业。它是国民经济中一个独立的以传递实物信息为主的产业部门。邮政企业向社会提供邮政通信服务,具有服务性和公用性两大性质。

1. 服务性

邮政通信不是生产物质产品,而是通过信息和物品的传递提供通信服务,起到空间位移和缩短时间的作用。邮政通信主要是一种以实物为载体的信息传递方式。邮政通信不生产新的实物产品,它根据用户的要求,利用邮政网把邮件由甲地运送到乙地,实现邮件的空间位移,它的使用价值就是空间位移的价值。同时,在传递邮件时根据用户的不同时间需求开设了不同传递时限的业务种类,也体现了邮政通信的时间效应。它的价值就是为此而消耗的活劳动和物化劳动。因此,邮政为社会提供的是劳务或服务,其经济属性表现为服务性。

2. 公用性

邮政企业是由国家开办并直接管理,利用交通运输工具等手段传递以实物为载体的信息的行业,是现代社会进行政治、经济、科学、文化教育等活动和人们联系交往的公用性基础设施。因此,邮政通信具有公用性的性质,它作为社会的基础设施为全社会提供服务,是人们使用最普遍的通信手段,是发展社会主义市场经济的重要渠道和媒介。邮政的服务对象是全社会,任何人都享有邮政通信的权利,即邮政承担普遍服务。《邮政法》第二条规定:邮政企业按照国家规定承担提供邮政普遍服务的义务。邮政普遍服务是指按照国家规定的业务范围、服务标准和资费标准,为中华人民共和国境内所有用户持续提供的邮政服务。

邮政的公用性主要表现在服务范围的广泛性和服务对象的普遍性以及使用的平等性。它是社会基础设施的重要组成部分,在国民经济和人民生活中占有重要地位。世界各国都把实现邮政的普遍服务作为邮政发展的宗旨。制定相关的法律,保障邮政通信的正常进行,对邮政的基本业务——信件业务授予邮政部门专营权,以政策扶持邮政发展等。

(二)邮政通信的特点

1. 邮政通信的生产活动是通过传递附有信息的实物产生效益

邮政通信是根据用户的要求把附有信息的实物由甲地传递到乙地,而且保持实物原样不变的方式。由于邮政通信的生产活动是通过传递附有信息的实物产生效益,因此,邮政通信必须利用运输工具完成实物信息的传递,邮政通信对运输工具具有一定的依附性。

为实现实物信息传递,邮政部门建立了实物传递和运送网络,以从分散到集中,再从集中到分散的方式,经过收寄、分拣、封发、运输和投递等环节,完成实物和信息的传递。因此,以局所和邮路相互联结而形成的邮政通信网是实现邮政通信的物质基础。

2. 邮政通信生产过程和消费过程的一致性

邮政的生产始于交寄,终于投递。用户交寄邮件是用户使用邮政业务的开始,也是邮政生产过程的开始,一旦邮件投递给收件人,生产过程就结束,同时就实现了信息的空间转移,消费过程随之结束。

邮政通信生产过程和消费过程一致性的特点,要求邮政通信必须加强质量管理和质量控制,一旦出现差错会直接给用户造成损失,并且损害邮政企业的信誉。

3. 全程全网联合作业

邮政通信的全部传递过程,通常由两个或两个以上的邮政企业协同作业,才能完成。邮政通信全程全网联合作业的特点,要求邮政系统内各企业、各环节密切配合。为了实现协同作业,必须制定统一的作业流程和操作规范,并且统一计划、统一指挥调度。

(三)邮政通信的服务方针

邮政通信的服务方针是迅速、准确、安全、方便。

迅速——传递速度要快捷、及时。

准确——要求不出差错。

安全——不发生邮件丢失和损毁,万无一失。

方便——为用户使用邮政业务提供方便。

二、邮政企业的性质

(一)邮政企业的性质

中国邮政集团公司是在原国家邮政局所属的经营性资产和部分企事业单位基础上,依照

《中华人民共和国全民所有制工业企业法》组建的大型国有独资企业。中国邮政集团公司依法经营邮政专营业务，承担邮政普遍服务义务，受政府委托提供邮政特殊服务，对竞争性邮政业务实行商业化运营。

中国邮政集团公司在政府依法监管、企业独立自主经营的邮政新体制下，将按照建立现代企业制度的要求，逐步发展成为结构合理、技术先进、管理科学、服务优良、拥有著名品牌、主业突出、具有国际和国内竞争实力的现代化企业集团。由此可见，我国的邮政企业具有下面三个性质。

1. 国有性

邮政通信是关系国家主权，关系国家信息安全，关系国计民生的特殊行业，邮政早已成为国民经济中独立运行的一个重要部门。因此，邮政是国家开办的并直接管理的，运用各种运输工具传递实物信息的通信行业，是现代社会推行政治、经济、科学、文化、教育等活动和人们联系交往的国有的公用性基础设施。

2. 公用性

邮政是公用性企业，是社会基础设施之一，这是由邮政本身具备的基本职能所决定。邮政与一般国有企业最根本的不同在于邮政承担了国家赋予的普通服务的义务。这是世界各国邮政共同具有的特点。在我国，公民的通信自由和通信秘密是受法律保护的，邮政承担普遍服务的目的就是保障公民通信权利落到实处，也是邮政企业公用性的具体体现。

3. 专业性

随着社会的进步和科学技术的迅速发展，尤其在进入信息时代后，人类传递信息的手段更加多样化，然而实践证明，众多的信息传递方式取代不了邮政通信方式。"邮政永远存在"不仅仅是一句口号，而且是邮政企业专业性的写照。根据国家法律的规定和社会的需求，邮政企业经办的业务分为三大类，即邮务类业务、速递物流类业务和金融类业务。

（二）邮政普遍服务

邮政企业与一般企业最根本的不同在于邮政承担了国家赋予的普遍服务的义务。普遍服务的实质是社会公用事业的特征，其内涵是：第一，人人都平等享受同样的服务；第二，价格低廉，人人都用得起；第三，承担普遍服务的部门不以营利为目的，而是强调社会效益。

《邮政法》第十五条规定：邮政企业应当对信件、单件重量不超过五千克的印刷品、单件重量不超过十千克的包裹的寄递以及邮政汇兑提供邮政普遍服务。邮政企业按照国家规定办理机要通信、国家规定报刊的发行，以及义务兵平常信函、盲人读物和革命烈士遗物的免费寄递等特殊服务业务。邮政普遍服务标准，由国务院邮政管理部门会同国务院有关部门制定；邮政普遍服务监督管理的具体办法，由国务院邮政管理部门制定。第十六条规定：国家对邮政企业提供邮政普遍服务、特殊服务给予补贴，并加强对补贴资金使用的监督。第十八条规定：邮政企业的邮政普遍服务业务与竞争性业务应当分业经营。

三、邮政的改革

1. "邮电分营"

我国邮政顺应历史潮流和我国社会经济发展的需要，近些年进行了多个层面的改革，取得了显著成绩。特别是1999年1月，中国邮电完成了"邮电分营"工作，在邮政改革中走出了重要的一步，开始作为国民经济体系的一个部分独立运营。分营前"邮电合一"的管理体制，"以电补邮"的政策，使邮政经营始终处于附属和次要的地位，经营没有压力也没有动力。分营后，中国邮政被推到了市场的前沿。经过五年艰难的市场洗礼,在整个中国邮政内部,以客户为导向的现代市场营销观念正在逐步地建立起来。中国邮政克服普遍服务成本高、基础设施薄弱等困难,很好地履行了邮政普遍服务义务,而且,邮政业务的经营思路在不断地探索中日渐清晰,经济效益稳步提高,管理水平、服务质量明显改善。中国邮政的业务发展从盲目的多元化战略正在转向基于自己核心竞争能力业务发展战略。独立经营的中国邮政,其经营思路逐步打开。开始从拓展国际国内业务、扩大市场份额、拓展生存空间的角度探讨与其他企业合作发展的战略,合作包括在邮政、速递、物流等领域与邮政公司和非邮政公司的合作。从2000年1月1日开始,中国邮政EMS与荷兰TNT邮政集团(TPG)合作开发了中国速递国际快件业务;作为卡哈拉邮政的成员国,中国邮政积极参与其合作前期准备和具体的运行管理;2001年2月中国邮政与中国联通签署战略合作框架协议。邮政利用网点代办联通各项业务,双方业务平台及支撑系统实行互联,互为大客户并优先使用对方业务。

2. 政企分开

2005年7月20日,国务院常务会议通过了我国邮政体制改革方案:重新组建国家邮政局,作为国家邮政监管机构;组建中国邮政集团公司,经营各类邮政业务;加快成立邮政储蓄银行,实现金融业务规范化经营。2006年8月,国务院批复了国家邮政局提交的"中国邮政集团公司组建方案"。2007年1月29日,新的国家邮政局和中国邮政集团公司正式挂牌成立,2007年3月底前,各省邮政公司相继挂牌。中国邮政集团公司的注册资金为800亿元,为国务院授权投资机构,承担国有资产保值增值义务。财政部为中国邮政集团公司的国有资产管理部门,国家邮政局为中国邮政集团公司的行业监管部门。中国邮政未来要积极创造条件,依照《中华人民共和国公司法》进行改组和规范,逐步建立完善的公司法人治理结构。

3. 邮政内部重组

邮政政企分开改革后,中国邮政集团公司按照国家对邮政改革的总体要求,积极深化内部重组改革。主要是邮政储蓄银行改革和邮政速递物流专业化经营改革。

(1) 邮政储蓄银行改革。2007年3月20日,中国邮政储蓄银行正式挂牌。在原国家邮政局邮政储汇局的基础上改组成立的中国邮政储蓄银行,由财政部进行财务监管和国有资产管理,在财政部单独开立账户,业务范围以零售业务和中间业务为主,面向普通大众,特别是为城市社区和广大农村提供基础金融服务。至此,以36 000多个营业网点的庞大规模,以国内营业网点最多的金融机构身份,中国邮政储蓄银行以全新的面貌正式跻身银行业,开始实现独立运行。

(2) 速递物流专业化改革。2009年12月29日,国务院正式批复关于邮政速递物流改革的报告,2009年7月14日,中国邮政速递物流专业完成总部整合,迈出了速递物流专业化经营改革,乃至中国邮政整体改革十分关键的一步。

(3) 中邮人寿保险公司成立。2009年9月9日,经中国保险监督管理委员会批准,中邮人寿保险股份有限公司正式成立,这是中国邮政的一件大事。它将进一步丰富邮政金融业务品种,促进邮政金融业务的多元化发展。目前,已经设计出了特色突出的产品体系,集中开发了实用先进的信息系统。中邮人寿分支机构建设工作正式启动。

第二节 邮政企业经营管理体制

一、邮政企业的组织结构

邮政政企分开之后,中国邮政集团公司在全国各省、自治区、直辖市设置邮政公司。2015年4月29日国家工商总局发布《关于做好中国邮政集团公司和中国邮政速递物流股份有限公司管理体制改革登记有关工作的通知》,通知指出,经国务院批准,中国邮政集团公司及所属中国邮政速递物流股份有限公司,对现行管理体制进行调整,由现行的母子公司两级法人体制改为总分公司一级法人体制。在总分公司体制中,总公司管理分公司,对所属分公司在生产经营、资金调度、人事管理等方面行使指挥、管理、监督的权利,具有法人资格,可以独立承担民事责任。分公司不具有法人资格,不独立承担民事责任。分公司没有自己的独立财产,其实际占有、使用的财产是总公司财产的一部分,列入总公司的资产负债表。邮政集团公司省级分公司命名规则为"中国邮政集团公司××省(自治区/直辖市)分公司"。北京、天津、上海、重庆四个直辖市所属区分支机构更名为"中国邮政集团公司××市××区分公司";区所属营业网点更名为"中国邮政集团公司××市××区××支局/邮电所/邮政所/营业厅(可沿用原营业网点名称)"。其他市级分支机构更名为"中国邮政集团公司××市(地/州/盟)分公司",所属区分支机构更名为"中国邮政集团公司××市(地/州/盟)××区分公司",所属区以下营业网点更名为"中国邮政集团公司××市(地/州/盟)××支局/邮电所/邮政所/营业厅(可沿用原营业网点名称)"。县级分支机构更名为"中国邮政集团公司××省(自治区/直辖市)××县(市/旗)分公司",所属营业网点更名为"中国邮政集团公司××省(自治区/直辖市)××县(市/旗)××支局/邮电所/邮政所/营业厅(可沿用原营业网点的名称)"。

(一)中国邮政集团公司的定位

企业的财产属于全民所有,国家依照所有权和经营权分离的原则授予企业进行经营管理。企业对国家授予其经营管理的财产享有占有、使用和依法处分的权利。财政部为中国邮政集团公司的国有资产管理部门。公司实行总经理负责制,总经理为公司法定代表人。

1. 中国邮政集团公司的权利

(1)作为国务院授权的投资机构,负责经营和管理国有资产,承担国有资产保值增值义务。

(2)集团公司对其全资企业、控股企业和参股企业的国有资产和国有股权行使出资人权利,依法经营、管理和监督,并相应承担保值增值责任。

(3)将各省邮政局和原国家邮政局直属单位的经营性净资产上划作为中国邮政集团公司的国有资本。集团公司对有关企业享有资产收益权。

2. 中国邮政集团公司的义务

(1)中国邮政集团公司根据国家有关规定,承担邮政普遍服务义务;受国家委托,承担机要通信业务、义务兵通信等特殊服务。

(2)集团公司要建立健全成本削减激励机制,在保证普遍服务能力和服务标准的前提下努力降低普遍服务成本。

(二)中国邮政集团公司和省分公司的机构设置

根据企业改革和业务发展的需要,中国邮政集团公司成立后,下设的主要机构有:办公室、市场协同部、网路运行部、财务部、信息科技与建设部、人力资源部、国际合作部、邮票发行部、审计部、纪检组监察局、党群工作部、机关事务部、邮政业务局等机构,同时拥有中国邮政储蓄银行、中国邮政速递物流公司、中国集邮总公司、中国邮政航空公司、中邮人寿保险股份有限公司等全资子公司及31个省(区、直辖市)邮政公司。

各省邮政分公司下设的主要机构有:办公室、市场经营部、网路运行部、计划财务部、人力资源部、安全保卫部、审计部、监察室、邮政速递物流公司、信息技术局、培训中心,另外,服务质量监督检查部、党群工作部、企业发展与科技部、离退休管理部等为选设机构。

二、邮政业务体系

目前,我国邮政业务划分为三大板块业务,即邮务类板块业务、速递物流类板块业务和金融类板块业务。

(一)邮务类板块业务

中国邮政经过政企分开,邮政储蓄银行和速递物流公司相继成立,实现了专业化经营之后,作为三大板块业务之一的邮务类业务成为中国邮政的基础和主体。邮务类板块业务主要包括函件业务、包裹业务、邮政电子商务业务、报刊发行业务、集邮业务、机要通信业务等。

各地邮政部门通过重点发展高效业务,促进了业务结构的调整优化和经营效益的提高。随着各地营销体系、营业网、投递网和信息网的建设,提升了中国邮政的市场竞争能力,为邮务类业务的发展提供了有力的支撑。

1. 函件业务

传递函件是国家设立邮政的主要目的,也是赋予邮政部门的根本任务。函件业务为用户传递书面通信、各种文件资料和书籍,成为社会经济和生活不可缺少的通信手段。世界各国邮政无论是国家行政部门,还是企业,都把函件业务作为邮政的主要业务。

函件业务中的信件业务属于邮政的专营业务。我国《邮政法》第五条规定:国务院规定范围内的信件寄递业务,由邮政企业专营。这既是国家赋予邮政部门一项特殊的经营权,又是赋予邮政部门的一项义务,邮政部门代表国家对信件业务实行专营,体现国家保护公民通信自由和通信秘密的基本权利,这一点在世界上具有普遍性。

2. 包裹业务

邮政包裹业务是邮政部门根据有关规则接受用户委托把适合邮寄的物品寄递到用户指定地点并投交给收件人的业务。凡适于寄递的、能装入邮政封装容器的物品,除国家法律法规禁止寄递的物品外,均可按包裹寄递。包裹业务目前分为普通包裹和快递包裹。邮政结合经济发展,最近几年相继推出了"校园包裹""军营包裹""爱心包裹"等项目。

3. 报刊发行业务

邮政报刊发行业务,是指邮政部门利用邮政通信网络点多、线长、面广等特点,将报刊出版单位出版的报纸、杂志,以订阅、零售等方式发送给读者的业务。邮政部门经办的报刊发行业务与其他邮政业务相比有一定的特殊性质。首先,具有严肃的政治性。报纸和杂志是宣传党和国家方针政策,进行思想政治教育最普及、最有效的工具。报刊发行业务是社会主义精神文明建设的重要组成部分,发展报刊发行业务对于提高全民素质具有重要意义。其次,具有商品经营性质。报刊本身就是文化商品,是可供出售的实物商品。报刊发行不论订阅还是零售,都属于实物商品交换行为。订阅是先交钱,后交货,相当于商品交易中的预付款形式;零售是一手交钱,一手交货,是货款两清的现金交易形式。报刊发行业务属于商品流通领域。

报刊发行业务是《邮政法》规定的邮政企业经营的主要业务之一。报刊发行业务的总方针是:"积极发展、认真办好、发挥主渠道作用。"报刊发行业务方针的确定是以报刊发行业务的性质和任务为依据。

4. 集邮业务

集邮业务是邮政部门发挥邮政优势和潜力,以经营邮票为主并兼营其他集邮品、集邮用具、集邮书刊、带有精神文化特色的商品经销活动。

邮资票品的发行,是指邮政主管部门代表国家对邮票的选题、设计、审批、印刷、发行和销售使用进行管理的全过程。既属于邮政业务范畴,也包含有国家行政管理的职能。《邮政法》规定:普通邮票发行数量由邮政企业按照市场需要确定,报国务院邮政管理部门备案;纪念邮票和特种邮票发行计划由邮政企业根据市场需要提出,报国务院邮政管理部门审定。邮政管理部门依法对邮票的印制、销售实施监督。

5. 邮政电子商务业务

中国邮政集团公司根据国内电子商务发展的趋势和中国邮政的实际情况,提出积极开发邮政电子商务业务。邮政电子商务业务是指在邮政网络的基础上,依托信息技术和国家公众通信网,充分发挥邮政实物流、信息流、资金流相融合的优势,向社会公众提供的新型邮政服务。邮政电子商务业务的种类繁多,并且随着业务的开展仍有不断增加的可能。目前,邮政电子商务业务的重点项目是代理代办业务、邮政短信业务、航空票务业务。

6. 机要通信业务

机要通信是国家保密通信的重要组成部分,是党和国家赋予邮政部门的一项特殊任务。机要通信业务的处理原则是:严密制度、手续清楚、责任分明、收发相符、有据可查。各级机要通信部门是机要邮件集中处理传递的保密要害部位。其工作必须由专门的组织机构和专人办理,设置与工作相适应的专门处理场地和保密、安全设备。处理和存放邮件的场所必须实行"封闭作业"。

(二)速递物流类板块业务

主要包括特快专递业务和现代物流业务。

1. 特快专递业务

目前,我国邮政的 EMS 业务已与世界上 200 多个国家和地区建立了业务关系;业务范围遍及全国 31 个省(自治区、直辖市)的所有市、县(镇)。邮政特快专递业务是一项高效益、适合邮政经营的新型业务,具有很好的发展前景。

EMS 特快专递业务自 1980 年开办以来,业务量逐年增长,业务种类不断丰富,服务质量不断提高。除提供国内特快专递服务外,相继推出国内次晨达和次日递、承诺服务和限时递等高端服务,同时提供代收货款、收件人付费、鲜花礼仪速递等增值服务。

目前 EMS 拥有首屈一指的航空和陆路运输网络。依托中国邮政航空公司,建立了以南京为主要中心,以上海、武汉为分中心,通达南京、北京、上海、广州、天津、潍坊、西安、武汉、成都、深圳、福州、厦门 13 个国内节点城市的邮政快递网络,是国内唯一的自主集散式航空网络;EMS 具有高效发达的邮件处理中心。全国共有 200 多个处理中心,其中北京、上海和广州处理中心分别达到 30 000 平方米、20 000 余平方米和 37 000 平方米,同时,各处理中心配备了先进的自动分拣设备。亚洲地区规模最大、技术装备先进的中国邮政航空速递物流集散中心于2008年在南京建成并投入使用；EMS具备领先的信息处理能力。建立了以国内300多个城市为核心的信息处平台，与万国邮政联盟（UPU）查询系统链接，可实现EMS邮件的全球跟踪查询。建立了以网站（www.ems.com.cn）、短信（5185）、客服电话（11183）三位一体的实时信息查询系统。

2. 物流业务

邮政现代物流业务（以下简称物流业务）是邮政的主营业务，是邮政企业利用"三网合一"的优势，将运输、仓储、配送等物流功能和业务信息有机结合，形成物流供应链，为客户提供多功能、个性化、一体化的物流服务。

邮政物流业务具体可分为一体化物流、中邮快货、分销配送、货运代理四大类别。服务范围包括各种物品的仓储、分拣、流通加工、运输、配送、代收货款以及企业物流系统的咨询、设计、信息跟踪与查询等增值服务。

（三）金融类板块业务

2007年3月20日，中国邮政储蓄银行有限责任公司在北京成立，注册资本200亿元，成为我国第五大商业银行。中国邮政储蓄银行的市场定位是，充分依托和发挥网络优势，完善城乡金融服务功能，以零售业务和中间业务为主，为城市社区和广大农村地区居民提供基础金融服务，与其他商业银行形成互补关系，支持社会主义新农村建设。

中国邮政储蓄银行有限责任公司是由中国邮政集团公司以全资方式出资组建的。中国邮政集团公司和中国邮政储蓄银行充分发挥各自优势，在网络资源共享、产品交叉销售等方面开展合作，保证邮政企业和储蓄银行的稳定、协调发展。在经营模式上，邮储银行采用的是"自营＋代理"的模式，其中自营网点主要办理全功能商业银行业务，而邮政代理网点则继续办理储蓄、汇兑等基础性金融业务。在邮储自营网点中，根据储蓄余额的归属和办理业务的差异又分成一类网点和二类网点两种类型。截至2011年年底，邮储银行营业网点数量为37 175个，其中自营网点中，一类网点6 061个，占16.30%；二类网点13 690个，占36.83%；代理网点17 424个，占46.87%。2012年，邮储银行完成1 162个二类支行的迁址工作，961个二类支行变更为代理网点，30家分行完成"名行实所"省、地市、县三级协议签订工作。在各地加大ATM、POS机具投放力度，大力推广网上银行、电话银行、电视银行及手机银行，电子渠道交易替代率达到40%。

中国邮政储蓄银行目前经营的邮政储汇业务主要有：①人民币和外币储蓄存款业务；②国内和国际邮政汇兑业务；③绿卡业务；④代理发行和兑付国债业务；⑤代收付业务；⑥代理保险业务；⑦代理开放式基金业务等。随着邮政储蓄银行的发展，今后邮政储汇业务的经营范围会逐步扩大。

第三节 邮政企业经营环境分析

社会上任何一个企业都是开放的经济系统，它的经营管理必须受到客观环境的控制和影响。党和国家的方针政策、国民经济的发展计划、国家的产业政策、市场的变化等都会直接或间接地影响企业的经营效果。作为服务于社会的公共企业，邮政企业不是孤立存在的，它与社会各方面有着密切的联系。在邮政的发展过程中，影响邮政行业的环境因素很多，这些外部环境可分为宏观环境和微观环境两个层次。从战略角度分析邮政企业的外部环境,是要把握环境的现状及变化趋势,利用有利于企业发展的机会,避开环境可能带来的威胁,这是企业谋求生存和发展的首要问题。

宏观环境分析的主要因素包括:政治和法律环境、经济环境、社会文化环境和技术环境,这些环境因素对邮政企业活动没有直接作用,但经常对企业决策产生重要影响;微观环境分析主要包括行业分析与竞争分析。

一、宏观环境分析

(一) 政治法律环境

1. 政治环境

作为政治环境的政治因素,通常是指对环境产生影响的政府、政党、社会集团、社会势力在国内生活和国际关系方面的活动。政治因素对公共环境的作用,在许多方面是通过其他方面的环境因素作用来体现的。

政治环境因素可以分为国内政治环境与国际政治环境。国内政治环境主要是指政党及其政府的路线、方针、政策和任务的制定、调整和贯彻执行。国际政治环境主要是国家与国家及地区与地区之间的政治、经济等合作关系。当前对公共环境影响较大的主要有制度与体制、改革政策与措施、产业政策及国际政治经济关系等。

(1) 制度与体制

稳定社会主义政治制度、社会主义市场经济体制以及当前实现"两个转变"的方针,主要是通过创造与维持稳定的政治环境,促进国家经济的整体繁荣与持续发展来刺激社会需求的总体扩大与多样化来实现。经济的整体繁荣增加了社会需要与购买力,使得潜在需求与现实需求都得到了增加。这虽然不是直接针对某个企业或某个行业市场,但对于提供有利于社会经济发展的产品或服务的企业和行业,无疑是良好的市场环境,但同时给竞争者也提供了同样良好的市场环境,因此,对邮政来讲,总体上说是市场扩大的机会与竞争的威胁并存。

(2) 改革政策措施

国家经济体制改革政策与措施的目的是调节经济团体与个人的经济行为与利益,因此对市场产生影响是必然的,每一项政策与措施的出台都要对邮政市场产生正面的或反面的、强或弱的影响。例如,劳动人事制度改革中正在进行的养老保险制度改革与医疗保险制度的改革措施给邮政金融业务带来了潜在的机会,而个人储蓄实名制度与个人所得税实施力度的加大,使得个人收入显性化,这给邮政企业代理征收个人所得税业务带来现实的市场机会,同时可能造成个人储蓄存款的减少,对金融业务造成威胁。1996年保值储蓄的取消、近期利率的连续降低及现在住房制度改革,也对居民存款造成较大的影响。

国家扩大内需和扩张性财政政策的实施以及实施西部大开发的战略都有助于拉动全国经济增长。为配合国企改革和发展,国家出台了一系列配套性政策措施,有力地推动了国企整体走出困境,使国民经济走入良性循环。我国经济将迎来一个新的增长时期,抓住国家经济结构战略调整与西部大开发战略实施的契机,大力调整产业结构,培育新的经济增长点,上述政策与战略措施将为邮政发展提供契机;国家对邮政"8531"的补贴政策结束后,要求邮政企业自我发展,但邮政企业仍要承担普遍服务义务,仍然面临建设资金不足等问题,可持续发展困难很大。因此邮政应积极争取普遍服务补偿政策、减免税收政策、西部邮政基础设施建设补贴政策等,以促进邮政企业的发展。

从20世纪80年代开始,各国的注意力集中到合作与竞争,以商业化和增进经济效果为主要政策目标。为了追求经济效益,政府在可能的情况下采取了机构改革措施,以激励竞争,减少垄断。作为垄断保护下的国有企业,邮政也不能摆脱改革的压力。政府正在直接或间接地开放国内市场,以引入竞争,并且逐步向国际贸易自由化方向努力。邮政政企分开是国家宏观政治经济改革的一个重要组成部分,是必然趋势,2007年邮政政企分开,使邮政走出了普遍服务与商业化经营不分明的状态,政府的行业管理职能、普遍服务职能与企业的经营职能明确定位,使邮政企业经营活动有一个规范的政策与法律空间,为邮政商业化经营提供必要条件。

由于邮政服务涉及整个国计民生,因此,国家经济改革的每一项政策与措施,诸如搞活国有大中型企业的各项措施都牵动着整个邮政市场的变化,邮政企业要密切注视每一个具体改革项目可能带来的影响,并应结合市场细分及目标市场的实际情况对有关影响作具体分析。

(3) 产业政策

国家的产业政策及其相关措施首先是通过对产业结构的调整而影响邮政的用户结构及市场构成。其次,加快发展第三产业及基础产业率先发展的战略策略,使邮政企业的发展具有较为有利的条件,通过提高自身素质与完善服务功能,从而影响与刺激社会需求,使潜在需求现实化,同时促成了许多新的潜在的与现实的需求的产生。国家大力发展第三产业及促进传统产业的优化升级的政策及措施,有利于邮政的发展,促进邮政开发新型业务,实现产业优化升级。

(4) 国际政治环境

国际政治环境对邮政市场的影响主要在于国家与国家、国家与地区之间的政治、经济合作关系对国际邮政业务市场的影响。

我国的改革开放政策使我国与世界上大多数国家和地区的经济合作往来日益密切,不仅使政府之间、团体之间、居民之间的信息、资金、物资的流通规模与速度增加,而且大大促进了工商业组织之间信息与实物交流。

通邮是国际关系的重要标志,因此,我国与某一国家或地区的政治关系,特别是经济合作关系就成了相关国际邮政业务的"晴雨表",经济合作领域及投资动向也就成为国内相关省市预测国际业务市场的依据。作为国际政治、经济合作关系一部分的邮政合作业务领域是研究与相关国家和地区合作的邮政业务市场的依据。

另外,2001年我国加入世界贸易组织(WTO)以及2008年第29届奥林匹克运动会的举办,都对我国国内及涉外经济产生深远的影响,从而推动国内邮政业务市场及国际邮政业务市场的发展。

2. 法律环境

法律因素主要是指对市场和企业经营产生影响的法律、法规。现代大多数国家都是通过立法来指导或干预企业的经营活动,其目的主要有三个方面:一是保护企业间的公平竞争;二是保护消费者的权益;三是保护社会的整体利益和长远利益。对企业来讲,法律的作用主要表现在两个方面:一方面是一些限制性的规定,企业必须在其规定的合法范围内活动以保护全社会及消费者权益;另一方面是保护性规则,企业享受其给予的合法权益。企业根据法律因素对用户公众的影响,可以将其分为促进性法律因素与规范性法律因素。

(1) 促进性法律

这类因素促进企业在涉足的整个业务市场中的成长,也使企业在市场中处于更为有利的地位。例如,1987年实施的《中华人民共和国邮政法》对邮政企业在网点建设用地、运输、验关等方面具有优先权的规定,使邮政企业比竞争者有更多的优越性,从而更易于占领市场;特别是,其规定了信函业务的邮政独家经营,从而确立了邮政企业在信函市场的垄断地位。2009年4月新的邮政法出台,对邮政普遍服务的范围、邮政经营设施、经营范围等进行了重新确定,今后将颁布的邮政法实施细则也将对邮政专营业务进行重新确定。

反不正当竞争法规及一些行业法规的制定与实施,也可能给邮政市场份额的扩大带来契机。例如,目前国内特快业务没有行业规范,市场混乱,同时邮政的竞争者,特别是一些私营企业采取不正当的竞争手段,对这些行为的限制将有利于邮政企业的市场竞争能力的提高。许多地方政府把邮政建设纳入地方国民经济和社会发展的总体规划,全国已有19个省出台了地方性邮政法规或政府规章,许多地区给予了当地邮政企业一些优惠政策,这些都为邮政发展创造了良好环境,提供了有利条件。商业银行法及其他金融法规的颁布与实施,使邮政金融有可能迈出单一储汇业务市场而进入更加广泛的金融业务市场领域。打击"假冒伪劣"力度及其成果的加大,使得市场秩序好转,伪劣商品及商业欺骗行为的大幅度减少,将促进邮购及电视、计算机网络及电话购物的发展,从而促进邮政包裹市场的扩大等。

总之,我们可以从每一种有关法律、法规中研究与发现其给邮政市场拓展带来的机遇,但是对邮政企业来讲,重要的是走出《邮政法》保护"特权"的误区,在利用法律赋予的权利的同时,把自己放在公平的位置上,在共同的法制环境中寻求发展的机会。

(2) 规范性法律

这类因素规范了企业的业务活动范围,限制了企业的业务活动能力,从而使企业在开拓市场方面受到限制。例如,邮政包裹不能收寄国家禁止买卖流通的物品,邮购业务也不能为"假冒伪劣"开绿灯,邮送广告及商业信函不能为不符合广告法等有关法规的企业或产品做宣传。

这两类因素是法律对邮政市场影响的两个方面,有些法规侧重于前者,有些侧重于后者,更多的则是两方面的影响兼而有之,邮政企业应深入研究每一项法律可能造成的各种影响。

(二) 经济环境

经济环境因素主要有经济总体发展水平及经济结构。

1. 经济总体发展水平

国家总体经济的繁荣与发展,带动了总体市场的繁荣,因而推动了社会对邮政服务的总需求的扩大。国内外资料表明:无论是整个国家还是国内各地区,经济总体发展水平与邮政业务总量呈正相关关系,总体经济发展动态反映了邮政业务总体规模与发展趋势。

从国内来看,随着经济体制改革的进一步深化,社会主义市场经济的建立与完善,以及对外交流的进一步发展,我国的经济发展也将突飞猛进、日新月异。社会经济发展必然带来社会各界对通信需求的增加,特别是与商品经济活动有关的通信活动将快速增长,商业性包裹、商业性信函、账单类信函等业务的发展势头看好;物流、电子商务、电子信息等新业务市场潜力巨大。"入世"后,国际商贸往来更加频繁,对外合作的空间更大,将为邮政提供更广阔的市场。国际、国内贸易的繁荣,将给信息服务、物品流通领域带来商机,这将为邮政提供更多的发展机会。

但是,我们还应看到,由于受到国外经济的影响,当前的宏观经济形势对邮政发展也存在一些不利的方面。农民收入增长放慢,城镇居民收支预期尚未出现明显好转,社会就业形势严峻导致了最终消费需求不旺,社会对信息、资金、商品的需求可能会呈现低速增长的态势,邮政市场的培育发展还需要一定时间,今后一个时期甚至会出现短期疲软。这些都对邮政业务的发展产生很大影响,需要我们结合具体的业务与当前的经济形势进行进一步分析。

2. 经济结构

经济结构对邮政市场的影响主要表现在经济总量构成、行业结构及地区结构对邮政业务市场的影响。反映国民经济总量的各项经济指标由于其内涵的构成因素不同，从不同的侧面反映了经济总体发展状况，因此，每项经济指标对各种业务市场的影响各不相同。

研究宏观经济指标与邮政业务的关系，结果表明：对函件业务影响最大的经济指标是国民生产总值；对包件业务影响最大的经济指标是工业总产值；对储汇业务影响最大的经济指标是国民收入；对报刊发行业务影响最大的因素是人口素质，其次是国民收入；对集邮业务影响最大的因素是人口素质。一些因素对邮政业务的影响是显而易见的，更多的则需要进一步开展作用机制及量化的研究。

行业结构对邮政业务的影响也是结构性的，从长远的观点来看，代理业务市场必然受制于委托代办业务的行业发展。例如，个人所得税征收制度的完善是邮政代办个人所得税的前提条件；商包业务的市场与生产体积较小、重量较轻的易于包装邮寄的商品的行业的发展关系密切；在目前邮政对普通函件投递深度有限的情况下，商业信函的发展受到生产某些性能复杂的工业产品的行业及产品需要中间商转销的行业的发展影响等，总之，行业结构的变化直接关系到邮政业务结构及每一种业务的用户构成。

（三）社会文化环境

菲利普·科特勒把市场营销的社会文化环境定义为"人们赖以成长和生活的社会形成的人们基本信仰、价值观和生活准则"。每一种文化都由亚文化组成，亚文化由有着共同价值观念体系所产生的共同生产经验或生活环境的人群所组成，他们有共同的信仰、爱好和行为。每一种亚文化团体均可表现出不同的需求和不同消费形式，这一点对于企业选择目标市场显然是有用的。

不同的亚文化对于各种邮政市场的影响是明显的，例如，就表达情感来说，大中城市中具有较高文化素养的人群易于使用新兴的礼仪业务或者通过电视、电台、电话点歌及贺卡等方式表达祝福；而对于经济较为落后的地区或者颇具"实惠感"的人群，则是更倾向于通过家书或寄递实物。在疆域辽阔、民族众多、地区经济文化不平衡的中国，亚文化具有明显的地域性。邮政企业要特别注意各种文化，特别是亚文化及具有变化性的次文化对各种邮政业务的影响，特别是一些颇具影响力的文化变化，对邮政市场的影响同样具有机遇与威胁两个方面。

众所周知的"平安家书"的通信文化已经受到高度发达的电信技术的冲击，使有些专家发出了通信信函市场走向衰落的警告；新"书信"文化的兴起又给信函业务带来了机会。例如，电视台、电台、报纸及各种党政机关和企事业单位的有奖征答都属此列；国内或者国家性的书信节、书信比赛也起到了推波助澜的作用；而奖金及奖品、纪念品的邮寄又给其他邮政业务带来了机会。

教育的多渠道，使函授、刊授、自学考试等多种教育方式兴起，给函件、包裹、印刷品业务带来了机会。

目前，由于部分企业主为获利不惜侵害消费者利益，使得大多消费者对未亲眼看见或试用过的产品质量难以信任，为此邮政邮购业务难以形成较大规模的市场。随着社会主义精神文明建设及人民整体素质的提高，以及打击假冒伪劣商品及对市场秩序的有效整顿，大规模的电视、电话购物及邮购等现代购物方式的兴起，将给邮政包裹业务带来极大的市场机会。

（四）技术环境

科学技术对邮政市场的影响主要是现代机械、电子、光电子通信、信息技术及交通技术对邮政市场的影响。一方面，其他通信媒体对信函的技术替代作用使得邮政业务面临持续的挑战。但是这种挑战是逐渐起作用的，工业化国家的情况表明，它是通过使业务增长速度降低起作用的，而不是使业务量降低；另一方面，随着我国国民经济信息化进程的日益加快，各行各业都在大力采用先进的科学技术促进产业的技术升级，不断提高自身的整体实力特别是核心竞争力，技术发展对邮政的影响主要体现在三个方面。

1. 使竞争加剧

现代光电子通信技术使电信通信比传统的邮政通信在传递信息方面更为快捷方便，各种金融网络均投入了全国性或者地区性甚至世界性的计算机通信网络，使业务处理更方便；交通技术的发展使运输部门对邮包更具竞争力，同时使私营或者其他快递公司的建立与发展更为迅速，从而使邮政业务无论是信息市场、金融市场还是物资运递市场的占有率都受到前所未有的威胁。

2. 为邮政提供了现代化的处理手段

对邮政来说，邮件处理与分发活动是劳动密集型的，现代科技的发展同时给邮政提供了前所未有的机会，自动化和信息技术在地址和运输管理方面的广泛应用，以及在投递过程和服务质量控制方面的应用，使邮政依靠科技转变那种传统的手工作坊式生产方式，实现"科技兴邮"，实现邮政现代化，使邮政业务处理能力在现代科技的支持下有了长足的发展，从而极大地提高了满足市场的能力，影响、刺激了消费者潜在需求向现实需求转化。

3. 给邮政带来了新的业务机会

现代通信技术给邮政带来了开拓新业务领域的机会，邮政正在运用新技术改造传统业务，开发"新经济"业务，邮政已经进入了其他产品或服务领域。对业务的改造尽可能地使用了新技术；所提供的服务，或者增加了其附加价值，或者更适合于特定细分市场的用户需要。邮政仍然十分积极地开发"新经济"业务：从代办电信业务、短信业务、代理航空客票业务，到通过在家中以电子手段购物的包裹业务、在线金融业务，以及通过互联网在家中购物、网络贺卡等的出现给邮政的发展注入了新的活力，提供了新业务发展机会。

二、微观环境分析

微观环境分析主要包括行业分析和竞争分析。分析行业结构的主要目的是加深对行业环境的认识，得出关于行业长期与短期环境相对吸引力的结论，用以指导企业战略的制定。

波特教授在《竞争战略》一书中，从产业组织理论的角度，提出了行业结构分析的基本框架——五种竞争力分析。如图1-1所示，在每一个产业中都存在五种基本竞争力量，及潜在加入者、替代品、采购者、供应者与现有竞争者间的抗衡。这五种力量的强度因行业而异，并随行业的发展而变化。

五种力量中每一种力量的长处都是行业结构或作为行业基础的经济特征和技术特征

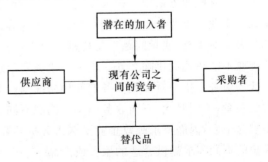

图1-1 驱动行业竞争的力量

的一个函数。在任何特定的行业里，并非所有五种力量都同样重要，每个行业都有其独一无二的结构，邮政也有其独特的行业结构。

(一) 邮政客户分析

邮政客户是邮政业务的使用者。关于邮政客户有着不同的分类,如①邮政客户可细分为三类:大客户、商务客户和公众客户,提供不同的服务标准和服务方式。大客户包括战略合作伙伴、行业性大客户、党政军重要客户、用邮大户,邮政为其提供个性化服务。商务客户是介于大客户和公众客户之间的客户,邮政为其提供优质化服务。对公众客户要提供标准化服务。②根据客户使用业务的特点分为综合大客户和专业大客户。综合大客户是指对邮政产品和服务呈现多样性需求(涉及两种或两种以上的邮政产品或服务),且用邮量较大的大客户;专业大客户是指对邮政产品或服务呈单一性需求且用邮量较大的客户。

中国邮政〔2007〕151 号"关于下发《邮政大客户分类分级暂行办法》的通知"中指出:邮政大客户是指在一定时期内用邮金额达到一定规模(年用邮金额 1 万元以上),给邮政带来较大收益,且用邮情况保持相对稳定的客户。重要大客户是指党政军等国家机关,外国使领馆,新闻机构等对邮政的外部经营环境有重要影响,或与邮政签署战略合作协议,对邮政发展有重要影响的客户;潜在大客户是指没有达到邮政大客户标准,有用邮需求但有待引导、开发或目前使用竞争对手相关业务的客户;重要大客户和潜在大客户视为邮政大客户。按大客户所处的行业类型划分,可分为金融业、教育、房地产业和制造业大客户等;按大客户用邮所涉及的专业范围划分,可分为综合大客户和专业大客户。专业大客户可分为:函件大客户、包裹大客户、报刊大客户、集邮大客户、信息大客户、速递大客户、物流大客户等;按大客户用邮涉及的地域范围划分,可分为全网性大客户和区域性大客户;根据大客户的重要程度、用邮金额和分级管理需要,将大客户划分为钻石客户、白金客户、黄金客户、贵宾客户四级。钻石客户是指年用邮金额 500 万元(含 500 万元)以上的用邮大客户,以集团公司名义签约的全网大客户,国家级党政军机关等重要客户。白金客户是指年用邮金额 100 万元(含 100 万元)以上 500 万元以下的用邮大客户,省级党政军机关等重要客户。黄金客户是指年用邮金额 50 万元(含 50 万元)以上 100 万元以下的用邮大客户,市(地)级党政军机关等重要客户和潜在客户。贵宾客户是指年用邮金额 1 万元(含 1 万元)以上 50 万元以下的用邮大客户,县(市)级党政军机关等重要客户。

邮政在作大客户识别时首先考虑大客户带来的业务收入(或用邮量),二是识别大客户时考虑了合作时间或合作关系因素,三是识别大客户时考虑了未来发展潜力因素。大客户用邮量在整个邮政业务量中占很大比例,讨价还价的能力比较强,对服务质量要求比较高,转向使用其他企业同类业务的选择余地较大。个人客户虽然用邮量不大,但涉及面和影响面都很宽,部分客户对价格、质量问题更为挑剔。个人客户中边远农村人口用邮量很小,但作为公益企业的邮政不能将他们排除在外。因为无论大客户还是个人客户都要求邮政企业提供优质、高效、快捷的服务。用户对邮政业务的使用情况与社会经济的发展、社会文化、科技的发展进步有很大的关系,不同时代、不同业务的用户构成不同。现代营销理念强调以客户为中心,以客户的需求为中心,因而要求邮政企业要深入分析其客户构成、不同客户的具体情况,从而针对不同客户的不同需求提供合适的服务或产品。

(二) 协作商分析

作为网络型企业,邮政在生产经营过程中有众多的协作商,主要包括铁路运输、航空运输、水运等。特别是铁路运输和航空运输,既是邮政的合作伙伴,又是竞争对手。邮政对铁路运输的依赖性很大。所以,铁路运输对邮政通信生产的影响也是最大的。

2013年我国铁路改革的步伐不断加快,这是中国铁路一次由内而外的大改革,涉及铁路的体制、机制、货运、客运等多方面。从体制层面来看,改革的方向是"政企分离和政资分离",分离铁道部政府职责,合并进入大交通部,让铁路企业回归市场;从机制层面来看,要理顺产权关系、理顺定价机制和开放运转机制;从货运市场化来看,要提高铁路交通的市场化占比,融入社会大物流体系,包括运输组织改革,运力计划下放,铁路货运和社会物流对接,发展专业物流。铁路运输作为邮政运输的重要方式,虽然受到很多条件的限制,但与自办汽车相比,运输成本还很低,中国作为人口大国,不能像日本那样仅靠汽车运邮。随着经济发展,邮件量的增加和铁路运能的增强,铁路运输将是邮政长期的协作商。

航空运输是特快专递邮件的主要运输方式。经过几十年的建设和发展,中国机场初步形成了以北京、上海、广州等枢纽机场为中心,以成都、昆明、重庆、西安、乌鲁木齐、深圳、杭州、武汉、沈阳、大连等省会或重点城市机场为骨干以及其他城市支线机场相配合的基本格局,中国民用运输机场体系初步建立。2014年,我国境内民用航空(颁证)机场共有202个,其中定期航班通航城市198个。2014年,全国各机场全年完成旅客吞吐量8.32亿人次,比上年增长10.2%;全年完成货邮吞吐量1 356.08万吨,比上年增长7.8%。20世纪80年代以来,民航也在从事快运业务,成为邮政的一个竞争对手,在各自的经营过程中产生一些摩擦,邮政的时限受到不同程度的损害,也使邮政用户得不到满意的服务。进入21世纪,邮政逐步形成了以上海为集散中心的自办快速航空邮运网,2004年开发了全夜航网络,一级邮区中心局之间民航运邮量大幅减少。但邮航未到的城市,民航仍是速递和国际邮件的主要运输力量,即使将来邮政航空公司有了较大发展,也离不开民航。

经营电信基础网的企业是邮政的重要合作伙伴或供应商。目前,邮政综合网运行租用的电路基本是以中国电信和中国联通为主。随着电信市场的进一步完善和中外参与电信基础网竞争的企业的壮大和增多,能为邮政提供租用电路或合作利用的企业也会不断增多,也将有力地推动电子邮政的发展。

(三)替代品分析

替代品是指与邮政通信企业经营业务的功能相似的其他业务,替代品的存在和发展会使邮政企业的业务发展趋缓或下降。邮政传统的函、包、汇、发业务中,都不同程度存在着替代业务。

函件业务的替代品主要是信息网络支持的电话、传真业务和计算机网络。报件业务没有明显的替代品,但随着商品经济的发展和各地市场物品的丰富,零星用品的流动性减少,亲属之间、朋友之间互寄的零星包裹明显减少,可以认为一部分包件业务被商业经济的发展给"短路"了,换句话说就是被替代了一部分。汇兑业务的主要替代品是各金融机构的信用卡和异地储蓄。报刊发行业务的替代品主要是电视和互联网。

面对行业内的替代品出现,邮政企业需要认真分析,采取相应的对策。如在个人函件业务的市场不断被替代的情况下,将业务的重点放在开发商业函件上。

(四)竞争者分析

在邮政经办的各项业务中,只有很少一部分是邮政专营的。大部分业务都面临激烈的市场竞争。竞争者对经营的影响主要有两个方面,一是由于竞争者的合作,或各自对服务市场能力的提高,刺激了社会对该类业务的总需求,因而导致总的市场规模的扩大;另一方面,由于各方的相互竞争,使得各方的市场占有率相对缩小。

随着国际、国内资本的大量涌入,邮政市场的竞争将更加激烈,竞争对手更多、实力更强,竞争的范围更大、领域更广,竞争的方式和手段更趋多样化。我国邮政企业不仅要与国内众多的私营企业竞争,还要与实力雄厚的国外邮政企业竞争,竞争将集中在区域性业务、国际业务和高附加值业务上,并不断向有发展潜力的地区和业务扩展。

1. 速递业务竞争对手分析

目前,中国市场上的快递公司已超过1 500家,其中中外合资公司大约450家。FedEx、UPS、DHL、TNT等跨国公司依靠其雄厚的实力和成熟的市场经验,大举进攻我国速递市场。这些跨国公司具有强大的竞争实力,一是资金雄厚,DHL扬言在中国10年不赚钱做市场,UPS提出对在华公司不考核利润;二是独家拥有全球网络;三是具备现代经营理念、运营模式和先进的信息支撑技术、全套标准化生产作业体系和控制监控体系;四是拥有优良的服务功能和服务技能、规范化的服务产品和个性化供应链解决方案;五是具有良好的企业文化和企业高素质人才队伍。他们纷纷在我国实施自己的战略布局,覆盖国内大部分发达城市,如DHL覆盖城市数量达到318个,FedEx超过550个,TNT超过600个,UPS超过200个。目前四大家族的重心从网络布局转向市场拓展,国际业务盯上拥有更多中小客户的中国二、三级城市,国内速递市场成为其主战场。

除了四大家族的竞争外,目前,国营和民营的快递公司也构成邮政速递的竞争对手。民航、铁路依托自己得天独厚的运输网络而开办的速递公司,如中铁快运、航空快递等,对邮政EMS的大宗业务分流较大;使用外贸执照经营的速递公司如中外运、大通公司、天天等,一般多以经济发达的大中城市为根据地,向周边城市辐射,通达国内主要大城市,使邮政EMS业务的竞争压力很大。

2. 报刊业务竞争对手分析

邮发合一是中华人民共和国成立之初就建立的报刊发行体系,是报刊发行的主渠道。但是,随着体制的改革,新闻出版业逐渐走向集团化,自主发行的要求日益强烈。自1986年《洛阳日报》率先自办后,天津、西安、广州、上海等地的一些影响较大的报刊也陆续走上自办发行的道路。截至2010年年底,全国共有800余家报纸自办发行,占全国发行报纸的45%。全国共有1 300多家期刊自办发行,占全国发行期刊的68%。

报刊发行多渠道的格局已经形成,成为邮政发行的巨大竞争势力。特别是自办发行在局部地区的联网趋势,对邮政报刊发行业务及一些代投、代送业务造成严重威胁。除此之外,社会上的民营发行商、外资发行商都是报刊业务强大的竞争对手。

3. 邮政物流业务竞争对手分析

除铁路、民航等大型国有企业继续抢占市场份额外,将出现大量的小企业和私营企业进入该市场。与此同时,中国加入WTO后随着市场的进一步开放,可以预期到,将有更多的跨国物品运输业巨头通过不同途径进入中国市场。

4. 邮政储蓄业务竞争对手分析

国内各主要商业银行通过技术进步和推出特色服务,紧锣密鼓地扩充自己的实力:主要商业银行已在全国范围内基本完成规范标准、统一形象的网点改造工作,单点吸储能力进一步提高,同时推出储蓄全国异地通存通取、个人电子汇兑业务、以组合金融产品为主的个人金融服务业务、网上银行服务等。所有这些举措均将使邮政绿卡和汇兑业务受到很大的市场冲击。另外,随着金融服务业的进一步开放,邮政金融将受到间接的影响。这两方面的力量将对邮政储蓄产生巨大压力,使邮政储蓄的优势逐渐减小甚至不复存在。

5. 其他业务竞争对手分析

包件业务的竞争对手主要有铁路运输、民航运输、公路运输的直运和零担运输以及水运等。集邮主要是二级市场的竞争。邮政代理航空客票业务面临航空公司以及其他代理人的竞争。

第四节 邮政企业经营战略的制定

一、经营管理的含义

在市场经济条件下,企业是市场竞争的主体。一个企业要想在市场竞争中生存和发展,必须赢得竞争优势。只有进行有效的经营管理,才能使企业在市场竞争中创造和保持优势。

企业存在最基本的目标是赢得利润,否则企业无法生存与发展,更谈不上为社会创造财富、双赢甚至共赢等。作为企业经营管理者,要能够运用其拥有和可支配的人力、财力、物力和信息等各种资源,对企业的生产经营活动进行计划、组织、指挥、协调和控制,以适应外部环境变化,实现企业经营目标。因此,经营管理是对企业的资源进行有效整合以达成企业既定目标与责任的动态创造性活动。经营与管理活动渗透到企业发展的整个过程中,但两者从概念上去理解还是有一定区别的。

(一) 经营的基本概念

经营的概念是随着市场经济的出现而产生的。商品生产者不仅要通过生产过程把产品生产出来,使其具有一定的使用价值,而且还要进入市场,通过商品流通,以最有利的条件把产品销售出去,从而获得它的价值,为进一步扩大再生产和企业更好的发展做好准备。因此,企业生产的产品必须适销对路,生产过程要经济有效,销售要有策略。从生产到销售,要进行市场预测和管理决策,制定战略和策略,协调企业内外环境等,这一系列的经济活动就引出了经营的概念,即企业为了满足市场需要,争取最好的效益,使企业的外部环境、内部条件、预期目标三者之间达到动态平衡一系列有组织的经济活动。

上述对经营的定义有以下三层含义。

其一,经营要以企业外部环境和内部条件为立足点。内部条件是企业的人、财、物等资源;外部环境是企业发展的宏观环境。企业经营者要使企业内部活动变化的速度适应以至超过外部环境变化的速度,企业才能立于不败之地。

其二,企业经营是动态的经济活动过程,企业不能离开外部环境而独立存在。企业要有效地利用各种有利条件,避开各种不利因素使内部资源相互协调、平衡并发挥最大作用,取得尽可能好的效果,及时适应变化的环境。

其三,实现企业目标是企业经营活动的目的。

由此可以看出,企业经营必须具备三个基本要素:内部条件、外部环境和经营目标。

1. 经营的内部条件

企业经营的内部条件主要是能够运用或者说可以进行整合的资源,包括人力、财力、物力等有形资源及信息和其他无形资源。

(1) 人力资源

人力资源是指企业内员工的学历、经历、技能、能力、士气、沟通以及协调能力、组织结构、领导能力等,代表并决定着企业的发展潜力。人力资源是任何一个企业必需的资源,而且是最重要的资源。

(2) 财力资源

财力资源,又称金融资源,指货币资本和现金,通过它可以取得土地、劳动力、建筑物、机器等有形资源或支付各项必需的费用。同时,货币资本和现金还可以迅速流通以捕捉机会,获得收益。

(3) 物质资源

物质资源是指企业发展所需要的诸如土地、厂房、办公室、机器设备和原材料等。

(4) 信息资源

现代社会是信息社会,充分掌握信息对企业的发展是非常重要的。

(5) 其他资源

除上述资源外,企业文化、品牌、专利权、公共关系等也是企业发展的重要资源。例如,"百年邮政"就是中国邮政重要的品牌资源。

2. 经营的外部环境

企业经营的外部环境主要指的是宏观环境,如经济环境、政治法律环境、科学技术环境、竞争环境等。

3. 经营目标

企业经营目标,是在分析企业外部环境与内部条件的基础上确定的企业各项经济活动的发展方向和奋斗目标,是企业经营思想的具体化。企业经营目标不止一个,其中既有经济目标又有非经济目标,既有主要目标又有从属目标。它们之间相互联系,形成一个目标体系。

(1) 经营目标的作用

经营目标在企业中主要有以下几个方面的作用。

① 经营目标反映一个企业所追求的价值,是衡量企业各方面活动的价值标准,也是企业生存和发展的意义所在。

② 为企业各方面活动提供基本方向,是企业一切经济活动的目标和依据,对企业经营活动具有指导作用,可以使企业有选择、有针对性地部署各种资源,发挥企业优势。

③ 实现企业与外部环境的动态平衡,使企业获得长期、稳定、协调的发展。企业在反复权衡内部条件和外部环境、科学预测和把握外部环境发展趋势的基础上确定的经营目标,既能在一定时期、一定范围内适应环境趋势,又能使企业的经营活动保持稳定性和连续性。

(2) 经营目标的基本内容

每个企业在其不同的发展时期,都有不同的经营目标。其基本内容有三个方面,即成长性目标、稳定性目标和竞争性目标。

① 成长性目标

它是表明企业进步和发展水平的目标。这种目标的实现标志企业的经营能力有了明显的提高。成长性指标包括:销售额及增长率、利润额及增长率、资产总额以及设备能力、品种和生产量。其中销售额与利润额是最重要的成长性指标。销售额是企业实力地位的象征,而利润额不仅反映了企业的现实经营能力,同时也表明了其未来发展潜力。

② 稳定性目标

它表明企业经营状况是否安全,有无亏损甚至倒闭的危险。稳定性指标包括:经营安全率、利润率和支付能力。

③ 竞争性目标

它表明企业的竞争能力和企业形象。具体包括竞争领域、市场占有率和企业形象。其中市场占有率指标是非常重要的,它不仅表明企业的竞争能力,同时也表明经营的稳定性。市场占有率过低,是很不稳定的。特别是当产品进入新的市场或国际市场时,决不能只满足于本企业的产品销售到多少地方,而必须通过提高市场占有率来站稳脚跟。否则,很容易被竞争对手排挤出来。

除了基本目标外,企业还必须满足所有者、经营管理者和员工这三个基本方面的目标或要求。这些目标必须与基本目标一致,要与基本目标结合起来,形成一致的目标体系。

企业的社会责任,并不属于企业目标的组成部分,而是企业正常经营,实现企业经营目标的一个基本约束条件。邮政企业作为社会公用性企业,除要承担政府规定的普遍服务等义务外,同其他企业的基本目标是一样的,具有一切企业的共性。

(二) 管理的基本概念

历来不同的学者对管理的解释不一,通常人们认为管理是管理者为有效地达到组织目标,对组织资源和组织活动有意识、有组织、不断地进行的协调活动。从一般的管理过程来讲,管理职能包括计划、组织、指挥、协调和控制;从资源整合的角度来讲,计划、组织、指挥、协调和控制也是帮助企业进行资源的有效整合,降低不确定性和风险以达成目标的基本手段。

1. 计划职能

计划是管理者对企业未来生产经营活动所做出的安排和筹划。计划职能是指为适应市场需要,通过分析、预测企业的外部环境和内部条件,对企业的经营目标、经营方针做出决策,制定长期规划和短期计划及实施方法,并将计划指标层层分解落实到各个环节、各个部门并实施。

2. 组织职能

组织是指企业为实现经营目标而把企业生产经营活动的各个要素、各个环节和各个方面,从劳动的分工和协作上,从纵横交错的相互关系上,从时间和空间的相互衔接上,合理地组织起来,使组织资源有序化,从而有效地配置各种资源进行生产经营活动。

3. 领导职能

领导是指对企业各层次、各类人员的沟通或指导,使企业内的所有人员齐心协力去执行企业的计划,从而保证企业生产经营活动的正常进行和既定目标的顺利实现。具体来讲,要及时根据外界环境的变化,指挥企业员工与资源配合去适应环境,采取适当的行为;调动员工的积极性,激励员工,给他们创造发展的机会;有效地协调企业内的人际关系,使企业内部有一个良好的工作氛围,降低内耗,提高效率;督促员工尽自己的努力按照既定的目标与计划做好自己职责范围内的工作。指挥职能也是降低企业运作过程中不确定性的手段。

4. 控制职能

控制是指根据既定计划、目标或标准对企业生产经营活动各方面的实际完成情况进行跟踪检查和修正,使之向着既定目标方向行动并实现预想的成果或业绩。由于现实行为是在各种不确定性因素下作用的,因此,每一种行为都有可能会偏离预定目标和运行轨道,从而可能使既定目标或业绩难以达成,这显然是企业所不愿见到的。为了防止这种状况的产生,对其进行控制就非常必要,可以降低工作行为及其结果与企业既定目标和要求的不一致性。

管理的各项具体职能构成一个统一整体。通过计划职能,明确企业的目标和方向;通过组织职能,建立实现目标的手段;通过领导职能,建立正常的生产工作秩序;通过控制职能,检查计划的实施情况,保证计划的实现。上述四种职能相互联系,缺一不可。

(三) 经营与管理的关系

经营与管理既有内在的密切联系,又有明显的区别。在当代社会,企业如果不讲经营,没有明确的经营目标和有效的决策,企业就会失去方向。同样,企业缺乏科学有效的管理和手段,目标也不能实现。可见,经营与管理都是实现企业目标并取得效益不可或缺的重要职能。经营与管理在企业生产经营活动过程中同时存在、相互渗透,既有内在联系,又有质的区别,为共同的基本目标实施着不同的功能和作用。表1-1所示为经营与管理的主要区别。

表1-1 经营与管理的主要区别

项目	经营	管理
产生的根源不同	市场经济的产物	集体劳动的产物
职能不同	具有决定方向、目标、方针、策略等关系企业生命前途的战略性决策,解决干什么和为什么干的问题	具有实现企业经营目标的战术性执行职能,含计划、组织、指挥、协调、控制等,解决怎样干的问题
作用不同	调节企业经营目标、内部条件、外部环境三者之间关系,使企业具有适应性	调节企业人、财、物等要素之间的关系,使之有效结合以保证企业生产活动正常运转
所涉及的范围不同	包括商品经营、资产经营、资本经营,涉及企业外部环境、市场营销和内部生产组织等全部经营活动	主要是企业内部生产活动

二、经营管理的过程

经营管理过程总的来讲包括经营决策、经营计划与控制三个阶段。

(一) 经营决策

经营决策又称企业战略决策,对企业来说是最重大的决策,经营决策是指企业适应时刻变化的外部环境的一种决策,具有全局性、长期性与战略性的特点。经营活动的全过程,都是不同层次的决策过程。对企业来讲,企业经营的各个环节,各个层次,都有决策问题。

所谓经营决策,是企业决策者在拥有大量信息和个人丰富经验的基础上,对未来行为确定目标,并借助一定的计算手段、方法和技巧,对影响决策的因素进行分析研究后,从两个以上可行方案中选择一个合理方案的分析判断的过程。经营决策包含四个方面的含义:第一,确定目标。决策必须要有明确的目标,而且必须将局部的目标置于企业总体目标体系中,如果目标模糊或整个目标体系杂乱无章,合理的决策就无从谈起。第二,有两个以上的备选方案。决策要有可供选择的备选方案,如果只有一个方案,那就不用选择,也就不存在决策。第三,分析判断。每个备选方案都有其优缺点,管理者必须掌握一定的信息,并运用一定的科学手段、方法和技巧,根据一定的评估标准,才能在多个备选方案中选择一个较为理想的合理方案。当然在拍板决定的关键时刻,由创造力或直觉产生的判断也十分重要。第四,决策是一个过程。决策不是决定采用哪个方案的一刹那的行动,而是一个科学的分析、评价和选择的过程,没有这个过程就很难有合理的决策,决策贯穿于整个管理活动的始终。简言之,决策是为实现一定目标,在两个以上的备选方案中,选择一个方案的分析判断过程。

（二）经营计划

经营计划是对未来应采取的行动所做的规划和安排，即按照经营决策所确定的方案对企业经营活动及其所需各种资源从时间和空间上做出具体统筹安排的工作。控制是在计划执行过程中出现偏差时予以调整和修正的过程。企业是以经营为基本职能的经济组织，计划与控制工作贯穿于企业经营管理全过程，企业所有管理活动都与计划和控制过程相联系。

企业经营计划的基础应以市场为导向。企业各部门制订计划的程序始于销售预测及销售目标，而后制订生产计划、营销计划、研究发展计划、人力资源计划，最后编制财务计划。

1. 经营计划的种类

（1）按计划的期限划分

可分为短期、中期和长期计划。一般来讲期限在一年以内的称为短期计划，也称年度计划，期限在五年以上的称为长期计划，介于两者之间的称为中期计划。当然，这个划分标准并非绝对，在某些情况下，还受计划的其他方面的因素的影响。

（2）按计划范围的广度划分

可分为战略计划和作业计划。战略计划是解决带有全局性、开拓性，对企业长远发展起关键作用的计划，是企业战略管理的重要组成部分。作业计划是规定总体目标如何实现的细节计划，这种计划的周期一般较短，它与战略计划的最大差别在于战略计划的一个重要任务是设立目标，而作业计划则是假设目标已经存在，而提供一种实现目标的方案。

（3）按计划形态划分

可分为综合计划和单项计划。综合计划是协调企业所有技术经济活动的经营计划。中国邮政第十个五年计划总册属于综合计划。单项计划，即指企业某一职能的计划，如生产计划、营销计划、财务计划、人力资源计划等。中国邮政第十个五年计划中的发展战略与改革分册、业务发展分册、网络建设与发展分册、支撑系统分册和财务管理与效益分册五个分册属于单项计划。

2. 经营计划的内容

经营计划是对企业未来经营发展过程的统筹设计。根据企业的状况、面临问题的复杂程度，企业的经营计划既有用数字表示的，也有用文字表示的。

（1）长期计划

长期计划主要内容包括确定企业总体战略目标和企业发展方向以及企业基本政策与策略，涉及企业各方面活动。如资金使用、员工关系、生产、营销、财务、公共关系、广告、研究开发、人员招聘、培训等。

（2）中期计划

中期计划由长期计划衍生而来，是长期计划的具体化。重点是确定各职能部门要达到的目标，着重于各计划之间的配合协调，是用以执行长期计划和指导年度计划编制的计划。中国邮政第十个五年计划属于中期计划。

（3）年度计划

年度计划是短期计划，是企业在计划年度内的行动纲领，也是实现企业中长期计划的保证和具体化。年度计划不仅是企业的执行计划，而且也可指各部门的半年、季度、每月甚至每周的计划。年度计划不仅仅含有数字，更重要的是应含有工作目标、方法、进度、负责人及经费等实质内容。

3．计划方法

计划工作效率的高低和质量的好坏在很大程度上取决于采用的计划方法。计划方法有很多，下面简要介绍滚动计划法。

滚动计划法是一种定期修改未来计划的方法。在编制计划时，一般难以对未来一个时期（计划期）影响计划实现的多种因素做出准确的预测，因而制订出来的计划往往不能完全符合未来的实际。为提高计划的有效性，可以采用滚动计划法。在滚动计划中，采用远粗近细的方法，也就是把近期的详细计划和远期的粗略计划结合起来，近期计划完成后，再根据执行结果的情况和新的环境变化逐步细化并修正远期的计划。具体做法如图1-2所示。

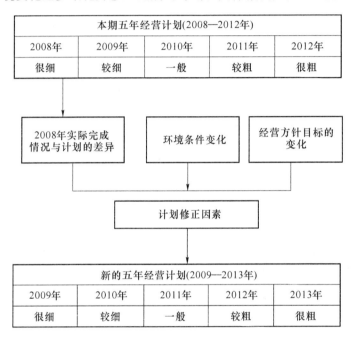

图1-2 滚动计划法

从图1-2可以看出，近期详细计划执行完毕后，根据执行情况和内外部因素的变动情况对原计划进行修正细化，此后便根据同样的原则逐期滚动，每次修正都向前滚动一个时段，这就是滚动计划法。滚动计划法能够根据变化了的组织环境及时调整和修正组织计划。体现了计划的动态适应性。而且，它可使中长期计划与年度计划紧紧地衔接起来。滚动计划法既可用于编制长期计划，也可用于编制年度、季度生产计划和月度生产作业计划。不同计划的滚动期不一样，一般长期计划按年滚动，年度计划按季滚动，月度计划按旬滚动。

滚动计划法适合任何类型的计划。这种方法虽然加大了计划的工作量，但随着计算机的广泛应用，该方法的优点是十分明显的。第一，推迟了对远期计划的决策，缩短了计划期，增加了准确性，提高了计划质量，能更好地保证计划的指导作用。第二，这种方法使长期计划、中期计划和短期计划相互衔接协调，既保证了长期计划的指导作用，又使各期计划能够基本保持一致。第三，保证了计划应具有的弹性，这对环境激烈变化的今天尤其重要，它可以及时预测环境的变化，并采取应对措施，从而有助于提高企业的应变能力。

（三）控制

控制与计划是密不可分的，离开了控制，一切计划都只能是空想。不论计划制订得多么周密细致,受各种不可控因素的影响,实际过程中总会出现与计划偏离的情况。所谓控制,就是监督各项活动,以保证它们按计划进行并纠正各种重要偏差的过程。

1. 控制的内容

控制的内容也就是控制的对象,美国管理学家斯蒂芬·罗宾斯将控制的内容表述为对人员、财务、作业、信息和组织的整体绩效五个方面的控制。

(1) 对人员的控制

企业的目标是由人来实现的,员工应该按照管理者制订的计划去做,为了做到这一点,就必须对人员进行控制。对人员控制最常用的方法是直接巡视,发现问题马上进行纠正;另一种有效的方法是对员工进行系统化的评估,通过评估,对绩效好的予以奖励,使其维持或加强良好表现,对绩效差的管理者应采取相应的措施,纠正出现的行为偏差。

(2) 对财务的控制

为保证企业获取利润,正常运作,必须进行财务控制。主要包括审核各期的财务报表,以保证一定的现金存量,保证债务负担不致过重,保证各项资产都得到有效的利用等。预算是最常用的财务控制衡量标准,因此也是一种有效的控制工具。

(3) 对作业的控制

所谓作业,就是指从劳动力、原材料等资源投入到最终产品和服务产出的转换过程。企业中的作业质量很大程度上决定了企业提供的产品或服务的质量,而作业控制就是通过对作业过程的控制,来评价并提高作业的效率和效果,从而提高企业提供的产品和服务的质量。

(4) 对信息的控制

信息在企业运行中的地位越来越重要,不精确的、不完整的、不及时的信息会大大降低企业运行效率。因此,现代企业中对信息的控制显得尤为重要。对信息的控制就是要建立一个管理信息系统,使它能够及时地为管理者提供充分、可靠的信息。

(5) 对组织绩效的控制

绩效是管理者的控制对象。要有效实施对组织绩效的控制,关键在于科学地评价、衡量组织绩效。一个组织的整体绩效很难用一个指标来衡量,生产率、市场占有率、员工福利、组织的成长性等都有可能成为衡量指标,这里关键要看组织的目标取向。

2. 控制过程

虽然控制的对象各有不同,控制工作的要求也不一样,但由于控制的基本任务是发现偏差和纠正偏差,因此控制工作的过程基本是一致的。

(1) 确定标准

在计划的全部内容中,需要衡量的标准很多,即使是一项简单的计划,管理者也很难将所有的结果与标准进行对照衡量,而在复杂的经营活动中,这就更加难以实现了,况且在很多情况下,衡量所有的活动不仅是不现实的,而且也是不必要的。因此,管理者所要做的并不是去观测所有的活动,而是挑选出一些关键的控制点,并确定可衡量、可比较的标准,通过它们对全部活动内容进行控制。

1) 实物标准:这是非货币衡量的标准,在耗用原材料、雇佣劳力、提供服务以及生产产品等操作层中运用。例如,邮件全程时限、货运吨里数、总包损失个数等,它们可以反映数量,也可以反映品质。

2) 费用标准:这是用货币衡量的标准,像实物标准一样,也是适用于操作层。这些标准以货币价值形式来表示经营费用。如每小时的人工成本,每百元销售额的销售费用,邮政业务的成本等。

3) 资本标准：用于货币计量实物的项目，但它们只与企业投入的资本有关，而与经营费用无关。对于一笔新的投资和总体控制而言，使用最为广泛的标准就是投资报酬率。

4) 收益标准：就是以货币衡量的销售额，如企业每售一件产品的收入，在一定市场范围内的人均销售额等。

5) 计划标准：就是以管理者编制的计划质量作为衡量标准，如计划的完成时间、可行性程度以及实际执行情况的吻合程度等。

6) 无形标准：指难以确定的既不能以实物又不能以货币来衡量的标准。如员工潜力的发挥、员工的忠诚度以及实际执行情况的吻合程度等，如邮政通信纪律、岗位责任制等。

7) 指标标准：这是以可以考核的数量或质量目标作为标准，如顾客满意率、邮件逾限率等。目前的趋势是要在各级管理部门建立一个指标标准的整体网络，以实施有效控制。

(2) 根据已建立的标准衡量工作，分析衡量结果

1) 衡量工作：衡量工作是整个控制过程的基础性工作，而获得合乎要求的信息又是整个衡量工作的关键。管理人员所获取的信息，必须正确、及时、适用和有效。如果获取信息失真，对实际工作结果就无法做出准确的评价；如果是不适用的信息，就无法认定工作结果的好坏。信息和数据是否真实，也要通过自检或互检系统来控制。另外，尽可能多地使用计算机进行控制和分析，这是一种可选用的办法和今后检查工作的方向。

2) 分析衡量结果：分析衡量结果的工作就是要将标准与实际工作的结果进行对照，并分析其结果，为进一步采取管理行动做好准备。比较的结果无非有两种可能，一种是存在偏差，另一种是不存在偏差。实际上并非与标准不符合的结果都被归结为偏差，往往有一个与标准稍有出入的浮动范围。一般情况下，工作结果只要在这个容限之内就不认为是出现了偏差。例如，表1-2列出了某一级邮区中心局设立的标准及其容限。

表1-2　某一级中心局的标准及其容限

标　　准	容　　限
员工上班必须做到全勤	每月允许请2天病假
出口特快专递邮件内部处理时限为4小时	允许延长10分钟
给据邮件损失率小于万分之五	高峰期可放至万分之六

一旦工作结果在容限之外，就可认为是发生了偏差。这种偏差可能有两种情况：一种是正偏差，即结果比标准完成得还好；另一种是负偏差，即结果没有达到标准。

是否要进一步采取管理行动就取决于对结果的分析。如果分析结果表明没有偏差或只存在健康的正偏差，控制工作也就可以到此完成了，如果出现负偏差，就需要采取管理行动。

(3) 采取管理行动

控制工作的最后一项工作就是采取管理行动，纠正偏差。偏差是由标准与实际工作成效的差距产生的，因此，纠正偏差的方法也就有两种：要么改进工作绩效，要么修订标准。

1) 改进工作绩效。如果分析衡量的结果表明，计划是可行的，标准也是切合实际的，问题出在工作本身，管理者就应该采取纠正行动，以改进工作绩效。

2) 修订标准。在某些情况下，偏差还可能来自不切实际的标准，这时就应该及时对标准进行修订。

以上三个步骤可概括为：确立标准、衡量工作并分析衡量结果以及纠正偏差，完成了一个

控制周期。通过每一次循环,使偏差不断缩小,企业的活动趋向于其目标。

三、邮政经营特征和经营观念

(一)邮政经营的主要特征

邮政经营是指邮政企业根据国家方针、政策、计划和市场的需要,在组织邮政业务、邮件运递和经济活动中,以优质的服务,经济合理的投入来创造尽可能大的社会综合经济效益和企业经济效益为目的的运筹决策和动态协调的全过程。

邮政企业经营的对象是邮政通信。邮政生产的经济特性决定了邮政经营的特征,归纳起来主要有以下几个方面。

1. 邮政经营的服务性特征

邮政经营的服务性特征是由邮政产品的特征决定的。因为邮政产业向社会提供的产品是"服务",邮政企业的生产过程就是提供服务的过程。这一特征决定了邮政经营的服务特征。因此,邮政经营方针、目标及决策的制定,都必须体现"服务"这一特征,即要求邮政经营活动要以"迅速、准确、安全、方便"的邮件寄递服务和其他社会服务为基本内容。

2. 邮政经营的质量意识特征

质量是企业生产发展的基础。因此向社会提供优质服务是每个企业必须树立的经营思想和作风。对于邮政经营来说,由于邮政服务过程与客户消费过程的同步性,在邮件寄递过程中一旦出现差错就会给用户带来损失,影响邮政形象。这就决定了邮政经营者必须牢固树立服务质量意识和时效观念。

3. 邮政业务经营的两重性特征

邮政所经营的业务包括专营业务和其他竞争性业务。邮政法从法律上确定了邮政部门的专营业务,但是邮政企业经办的其他业务都存在竞争,甚至有些业务竞争非常激烈,这就要求邮政企业合理利用专营权,在大力开发专营业务的同时,善于在竞争业务上寻求发展,依靠优质的服务和科学的营销手段开拓市场,提高市场占有率。

4. 邮政经营的多层次性特征

由于邮政具有全程全网、联合作业的特点,邮政属于网络经济范畴,邮政企业属于网络型企业。在邮政经营中,存在着三个层次,邮政集团公司、省(自治区、直辖市)邮政公司、地(市)和县邮政局。不同层次有不同的任务。集团公司主要负责全网规划,制定邮政经营的方针、政策等,属于战略层次。省(自治区、直辖市)邮政公司主要负责本省(自治区、直辖市)的规划,并在集团公司关于邮政经营方针的指导下研究省内邮政发展问题,属于策划层次。地(市)和县邮政局的主要任务是针对地域的地理、经济等条件和客户结构特点发展业务,是邮政这个网络型企业直接面向客户的,属于营销层次。在经营过程中,三个层次只有相互协调,邮政经营工作才能搞好。

5. 邮政经营的效益特征

在一般企业中,只有社会效益和企业经济效益两个方面,在邮政经营中还应该考虑到全网效益。从根本利益上分析,三者的利益是一致的,若损害社会和公众利益,就会丧失邮政信誉,最终将损害全网和企业的经济效益;若损害全网利益,局部企业可能会获得一时的经济效益,但赖以生存的网络功能和力量将衰弱,企业的长远利益将受损。也就是说,当全网效益和社会效益发生矛盾时,要以社会效益为重;当企业经济效益和全网效益发生矛盾时,要以全网效益为重。

6. 邮政经营核算的复杂性特征

由于邮政网络中运行着多种业务,而每项业务都有多个环节。因此,各业务、各环节的费用分摊成为邮政核算的难点,同时也影响到业务的发展,因此企业确定业务发展和业务开展重点的依据之一是业务的经营核算。

7. 邮政经营的公共关系特征

邮政经营涉及国民经济许多产业部门、机关单位以及广大城乡居民,他们不仅是邮政的客户,而且相当一部分是邮政经营活动的协作者,在一定程度上也是邮件寄递过程的参与者,如铁路、民航、银行等。邮政为了确保优质高效地完成邮政服务,邮政经营必须处理好与这些部门的关系,与这些协作者和大客户建立良好的公共关系,做到相互了解,相互支持。

(二) 邮政经营观念

邮政经营观念是邮政企业经营活动的基本出发点和目标以及为实现这一目标而制定的战略思想,其中经营活动的出发点即"为什么而经营"是最重要的。企业经营观念是企业的哲学,是企业经营活动的指导思想,是企业如何看待企业、客户和社会三者之间利益的关系。目前,邮政企业正抓住发展机遇,以提高经济效益为中心,实现速度效益同步增长和全网协调发展。邮政经营战略方针涉及市场观念、全局观念、创新观念、竞争观念、服务观念、合作观念、人才观念、质量信誉观念和效益观念等。为了贯彻这一战略方针,邮政企业在经营活动中应树立以下几个观念。

1. 市场观念

一种产品是否为商品,并不是从理论上界定它为商品后才进入市场交换,而往往是先进入市场进行交换后才被承认为商品的。邮政通信产品虽不具有实物形态,但以服务的形式进入流通和交换,具有商品的属性。市场决定着整个商品经济运动,不仅支配商品的流通,而且支配生产、分配、消费,支配商品运动全过程。

邮政产品既然是商品,同样受市场支配,这就要求邮政企业树立市场观念,坚持以市场为导向,以需求为目标,即"客户需要什么,就发展什么"。市场观念要求邮政企业必须清楚地明白,实现企业各项目标的关键,在于正确确定目标市场的需要和欲望,并且比竞争者更有效地传送目标市场所期望的物品或服务,进而比竞争者更有效地满足目标市场的需要和欲望。

2. 竞争观念

市场竞争是在市场经济条件下,企业作为商品生产者和经营者为了争取实现企业自身的经济利益而发生争夺、较量和对抗的经济关系。在市场经济中几乎所有邮政业务都面临激烈的竞争,正确地树立竞争观念,才能在竞争中生存,这也是经营者成功地实施经营战略,实现企业经营目标的前提。

3. 服务观念

服务是邮政企业经营的宗旨。邮政经营的服务观念要求邮政企业牢固树立"客户至上"的观念,一切以客户要求出发,为客户提供优质服务。

邮政服务的水平主要表现在网点数量、邮路频次以及服务态度、服务内容、服务效率、服务环境等方面。与过去相比,无论从网点数量、服务设施,还是服务效率、服务态度、服务质量上都有很大的提高和改善,但用户的要求也在不断提高,因而不仅是各级领导,全体邮政职工都要树立服务观念,要充分认识到,当今社会已进入了全方位的竞争状态,全员服务、全过程服务、优质高效服务已成为服务型企业发展的根本。邮政只有服务得越彻底,市场占有率才会越来越大,企业的效益也会越来越好。

4. 信息观念

邮政从事的是通信业务,传递信息是邮政的重要任务。同时,邮政在进行一系列经营活动中又需要大量的信息。邮政经营的信息主要是具有新的内容、新知识、新业务的信息。信息是资源,是有价值的。邮政企业在业务开展过程中时刻离不开信息的获取。这些信息一般来自政府决策、新闻媒体、相关书籍资料、互联网、市场调查、用户调研及某些偶然机会。邮政企业应该时刻注意收集相关资料,了解新闻媒体的相关报道,定期或不定期进行用户调查,了解社会用邮需求,征询用户对邮政服务的意见和建议,同时还要及时了解竞争对手的信息。占有大量信息是科学决策的基础,因此要求邮政企业内部与客户直接打交道的营业员、投递员、营销员必须具有强烈的信息意识,即使没有与客户直接打交道的其他人员也要有一定的信息意识,能够作信息的提供者和收集者。

5. 效益观念

邮政企业从事的是商品生产,必须要强调投入与产出的最佳比例关系,效益直接关系到企业的生存和发展,当然要注重经济效益。所以,应当树立正确的邮政经济效益观念。

邮政设施是社会的基础设施,通信产品是通过服务来实现的。这一特点决定了邮政企业必须把社会效益放在第一位,要摆正经济效益与社会效益之间的关系,摆正行业效益与企业效益之间的关系。所以在生产经营活动中,必须有全局观念,正确处理部门经济效益和社会经济效益的关系,做到部门经济效益服从社会效益。

四、邮政经营战略的层次

一般来讲,企业经营战略可以划分为三个层次:公司战略、业务战略和职能战略。如果企业整体要想获得成功,必须将三者有机地结合起来。三个层次的战略既相互联系,又有一定的独立性。企业中每一层次的战略构成下一层次的战略环境,同时,低一级的战略为上一层次的战略目标的实现提供保障和支持,但它又有根据自身条件和要求所确定的目标和措施,有其相对独立性。

三个层次的战略之间的关系可用图 1-3 表示。

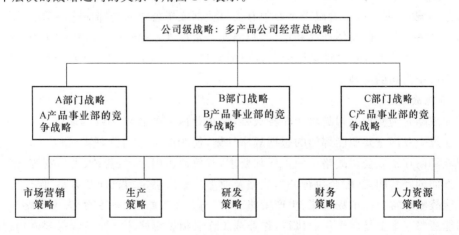

图 1-3 大型企业经营战略系统

1. 公司战略

公司战略,又称企业总体战略,是企业经营战略中最高层次的战略。它需要决定企业的目标,决定从事何种事业,合理配置企业经营所必需的资源分配,使各项经营业务相互支持、相互协调。对于邮政企业来讲，公司战略就是中国邮政的总体发展战略，邮政的总体战略必须使邮政各经营单位能够创建一个有着独特的竞争能力以及竞争优势的程序。因此，邮政企业总体战略主要考虑两个问题，一是邮政企业应该选择从事哪些生产经营活动以使其保持良好的发展态势并步入良性发展轨道；二是邮政应该选择何种战略进入与退出某些领域。

公司战略的特点包括以下几点。

（1）公司战略倾向于价值取向，是有关企业全面发展的、整体性的、长期的战略行为。对于邮政企业来说就是中国邮政的总体发展战略或各省的发展战略。

（2）从参与战略的人员看，公司战略的制定与推行人员通常是企业的高层管理人员。如邮政集团公司及各直属公司、省公司一级的管理人员。

（3）公司战略的制定具有很大的风险性，成本高，预期收益也大，需要时间长，要求有较大的灵活性和大量外部资源的输入。

公司战略通常包括企业进入战略、整合战略、多种经营战略和重组与撤退战略等。

2. 业务战略

业务战略，又称经营单位战略，是战略经营单位、事业部或子公司的经营战略。在仅经营单一事业的公司中，其公司层级和事业部层级实际上是同一个。业务战略是在公司战略的制约下，指导和管理具体经营单位的计划和行动，为企业的整体目标服务。邮政的经营单位战略就是各专业局（公司）和省邮政局及以下各经营单位的战略，是某一专业或某一地区的战略。邮政经营单位战略中业务发展战略是核心，它促使邮政企业根据市场、人员、资金和技术等不同因素的变化决定发展哪些业务，缩减甚至淘汰哪些业务，并促使业务结构优化和新业务的开发，从而最大限度地满足用户的用邮需求，提高邮政企业经营的经济效益和社会效益。

业务战略主要包括竞争战略和市场营销战略。这种战略所涉及的决策问题是在选定的业务范围内或在选定的市场-产品区域内，事业部门应在什么样的基础上来进行竞争，以取得超过竞争对手的竞争优势。

业务战略与公司战略的区别有以下两点。

（1）公司战略是有关企业全局发展的、整体性的、长期的战略计划，对整个企业的发展产生深远的影响；而业务战略着眼于企业中有关事业部或子公司的局部性战略问题，影响着某一具体事业部或子公司的具体产品和市场，只能在一定程度上影响公司战略的实施。

（2）制定公司战略的主要参与者是企业的高层管理者，而制定业务战略的参与者主要是各事业部或子公司的经理。

3. 职能战略

职能战略是为实现公司战略和业务战略，对企业内部的各项关键的职能活动做出的统筹安排。通过企业内主要职能部门的短期战略计划，使职能部门的管理者可以更加清楚地认识到本职能部门在实施公司战略中的责任和要求，有效地运用生产、营销、人力资源、研究开发及财务等方面的经营职能，配合执行公司战略及业务战略所确定的目标及策略，保证实现企业目标。职能战略通常包括市场策略、生产策略、研究与开发策略、财务策略、人事策略等。

职能战略基本上是属于作业执行，作业或工作必须做得好才能使经营得到成功；其目标可用具体的数字加以衡量，并进行比较工作。

由于职能战略主要涉及具有作业性取向和可操作性的问题，因此它所涉及的决策问题时间限度比较短。由于依靠已有资源，职能战略决策风险小，所需代价（成本）不高，所涉及的活动在公司范围内不需要很大的协调性。

思考:分析邮政经营战略的三个层次。

五、战略管理过程

战略管理是企业经营管理实践的产物。一个好的方案并不一定会有好的结果,没有有效的机制保证,再好的规划也是一纸空文。因此,战略管理显得尤为重要。企业战略管理是确立企业使命,根据企业外部环境和内部条件设立企业的组织目标,依靠企业能力保证目标的落实,并最终实现企业使命的一个动态管理过程。一般认为,战略管理包括战略分析(了解组织所处的环境和相对竞争地位)、战略设计与选择以及战略实施与控制三个基本环节。

这三个环节既相互联系又相互区别,共同构成一个完整的战略管理过程。三者之间的关系如图 1-4 所示,实际上,各环节之间会有重叠。

图 1-4　战略管理过程的基本模型

(一)战略分析

战略分析的主要目的是评价影响企业目前和今后发展的关键因素,并确定在战略选择步骤中的具体影响因素。战略分析包括三个方面的内容。

一是确定企业的使命和目标。企业的使命和目标为企业战略的制定和评估提供依据。

二是外部环境分析。战略分析要了解企业所处的环境正在发生哪些变化,这些变化给企业将带来更多的机会还是更多的威胁。外部环境包括宏观环境和微观环境两个层次。

三是内部条件分析。战略分析还要了解企业自身所处的相对地位,具有哪些资源以及战略能力;还需要了解与企业有关的利益相关者的利益期望,在战略制定、评价和实施过程中,这些利益相关者会有哪些反应,这些反应又会对组织行为产生怎样的影响和制约。

战略分析是制定战略的基础,一种经典且常用的方法是 SWOT 分析方法。SWOT 代表分析企业优势(Strength)、劣势(Weakness)、机会(Opportunity)和威胁(Threat)。因此,SWOT 分析实际上是将对企业内外部条件各方面内容进行综合和概括,进而分析组织的优劣势、面临的机会和威胁的一种方法。其中,优劣势分析主要着眼于企业自身的实力及其与竞争对手的比较,而机会和威胁分析将注意力放在外部环境的变化及对企业可能的影响上,但是,外部环境的同一变化给具有不同资源和能力的企业带来的机会或威胁却可能完全不同。因此,两者之间又有紧密联系。

1. 优势与劣势分析

所谓竞争优势是指一个企业超越其竞争对手的能力,这种能力有助于实现企业的主要目标——赢利。但值得注意的是,竞争优势并不完全体现在较高的赢利率上,有时企业更希望增加市场份额。竞争优势可以指消费者眼中一个企业或它的产品有别于其竞争对手的任何优越的东西,它可以是产品线的宽度、产品的大小、质量、可靠性、适用性、风格和形象以及服务的及时、态度的热情等。

由于企业是一个整体,并且由于竞争优势来源的广泛性。所以,在作优劣势分析时必须从整个价值链的每个环节上,将企业与竞争对手作详细的对比。如果一个企业在某一方面或几个方面的优势正是该行业中企业应具备的关键成功要素,那么,该企业的综合竞争优势就强一些。需要明确的是,衡量一个企业是否具有竞争优势,不是站在企业的角度上,而是站在现有及潜在用户的角度上。

企业在维持竞争优势过程中,必须深刻认识自身的资源和能力,采取适当的措施。因为一个企业一旦在某一方面具有了竞争优势,势必会吸引到竞争对手的注意。一般地说,企业经过一段时期的努力,建立起某种竞争优势,然后就处于维持这种竞争优势的态势。如果竞争对手直接进攻企业的优势所在,或采取其他更为有力的策略,就会削弱这种优势。

对于邮政企业来讲,其优势和劣势都是值得我们关注的。

(1) 邮政企业优势分析

近年来,中国邮政的整体实力明显增强,各方面的优势逐步得到体现。第一,"中国邮政"这个品牌是一笔巨大的无形资产,在社会上享有较高的声誉。第二,虽然邮政在实物流、信息流、资金流单个领域都不是最强,但邮政具有三流合一的行业优势,并且邮政的综合实力不断提高(固定资产、两网建设)。第三,邮政经营领域不断拓宽,业务种类不断增多,抗风险能力和市场竞争力明显增强。

(2) 邮政企业劣势分析

尽管邮政具有很多优势,但面对各种挑战和压力,在市场经济环境下,与现代邮政的要求相比,邮政存在的劣势依然不容忽视。第一,邮政实物网和信息网融合还不够紧密,网络的信息化程度较低;邮政整体的网络优势并未完全发挥,网络运行效率有待提高;业务和技术的相融互动还不够紧密,网络的标准化程度还比较低。第二,邮政经济秩序有待继续整顿和规范,反映出邮政自身的一些劣势:管理机制不健全、规章制度不落实、本位主义严重、营销方式简单等。第三,人才结构性矛盾依然突出,优秀人才不足与结构性冗员的问题仍然存在;科学的人力资源开发管理体制尚未健全,邮政人力资源"三项制度"改革、人才结构调整有待进一步深入。第四,筹资能力比较差,投入不足。

2. 机会与威胁分析

随着经济、社会、科技等诸多方面的迅速发展,特别是世界全球化、一体化过程的加快,全球信息网络的建立和消费需求的多样化,企业所处的环境更为开放和动荡。这种变化几乎对所有企业都产生了深刻的影响。正因为如此,环境分析成为一种日益重要的企业职能。

环境发展趋势分为两大类:一类表示环境威胁,另一类表示环境机会。环境威胁指的是环境中一种不利的发展趋势所形成的挑战,如果不采取果断的战略行为,这种不利趋势将导致公司的竞争地位削弱。环境机会就是对企业行为富有吸引力的领域,在这一领域中,该企业将拥有竞争优势。

(1) 市场机会分析

有效地捕捉和利用市场机会,是企业营销成功和发展的前提。分析和评价市场机会主要从两个方面着手:一是考虑市场机会给企业带来的潜在利益的大小,二是考虑机会出现的概率大小。如图1-5所示。

在图1-5的四个象限中:第1象限是企业必须重视的,因为它的潜在利益和出现概率都很大;第2和第3象限也是企业不容忽视的,因为第2象限虽然出现概率低,但一旦出现会给企业带来很大的潜在利益;第3象限虽然潜在利益不大,但出现的概率很大,因此需要企业加以重视,制定相应对策;第4象限,主要是观察其发展变化,并依据变化情况及时采取措施。

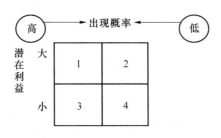

图 1-5　机会分析矩阵

（2）环境威胁分析

分析研究环境的目的在于抓住和利用市场机会（如前所述），避免环境威胁。面对环境威胁，企业若不果断地采取营销措施避免威胁，其不利的环境趋势必然会伤害企业的市场地位，甚至使企业陷入困境。对环境威胁的分析主要从两方面考虑：一是分析环境威胁对企业的影响程度，二是分析环境威胁出现的概率大小；并将这两个方面结合在一起。如图1-6所示。

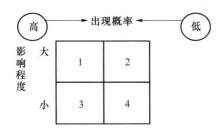

图 1-6　威胁分析矩阵

在图1-6的四个象限中，第1象限是企业必须高度重视的，因为它的危害程度高，出现概率大。企业必须严密监视和预测其发展变化趋势，及早制定应变策略。第2和第3象限也是企业不容忽视的，因为第2象限虽然出现概率低，但一旦出现，给企业营销带来的危害就特别大。第3象限虽然对企业的影响不大，但出现的概率却很大，对此企业也应该予以注意，准备应有的对策措施。对第4象限主要是注意观察其发展变化，看其是否有向其他象限发展变化的可能。

分析环境威胁的目的在于采取措施，避免不利环境因素带来的危害。企业对环境威胁一般采取三种不同的对策：一是反抗策略，即企业利用各种手段，限制不利环境对企业的威胁作用，或者促使不利环境向有利环境方面转化。二是减轻策略，即调整市场策略来适应或改善环境，以减轻环境威胁的影响程度。三是转移策略，即对于长远的、无法对抗和减轻的威胁，采取转移到其他的可以占领并且效益较高的经营领域或停止经营的方式。

（3）综合环境分析

在企业实际面临的客观环境中，单纯的威胁环境和机会环境是少有的。一般情况下，企业面临的环境都是机会与威胁并存、利益与风险结合在一起的综合环境。根据综合环境中机会水平与威胁水平的不同，形成了图1-7所示的矩阵。

① 面临理想环境应采取的策略

理想环境机会水平高、威胁水平低、利益大于风险，是企业难得遇上的好环境。面临这样的环境，企业必须抓住机遇，开拓经营，创造营销佳绩，千万不可错失良机。

② 面临冒险环境应采取的策略

冒险环境机会和威胁同在、利益与风险并存，在有很高利益的同时存在很大的风险。面临这样的环境,企业必须加强调查研究,进行全面分析,发挥专家优势,审慎决策,以降低风险、争取利益。

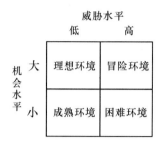

图1-7 综合环境分析矩阵

③ 面临成熟环境应采取的策略

成熟环境的机会和威胁水平都比较低,是一种比较平稳的环境。面对这样的环境,企业一方面要按常规经营,规范管理,以维持正常运转,取得平均利润;另一方面要积蓄力量,为进入理想环境或冒险环境作准备。

④ 面临困难环境应采取的策略

困难环境的风险大于机会,企业在此环境下经营已十分困难。面对困难环境,企业必须想方设法扭转局面;如果大势已去,无法扭转,则必须采取果断决策,退出该环境,另谋发展。

(4) 邮政发展机会和威胁分析

① 邮政发展机会分析

总体来讲,宏观环境对邮政的发展是比较有利的,邮政具有很大的经济活动空间。第一,全面建设小康社会的目标,是一个惠及各行各业的发展机遇。保持宏观经济政策的连续性和稳定性,继续实行积极的财政政策和适度宽松的货币政策,全国经济、社会的持续发展,必定会拉动邮政业务持续增长。国家的一些宏观经济政策,如西部开发,加快"三农"发展,大力发展服务业、流通业和物流业等政策措施,将有效拉动邮政市场需求,为邮政的发展开辟了广阔的空间。推进城镇化将带来中小城市和县域邮政发展的机遇。第二,我国加入WTO后对外开放的扩大,为邮政利用国外资本和技术,实施联合发展提供了广阔天地。邮政可以通过与国外金融、保险企业的联合,引进技术、人才和管理经验,培育新的业务增长点。第三,新技术、新材料的广泛应用和交通、信息产业的发展为邮政进一步提高服务水平、不断拓展业务领域奠定了良好的基础。同时人们对信息的传递速度、准确性的要求越来越高,为邮政传递以实物为载体的信息发展提供机会,加速了邮政现代化建设的步伐。

② 邮政发展威胁分析

随着入世后中国经济进一步融入世界经济的大潮,邮政业务市场的竞争会更加激烈,竞争的范围会更广。第一,加入WTO后,各级政府对邮政的政策性优惠将逐渐淡化,对国资、民资将一视同仁,普遍服务的补偿机制一时还难以到位,国家对邮政储蓄转存款利率政策进行调整,并逐步实行利率市场化,将在一定程度上影响邮政的生存和发展。第二,市场进一步开放,来自国际和国内的竞争进一步加剧,传统业务增势减弱,新的业务增长点尚不稳定,缺乏规模。最近几年世界邮政领域发生了重要变化,兼并、并购、全球化、自由化的进程加快,一些邮政已通过兼并私营运递公司进入其他国家的邮政市场。国际邮政领域的竞争要求我国邮政必须做出竞争战略和竞争能力上的准备。第三,随着信息技术的广泛应用,函件、报刊等传统业务对收入增长的拉动力逐渐减缓,并且随着技术进步和群众消费水准的提高,社会对邮政服务的要求越来越高,稍不注意就可能影响业务发展,失去一部分市场。

思考:运用机会和威胁来分析评价邮政在一定环境下的某一业务。

(二)战略设计与选择

在进行战略分析的基础上,要进行战略设计与选择。战略分析阶段明确了"企业目前处于什么位置",战略选择阶段所要回答的问题是"企业向何处发展"。这一阶段的任务就是确定两个问题:我们能够做些什么和采取什么措施去完成既定的目标。

首先要选定企业的战略目标,企业的战略目标有成长性目标和竞争性目标,然后选择理想的战略方案。选择战略目标和优选战略方案是一个完整的系统分析过程,由下面四个要素构成。

1. 确定企业的经营领域

该经营领域对企业是有吸引力的。诸如市场潜力较大、投资报酬率较高、能够有效发挥企业自身优势等。

2. 寻找企业在竞争领域里的优势

根据前面的分析,寻找优势旨在扬长避短、发挥优势。优势与劣势都是与同行竞争对手相比较而言的,任何企业都不可能占据一切优势。优势既是现实存在的,也是可以创造的。

3. 确定战略方案

战略方案要从客观环境和创造性出发,达到发挥优势、保持优势和弥补劣势的目的,以保证战略目标得以实现。

在制定战略过程中,可供选择的方案越多越好。根据不同层次管理人员介入战略分析和战略选择工作的程度,可以将战略形成的方法分为3种形式:①自上而下的方法。即先由企业总部的高层管理人员制定企业的总体战略,然后由下属各部门根据自身的实际情况将企业的总体战略具体化,形成具体的战略方案。②自下而上的方法。在制定战略时,企业最高管理层对下属部门不作具体规定,而要求各部门积极提交战略方案。企业最高管理层在各部门提交的战略方案基础上,加以协调和平衡,对各部门的战略方案进行必要的修改后加以确认。③上下结合的方法。即企业最高管理层和下属各部门的管理人员共同参与,通过上下级管理人员的沟通和磋商,制定出适宜的战略。三种方法的主要区别在于战略制定中对集权与分权程度的把握。企业可以从对企业整体目标的保障、对中下层管理人员积极性的发挥以及企业各部门战略方案的协调等多个角度考虑,选择适宜的战略制定方法。

4. 设立评价战略方案的标准

评价标准可以是市场占有率、投资报酬率或企业成长率等。通过这些标准去判断各种替代方案的优劣。

例如,中国邮政决定进军物流领域,成立了中邮物流公司,并紧紧围绕中国邮政实现良性循环的战略目标,明确物流业务的经营领域,以"精益物流"为理念,充分发挥邮政"二网三流"的优势,努力开发个性化、高层次的一体化物流服务;提出了邮政发展物流的指导思想、市场定位、基本战略和奋斗目标;提出了要通过发展物流,进一步提高邮政网络的运行效率与效益,提升邮政企业整体素质,带动邮政整体产业的升级;提出了通过发展物流,促进邮政贴近市场、转变观念、改善服务,以满足国民经济和社会发展的需要,最终把中国邮政建成以现代物流为核心竞争能力的现代物流企业。

（三）战略实施与控制

战略实施是为了贯彻执行已制定的经营战略所采取的一系列措施，同时战略的实施与控制是密不可分的。

1. 战略实施

战略实施包括三个方面的内容。

1）制定政策。经营战略集中于解决企业发展的战略目标、基本方针和综合规划。而战略实施的全部细节要由指导战略实施的具体政策来进一步阐明。政策可视为指导人们实施战略的细则。其作用有三：第一，通过政策的制定来审议战略的各个环节是否具有可操作性；第二，确保战略的意义被正确理解并变成企业各层次、各部门的行动纲领；第三，政策不仅是用来解释战略的，它还要渗透于企业的日常经营活动，以帮助建立正常可控的行为模式。

2）组织调整。组织要适应战略，战略要通过有效的组织结构去实施。战略要随环境条件的变化而变化。随战略变化而变化的组织称为战略组织。有三种战略组织形态可供选择：防御型战略组织、开拓型战略组织、反映型战略组织。伴随组织调整过程还要进行人员配备。要使领导者的素质和能力与所执行的战略相匹配。

3）编制预算，配置资源。预算是数字化的计划，是控制组织经营活动不可缺少的有效杠杆。资源配置得当有利于战略的顺利实施，资源配置不当可能形成瓶颈，抑制战略的实施。战略组织的功能就在于充分利用现有资源和挖掘一切资源为战略服务。

2. 战略控制

所谓战略控制就是通过信息反馈系统将战略执行的实际效果与原定战略目标进行比较，发现偏差及纠正偏差，使偏差保持在允许的范围内，最终保证预期目标的顺利实现。如果发生意外变化，则要重新制定战略，进行新一轮的战略管理过程。

有效的战略控制取决于三个条件：第一，根据战略目标制定绩效评价标准；第二，建立有效的信息系统，监控外部环境的变化与内部组织的功能与效率；第三，及时有效地采取纠偏措施。

本 章 小 结

本章介绍了政企分开后邮政企业的性质、组织架构、三大业务板块的划分，分析了邮政经营的外部环境，在企业内外资源、环境分析的基础上，介绍了邮政经营战略的制定流程。

【阅读材料】

邮政发展航空票务业务的 SWOT 分析

下面以中国邮政集团公司在 2007 年所做的"邮政发展航空票务业务的 SWOT 分析"为例来具体阐述和使用此方法。

一、机会分析

（一）电子客票广泛推广给邮政带来发展契机

国际航空运输协会三年前开始启动无纸化"电子机票"计划，目前国际航线电子机票覆盖率达到 37.1%。到 2008 年 6 月 1 日，全球航空业将不再使用纸质机票。从 2007 年 11 月 5 日起,国际航空运输协会已停止向中国的机票代理人发放纸质国际机票,这意味着中国开始全面推行电子机票。目前国内航线电子机票的覆盖率已经超过99%,到今年年底,中国将成为世界上首个全部采用电子机票的国家。这一变革使得代理人市场面临着重新洗牌。由于没有出票地点的限制,可以在全国范围内联网销售,电子客票的广泛推广给邮政带来前所未有的发展契机。

(二)民航业保持快速发展势头给邮政带来更大发展空间

2006年我国民航运输实现了快速增长,全年累计运输旅客1.6亿人,增长15.4%。《2007年民航航业预测报告》预计,2007年旅客运输量达到1.8亿人次,2007~2020年间,客运周转量年均增长率将达13.24%;未来14年中国航空货运周转量将年均增长13.23%,其中2007~2010年为13.50%,2011~2020年为13.12%,并且支线航班的密度将大大增加,发展空间巨大。

二、威胁分析

(一)航空公司在自建销售渠道

在国内电子客票销售如火如荼大规模推广的同时,航空公司也在悄然强化着自己的网络直销能力。例如,国航将大规模地提升现有网站的功能和运营水平,增加现有网站在线Check-in等服务功能,增加常旅客的服务产品,同时还将设置一个200人坐席的客户服务中心,用来开展直销业务。

(二)下调佣金成为行业趋势

航空公司为降低运营成本,纷纷削减代理费支出,机票代理人收益逐步降低。欧洲有4家航空公司联合下调佣金比例。

(三)电子客票的推出使邮政配送优势逐步弱化

虽然,在中国,由于信用体系还不很健全,多数机票支付通过线下进行,但随着电子客票的日益普及,在线支付将成为发展趋势。客户无须拿到纸质机票就可以通过电话、网站完成购票,甚至通过网站完成值机操作,行程单可以到机场领取或随后寄达。这样,邮政在配送方面的优势将逐步弱化。

三、优势分析

邮政网点覆盖城乡,贴近消费者;百年邮政,在老百姓心目中品牌信誉较好;拥有庞大的客户群体,客户名址数据库达1.3亿条;拥有一支素质过硬的营销团队;初步积累了发展航空票务业务的经验,与海航、南航建立了合作关系,为进一步做大规模奠定了坚实的基础。

四、劣势分析

(一)专业人员不足、整体素质有待提高

目前各省基本没有专门的票务管理机构,邮政票务业务人力配备薄弱,兼职情况十分普遍。航空票务销售专业性较强,需要懂航空运输知识、能够熟练操作航空售票系统的专业操作人员。尽管集团公司、各省公司组织了一些培训,但目前从业人员整体素质与在航空市场打拼多年的竞争对手相比还有较大差距。人员频繁流动也在很大程度上影响了专业队伍素质的提高。

(二)没有统一的业务管理平台,业务可控性低

邮政与海航、南航合作,一些省与代理人合作,业务受理人员至少面对3套票务系统。邮政没有开发或引进统一的管理系统,业务发展及销售政策管理难度大,且网点、网站、短信等接

入平台还没有有效整合起来。

（三）主动营销不够，制约了业务规模的扩大

在航空票务的推广中，营销队伍的作用没有得到充分的发挥，仍以被动营销为主，客户量少，维护不成体系。

（四）业务宣传不到位、票务代理知名度较低

邮政发展航空票务缺乏统一的、规模性的对外宣传，社会认知度较低，邮政票务服务品牌的建立尚有一个过程。

（五）相关机制不到位，束缚业务发展

一方面，航空票务销售是邮政开办的一项新业务，在业务发展初期，需要制定一些激励政策来调动营销人员以及营业人员的业务推广积极性。另一方面，航空客票代理市场化程度高，要求建立灵活的、随行就市的客户维护、产品维护等机制。而目前我们这些机制还很不到位，不利于业务的快速发展。

【综合练习】

1. 简述经营管理的含义。
2. 分析企业经营管理过程。
3. 试分析主要环境因素对邮政企业经营的影响。
4. 分析邮政企业经营战略的三个层次。
5. 邮政企业如何进行战略管理？

【案例分析】

宝洁全球战略设计地图

宝洁有明确的全球战略，有着明确的战略架构与支持体系，并在各个阶段确定不同的重点去实现其全球战略。

一、宝洁战略架构

宝洁将其战略架构总结为八点，从宗旨与价值观、目标出发，以CEO主导的策略出发建立优势，以组织架构和系统、创新、领导力、文化作为战略保障体系支持。

（1）宗旨和价值观是根本。宗旨是提供优质超值的品牌产品和服务；价值观是正直、信任、领导力、主人翁精神、用服务赢得消费者。

（2）设置正确的增长目标，既可实现又可保证竞争地位。公司内设定乐观目标，但对投资者和股东则承诺能实现目标。外部目标是生意额保持4%～6%增长，每股盈利两位数增长。

（3）CEO主导策略的制定，创造忠诚的消费者驱动商业模式。集中于宝洁增长的四个核心业务及其品牌；高增长、高利润、高回报战略；新兴市场及低收入人群战略。

（4）平衡自己的核心优势，聚焦于优势业务。宝洁核心优势是品牌、创新和零售商的紧密合作伙伴关系；在资本密集、开始商品化、本地化比全球化更重要的领域是弱势。

（5）"从内部推销开始"的文化量身定做组织架构。全球业务赢利中心、全球市场发展组织和全球共享服务；用矩阵架构在独立和依赖之间、自主和联合之间取得平衡。

（6）创新是活力的源泉，是商业模式的心脏。创新领导力需要持续的能力和投资。广义

地定义创新。消费者更关注整体的品牌体验,而不仅是某个产品的功能。注重内外部创新相结合。

(7) 培养激励型领导力。遵循严格的培养方式。CEO 参与"500 位顶级候选人"的职业规划,董事会每年一次,高级管理团队一年三次进行领导力培养评估。保持领导人才的国别多元化、性别多元化。

(8) 塑造越来越有胆量和协作精神的文化。创造并保持开放、协作和拥抱变革的文化;真实世界的挑战和威胁将持续地导致宝洁的文化变革,预见和领导变革。

二、宝洁战略主题

为了保证战略在各阶段有着不同的侧重点,以保持战略活动的持续提升,宝洁每年都制定不同的战略主题。2008 年宝洁把发展主题定为"力求创新",创新成为未来发展的主要因素。

随着全球经济的衰退及成本的急剧上涨,单纯依靠规模扩大为企业带来利润凸显压力,广泛地创新成为一个可持续发展企业的明智之举。

业务单元方面,美容演变为美尚,从主要针对女性消费者蜕变为整个美容产业;此外,加重健康业务单元。宝洁进行了全球业务单元的调整,显得更为清晰:将吉列并入美容单元,并分出健康护理,成立美尚业务单元;将健康护理与食品、咖啡及宠物护理组合成了健康单元;将织物及居室护理和婴儿及家庭护理组成家居单元。吉列经过两年的发展最终融入美尚业务单元,标志宝洁真正融合了吉列。

三、宝洁增长战略

宝洁认为,企业的持续发展取决于是否有找到持续的生意增长点。宝洁经历过 20 世纪末的增长困境后,总结出"三大、三高、发展中国家、低收入人群、相关多元化"的增长战略并加以贯彻实施,在近年来获得了良好的成绩。

(1) 大品牌战略:2008 年较之 2007 年,24 个超 10 亿美元的品牌,销售量平均增长 7%,20 个 5 亿~10 亿美元品牌;44 个品牌占宝洁销售额的 85%,利润的 90%。

(2) 大市场战略:2008 年较之 2007 年,16 个国家的销售量平均增长 7%。

(3) 大客户战略:2008 年较之 2007 年,前 10 名零售客户销售量增长 8%。

(4) 高增长、高毛利、高回报战略:美容品类销售额 2008 年较 2001 年翻倍达到 195 亿美元,净利润三倍达 27 亿美元;健康护理销售额 2008 年较 2001 年翻倍达到 146 亿美元,净利润四倍达 25 亿美元;家居护理销售额翻倍,净利润三倍。

(5) 发展中国家及低收入人群战略:发展中国家市场销售额年增长 18%,贡献 1/3 的销售额,利润率可与发达国家利润率相比。

(6) 相关多元化战略:主要沿着自己的核心优势进行多元化。宝洁认为,其最健康的业务处在全球性市场,是由品牌、创新和零售商的紧密合作伙伴关系驱动的。而最弱的业务则处在资本密集型的行业,如尿布和生活用纸;或者是处在已开始商品化的领域,如食物和饮料;当与传统大众零售模式偏离太远时,也会陷入麻烦。最后,是那些本地化比全球化更重要的领域,如烹饪油和花生酱都是弱势业务。

四、宝洁组织战略

(1) 矩阵化战略。雷富礼上任后,尽管更改了前任许多政策,但 1999 年组织结构的矩阵化改革得到保留与发展。全球混合结构主要以 GBU(Global Business Units)和 MDO(Market Development Organizations)为两个面向来构成。这意味着同一业务将同时受到全球生意单元的领导,也接受当地行政领导的协调。

(2) 全球一体化战略。宝洁当地职能部门采用以接受全球生意单元领导为主而以接受当地区域行政总裁领导为辅的模式,这与一般采用矩阵式管理的跨国公司相反。在宝洁,矩阵之后,各区域总经理,不管行销,所有的产品定位、定价、策略都是全球制定。

五、宝洁人力资源战略

宝洁认为,人是企业最关键的因素,人力资源是宝洁最根本的资本。因此宝洁制定了内部培养制度,对员工进行全员、全程、全方位、针对性培训,统一价值观,打造最具竞争力的人才梯队。

(1) 内部培养制度。宝洁有一个名叫"内部培养"的领导计划。这个计划对每个管理者的表现进行微观分析,以便观察其能否胜任下一职位。雷富礼表示,在宝洁,最高管理层的50个职位每个都有相应的三个候选人。

确保这个计划得以成功的一个因素就是忠诚。宝洁极少雇佣外来军,都是从内部提拔,那才是其选才的第一选择。从实际结果来看,从宝洁内部提升的管理层人员都表现不错,但使用猎头公司找到的人才其失败率达50%。

刚入职的商学院毕业生是成为未来宝洁人的主要来源。宝洁发出招聘通告后,在往年,大约600 000名求职者中,只有2 700名可以进入宝洁。

如果一个有才华的年轻人理想要成为首席运营,宝洁将会给他提供尽可能大的发展空间。让员工在不同的国家和部门得到锻炼,这样就培养了一个实力很强的潜在领导者。

宝洁有一个大型的人才数据库,里面综合了138 000名员工的信息,宝洁会根据每月以及每年的表现来认真评价这些优秀人才的业绩。这期间,宝洁员工会一起谈论他们的职业目标,下一份理想的工作,以及为帮助其他员工所作的努力。如果出现一个职位空缺,会拉出一个可以立即补缺的员工名单,而且可以立即奔赴东欧的某个国家就职。是否积极培训他人也将最终决定培训人员提升与否。因为宝洁认为一个不能培养他人的管理者也不会吸引最优秀的员工。

(2) 全员、全程、全方位、针对性培训。宝洁的培训特色就是:全员、全程、全方位和针对性。具体内容如下:

① 全员。全员是指宝洁所有员工都有机会参加各种培训。从技术工人到宝洁的高层管理人员,宝洁会针对不同的工作岗位来设计培训的课程和内容。

② 全程。全程是指员工从迈进宝洁大门的那一天开始,培训的项目将会贯穿职业发展的整个过程。这种全程式的培训将帮助员工在适应工作需要的同时不断稳步提高自身素质和能力。这也是宝洁内部提升制的客观要求,当一个人到了更高的阶段,需要相应的培训来帮助其成功和发展。

③ 全方位。全方位是指宝洁培训的项目是多方面的,也就是说,宝洁不仅有素质培训、管理技能培训,还有专业技能培训、语言培训和电脑培训等。

④ 针对性。针对性是指所有的培训项目,都会针对每一个员工个人的长处和待改善的地方,配合业务的需求来设计,也会综合考虑员工未来的职业兴趣和未来工作的需要。

(3) 统一价值观。宝洁的价值观就是主人翁精神、积极热情、信息、诚实、领导能力。

面对新的世界环境,宝洁又建立了新的价值观和标准。宝洁认为,如果公司想胜出,其价值观必须与外部保持联结,而且要与现实和未来相符。在确立标准时,有两个问题必须要问:是否赢得了消费者? 是否战胜了最强的对手? 由于宝洁的价值观随着时间的推移已经渐渐变得以内部为重,最近几年,宝洁认为应从外部的视角重新为公司的价值观定位。比如,"信任"曾一度被理解为员工相信公司会为他们提供终生的工作保障,现在则被重新定义为消费者对宝洁品牌的信任。还有"标准",宝洁也从外部视角进行了重新定义。公司开始衡量宝洁品牌在消费者家庭中的渗透度,还有消费者的忠诚度。(摘自商业评论网)

思考题
1. 宝洁公司全球化经营战略为什么会成功?
2. 宝洁公司的全球战略成功给了我们什么启示?

第二章 邮政企业经营活动分析

【学习目标】

掌握经营活动分析的基本方法;掌握邮政业务收入分析的内容和方法;了解邮政业务成本分析、人力资源分析的内容和方法;掌握邮政经营预测与决策的内容与方法,能够撰写邮政经营活动分析报告。

【关键概念】

经营活动分析　因素分析法　邮政业务收入　费率结构　邮政劳动生产率　德尔菲法

【案例导入】

老张的儿子在北京某部队服役。儿子来信说,想在部队报考大专函授,但需要高中学历证明才行。老张一点没敢耽误,第二天,也就是2012年的12月25日,老张就在村里的邮政代办所将儿子的高中学历证明以挂号信的方式寄了出去。可到了2013年1月12日,原以为万事大吉的老张接到了儿子的电话,称还没有收到这封挂号信。老张有些着急,忙到代办所去查询,可代办所的工作人员说邮件寄出未满一个月,不能查询。无奈,老张只好回家等候。等到邮件寄出满一个月后,老张先后两次到代办所查询,却均没有回音。2月18日这天,老张骑车走了10多千米路来到管辖代办所的邮政支局。支局查询的结果是,该邮件在代办所有收寄出口,支局却无进口记录。而当时接收老张挂号信的投递员小赵回忆说,回到支局后就将该挂号信交给了当班的营业员小李。但因双方没有交接手续,营业员小李根本回忆不起具体的细节。老张一看这种情况,直接找到了支局长。

请问:这是否是支局经营活动范围?如果你是支局长,你怎样处理?出问题原因是什么?怎样避免?

第一节　邮政企业经营活动分析基本知识

一、经营活动分析的意义

(一)经营活动分析的含义

企业经营活动分析,是从经营的角度出发对企业的经营活动全过程及其成果进行分析。

对邮政企业而言,以通信生产经营活动过程及其效果为研究对象,以企业的计划资料、统计资料、核算资料和其他企业内部资料为依据,以经济核算为基础,通过调查研究,利用科学的分析方法,一方面考核评价通信生产经营活动中劳动占用、劳动消耗、劳动成果、经济效益、劳动生产率等主要指标的到达水平和计划执行情况;另一方面,从经营的角度研究分析这些指标升降变动的客观原因及其主要影响因素,并提出对策和建议,这就是对邮政企业日常经营活动进行分析评价的实质和内涵。

（二）经营活动分析的任务

经营活动分析的任务,就是通过研究反映企业经营活动及其成果的各项经济指标,检查各项经营计划的执行情况,评价企业各种资源的利用效果,查明有利因素和不利因素及其对经济指标的影响程度,预测企业经营活动的预期效果和发展前景,促进企业改善经营管理,寻求有效利用现有资源的途径,挖掘企业内部潜力,提高企业经济效益。

（三）经营活动分析的意义

（1）通过经营活动分析,能够帮助企业找出生产经营活动中存在的一些带规律性的问题,预测经济发展趋势,为经营决策提供可靠的经济信息,通过预测分析和决策分析,指导企业制定正确的经营目标,选择最优方案。

（2）通过经营活动分析,能够及时地调整经营目标,为正确编制经营计划提供依据。

（3）通过经营活动分析,可以掌握企业生产经营计划的执行情况及方针政策、规章制度的遵守情况,正确评价企业生产经营活动的成果,揭示经济差异,控制经济活动,实现经营目标,全面完成经营计划。

（4）通过经营活动分析,能够促使企业加强经济核算,完善经济责任制。因为核算反映生产经营的一般情况,只有通过分析,才能揭露矛盾,查明原因,提出措施,改进工作,以达到核算的目的,充分发挥经济核算的作用。通过经济分析,检查企业实行经济责任制的情况,了解各项管理制度是否健全,从而促进经济责任制的完善,促进企业经营管理水平的提高。

（5）通过经营活动分析,发现企业生产经营中的薄弱环节,及时采取必要的措施,挖掘内部潜力,不断提高经济效益。

二、经营活动分析的程序

经营活动分析是一个比较复杂的过程,其具体步骤如下。

1. 提出分析课题,明确要求

在进行经营活动分析之前,一般应根据企业经营管理的需要,以及计划执行过程中发现的问题,确定分析的课题和要求,明确分析目标,拟订分析纲要,并且做好适当的安排,以便有计划、有步骤地开展分析工作。分析课题的安排和提出,既要全面综合,又要突出重点。

2. 收集资料

企业进行经营活动分析时,必须根据分析目标,收集整理内容真实、数字正确的资料,经营活动分析所需要的资料是多方面的,因此,要注意资料的全面性和完整性,也就是,要收集各种日常活动资料、专门调查的专题资料、核算资料及国际同行业先进水平企业的有关资料。

3. 定量分析

为了认识生产经营的现状及其发展前景,掌握客观事物发展的规律性,首先要进行定量分析,从数量上来确定各项技术指标的差异大小,寻找差距,然后按照客观经济现象的内在联系,找出影响经济指标的各个因素。通过建立分析模型,测定各因素的变化对经济指标的影响程度,以衡量企业生产经营活动和经济效益的优劣。

4. 定性分析

通过定量分析,只能看出数量上、现象上的差异,不能说明差异的实质。因此,还必须深入进行综合研究,在定量分析的基础上,进一步对企业的经济效益作合理性和可行性论证。通过定性分析,分析造成差异的多种原因,并从中找出主要原因。在实际分析时,首先要从总差异上着手,按其发生时间、地点,研究这些结果形成的过程;其次,进行因果分析;再次,将有关因素加以分类,衡量诸因素对计划完成结果的影响程度,在相互联系中找出起决定作用的主要因素。最后,全面地综合分析各方面因素对计划完成的影响程度及其方向,找出问题的关键所在。

5. 提出措施,写出分析报告

分析工作的最后阶段,应根据分析的结果,认真总结经验教训,发扬成绩,克服缺点。针对生产经营中的薄弱环节,提出措施,挖掘潜力,改进工作,提高企业的经济效益。同时,对企业的经营活动情况,通过周密的分析以后,要归纳总结,写出文字分析报告。

经营活动分析报告的内容包括:企业经营活动的基本情况描述;找出成绩和存在的不足;提出今后发展的具体措施。

三、邮政企业经营活动分析的内容及类型

(一)邮政企业经营活动分析的内容

邮政企业经营活动分析就是对邮政企业的经营状况作全面地考核与分析,具体包括如下内容。

1. 邮政经营成果分析

邮政企业的经营成果是指邮政企业从事通信生产和经营活动所创造的邮政产品和销售收入。邮政产品包括邮政产品量、产品种类和产品质量,而邮政销售收入是指邮政业务收入。

通过对邮政企业的经营成果分析,可以全面地了解企业的经营成果水平及其经营成果指标的计划完成情况。本教材重点介绍邮政业务收入分析。

2. 邮政业务成本分析

通过对邮政业务成本的分析,可以了解成本的计划完成情况和成本的结构是否合理,从而为加强成本计划、控制及管理提供可靠的依据。

3. 邮政经营资金分析

通过对邮政企业筹集资金、使用资金等分析,真正了解邮政企业财务管理的相关工作,才能合理配置现有经济资源,提高企业经济效益。

4. 邮政人力资源分析

通过对邮政人力资源分析,可以了解劳动力需要量的测算、劳动力配备的安全程度和邮政劳动生产率的考核与潜力分析。

5. 邮政综合经济效益分析

邮政综合经济效益分析是利用一系列经济效益指标对企业的经营状况进行综合地分析,从而了解企业的综合实力。

6. 邮政经营预测与管理决策

通过运用经营预测与决策的方法,对邮政企业的经营管理工作实际进行相关的预测与决策,提高企业的决策能力和管理水平。

(二)邮政企业经营活动分析的类型

为了全面系统地开展经营活动分析,必须针对不同对象和要求采取不同的分析形式。邮政企业经营活动分析可以从多种不同的角度进行分类。

1. 按组织分析的主体分类

可以分为企业以外单位组织的分析和企业自身组织的分析两大类。

企业以外单位(主要指财政、税收、审计、工商行政、金融等单位)对邮政企业的生产经营活动过程进行的分析,一般是涉及其本身的职能和利益的专题分析或专项分析。如财政部门代表国家对邮政企业的会计决算进行审查,它从考察企业在执行财经法规、组织会计核算、支出成本、形成利润、上缴国家税额等方面的情况,来判断企业处理与国家经济关系的合法性;审计部门代表国家对邮政企业进行审计监督;金融部门在为邮政部门办理信贷时,为了判断企业的还债能力和贷款的安全性,也要对企业的经营状况、盈亏水平支付能力等进行分析评价。这些统称为企业外部分析。

与企业外部分析相对应,为了判断企业经营状况,改善企业经营管理,由邮政企业自己组织企业内部相关人员参加进行的生产经营活动分析,称之为企业内部分析。

2. 按分析的时间安排分类

可以分为定期分析、不定期分析和日常分析。

定期分析一般是按月度、季度、年度进行的分析,它用一定时间的数据资料和经营活动情况作为分析的对象,全面了解企业的经营活动,总结经验教训,从中找出规律以指导工作。

不定期分析,则是针对某个问题进行的临时分析。

日常分析则是对生产经营活动进行的经常性的分析。企业的各个职能部门、各管理层次,为了掌握生产经营活动情况,指导和解决实际工作中的问题,开展经常性的分析,以便更好地组织日常经营活动。

3. 按经营活动分析的内容和范围分类

可以分为综合分析、专业分析和专题分析。

综合分析是对企业经营活动情况进行全面的分析,是对企业各个部门和经营活动的全过程进行的分析。全面地考察与评价企业的经营活动状况,分析经营活动中带普遍性的问题和关键性的问题,以便为企业的总体发展指明方向和对策。

专业分析是各个专业职能部门(如计划财务,邮政各专业处、科等)分别根据本部门分管的业务进行分析。通过分析评价各专业的经营成果和问题,促进各专业改进工作,解决存在的问题。

专题分析是针对企业当前生产经营中某一突出问题或关联问题进行专门的调查研究和分析。如对某项工作进行的经验总结、对某个问题进行深入的分析以便查明原因和提出解决问题的具体办法。通常,年度、季度经营活动分析要求对企业的各项经济技术指标进行全面的综合分析,而月度、旬、周的经营活动分析大多采用"一事一议"的专题分析方法。

4. 按经营活动分析在经营全过程中的时间序列分类

可以分为事前分析、事中分析和事后分析。

事前分析是为落实企业经营计划奠定基础的,是对决策、计划或制定措施方案之前进行的分析,主要是分析预期经济效益和可能出现的问题,为企业制订计划和作决策提供依据。

事中分析是对企业经营计划执行情况的分析,如生产活动、计划执行、方案的实施等,为计划的继续顺利执行和根据新情况调整计划提供依据,通过分析了解工作进展情况及出现的各种问题,并采取措施加以解决。

事后分析是生产经营活动终了所进行的分析。总结前期经营过程,考察计划的完成情况,取得的成果,取得的经验,发生的问题,为改善以后的工作提供借鉴,为制订新的经营计划奠定基础。

5. 按参加分析的人员状况分类

可以分为专业人员分析和群众性分析。

专业人员分析是各职能部门的专职人员对所属部门的工作和成果进行的分析。如市场部门对业务开发进展情况、市场情况、取得的成果等进行分析;财务部门则专门分析资金的筹集、资金的利用状况、产品的成本以及销售收入和盈利水平等。这种分析密切联系本部门的具体业务,对本部门工作起指导和监督的作用。

群众性分析,是企业的全体成员都参加的分析活动,它是群众参与管理、开展增产节约、技术革新和合理化建议的一种重要形式,通过开座谈会、讨论会、分析会、调查研究会等形式吸收职工群众参加,吸取大家的意见,集思广益,使分析工作更加深入、广泛,起到动员群众、发动群众、调动群众积极性的作用。

各种形式的分析活动,都有它们的特点和作用,适于不同的问题。在进行经济活动分析时,应当根据实际情况,分析的目的要求及问题的性质和特点,采取适当的分析形式进行分析,对一些综合性和全面的问题,运用多种分析形式进行分析,以求取得最佳效果。

四、经营活动分析的基本方法

经营活动分析中经常会用到一些定性分析和定量分析的方法,运用这些方法对企业的相关数据进行计算和分析,可以了解企业的经营状况,针对存在的问题,制定解决的方案与措施。邮政企业经营活动分析常用的方法是比较分析法、因素分析法和比率分析法。

(一) 比较分析法

比较分析法是应用较为广泛的一种经济分析方法,它是通过将实际数与基数进行对比,揭示差异,找出问题的一种方法。与实际数对比的基数,取决于分析的目的。一般有计划数、上期实际数、本企业历史最好水平和国内外同行业同类企业的先进水平。实际与计划进行对比,可以分析计划的完成情况;本期与上期对比、本期与企业历史最好水平进行对比,均可以分析其发展趋势;本企业与国内外同行业同类企业的先进水平进行对比,可以分析企业所处的位置,找出与先进水平的差距。采用比较分析法时,应注意进行对比的指标必须是同质的,在经济内容、计算方法、计算期等方面具有可比性。

在运用比较分析法进行经济指标分析时,一般是将企业指标的实际完成情况与计划指标、前期指标(历史指标)和先进水平作比较,方法如下。

1. 实际数与计划数比较

将实际完成指标与计划指标相比较,可以分析计划完成的程度。表达式为

实际完成指标比计划指标增减数额＝实际完成指标－计划指标

$$计划完成百分数 = \frac{实际完成指标}{计划指标} \times 100\%$$

实际完成指标比计划指标增减百分数＝计划完成百分数－100%

2. 实际完成指标与前期指标比较

通过实际完成指标与前期指标的比较,可以了解事物的发展过程和发展趋势。表达式为

实际完成指标比前期指标增减数额＝实际完成指标－前期指标

$$实际完成指标与前期指标百分比 = \frac{实际完成指标}{前期指标} \times 100\%$$

实际完成指标比前期指标增减百分数＝实际完成指标与前期指标百分比－100%

3. 实际完成指标与先进水平比较

将企业的实际完成指标与国内外同行业先进水平比较可以分析企业在行业中所处的位置，找出与先进水平的差距。表达式为

实际完成指标比同行业先进水平增减数额＝实际完成指标－同行业先进水平

$$实际完成指标与同行业先进水平的百分比 = \frac{实际完成指标}{同行业先进水平} \times 100\%$$

实际完成指标比同行业先进水平增减百分数＝实际完成指标与同行业先进水平的百分比－100%

【例 2-1】 假如某市邮政局业务收入完成情况如表 2-1 所示，试用比较分析法分析各指标的完成情况。

表 2-1　某市邮政局业务收入完成情况　　　　　　　　　　　　单位：万元

指标	实际完成指标	计划指标	上期完成指标	同行业先进水平
业务收入	660	610	590	680
增减绝对量		+50	+70	-20
增减相对量(%)		+8.20%	+11.86%	-2.94%

计算结果表明，该邮政局报告期实际完成业务收入比计划增长了 8.20%（50 万元），比上期增长了 11.86%（70 万元），比同行业先进水平低 2.94%（20 万元）。可见，该邮政局的经营状况较好。

（二）比率分析法

比率分析法，是利用两个指标的相互关系，通过计算它们的比率来考察、计算和评价经营活动业绩优劣的方法。

根据分析的内容和要求不同，比率分析法主要有相关比率分析、趋势比率分析和结构比率分析三种方法。

1. 相关比率分析法

相关比率分析法是计算两个性质不同、却又相关的指标之间的比率，并进行数量分析的方法。即比率的分子与分母是两个完全不同的指标，但又有内在的联系，计算出一个相对值，来分析企业的经营状况或经营成果。例如，主营业务收入与主营业务利润是两个不同的指标，但是通过下列计算：主营业务利润除以主营业务收入乘以 100%，就可以计算出主营业务收入利润率，进一步反映企业的经营成果。类似这样的指标还有资产负债率、流动比率、总资产报酬率、成本利润率等。

2. 趋势比率分析法

趋势比率分析法是指将不同时期同类指标的数值进行对比，计算趋势比率，借以分析该项指标反映的事物发展方向、增减速度和发展趋势，以判断企业某方面或某项业务的趋势，并从其变化中发现企业在经营方面所取得的成果或不足的方法。

趋势比率分析法包括定比和环比两种方法。定比是以某一时期为基数，其他各期均与该基数进行比较；环比是分别以上一时期为基数，下一时期与上一时期进行比较。

采用趋势比率分析法时，应注意进行比较的指标是同质的具有可比性。在这种分析法中，常用的指标是发展速度和增长速度。

(1) 发展速度

发展速度,就是报告期数值(比较期数值)与基期数值之比。通过发展速度的分析,可以看出某种经济现象发展的快慢程度。计算公式如下

$$发展速度 = \frac{报告期数值(比较期数值)}{基期数值} \times 100\%$$

定比发展速度,是把基期固定在某一个时期,而将各个比较期的数值与这一固定的基期数值相比较,以说明某一经济现象在某一时期的基础上逐期发展的情况,也就是比较期数值与基期数值之比,表明这种现象在较长一段时间内总的发展速度。

环比发展速度,是以比较期的上一期数值为基数,逐期计算求出。它表明某一经济现象在不同基础上逐期发展变化的情况,是比较期数值与上一期数值之比。如分析的单位时间是一年,则这个指标就叫"年速度"。

另外,为了反映经济现象在一定时期内发展速度的规律性,可以采用平均发展速度指标,平均发展速度是环比发展速度的平均值,其表达式为

$$平均发展速度 = n\sqrt{\frac{期末数值}{期初数值}}$$

(2) 增长速度

增长速度,是增长量与基期数值之比,或发展速度减1。表达式为

$$增长速度 = \frac{增长量}{基期数值} \times 100\%$$

或

$$增长速度 = 发展速度 - 100\%$$

与发展速度相对应,增长速度也可以分为定比增长速度、环比增长速度、平均增长速度三种。

3. 结构比率分析法

结构比率,是指某项指标的某个组成部分占总体的比重。结构比率分析法就是通过计算经济指标的结构比率,用以观察它的构成内容及其变化,从而掌握该项经济活动的特点和变化的趋势。表达式为

$$结构比率 = \frac{各部分数值}{总体数值} \times 100\%$$

这种方法在对成本和各项费用进行分析时尤为常用,也可以分析邮政业务收入中各专业的业务收入所占的比重。

(三) 因素分析法

因素分析法是根据分析指标与其影响因素之间的关系,按一定程序和要求,从数值上测定各因素对有关经济指标差异影响的具体方法的总称。通过因素分析,可以衡量各项因素影响程度的大小,有利于分清原因和责任,从而抓住关键性问题,有针对性地提出改进经营管理的措施。

常用的因素分析方法包括差额分析法和连环替代分析法两种。差额分析法是连环替代分析法的一种简化形式,两种方法得出来的结论是一致的。

1. 差额分析法

它是利用各个因素的实际数与基数(或计划数)之间的差额,来计算各个因素对经济指标

差异的影响程度的一种分析方法。该方法的计算程序如下。

（1）确定分析对象。就是根据分析要求，确定分析指标的实际数与基数的差额以及各因素的实际数与基数的差额。

（2）以各因素的差额乘以计算公式中该因素前面的各因素的实际值，以及列在该因素后面的其余因素的基数（或计划数），就可以求得各因素的影响值。

（3）将各个因素的影响值相加，其代数和应同分析指标的实际数与基数之差（分析对象）相同。

应注意的是，确定各项因素的排列顺序一般应遵循下列原则：如果既有数量因素又有质量因素，数量因素排列在前，质量因素排列在后；如果既有实物数量因素又有价值数量因素，实物数量因素排列在前，价值数量因素排列在后；如果都是数量因素，或者都是质量因素，那么应区分主要因素和次要因素，主要因素排列在前，次要因素排列在后。

【例 2-2】 假设某邮政局指标完成情况如表 2-2 所示，试用差额分析法进行分析。

表 2-2 某邮政局指标完成情况

指标	计划值	实际值	差额
业务收入/万元	600	663	+63
业务量/件	500 000	510 000	+10 000
平均单价/元每件	12	13	+1

分析：业务收入＝业务量×平均单价

分析对象：业务收入增加 63 万元

业务量的增加对收入的影响程度：$(510\,000-500\,000)\times 12=120\,000$ 元（12 万元）

平均单价的提高对收入的影响程度：$510\,000\times(13-12)=510\,000$ 元（51 万元）

总的影响程度＝12 万元＋51 万元＝63 万元

思考：如果用业务收入＝职工人数×劳动生产率来进行因素分析又如何？

2. 连环替代法

连环替代法是将分析指标分解为各个可以计量的因素，并根据各个因素之间的依存关系，顺次用各因素的比较值（通常即实际值）替代基准值（通常为标准值或计划值），据以测定各因素对分析指标的影响。

【例 2-3】 某一个分析指标 M 是由相互联系的 A、B、C 三个因素相乘得到，报告期（实际）指标和基期（计划）指标为：

报告期（实际）指标 $M_1=A_1\times B_1\times C_1$

基期（计划）指标 $M_0=A_0\times B_0\times C_0$

在测定各因素变动指标对指标 M 影响程度时可按顺序进行：

基期（计划）指标 $M_0=A_0\times B_0\times C_0$ ………(1)

第一次替代 $A_1\times B_0\times C_0$ ………(2)

第二次替代 $A_1\times B_1\times C_0$ ………(3)

第三次替代 $A_1\times B_1\times C_1$ ………(4)

分析如下：

(2)−(1)→A 变动对 M 的影响；

(3)−(2)→B 变动对 M 的影响；

(4)—(3)→C 变动对 M 的影响。

把各因素变动综合起来,总影响为 $\triangle M = M_1 - M_0$。

第二节 邮政业务收入分析

一、邮政业务收入的含义及影响因素

1. 邮政业务收入的含义

邮政业务收入,是邮政企业为用户提供通信服务,按规定的资费标准向用户收取的资费,包括主营业务收入和其他业务收入。实质上,邮政业务收入就是邮政企业销售其产品所获得的销售收入,这与经济社会中其他各类企业销售自己生产的产品所获得的销售收入在概念上没有什么区别。它反映的是邮政企业所提供的通信服务得到社会的承认,被用户消费而实现的价值量。在邮政企业提供通信服务获得业务收入的过程中,通信服务的使用价值得以实现,其价值也以资费的形式得到了社会的承认。但为什么一般的工业企业都叫销售收入,而邮政企业却叫业务收入呢?其原因在于通信服务的使用价值是对通信需求的效用的满足,其本身不具有实物形态,且邮政通信的生产过程与消费过程不可分割,造成邮政企业的产品(服务)无法以一种独立存在的实物形态的商品进入流通领域。所以,通信产品被称为"通信服务",其价格被称为"资费",其销售收入被称为"邮政业务收入"。但是,无论名称如何,都改变不了它的实质。邮政业务收入,是邮政企业最终实现其利润的源泉。

邮政业务收入作为企业提供通信服务获得的收入,是得到社会承认并被消费而实现了的价值量。理论上,它可以作为以货币表示的、以现行价格为基础的邮政总产值指标。在实际中,邮政总产值指标还可以用邮政业务总量表示。邮政业务收入与邮政业务总量在数量上是有差异的,造成这种差异的原因在于:首先,邮政业务收入是以通信服务当年现行的价格为基础计算的,而邮政业务总量是以不变平均单价为基础计算的,一般情况下,不变平均单价每十年确定一次。新中国成立以来,先后制定过 1952、1957、1970、1980、1990、2000、2010 年七次不变单价;目前采用的是 2010 年不变单价。由此造成在邮政业务资费有调整变动的情况下,相邻年份的产量的大小不能通过业务收入的比较得出,即不可比。而在不变平均单价确定后的年份中,邮政业务总量的大小变化可以直接体现产品量的增减变化。其次,邮政业务收入所体现的只是计费部分,而在邮政企业完成的产品量中除了计费业务之外,还包括一部分按照邮政资费政策规定予以免费的部分,如现行邮政资费政策规定,现役军人用邮免费等。这部分业务虽然由于政策原因没有取得业务收入,但并不是说其不具有使用价值和价值。由于邮政业务总量指标中涵盖了计费业务与免费业务两部分,因此作为体现邮政总产值的指标,用"邮政业务总量"更为合适。

由于以上原因,邮政业务收入与邮政业务总量在数量上一般是不相等的。但是,也应该看到,由于在邮政业务总量中,免费部分所占的比例不大,而且不变平均单价在制定当年依据的主要是当年的实际资费,在资费变化不大的情况下,二者的差异是不大的,特别是业务收入与业务总量中的计费部分应该大致相等。若出现差额过大的情况,则说明不变单价已与现行价格出现较大的差异,已不适应当前业务发展现状,需要适时修订了。

2. 邮政业务收入的影响因素

邮政业务收入不仅仅反映邮政企业为社会提供通信服务，满足社会对通信需要的程度，也说明了邮政企业的生产经营规模、创收能力。全面分析影响业务收入增长变化的因素，有利于邮政企业按照市场需求做出正确决策，更合理地确定邮政业务结构和组织通信生产，并不断扩大生产经营规模，以实现邮政业务收入持续稳定增长，实现企业发展的良性循环。

邮政业务收入的大小，与两个因素有关。第一个影响因素是业务量，在资费不变的情况下，业务量越大，业务收入也就越大；第二个影响因素是资费水平。资费水平对业务收入的影响包含两个方面。一是资费水平的高低。理论上，在业务量不变的情况下，调高某类业务资费水平，就会带来业务收入的增加。但现实中，由于价格弹性的存在，某类业务资费的调整会由于该类业务价格弹性的不同而对该类业务的业务收入造成不同的影响，可能增加，也可能减少或者变动不大，情况比较复杂。二是费率结构。费率结构的概念是邮政企业内部研究分析业务收入变化时提出的一个概念。对一项业务来说，可用平均单价来反映其费率结构的变化。费率结构就是一项业务中不同资费水平业务量所占的比重。如果某一业务中资费水平高的业务量所占的比重大，那么该业务的平均单价就高，业务收入相应的也会高一些。以包裹业务为例，现行的包裹资费除按重量计费以外，还要考虑包裹传递的距离，也就是说，重量较重、距离较长包裹的资费要比重量较轻、距离较短包裹的资费要高，因此，对于包裹这一业务来说，如果业务量中资费高的业务所占的比重大的话，那么同样多的业务量所获得的业务收入也就越多。反之，则少。

总之，业务收入的大小与业务量和资费水平有直接的关系，企业可以借助于这一关系，进行业务收入的因素分析。

二、邮政业务收入分析

邮政业务收入分析就是对业务收入进行研究，分析收入的计划完成情况，并找出和研究影响收入变化的各个因素，制定增加业务收入的具体措施的分析方法。

邮政业务收入分析，既可以对企业的业务收入进行全面分析，也可以对某一专业的业务收入进行分析，分析的重点是业务收入的计划完成情况、业务收入的因素分析、业务收入的结构分析及增加业务收入的措施等内容。

1. 业务收入计划完成情况分析

对业务收入的计划完成情况进行分析，通常采用对比分析法，即将本期实际完成数与计划数比较、与上年同期实际完成数比较、与历史最好水平比较。其计算公式为

$$计划完成相对数 = \frac{本期实际完成数}{本期计划数} \times 100\%$$

$$比较相对数 = \frac{本期实际完成数}{上期实际完成数（或某个历史时期水平）} \times 100\%$$

邮政业务收入计划完成情况分析，反映收入计划的执行结果，也反映业务发展升降的趋势。业务收入完成的好坏，影响企业的经营成果。因此要搞好经营，必须经常地分析业务收入的计划完成情况，及时采取增产增收措施，以取得最大的经济效益。

2. 邮政业务收入因素分析

邮政业务收入因素分析采用因素分析法，业务收入的变化受到以下因素的影响。

(1) 邮政业务量升降因素

在资费标准不变的条件下,业务收入的升降与业务量升降成正比例关系。即业务量增长,业务收入也相应增长;反之,业务量下降,业务收入也相应下降。

(2) 平均单价(资费水平)升降因素

平均单价的升降,受资费高低不同的业务量构成增减的影响。在业务量不变的条件下,平均单价的升降则是影响收入增减的主要因素。

因此,分析业务收入增减的原因,必须从业务量和平均单价的变化入手。通过因素分析,可以反映每个因素对业务收入的影响程度,也可以反映总的影响程度。(计算方法见本章第一节中的因素分析法)

3. 邮政业务收入结构分析

邮政业务收入结构分析,就是分析各专业的业务收入占邮政业务总收入的比重,根据该比重,分析邮政业务结构是否合理,从而为有效地进行业务结构调整提供依据。业务结构分析的基本公式为

$$邮政某专业业务收入的比重 = \frac{邮政某专业的业务收入}{邮政业务总收入} \times 100\%$$

第三节 邮政业务成本分析

一、邮政业务成本的含义及构成

邮政业务成本,是指邮政企业在生产过程中发生的与通信生产直接有关的各项支出,以及从事其他业务活动发生的各项支出。构成包括以下几方面。

(1) 工资,是指从事通信业务的生产和辅助生产人员的工资。

(2) 职工福利费,是指按规定提取的职工福利费。

(3) 折旧费,是指各类生产用固定资产按规定的分类折旧率提取的折旧费。

(4) 邮件运输费,是指企业支付的委办和自办的邮件运输费,包括铁路运费、航空运费、自办汽车运费、委办汽车运费、自办或委办水运运费、其他运费及国际邮联运费结算支出等。

(5) 修理费,是指对生产用固定资产(包括租入固定资产)的各种维护费和修理费。

(6) 低值易耗品摊销,新财会制度规定,凡属于通信生产经营的主要设备、工具和器具等,使用年限不足一年的划归低值易耗品;不属于通信生产经营主要设备的工具、器具,必须同时具备两个条件,即单位价值在 2 000 元以下,使用年限不足两年者才划归低值易耗品。低值易耗品的购置和修理摊销计入成本。

(7) 业务费,包括业务材料和用品费、代办手续费、业务宣传费、展览费、保险费、邮袋购置和修理费、外购电力费、燃料和动力费、差旅费、生产用图书资料费等。

需要说明的是,按完全成本法核算产品成本,管理费用应列入成本;而按制造成本法核算产品成本,管理费用不计入产品成本,作为当期损益处理。

二、邮政业务成本的特点

由于邮政通信生产的经济特征,决定了其业务成本具有一定的特殊性,邮政业务成本有以

下特点。

1. 在邮政业务成本中没有原材料消耗一项

从经济实质上来说,成本由 $C+V$ 构成,C 是指物化劳动的价值,包括劳动对象转移的价值,劳动资料磨损的价值,即固定资产折旧;V 是劳动者为自己劳动所创造的价值。由于邮政通信生产中的劳动对象是用户提供的,所以在邮政业务成本中没有原材料一项。至于在生产经营过程中所用的单式、邮袋等不是构成邮政业务成本实体的原材料,而只是辅助材料。当然,从理论上说,辅助材料、燃料、动力等的价值也应列入劳动对象的价值中去,但对邮政企业来说,它们又不是完全意义上的劳动对象的原材料,因为从严格意义上说,邮政通信生产过程中的劳动对象是用户提供的被传递的信息和实物。

2. 人工成本所占的比重较大

从技术构成看,邮政属于劳动密集型行业。因此,邮政业务成本的主体部分是人工成本,即工资和职工福利费。世界各国邮政业务成本中,人工成本一般占到业务成本的 60% 以上。所以,就邮政行业来说,降低成本的主要途径在于努力降低活劳动消耗,不断提高劳动生产率。

3. 质量成本地位不突出

所谓质量成本,就是指因确保质量、提高质量以及因质量不合格而导致的成本开支。具体说来,质量成本包括两方面:一方面是指企业为了确保和提高产品质量,改善服务而支出的费用;另一方面是指企业因产品质量不符合质量要求而发生的报废、降级、调换、赔偿等支出的费用。这两方面的费用就构成了邮政企业的全部质量成本。所有这两方面因质量而导致的开支,都要计入企业的成本。这种成本不同于产品的生产成本。在质量成本中,第一方面的费用高,即预防成本高,说明企业在确保质量上付出了代价;若第二个方面的费用高,如次品损失费用、维修费用、赔偿损失等费用高,则说明企业产品质量低劣。

由于邮政通信具有生产过程与消费过程不可分割的特点,一般来说,不存在废次品损失费用,也没有退货、返修等费用,但赔偿损失费用是存在的。

4. 固定成本比重大,变动成本比重小

固定成本是指在一定时期、一定业务量范围内不会随着业务量的增减变化而变化的那部分成本,如固定职工的固定工资、职工福利、折旧费等。变动成本是指随着业务量的增减而变化的那部分生产费用。如原材料费用等。邮政业务成本中的变动成本主要指辅助材料费、邮件运输费等。

对于邮政部门来说,由于生产中不存在作为劳动对象主要内容的原材料消耗,所以变动成本在业务成本中所占的比重很小,只有 $10\%\sim20\%$,而固定成本的比重高达 $80\%\sim90\%$,这也是邮政业务成本构成上的一个重要特点。

三、邮政业务成本分析的内容

成本分析应贯穿于经营管理的全过程。成本分析的内容应包括:成本的预测分析、成本控制分析、成本计划执行情况分析、成本项目构成情况分析和成本的效益分析。

在成本分析的过程中,需要考虑影响成本变动的因素。通常,影响成本升降的因素有很多,概括起来可以分为两大类:一类是宏观因素,即从整个国民经济活动这样一个宏观方面来观察的因素;另一类是微观因素,即从企业本身的经济活动这样一个微观方面来观察的因素。这两类因素,既相互联系,又相互制约。它们共同影响着企业产品成本的高低。

宏观因素,主要包括宏观经济政策、成本管理制度、市场需求、企业的地理位置和资源条件、企业的规模和技术装备水平、企业专业化和协作化水平等。

微观因素,主要包括劳动生产率水平、材料、能源、成本利用效果、生产工作质量、企业的成本管理水平、经营管理水平等。

企业进行成本分析,是为了提高成本管理水平,努力降低成本,这就要求我们首先应从分析微观因素着手,从主观方面努力,紧紧抓住企业可以控制的内部因素,挖掘一切可使成本降低的潜力,提高企业经济效益。

(一) 成本预测分析

成本预测分析,是根据成本与各种技术经济因素的依存关系,结合发展的前景,利用大量有关的数据,采用科学的方法,对未来成本水平及其变化趋势做出科学的推测分析。做好成本预测分析,对于经营决策的科学化,正确制订成本计划,为成本控制提供目标和方向,改善经营管理,挖掘降低成本的潜力,是十分重要的。

邮政业务成本发展趋势预测是根据业务成本的特性和历史资料,应用数理统计的方法,预测计划期业务成本的发展趋势。

在实际工作中,一般用直线方程 $y=a+bx$ 表示业务成本发展趋势。

式中:y 为业务成本;x 为业务量;a 为固定成本;b 为单位变动成本。

只要求出 a、b 的值,就可以从以上直线方程中预测出在任何业务量 x 时的业务成本 y 的水平。通常,用于确定 a、b 的方法有两种,一种是高低点法,另一种是回归分析法。若历年成本发展趋势变动不大,可以采用前者;反之,则采用后者。回归分析法将在本章第六节介绍,这里主要介绍高低点法。

高低点法是以历史成本数据中的最高业务量与最低业务量的成本数据为代表,测算成本中固定成本和变动成本的数额,基本公式为

$$\text{单位变动成本 } b = \frac{y_{\text{高}} - y_{\text{低}}}{x_{\text{高}} - x_{\text{低}}}$$

根据单位变动成本,计算固定成本总额

$$\text{固定成本 } a = y_{\text{高}} - bx_{\text{高}} \quad \text{或} \quad a = y_{\text{低}} - bx_{\text{低}}$$

(二) 成本控制分析

企业在执行计划的过程中,为了确保目标成本或成本计划的完成,还要对成本计划的执行情况进行控制分析。通过成本控制分析,可以减少实际执行中成本与目标成本所产生的差异,保证成本计划的落实,以达到不断降低成本,增加盈利的目的,保证经营目标的实现。

成本控制的分析方法有很多种,常用的方法有盈亏平衡分析法和成本差异分析法。

1. 盈亏平衡分析法

盈亏平衡分析法又称保本点分析法或本量利分析法,是根据产品的业务量(产量或销量)、成本、利润之间的相互制约关系的综合分析,用来预测利润,控制成本,确定盈利目标产品量或盈利目标成本,判断经营状况的一种经济分析的方法。

借助于产品量(或业务量)、成本和利润三者之间的关系,进行盈亏平衡分析,首先要计算盈亏平衡点。所谓盈亏平衡点,是指在产品价格和成本一定的情况下,企业在一定时期内,实现的净收入与总成本相等时,需要达到的产量,此时,企业不亏不赚,即盈亏平衡。对于企业来说,所从事的每一项经营活动都有明确的盈利目标。通过盈亏平衡分析,能够测算出在实现既定的盈利目标的情况下,成本的控制范围。

一般说来,企业收入＝成本＋利润,如果利润为零,则收入＝成本＝固定成本＋变动成本,而收入＝销售量×价格,变动成本＝单位变动成本×销售量,这样由销售量×价格＝固定成本＋单位变动成本×销售量,可以推导出盈亏平衡点的计算公式为

$$I = S - (C_v Q + F) = P \times Q - (C_v Q + F) = (P - C_v)Q - F$$

式中:I 为销售利润;P 为产品销售价格;F 为固定成本总额;C_v 为单件变动成本;Q 为销售数量;S 为销售收入。

2. 成本差异分析法

成本差异分析也是成本控制分析中常用的方法之一。所谓"成本差异",是实际成本与标准成本的差额。实际成本高于标准成本为不利差异;反之,实际成本低于标准成本为有利差异。无论标准成本制定得如何严谨,实际成本与标准成本不可能完全相符,二者的差异有可控差异和非可控差异两种。成本控制分析主要是分析可控制的差异,以便采取控制成本的有效措施。

一般情况下,为了有效地控制成本差异,需要建立一个反馈系统,这个系统属于内部情报系统,具体流程是,由企业生产经营各个环节的有关人员及时填报有关成本执行情况的情报资料,报送管理会计部门,管理会计部门通过分析提出改进工作的措施,这样企业领导及有关部门通过内部情报可以及时掌握情况,整个系统由计算机控制。

对于邮政通信企业,可以控制的支出主要是业务费、维修费和管理费用,通过横向和纵向的对比,找出存在的差距,对可控成本项目加强控制,降低成本,提高企业经济效益。

(三) 成本计划执行情况分析

对成本计划执行情况分析,一方面分析成本的计划执行情况,另一方面是分析各种业务成本降低计划完成情况。降低计划包括成本降低额和降低率。分析时,将实际成本与计划成本相比较,将降低指标实际完成数同降低任务加以比较,计算差异,以考核成本降低任务和成本计划完成情况,然后分析影响降低任务完成的因素及影响程度,从中找出主要原因。

成本计划执行情况分析采用比较分析法,基本公式为

$$成本降低额 = 实际成本 - 计划成本$$

$$成本降低率 = \frac{成本降低额}{计划成本} \times 100\%$$

$$实际成本 = 实际单位成本 \times 实际业务量$$

$$计划成本 = 计划单位成本 \times 实际业务量$$

(四) 成本项目构成情况分析

成本项目构成情况分析,就是应用比率分析的方法,计算各个成本项目占总成本的比重,其计算公式为

$$某成本项目的比重 = \frac{某成本项目金额}{成本总额} \times 100\%$$

通过计算成本项目比重,从而分析成本构成的合理性。

第四节　邮政企业人力资源分析

一、邮政劳动生产力配备情况分析

邮政企业的劳动力应包括企业的全部职工,分析劳动力的配备情况,既要分析全部职工的

配备情况,又要分析劳动力的保证程度。

劳动力配备情况分析,从邮政企业看主要结合劳动力构成分析研究劳动力配备是否合理,全部职工中各类人员的比例关系是否符合规定要求,是否满足生产经营需要,在一般情况下企业职工配备应注意加大生产人员比重,减少非生产人员比重;在生产人员中,应加大基本生产人员比重,减少辅助生产人员比重;在非生产人员中,加大管理人员比重,减少服务及其他人员比重,以便按生产经营需要,合理配备劳动力,挖掘劳动潜力。

劳动力保证程度分析,主要分析劳动力人数的保证程度。分析的方法是将各类人员实际数与计划需要量进行对比,以检查实际人数与计划需要量是否相适应。所谓计划需要量,就是在计划劳动生产率条件下,为完成生产经营任务所需要的劳动力人数,其计算公式是

$$劳动力需要量 = \frac{企业经营目标值(产品量或产值)}{计划劳动生产率}$$

劳动力需要量与实际人数对比可反映劳动力保证程度,其计算公式是

$$劳动力保证程度 = \frac{劳动力实际人数}{劳动力需要量(人数)} \times 100\%$$

该指标大于100%,说明劳动力有余;该指标小于100%,说明劳动力不足;该指标等于100%,说明劳动力保证程度较好,既保证了生产经营需要,又不存在劳动力的浪费。

二、邮政劳动生产率分析

邮政劳动生产率,是邮政企业职工从事通信生产的劳动效率,是邮政企业职工的生产成果与相应的劳动消耗量之间的比率。它反映邮政企业职工在一定劳动时间内完成有效生产成果的能力,也是反映邮政部门和邮政企业劳动生产效率和生产力水平的综合经济指标。

邮政劳动生产率有两种计算方法:一是按邮政业务总量计算的劳动生产率;二是按邮政业务收入计算的劳动生产率。

即

$$邮政劳动生产率 = \frac{邮政业务总量}{邮政职工平均人数}$$

或

$$邮政劳动生产率(人均业务收入) = \frac{邮政业务收入}{职工平均人数}$$

以邮政业务收入计算的劳动生产率(人均业务收入)来表示邮政劳动生产率的优点是:数字比较真实可靠,避免了虚假成分的存在,适应市场经济的需要,有利于调动企业的积极性。但是,以人均业务收入来表示邮政劳动生产率实质上是不确切的。因为,第一,它不包括免费业务量,第二,它实质上是采用现行价格计算的出口计费业务量部分。由于邮政通信具有全程全网、联合作业的特征,因此它并不能真正反映邮政企业职工的生产成果与劳动消耗之间的比率。

劳动生产率分析就是分析劳动生产率的计划完成情况和劳动生产率的影响因素分析,前者采用比较分析法,后者采用因素分析法。

三、邮政劳动生产率潜力分析

分析劳动生产率的目的,是为了挖掘提高劳动生产率的潜力。因此,在分析劳动生产率的计划完成情况和劳动生产率的因素分析的基础上,还要将本期实际的劳动生产率,和本企业历

史上各个时期的劳动生产率对比,和同类型企业劳动生产率先进水平和历史最好水平对比,挖掘劳动生产率的潜力。

通常采用下列方法,分析提高劳动生产率的潜力。

1. 增加产值(或产量)的潜力

劳动生产率达到先进水平或历史最高水平可增加的产值=(同类型企业劳动生产率先进水平或历史最高水平-本企业劳动生产率实际水平)×本企业职工平均人数

2. 节约人力的潜力

劳动生产率达到先进水平或历史最高水平可节约的劳动力人数=

本企业职工平均人数$-\dfrac{\text{本企业总产值}}{\text{同类型企业劳动生产率先进水平或历史最高水平}}$

3. 节约固定费用的潜力

劳动生产率达到先进水平或历史最高水平可节约的固定成本=本企业固定费用总额-$\dfrac{\text{本企业固定费用总额}\times\text{本企业实际总产值}}{\text{按同类型企业劳动生产率先进水平或历史最好水平计算的总产值}}$

运用以上方法,既可以按工人劳动生产率计算,也可以按全员劳动生产率计算;既可以用于事后检查分析,也可以用于事前预测分析。

第五节　邮政企业综合经济效益分析

一、综合经济效益分析应考虑的因素

对企业综合经济效益进行分析,就是要对企业在经营过程中诸多影响因素进行综合分析,需要考虑的因素可以划分为以下五类。

第一类:社会评价因素。包括国家安全、军事国防要求、社会治安、安全生产、劳动条件、普及教育、文明建设等。

第二类:技术评价因素。包括技术体制、技术标准、通信网布局、通信路由走向以及建设方案的可行性、标准化、系列化、通用化等。

第三类:资源评价因素。包括人力资源、财力资源、自然资源、时间资源以及信息资源的保护、开发、利用、节约等,优化资源结构,合理配置资源。

第四类:环境评价资源。包括改善环境、治理环境、防止污染、减轻劳动强度、防止自然灾害,保护生态平衡。

第五类:经济评价指标。主要包括以下三个方面。

(1) 企业经济效果评价:面向市场、提高产量、提高质量、增加品种、减少消耗、降低成本、增加盈利、提高效益。

(2) 部门(地区)经济效果评价:产品结构与技术结构合理,不断提供新产品、新技术、新业务,提高资金利用率、全员劳动生产率以及全网的投资效益。

(3) 国民经济效果评价:包括投资规模、投资结构、生产力布局、资金使用合理、外汇供求平衡以及提高社会总产值、国民收入、财政收入,提高积累与消费水平。

二、综合经济效益分析指标体系

考虑到分析的全面性和综合性,邮政企业综合经济效益考核指标有以下几个。

1. 业务收入增长率

业务收入增长率,反映邮政业务收入比上年同期增长变化情况。其计算公式为

$$业务收入增长率(\%)=\frac{报告期邮政业务收入}{基期邮政业务收入}\times100\%-100\%$$

评价:该指标越高越好。

2. 邮政收支差额增长率

邮政收支差额增长率,反映邮政企业实现的收支差额比上年同期的增长变化情况。其计算公式为

$$邮政收支差额增长率(\%)=\frac{报告期邮政收支差额}{基期邮政收支差额}\times100\%-100\%$$

评价:该指标越高越好。

3. 邮政营业收入利税率

邮政营业收入利税率,是邮政企业利税总额与营业收入的比率,它反映企业营业收入的收益水平。其计算公式为

$$邮政营业收入利税率=\frac{利润+税金}{营业收入}\times100\%$$

评价:该指标越高越好。

4. 资本金利润率

资本金利润率,是指邮政企业实现的利润总额和资本金的比率,反映投资者投入的资金的获利能力。其计算公式为

$$资本金利润率=\frac{利润总额}{资本金总额}\times100\%$$

评价:该指标越高越好。

5. 成本费用利润率

成本费用利润率,是指邮政企业利润总额和成本费用总额的比率,其意义是从消耗的角度补充说明企业收益能力,也反映了企业内部管理水平。其计算公式为

$$成本费用利润率=\frac{利润总额}{通信业务成本+管理费用+财务费用}\times100\%$$

评价:指标越高,说明企业为取得收益所付出的代价越小,成本费用的控制越好。

6. 流动比率

流动比率又称短期负债能力比率,是指流动资产与流动负债的比率,其意义为每百元年内到期的债务有多少流动资产作偿还的保障,反映企业可在短期内转变为现金的流动资产偿还流动负债的能力。其计算公式为

$$流动比率=\frac{流动资产}{流动负债}\times100\%$$

评价:一般情况下,流动比率越高,表明企业短期偿债能力越强,债权人的权益就越有保障;但流动比率过高,可能表明流动资产占用过多,会影响资金的使用效率,提高企业的资金成本,影响企业的获利能力。国际公认200%较好。

7. 速动比率

速动比率，是指速动资产与流动负债的比率。其意义是每百元年内到期的债务有多少速动资产作偿还的保障。其计算公式为

$$速动比率 = \frac{速动资产}{流动负债} \times 100\%$$

其中速动资产的计算方法我国与国际算法有区别，我国速动资产的计算是用流动资产减存货；国际的算法是，速动资产等于流动资产减存货、预付账款、待摊费用、待处理流动资产净损失。

评价：一般情况下，该比率越高，表明企业短期偿债能力越强，债权人的权益就越有保障；但速动比率过高，可能表明企业应收账款占用过多，现金回笼速度慢，反而会降低企业短期偿债能力。国际公认 100% 较好。

8. 资产负债率

资产负债率，是指负债与总资产的比率。它反映企业利用债权人提供资金进行经营活动的能力和企业的偿债能力，也反映企业的经营前景以及债权人贷款的安全程度。可用于衡量企业负债水平。其计算公式为

$$资产负债率 = \frac{负债}{总资产} \times 100\%$$

评价：理论参考指标为 50% 最好。

9. 已获利息倍数

已获利息倍数，反映企业偿还利息能力。其计算公式为

$$已获利息倍数 = \frac{息税前利润}{利息支出} \times 100\%$$

评价：该指标越高越好，大于 1，负债经营能取得比资金成本更高的利润，能维持经营；小于 1，债务风险大。

10. 净资产收益率

净资产收益率，反映投资者投入资本的获利能力，是评价企业资本经营效益的核心指标，是我国上市公司业绩综合排序中，居于首位的指标。其计算公式为

$$净资产收益率 = \frac{净利润}{平均净资产} \times 100\%$$

其中：净资产即所有者权益。

评价：该指标越高越好。说明自有资本获取收益的能力越强。

11. 总资产报酬率

总资产报酬率，反映每百元投入资产的获利能力，是评价企业资产运营效益的重要指标，从投入角度反映企业的获利能力。其计算公式为

$$总资产报酬率 = \frac{利息总额 + 利息支出}{平均资产总额} \times 100\%$$

评价：该指标越高越好。说明企业投入产出的水平高，资产运营效益好，如果该指标大于市场利率，企业可以充分利用财务杠杆，进行负债经营。

三、综合经济效益分析方法

综合经济效益分析常用的分析方法是加权评分法，综合经济效益指数法是加权评分法的

一种,它是以各单项指标为基础,乘以各指标权数所得的加权平均数。其计算公式为

单项指标＝(标准值－实际值与标准值差额的绝对值)÷标准值

单项指标综合经济效益指数＝单项指标×权数

综合经济效益指数 ＝单项指标综合经济效益指数之和

【例2-3】 假设某企业的基础数据如表2-3所示,试计算该企业的综合经济效益指数。

表2-3 某企业的基础数据表

指标	标准值	实际值	单项指标	权数	综合经济效益指数
业务收入增长率	33	30	0.91	11	10.01
收支差额增长率	35	33	0.94	16	15.04
资本金利润率	30	25	0.83	15	12.45
成本费用利润率	25	26	0.96	12	11.52
营业收入利税率	45	40	0.89	16	14.24
资产负债率	50	30	0.60	15	9.00
流动比率	200	180	0.90	15	13.50
综合经济效益指数				100	85.76

第六节 邮政经营预测与决策

一、邮政经营预测

市场经济体制把每个企业都推向市场,产品的供求在很大程度上靠市场调节,产品结构、工艺技术、原材料供应以及市场需求等都相应地发生着变化。面对这多变的社会经济活动,如何正确地估计可能出现的前景,以及根据这种估算来研究恰当的对策显得越来越重要,预测因此也就日益受到重视和发展。

(一)预测的概念及特点

1. 预测的概念

所谓"预测",是指根据事物过去发展变化的客观过程和某些规律性,参照当前已经出现的各种可能,运用现代管理的、数学的和统计的方法,对事物未来可能出现的趋势和可能达到的水平作科学的推测。预测是探索事物内在联系及其变化趋势的重要手段,是制定政策、做出决策、编制规划的重要依据。特别是经济数学和电子计算机的发展对预测技术的发展起着推动作用,提高了预测技术的准确性和可靠性。但客观事物发展是极其复杂的,因此,预测未来的结果不可能是绝对的,只是相对的。

2. 预测的特点

(1)科学性

预测是应用调查和统计大量资料,通过一定的程序方法,经过分析计算而取得未来事件的信息(各种数据、现象、情况),这些信息反映了事物诸因素之间的相互关系和制约程度,基本上反映了事物发展的本质。

(2) 局限性

预测对象的许多因素往往受到外部各种因素变化的制约,带有随机性。加上人们对未来事件的认识总有一定的片面性,或者掌握的资料不准确,数据太少,或者观察时间不长,预测的结果只在一定的条件下表示事物发展特征,而在某些条件下不能反映事物的发展,这就是预测的局限性。

(3) 近似性

事物发展的规律不是现实的简单重复,总要受到各方面和各种因素的影响,预测的结果与实际发展的结果难免会存在一定的偏差,仅仅是一个近似值,只要这个近似值的近似程度符合科学管理的要求就可以了。

(4) 艺术性

预测在很大程度上依赖预测者的经验,以及深刻敏锐的洞察力和远见卓识的判断力。在预测的过程中,从提出假设、选择可靠的方法并巧妙地利用资料和自己的学识、经验,一直到判断所得情报,最后得出结论,这一切都是预测者实践经验的艺术体现。预测不仅需要有科学的数学模型,而且还必须有丰富的实践经验。只有将科学的数学模型与丰富的实践经验融为一体,才能得出有价值的结论。

(二) 预测的类型

预测作为一门科学,它的应用范围很广,其类型可以划分为以下几种。

1. 按预测的内容划分

按内容划分,预测可以划分为科学技术预测和经济预测两种。

(1) 科学技术预测

科学技术预测包括科学预测和技术预测。所谓"科学预测",是指对科学发展的趋势,发展方向和可能出现的成果进行预测,以便预先确定优先考虑的科学研究范围,发展重点以及将来的推广条件等。而"技术预测"是指对技术发展趋势、技术发明以及应用效果等问题的预测。

(2) 经济预测

经济预测包括宏观经济预测和微观经济预测。所谓"宏观经济预测",是指整个国民经济范围内的各种预测,如国民生产总值,物价变动等方面的预测。而"微观经济预测",是指企业范围内的各项经济预测,如预测企业销售额、成本水平、市场情况及盈利水平等。

2. 按预测目标时间的长短划分

按目标时间的长短,预测可以划分为长期预测、中期预测和短期预测。

长期预测,是指十年以上的预测。一般情况下,通信技术发展预测和通信业务量增长情况预测,都属于长期预测。

中期预测,是指时间在三年以上,十年以下的预测。

短期预测,是指时间在三年以内的预测,年度预测是短期预测的一种。

3. 按预测的结果划分

按预测的结果,预测可以划分为定性预测、定量预测和综合预测。

定性预测,是根据经营管理的基本原理,研究事物发展变化趋势的一种预测。在实际工作中,有些经营中的问题很难定量表示其结果,只能做定性分析,虽然定性预测所得的数据不具体,可由于定性分析能把握事物发展的大方向,因而,在经营预测中,它显得十分重要。

定量预测,是指主要依据实验数据和历史统计资料做出数学模型,经过分析计算,从因果关系、逻辑关系推算未来结果的一种预测。定量分析的结果更为具体准确。

综合预测,是指综合各种预测结果进行比较的一种预测。任何一种预测都有一定的适用范围,有一定的局限性,为了克服这些缺点,往往需要多种预测方法进行预测,然后对各种预测结果进行综合分析比较,提高预测结果的可靠性。

(三)预测的程序

预测是一项十分复杂的工作,与任何事情一样,预测需要遵循一定的程序和步骤,它包括输入、处理和输出三个阶段,具体地讲,预测有四个具体步骤。

1. 明确预测目标

预测目标的确定应根据经营管理的需要,服从决策的要求。确定预测目标包括确定预测范围、目标领域和预测的时间要求。通常要经过预测目标分析来确定。

所谓目标分析,是运用系统观点,逐步把握目标和外部环境之间的依存关系。这样有益于辨明预测目标的主要变化特征和影响因素,在基本掌握预测目标变化机理的基础上,搜集资料,选择合适的预测方法。许多预测项目涉及的范围和因素是多方面的,因此,将总体目标逐层分解是必要的。在识别分解过程中,预测者和决策者需反复进行对话,在双方统一认识的基础上,明确预测对象的边界范围和预测目标的主体结构。

通过目标分析,明确了预测目标及研究的相关内容,也就为下面的资料搜集,预测方法选择指明了方向。

2. 搜集资料

预测所需的资料可以分为两类:一类是关于预测对象本身的历史和现实资料;另一类是影响预测对象发展过程的各种因素的历史和现实资料。

在市场预测中一般可以利用各种调查方式获取的第一手资料,也可以利用各种渠道获得的第二手资料。搜集资料一定要注意广泛性、适用性。资料搜集不全面、不系统,会严重影响预测质量。但也不是说资料越多越好,漫无目的地搜集资料一定会浪费时间、人力和资金。二是会因资料过多,缺乏重点,反而给预测工作带来麻烦,降低预测质量。为此,对于搜集到的资料,一定要进行鉴别和整理加工,判别资料的真实性和可用程度,去掉那些不真实、与预测关系不密切,不能说明问题的资料。

3. 分析判断,建立预测模型

预测的目标和对象确定后,利用收集的各种资料,并根据具体问题的要求,建立合适的数学模型,将定性预测和定量预测结合起来使用。常用的预测模型很多,在实际工作中,应根据具体的问题,选择合适的预测模型。这是进行预测的关键性步骤。

在选择预测方法时,应该从三个方面进行考虑。①应服从于预测目标。即方法的选择应该满足经营管理决策对具体信息的要求。企业的战略决策、战术决策、日常业务决策的信息要求在预测对象范围、预测期长短、预测精度等方面是不同的,选用的预测方法也就不同。②预测对象业务本身的特点。不同业务种类的生命周期不同,适应的预测方法也应不同。③考虑预测时期现有的条件和基础。预测方法的选择必须建立在切实可行的基础上。在达到预测要求的情况下,预测模型越简单越好。因为,预测精度与模型的复杂性并不成正比。再者,简便的模型容易被决策者理解接受,对预测结果就可以放心使用,真正发挥预测的价值。

4. 做出预测

根据选定的预测模型,对收集数据进行处理后,可以得到预测结果。由于数学模型不可能将预测对象的所有影响因素都包括进去,如社会因素、环境因素等是不宜包含在预测模型中的。因此,应对预测结果进行一系列的分析,对预测结果初值进行修正。在对预测目标和对象进行了定性分析和定量分析以后,需要对分析结果做出综合分析,最后,确定出预测结果。

从整个预测过程的四个步骤的介绍,说明预测的质量完全取决于预测者对所预测的对象事物及各种相关条件的熟悉程度,他们的知识面宽度、观察能力、逻辑推理和分析判断能力、估测能力和处理技巧等方面的差别,往往会得到质量相差很大的预测结论。市场预测既是一门科学,又是一门艺术。预测者既要掌握多的预测方法,又要具有灵活运用这些方法的能力。

在预测的组织方式上,可以采取自上而下、自下而上或上下结合的多层次预测方式。此时,就要将各方面的预测结果加以综合、对比、平衡和调整,然后确定预测值。

(四) 预测的基本方法

预测的基本方法有定性预测和定量预测两种。

1. 定性预测

企业经营和管理者在多数情况下不可能很清楚地掌握预测对象的历史或现实资料,且影响预测对象的因素复杂多变以至于对一些重要的影响因素有时难以进行定量分析,也是因为要求在很短时间内迅速做出预测和决策,才迫使人们利用经验和直觉进行预测,以期快速反应,抓住商机。

定性预测是指预测者根据已经掌握的部分历史和直观的资料,运用个人的经验来判断和分析预测未来状况的一种预测方法,该方法又称直观法。在实际运用中,常用的方法有个人经验判断法、集体经验判断预测法、专家预测法和市场调查。

(1) 个人经验判断法

个人经验判断法是指由个人单独进行的经验判断法,常用的方法有类比法、关联推断预测法、逻辑判断预测法、产品生命周期预测法等。

① 类比法

当预测的变量没有历史数据时,可寻找一个完全掌握历史资料,且把主要性质特点相似的事物作为类比物。由于二者之间存在着概念上的相似性,可以假定该变量将按照另一事物的模式随着时间运动。这一方法的优点在于,它提供了一种成本不高但全面的预测,且对市场营销和经营的人员有较强的实用性。但是在预测时必须至少存在一个可供选择的类比物,并且类比物的有用性会在不同人中产生争议。

② 关联推断预测法

这是根据一些已知事物的关联指标(如现象)的发展变化趋势,来判断预测事物未来发展趋势的一种预测方法,现象或指标与事物在时间上和变动方向上都有一定的关联关系。这种关系表现为二者发生变化时有着三种情况:先行发生、同时发生和滞后发生,人们可根据其发生的先后不同,将这些指标称为先行指标、平行指标和后行指标。

关联推断预测法中常用的一类应用是比例分析法,它是一种特殊的情况。比例分析法是利用关联事物之间存在的比例关系,先获得其中一个事物的数据,再根据这一事物的数据及比例关系来推断另一事物的未来数据。比例关系可以根据某事物同另一事物的历史资料来获得,但是由于事物之间的比例关系,在现实中由于某种因素的变化,对比例系数会带来一些影响,因此有必要作适当的调整。

③ 逻辑判断预测法

经验通常会随着人们实践活动的增加自然而然地增长,但并不是所有的人都能拥有与预测目标相应的经验,即使有这种经验也不一定能很好利用并做出准确判断。人们只有经过科学的逻辑思维之后,才能把以往的经验综合起来做出判断和预测。常用的逻辑思维方法主要是归纳法和演绎法,以及分析法和综合法。

④ 产品生命周期预测法

产品生命周期是指产品开始投放市场直到被市场淘汰的全过程。可以说没有一种产品是长盛不衰的,只是生命周期的长短不同而已。由于产品在其生命周期的不同阶段有各自的特点,只要了解这些特点,企业就会有针对性地制定相应的市场营销策略。

产品生命周期的不同阶段有以下几个。

投入期:产销量少,成本高,利润低,售价高。

成长期:产销量增加,成本降低,利润上升,竞争加剧。

成熟期:产销量大而稳定,成本低,利润高,竞争激烈。

衰退期:产销量下降,成本有所上升,利润明显下降,竞争者不断减少,很多企业退出市场。

(2) 集体经验判断预测法

集体经验判断预测法是在个体经验判断预测法的基础上发展起来的。人们在判断预测过程中发现一个人的经验和知识往往是不够的,如果把多人的经验和常识综合在一起,预测效果就会比较好。集体经验判断预测法是由经过挑选的多个预测者组成一个预测小组,通过个体间讨论及相互交流,最后对所要预测的对象做出评价,从而得出预测结果的一种方法。在实际运用中,常用的方法有意见集合交换法和意见汇总法。

① 意见集合交换法

意见集合交换法就是集合企业经营管理人员和业务人员的判断意见,并通过座谈会等形式相互讨论,相互交换意见,最终达成共识的预测方法。这种方法的组织形式可以多种多样,预测组织者可根据需要和具体要求来确定。从人员构成上看,一般有三种形式:一种是集合企业内经营与管理人员的意见;另一种是集合企业内业务人员的意见;还有一种是集合企业内外业务人员的意见。

采用意见集合交换法进行预测,不论采取哪种组织形式,其实施步骤大致如下。

首先,确定参加预测的人员,并向他们提出预测项目和预测期限的要求。预测组织者要根据预测课题,即预测对象的性质和复杂程度来确定预测人员的结构和数量,并向他们提供尽可能多的有关材料,讲清所要预测的项目和预测的时间范围。

其次,提出各自的预测方案。预测人员根据预测要求及掌握的资料,依靠个人的经验、知识和分析判断能力,提出各自的预测意见。在这一过程中要求预测人员把定性分析和定量分析结合起来,力求在定性分析的基础上,将自己的判断结果做出定量化的描述,形成各自的预测方案。

最后,确定最终的预测方案。在这一步,预测组织者不仅要把预测者各自提出的预测方案进行归纳、整理,同时还要根据当时企业内部和外部出现的新情况,对归纳、整理的结果进行必要的调整,或进一步向有关人员反馈意见,再经酝酿讨论,使预测结果更趋于合理。

② 意见汇总法

意见汇总法是指在对某事物进行预测时,由预测小组的各成员或企业内部所属各个部门分别进行预测,然后把各预测者的意见加以汇总,形成集体意见的一种判断预测法。

在实际工作中,往往将意见汇总法和意见交换法结合起来使用,预测效果更有把握。

(3) 专家预测法

专家预测法是一种集中众人智慧的主观预测法。它是利用有关专家的经验、知识和判断能力进行预测的方法,使用该法的前提是要求主管人员必须具备丰富的实际工作经验和比较广博的知识。专家的经验越丰富,知识越全面,则其预测的结果也就越符合实际,反之,这种预测方法的结果误差较大。在实际运用中,主要有三种类型:专家意见集合法、专家意见汇总法和德尔菲法。

① 专家意见集合法

专家意见集合法属于集体经验判断预测法的范畴,与集体意见交换法的区别仅在于参加预测的人员为与预测问题相关的各类专家。需要注意的是,专家是指那些有相关事务的知识和经验,来自多个不同领域,具有一定代表性的人,且人数不宜多,一般在15人以内。常用的方法有专家会议法、座谈讨论法和头脑风暴法。

② 德尔菲法

德尔菲法是通过匿名通信的方式,轮番向专家征询意见并将专家意见进行汇总、整理和分析,从而得出预测结果的一种预测方法。此方法是美国兰德公司在20世纪40年代首创和使用的,最先用于科技预测,后来在市场预测中也得到广泛应用。这是一种非常实用的方法,具有匿名性、反馈性和收敛性的特点,其实施的步骤主要有以下几个阶段。

准备阶段:成立预测工作领导小组、确立预测主题和细节、准备背景资料、选定专家、设计和制定调查表。

征询阶段。

第一轮:向专家寄发调查表和背景资料,在规定时间内要求专家寄回调查表并发表意见,预测组织者对各个问题进行汇总,做出定量统计归纳,并提出下一轮的预测要求。

第二轮:请专家对第一轮的初步意见进行修改,将第一轮经过统计处理的专家意见以及预测组织者的要求和进一步提出的背景资料一同寄给专家,要求他们提出修改意见,对于那些持不同意见且差距较大的要求充分陈述理由。

第三轮:参照第二轮的做法再将汇总意见反馈给专家。

确定预测结果阶段。在这一阶段通常采用的统计方法有:中位数法,专家意见分散程度大采用此法;算术平均法,专家意见比较集中时采用此法;加权平均法,专家意见重要程度不同时可以给定权数。

(4) 市场调查

市场调查是一种了解用户需求和购买意愿的方法,这种方法常用于预测企业的市场销售情况。市场调查的方法很多,有直接询问、展销和试销、间接调查、抽样调查等。直接询问是直接找用户询问,了解对未来产品的需求。展销和试销调查,是将产品直接与用户见面,在某些地区进行试销或展销,根据该地区居民户数与销售量的比例来预测今后的需求量。间接调查法是一种通过分析产品与用户之间内在联系,了解市场需求及发展趋势,进而达到调查目的的方法。抽样调查,是按随机原则,从总体中选取一部分进行调查,用以推算总体的一种调查方法。

2. 定量预测

定量预测法又叫数量预测法。它是根据历史数据,运用数学或统计方法进行推算,得到数量预测结果的一种预测方法。常用的分析方法主要有平均数预测法、指数平滑法、季节指数法、趋势延伸法和回归分析法。

(1) 平均数预测法

它适用于市场现象各期变化不大,变动趋势呈水平直线状态,各观察值错落于某一直线上下的情况预测,且预测对象无明显长期趋势变动和季节变动。它主要对未来市场水平量进行估计。根据计算平均数的要求不同,可分为简单算术平均数法、加权平均法、一次移动平均法、加权移动平均法、二次移动平均法。

① 简单算术平均法

设时间序列的各期观察值为 $x_1, x_2, \cdots, x_i$,则观察值时间序列平均数 $\bar{x}$ 计算公式如下

$$\bar{x} = \frac{\sum_{t=1}^{n} x_i}{n} (t = 1, 2, \cdots, n)$$

【例2-4】 某邮政企业2009年1—6月的业务收入如表2-4所示,需要预测该年7月份的业务收入。

表2-4 某邮政企业业务收入统计表　　　　　　　　　　　单位:万元

月份	1月	2月	3月	4月	5月	6月	合计
业务收入	260	270	240	280	260	250	1 560

$$\bar{x} = \frac{\sum_{t=1}^{n} x_i}{n} = \frac{260 + 270 + 240 + 280 + 260 + 250}{6} = 260 \text{ 万元}$$

因此预测值可以用过去历史资料的算术平均值代替,7月预计业务收入为260万元。

② 加权算术平均数

在进行信息资料处理时,一个重要的因素是考虑时间的影响。信息发生越接近预测时的时间,它的影响就越大,其重要性就越强,可靠性就越高,因而赋予不同时期不同的权重,从而体现时间差异而取得的信息的重要性不同。

其公式是

$$\bar{x} = \frac{\sum_{t=1}^{n} w_t x_t}{\sum_{t=1}^{n} w_t}$$

式中 w_t 为各组观察值的权重。

以上题为例,考虑到信息与现在越接近,影响越大,给每个月加个权数,如表2-5所示。

表2-5 某邮政企业业务收入统计表　　　　　　　　　　　单位:万元

月份	1月	2月	3月	4月	5月	6月	合计
权数	1	2	3	4	5	6	21
业务收入	260	270	240	280	260	250	1 560

$$\bar{x} = \frac{\sum_{t=1}^{n} w_t x_t}{\sum_{t=1}^{n} w_t} = \frac{260 \times 1 + 270 \times 2 + 240 \times 3 + 280 \times 4 + 260 \times 5 + 250 \times 6}{1 + 2 + 3 + 4 + 5 + 6} = 259 \text{ 万元}$$

③ 一次移动平均法

移动平均法是通过逐项推移,依次计算包含一定项数的时间序列平均数,以反映时间序列的长期趋势的方法。由于移动平均法具有较好的修匀历史数据、消除数据因随机波动而出现高点、低点的影响,从而能较好地揭示经济现象发展趋势,因而在市场预测中得到广泛应用。

在经营预测中常用到一次移动平均法、加权移动平均法和二次移动平均法。

一次移动平均法通常又被称为简单移动平均法。

设时间序列为 $y_1,y_2,y_3,\cdots,y_t\cdots$；以 n 为移动时期数，则简单移动平均数 m_t 的计算公式为

$$m_t=\frac{y_t+y_{t-1}+\cdots+y_{t-n+1}}{n}$$

通过整理得出

$$m_t=\frac{(y_{t-1}+\cdots+y_{t-n+1}+y_{t-n})-y_{t-n}+y_t}{n}=m_{t-1}+\frac{y_t-y_{t-n}}{n}$$

利用此递推公式来计算移动平均数，可以减少计算量。

在计算移动平均数时，每向前移动一个时期就增加一期新的观察值，去掉一个远期观察值，得到一个新的平均数。由于它不断地移动，故称为移动平均法。这个平均数可以平滑数据，消除周期变动和不规则变动的影响，使长期趋势显露出来。在调查报告对数据有较高要求时，一般都会用到这种方法，所以移动平均法的应用非常广泛。

【例 2-5】 某邮政企业 2009 年 1—11 月份函件业务收入如表 2-6 所示，用一次移动平均法预测该年 12 月份的业务收入。

表 2-6 某邮政企业 2009 年 1—11 月份函件业务收入　　　　单位：万元

月份 t	函件业务收入 y_t	移动平均观察值 $\hat{y}_t$	
		$n=3$	$n=5$
1	195	—	—
2	220	—	—
3	200	—	—
4	195	205	—
5	185	205	—
6	180	193.3	199
7	185	186.7	196
8	180	183.3	189
9	190	181.7	185
10	230	185	184
11	210	200	193
12	—	210	199

分别取 $n=3$ 和 $n=5$。

当 $n=3$ 时，$m_3=\dfrac{y_3+y_2+y_1}{3}=\dfrac{195+220+200}{3}=205$。

当 $n=5$ 时，$m_5=\dfrac{y_5+y_4+y_3+y_2+y_1}{5}=\dfrac{195+220+200+195+185}{5}=199$。

④ 加权移动平均法

若要考虑各期数据的重要性，对近期数据给予较大的权数，远期数据给予较小的权数，就应采用加权平均法。

设 w_n 为移动步长为 1 的 n 期内由近至远各期观察值的权数,则加权移动平均数的计算公式为

$$m_{tw}=\frac{w_1 y_t+w_2 y_{t-1}+\cdots+w_n y_{t-n+1}}{w_1+w_2+\cdots+w_n}$$

利用加权移动平均法进行预测,其预测模型为

$$y_{t+1}=m_{tw}$$

即以第 t 期的加权移动平均数作为 $t+1$ 期的预测值。

⑤ 二次移动平均法

一次移动平均法没有明显趋势变动的时间序列,可直接用于预测。但当实际资料出现明显的线性增长或减少的变动趋势时,用一次移动平均值来预测就会出现滞后偏差。因此要进行修正,修正的方法是,在一次移动平均的基础上,作二次移动平均,利用两次移动平均滞后偏差的规律来建立直线趋势预测模型。

为区别起见,将一次移动平均法记作 $m_t^{(1)}$,将二次移动平均法记作 $m_t^{(2)}$,则二次移动平均法的计算公式为

$$m_t^{(2)}=\frac{m_t^{(1)}+m_{t-1}^{(1)}+\cdots+m_{t-n+1}^{(1)}}{n}$$

式中,$m_t^{(1)}$ 为一次移动平均值;$m_t^{(2)}$ 为二次移动平均值;n 为步长。

由上式可推出

$$m_t^{(2)}=m_{t-1}^{(2)}+\frac{m_t^{(1)}-m_{t-n}^{(1)}}{n}$$

这里需要注意,二次移动平均值不能直接用于预测,而应该建立趋势直线预测模型进行预测。

设时间序列 $\hat{y}_t$ 从某时期 t 开始具有线性增长趋势,且认为未来时期也按此趋势变化,则可建立如下趋势直线方程

$$\hat{y}_{t+T}=a_t+b_t T \quad (T=1,2,\cdots,n)$$

式中,T 为第 t 期之后的时期数;y_{t+T} 为第 $t+T$ 期的预测值;a_t 为截距项;b_t 为直线方程的斜率。

先求出 a_t 和 b_t 的值

$$a_t=2m_t^{(1)}-m_t^{(2)}$$

$$b_t=\frac{2}{n-1}(m_t^{(1)}-m_t^{(2)})$$

根据 a_t 和 b_t 的值确定趋势直线方程进行预测。

(2) 指数平滑法

指数平滑法是由移动平均法改进而来的。这种方法既有移动平均法的好处,又可以减少历史数据的数量。第一,它把过去的数据全部加以利用;第二,它利用平滑系数加以区分,使近期数据比远期数据对预测值影响更大。指数平滑法特别适用于观察值有长期趋势和季节变动,必须经常进行预测的情况。在实际应用中主要有一次指数平滑法和二次指数平滑法。

① 一次指数平滑法

一次指数平滑法就是计算时间序列的一次指数平滑值,以当前观察期的一次指数平滑值为基础,确定下期的预测值。其有如下几个步骤。

首先,确定预测模型。

设时间序列为：$y_1, y_2, y_3, \cdots, y_t \cdots$，一次指数平滑法的计算公式为

$$S_t^{(1)} = \alpha y_t + (1-\alpha) S_{t-1}^{(1)}$$

式中，$S_t^{(1)}$ 为 t 期时间序列的预测值；y_t 为 t 期时间序列的观察值；α 为平滑常数$(0 \leqslant \alpha \leqslant 1)$。

一次平滑系数是以第一次指数平滑作为第 $t+1$ 期的预测值，即 $\hat{y}_{t+1} = S_t^{(1)}$

由此可以得到预测公式的另一种表达方式

$$\hat{y}_{t+1} = \alpha y_t + (1-\alpha) \hat{y}_t$$

其次，确定平滑系数 α。

当 $\alpha = 0$ 时，下期预测值等于本期预测值；当 $\alpha = 1$ 时，下期预测值等于本期观察值，平滑系数 α 的取值应根据时间序列的特点和经验来考虑，可取多个不同的 α 值进行预测，一般应从 0.1 开始，0.2，0.3…逐个计算其预测值，比较它们的平方误差，然后选择误差最小的 α。

最后，确定初始值 $S_0^{(1)}$

$$S_0^{(1)} = \frac{1}{k} \sum_{t=1}^{k} y_t$$

式中，k 为位于时间序列前列的 k 个数据或时间序列第一个周期所含数据的个数。

② 二次指数平滑法

一次指数平滑法在处理有些线性趋势的时间序列时，也会产生滞后偏差。为了进一步减少偶然因素对预测值的影响，提高指数平滑对时间序列的吻合程度，可在一次平滑的基础上进行第二次平滑，二次指数平滑的计算公式为

$$S_t^{(2)} = \alpha S_t^{(1)} + (1-\alpha) S_{t-1}^{(2)}$$

$$S_0^{(2)} = y_1 \text{ 或 } S_0^{(2)} = \frac{1}{k} \sum_{t=1}^{k} y_t$$

当时间序列趋势具有线性趋势时，二次指数平滑法直线趋势模型为

$$\hat{y}_{t+T} = a_t + b_t T$$

a_t 与 b_t 的计算公式为

$$a_t = 2S_t^{(1)} - S_t^{(2)}$$

$$b_t = \frac{\alpha}{1-\alpha}(S_t^{(1)} - S_t^{(2)})$$

（3）季节指数法

季节指数法，是以市场季节性周期为特征，计算反映在时间序列资料上呈现明显的有规律的季节变动系数，达到预测目的的方法。利用季节指数法进行预测时，时间序列的时间单位或是季或是月，变动循环周期也就或是 4 个季或是 12 个月。季节指数法预测目标某季或某月受季节影响而引起的周期性变动比例。

此方法的应用过程为：先分离出不含季节周期波动的直线趋势，再计算季节指数，最后建立预测模型

$$x_{(t+i)j} = T_i F_j \quad (i=1, 2, \cdots; j=1, 2, \cdots, s)$$

式中，T_i 为直线趋势方程；s 为季节期数（如以季度为季节，则 $s=4$）；F_j 为季节指数。

在实际应用中，T_i 可用趋势移动平均法或指数平滑法，也可以直接取 t 的线性函数或二次函数。

预测步骤如下。

① 先求出 $T_i = a + b_i$。

② 计算平均季节指数。把历年同季度的平均数,除以该季节的趋势值平均值,就可以消除直线趋势的影响,而得到平均季节指数。

$$F'_j = \frac{1}{n}(x_1 + x_2 + \cdots + x_{t+(n-1)s})$$

式中,n 为观察年数。

③ 对平均季节指数作处理,使其均值为 1,即

$$\overline{F} = \frac{1}{s} \cdot \sum F'_j$$

$$F_j = F'_j / \overline{F} \quad (j=1,2,\cdots,s)$$

首先,将各平均季节指数求和,除以季节期数,得到平均季节指数的平均值。然后,以各平均季节指数除以平均值得出正规的各季节指数。

(4) 趋势延伸法

事物的发展具有一定的连续性,有些事物的发展在某个相对时间内呈现出一定的规律性,如果掌握了这种规律性,就可以遵循这种规律进行推导延伸,以预测事物发展的未来。

运用趋势延伸法进行预测有两个基本假设:一是决定过去预测对象发展的因素,在很大程度上仍将决定其未来的发展;二是预测对象发展过程一般是渐进变化,而不是跳跃式变化。

市场经济中的各类现象在现实中的表现有很多形式,但总体来说可以近似地把它们归为直线型、曲线型和非线型。从使用方便程度考虑,更多的是直线型和曲线型的广泛应用。根据预测变量变动趋势是否为线型,趋势延伸法分为直线趋势延伸法和非直线趋势延伸法,前者用于拟合和预测的模型主要是线性模型;后者用于拟合和预测的模型主要是曲线模型。

① 直线趋势延伸法

直线趋势延伸法的预测模型为

$$\hat{y}_t = a + bt$$

式中,a 和 b 是参数;t 为时间变量,要求计算过程中等距;$\hat{y}_t$ 为时间序列线性趋势预测值。

用此方法进行预测时,其关键是将主要的问题拟合成一条直线。该线与各期观察值坐标点的距离最短,该线在何方由 a 和 b 确定,其方法可用最小二乘法求出,当参数 a 和 b 确定后,预测方程即确定。代入预测时期数值 t,即可估计市场现象预测 $\hat{y}_t$。

② 曲线趋势法

市场现象受到诸多因素影响,变动趋势往往呈曲线形式。常见的有指数曲线、二次曲线、龚伯兹曲线和延续预测方法多种。可以用最小二乘法、分段求和法确定模型种类后进行估测,此处不作详解。

(5) 回归分析法

回归分析是常用的预测方法。它是以数理统计为理论基础,把相关的变量分为因变量和自变量,因变量代表预测的目标,自变量代表影响目标的关键因素,影响目标的因素可能有一个,也可能有多个,一个自变量的称为一元回归,多个自变量的称为多元回归。如果因变量和自变量变化的关系是线性的称为线性回归,否则,称为非线性回归。

① 一元线性回归分析

一元线性回归的数学模型为

$$Y = a + bX$$

式中 Y 为因变量;X 为自变量;a、b 均为常数。

通常，a、b 的值可以用最小二乘法确定。根据最小二乘法，可以推导出

$$a = Y - bX$$

$$b = \frac{\sum XY - X\sum Y}{\sum X^2 - X\sum X}$$

② 多元线性回归分析

在许多情况下，影响预测对象的因素往往不止一个。如邮政储蓄业务收入与人口总数、人均收入、网点密度、营业时间等因素有关。这类问题的预测就属于多元回归问题，多元回归的基本思路与一元回归基本相同，只是运算较为复杂。

多元线性回归的数学模型为

$$Y = b_0 + b_1 x_1 + b_2 x_2 + b_s x_s + \cdots + b_n x_n$$

式中，Y 为预测目标；$x_1, x_2, \cdots, x_n$ 为互不相关的各影响因素；$b_0, b_1, b_2, b_s, \cdots, b_n$ 为 Y 对 $x_1, x_2, \cdots, x_n$ 的回归系数；$b_0, b_1, b_2, b_s, \cdots, b_n$ 的值可以借助于矩阵行列式计算。

二、邮政经营决策

经营预测与管理决策是邮政企业在经营管理过程中既相互区别又密切联系的两种活动。市场预测属于认识范畴。它本身并不是目的，它是为管理决策服务的，即为正确确定经济活动目标和选择实现目标的行动方案提供科学依据。管理决策既属于认识范畴，又属于实践范畴。它为企业生存发展研究对策，即如何最科学、最合理地在时机、代价、效用三者之间进行分析、比较和选择，进而组织实施。

(一) 决策的概念及特点

1. 决策的概念

在调查研究的基础上，根据需要与可能选定要采取行为的目标，制定行为效果评价的准则，拟订多个行为方案，根据评价准则，选定最佳的行为方案付诸实施。这样的过程称为决策。也可以说，决策就是决定。

随着社会的发展，技术的复杂程度越来越大，经济的影响因素也越来越多。决策技术在通信企业的生产、管理、经营中的作用越来越重要。决策是否合理，是否及时，直接影响到通信质量及企业的经济效益。

2. 决策的特点

(1) 系统性

具体地讲，决策是由决策主体、决策客体、决策手段三个基本要素相互结合构成的有机系统。

① 决策主体包括参与决策过程的决策者、参谋者、实施执行者。决策者是系统的管理者、控制者和领导者，是决策的灵魂。

② 决策客体包括决策对象和决策环境。决策对象，是决策者直接领导和控制的客观领域。如一个部门、一个企业或某项业务经营规划、某项业务研究开发等。决策环境则是指制约决策对象按照一定规律发展变化的条件。决策对象与环境的规模、性质决定着决策活动的内容及其复杂程度。

③ 决策手段包括决策理论、方法、信息及技术支持等。它的功能在于将现代科学技术的成果运用于决策过程，从整体上提高决策活动的科学性，减少和避免决策结果的偏差与失误。

(2) 复杂性

企业在决策过程中既要考虑国家宏观环境,又要结合自身在经营活动中出现的新情况、新变化。决策的范围扩展到诸多业务经营活动和市场领域,非程序化、不确定性决策问题不断增多,科学的决策必须坚持具体情况具体分析的原则,根据决策内容不同的特点、要求,制定合理的具体决策方案。

(3) 多样性

为适应不同的决策对象、决策类型的特点和要求,决策的实践方法从单纯凭个人经验和能力,变成建立在严格逻辑论证和实验验证基础上的集技术与艺术相结合的方法。这些众多的决策实践方法包括:直觉决策法、系统分析法、模型模拟法、定量决策法、多目标决策法、模拟决策法、综合分析法等,同时辅之以敏感分析、效用分析、电子计算机运算等现代技术手段。这些决策实践方法的运用,为灵活有效地解决各类决策问题,提高决策的准确性提供了保证。

(二) 决策的类型

企业经营管理活动的复杂性和多样性,决定了经营决策有着不同的类型,从不同的角度作如下划分。

1. 根据决策主体的构成不同,可以分为个人决策和集体决策

① 个人决策是由领导者凭借个人的智慧、经验及所掌握的信息进行的决策。决策速度快、效率高是其特点,适用于常规事务及紧迫性问题的决策。对全局性重大问题则不宜采用。

② 集体决策是指由会议机构和上下相结合的决策。会议机构决策是通过董事会、职工代表大会等权力机构集体成员共同做出的决策。上下相结合决策则指领导机构与下属相关机构结合、领导与群众相结合形成的决策。其优点是能充分发挥集体智慧,集思广益,决策慎重,从而保证决策的正确性、有效性;缺点是决策过程比较复杂,耗费时间较多。它适用于制定长远规划、全局性的政策。

2. 根据决策问题的性质和重要程度不同,可以分为战略决策、战术决策和业务决策

① 战略决策是对涉及经济活动系统全局性、长远性、方向性问题的重大决策。通常由高层领导集体做出,体现企业全局工作长远的指导思想与经营发展规划的总体设想。它具有影响时间长、涉及范围广、作用程度深刻的特点,是战术决策和业务决策的依据和中心目标。它的正确与否,直接决定经济活动系统的发展方向和总体效果。

② 战术决策是根据战略目标的要求,为某一战略阶段的企业经营要素优化组合的重大问题做出的决策,也称策略决策。它是战略决策的重要组成部分,是针对每一战略阶段经济活动内容进行总体部署,是实现战略决策的重大步骤,将战略总目标具体化和细分化,为业务决策的制定提供依据和指明方向。所以,战术决策是连接战略决策与业务决策的桥梁和纽带,它通常由高层管理者和中层管理者密切结合做出。

③ 业务决策是围绕实现阶段战略目标的具体业务问题的决策。如企业的经营计划编制、人员调配等问题。业务决策为战术决策服务,是战术决策的延续和具体化,具有深、细和量化的特点,并具有局部性和短期性。它属于低层次决策,由经济活动系统的中层管理人员来完成,其正确与否、运行效率如何对战略目标实现的程度和效果有重要影响。

3. 根据决策过程信息的完备程度不同,可以分为确定型决策、风险型决策和未确定型决策

① 确定型决策是指决策过程中各备选方案在确知的客观条件下,每个方案只有一种结果,比较其结果优劣做出最优选择的决策。这类决策问题具有经常出现的特点,实际约束条件、决策参量、决策变量和决策目标关系清楚明确,能准确预测确定约束条件及每种方案的结

果。因此,方案制定有固定的程式和选择准则,容易做到最优化选择。这类决策一般可用数学模型,借助计算机程序进行模拟决策。

② 风险型决策是指决策过程事先能预知各备选方案在几种可能约束状态下产生的几种不同结果及其出现概率情况下做出的决策。许多决策的影响因素较为复杂,且多变,因而决策的约束条件就带有较大的随机性,备选方案的结果也就存在随机性。当人们在认识这种随机性规律基础上,能估计出不同可能约束条件下方案的结果及其概率,就可使不肯定性程度减少,但仍存在一定的决策风险。

③ 未确定型决策是指决策过程事先仅能预知各备选方案在几种可能的客观状态下产生的几种不同结果,其出现概率不明确情况下做出的决策。这类决策由于人们对几种可能客观状态出现的随机性规律认识不足,就增大了决策的不确定性程度,其风险较大。

4. 根据经营管理活动的特点不同,可以分为程序化决策和非程序化决策

① 程序化决策又称例行决策。它指针对经营管理活动中反复出现、有明确稳定解决问题程式的业务活动进行的决策。如日常生产作业安排、网运计划安排、业务销售等经营管理中例行活动的决策。

② 非程序化决策,又称非例行决策。它指针对经营管理中随市场环境和社会经济环境变化,很少重复出现,难以用固定模式解决的经营活动问题所进行的决策。如企业的改革、新业务开发等经营管理中非例行活动的决策。

除上述分类之外,决策按决策目标多少的不同,可以分为单目标决策和多目标决策;按决策过程、决策问题划分阶段多少的不同,可以分为单阶段决策(静态决策)和多阶段决策(动态决策);按决策过程方案选择条件不同,可以分为最优化决策和满意决策。

(三) 决策的程序

一般而言,科学的决策程序应当包括以下步骤。

1. 发现问题,确定目标

(1) 发现问题。问题是决策的起点。经营管理活动问题来自两个方面,一是计划应该做的事(目标)和实际做成的事(成果)之间出现的差距,称为问题;二是环境条件变化出现新情况,给企业带来新机遇和风险,也是问题。企业遇到问题,只有经过逻辑分析和综合判断,说明问题的症状,寻找症结,才算真正发现问题。

例如,企业遇到某产品销售长期不见增长的现象,如果不经分析就会简单将此现象归结为"如何使该产品销售增长"的决策问题。由此想到的解决办法就是以各种促销手段提高市场占有率。这样做是否一定能解决问题呢?就难说了。因为企业产品销售额水平如果不考虑价格,根本上讲决定于该产品的市场容量和企业的市场占有率。显然,只有在市场容量处于增长或基本稳定,而企业市场占有率在下降或也基本稳定这两种变量组合情况下企业销售不增长,企业以促销手段来提高市场占有率才会有好效果。如果是市场容量处于负增长与企业市场占有率在增长情况下的企业销售不增长,企业以促销手段来解决市场占有率问题,就会适得其反,使企业收益趋向恶化。可见,发现问题在于从现象入手,经过理性的定性分析,陈述原因,定量分析,了解其严重程度,经归纳综合找出症结,提出切中要害的决策问题,才能为以下解决问题的各步骤指明正确方向。

(2) 确定目标。目标是在一定条件下,解决问题要达到目的的归结点。如果没有目标就无所谓决策。目标错了决策就会失误。为使决策目标明确合理,必须注意以下问题。

① 确定目标要实事求是。要以信息为基础,对问题决策目标有关的各种因素进行纵向与

横向分析,从而确定决策目标。

② 目标必须明确具体。目标在决策过程中是研究对策备选方案的标准和尺度。目标含糊不清,方案设计与比较选择就会无所适从。所以决策目标必须做到具体化、定量化,在时间、地点、数量上都要加以确定。同时,要明确决策目标是否附加约束条件。例如,企业产品市场占有率提高3个百分点,同时要求不得提高变动成本率。显然,决策目标有无约束条件,被选方案设计和评价标准就会不同。一般来讲,决策目标应在质的分析基础上以具体衡量指标表达预期达到的要求最为清晰、明确、具体。

③ 要区分目标的重要程度和主次顺序。现代经营管理决策面临多项目标并存的情况。在某些情况下,由于客观条件的限制,多个决策目标的作用方向可能不尽一致,甚至出现矛盾和对立,这就给方案的制定增加了难度。为解决多目标决策带来的困难,可以采取以下途径。

首先,在满足决策要求的前提下,对多个目标按照其相互关系加以取舍,削减重复目标,合并类似目标,综合同变量目标,把决策目标减少到最低限度。取舍决策目标的原则有:两个具有对立关系而无法协调的目标,舍弃其中一个;两个具有主从关系的目标,保留主要目标舍弃从属目标;两个具有并列关系而内容近似的目标,合并为一个综合目标;对整个决策影响不大、可有可无的目标完全舍弃。

其次,保留下来的最低限度目标,根据其重要程度分为必须达到的和希望达到的两类。

最后,在对目标取舍和区分两类目标基础上,再按照主次顺序把决策目标分为主要目标和次要目标,将主要目标作为关键的、首先应当达到的目标,其他目标则按顺序依次排序。

2. 拟订方案

确定决策目标后,在取得有关信息资料的基础上,就要拟订各种备选方案,提出解决问题的对策。方案可以有多个,每个方案又可能有几个对策。决策能够取得理想成效,在很大程度上取决于备选方案的质量,为此应该认真对待拟订备选方案工作,不能草率行事,应尽可能利用参谋机构与决策者共同完成备选方案的方案构思与精心设计工作。

(1) 方案构思是针对决策目标寻找实现目标的行动方案架构。遇到程序化决策,可以根据经验构思;遇到非程序化决策,可以从以往接触过的有相似或可比之处的决策中得到启迪,进行构思创新。方案构思既要发挥经验和知识的作用,又要充分发挥决策主体的想象力和创造力,对拥有的各种不同信息,按照新观点进行排列组合形成被选方案构架。

(2) 在精心设计的方案构思基础上,对方案的措施、方法、后果的研究与论证,形成有实践意义的行动方案过程。具体工作有:① 对多种方案构思的筛选与整理,形成相对合理的几种方案构思,并充实其具体的各种措施细节,如资源条件、组织协调、实施方式方法和可能遇到的不测及应急处置措施等,形成几种备选方案。② 对方案执行预期目标结果做出估计。

精心设计提供的备选方案应具备两个基本条件。① 每个备选方案的可行性。备选方案应该提供资源保证措施、时间保证措施、组织保证措施、应急措施、决策目标可能达到的水平等详尽信息。② 备选方案之间的互斥性。即各备选方案在总体设计、主要措施和预期效果上必须有明显的区别,既不能把A方案的措施包括在B方案中,也不能使A方案和B方案成为实现C方案的途径。只有备选方案间互斥,才能保证各方案的备选、比较的意义。

3. 评价选择方案

各备选方案的评价选择的总原则是看哪个方案能更好地满足决策目标的要求。如何掌握评价选择的总原则,往往和决策者的价值取向、备选方案信息的准确性、可靠性有关。

(1) 要评价各方案技术上的先进性、经济上的合理性和实现的可能性。要分析方案各种措施在技术上的科学成分和领先程度；比较方案实施的费用与效果，计算直接经济效益和间接效益，以及社会效益的大小；研究分析资源条件实现方案目标的客观可能性；同时，要估计到各种备选方案的潜在问题，以及可能带来的不良影响，从而做出全面、客观的综合评价。

（2）在备选方案综合评价基础上，决策者做出权衡和最终抉择，即所谓"拍板定案"。"拍板定案"选定的决策方案，其可行性及优化程度直接影响方案的实施过程与结果，是决定决策成败的关键所在。在许多情况下，各备选方案利弊兼具，各有长短。区分孰优孰劣既有赖于决策者的良好素质，同时也与评价选择过程所采用的方法有关。可供采用的方法有经验判断法、数学分析方法和实验方法。

① 经验判断法是传统的优选方法，一般根据选择方案的指标（即决策目标）采取淘汰制对备选方案进行筛选、淘汰，逐步缩小备选方案的选择范围。当余下的备选方案具有同等价值而难以进一步抉择时，则可以采取补充评选标准的办法，以表明某一方案优于其他方案。例如，各方案执行结果所获得的利润差不多，则可以以资金利润率和费用率作为补充标准，选择利润率高和费用率低的方案为较优方案；也可以对数个备选方案采取排队法，经过综合判断，选择较优的方案。假如对一些备选方案经过初步筛选，尚余下七个方案难以抉择，这时就可以对余下的方案两两进行对比，比较两者优劣，优者记1分，劣者记0分，通过比较排队选择积分多的方案为优选方案。

经验判断法是选择决策方案的一种重要方法，但它仅适合于有限个备选方案（即离散型控制变量）的情况。遇到拥有无限多个备选方案（即连续型控制变量）的情况宜采用数学方法。

② 数学分析方法，是通过建立决策问题的数学模型，按照最优化决策准则进行方案优化选择，选出最优方案的方法，这将在下面作具体介绍。

③ 实验法，是对每个备选方案进行模拟实验，选出效果最好的方案的方法。实验法适用于在管理中经常遇到没有经验的非例行问题，又无合适的数学方法进行分析问题时，以恰当少数几个典型单位为试点，实施验证方案优劣，然后总结经验做出选择。显然这样要耗费较多资源，因而必须慎重。此外，随着电脑应用软件的发展，利用电脑进行人机模拟实验法选择方案也将被广泛采用。

方案选择十分关键。选择过程应该注意到，理想的选择应该是最优化，但影响企业经营管理的因素很多，难以完全估计到，所以，选择方案一般只能是在目前条件下权衡利弊之后选择比较满意的可行方案，并不是最优。同时，方案选择时要注意各方案的差异，有无不良的后果或潜在问题，以便采取预防措施或制订应变计划。如果得不到令人满意的方案，则必须按照决策程序的基本过程重新审定目标或修正补充方案，直到满意为止。

4. 方案实施与控制

选择出满意方案或最优方案只能说是解决决策问题的一半，另一半是如何组织实施决策方案。要使决策方案付诸实际行动，达到预期目标，还须拟订强有力的实施计划并付诸实施。方案实施不是被动、机械地执行决策方案，而是一个能动的自为过程。需要在实施执行方案的同时，根据变化了的情况对决策方案进行修正或调整，灵活地、创造性地加以实施与控制。为此，方案实施与控制离不开信息的收集与反馈，以便随时发现执行过程中出现的新情况、新问题，及时采取调整措施或对新问题做出新的决策。

5. 信息收集与反馈

信息是决策的基础，必要的信息是决策的前提条件。决策过程以上四个步骤的主要任务是设法将企业资源在时空上科学合理地组织起来，通过实际行为活动使其充分发挥作用，实现企业的预期目标。任务的提出到实现,都离不开信息的掌握。即进行大量的调查研究,了解企业的外部环境和内部条件、竞争状况,预测经营发展的趋势和动向,通过信息收集、处理、传递与反馈将决策过程上述四个步骤有机地联系起来。所以,信息收集与反馈也成为科学决策程序必不可少的重要步骤之一,且贯穿决策程序的始终。

上述五个步骤有机结合构成的科学决策程序如图2-1所示。

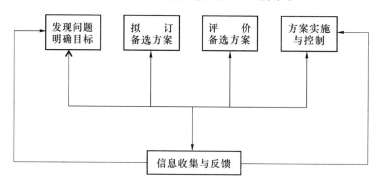

图2-1 决策程序图

(四)决策的基本方法

1. 确定型决策

对于一个决策者来说,具有确定性后果的问题是能明确地按照决策变量(行为和自然状态)来确定每个决策后果的收益或支付的。在这种情况下,决策者所面临的问题往往是简单明了的,其决策在于选择最大的收益或最小的支付的方案。

确定型决策问题必须具备四个条件:①存在决策人希望达到的一个明确目标,这个明确目标可能是收益最大或损失最小;②只存在一个确定的自然状态;③存在着可供选择两个或两个以上的行动方案;④不同的行动方案在确定状态下的损益值可以计算出来。

【例2-6】 某邮政企业有三种方案来开发三种业务,其所得的纯利润如表2-7所示。要求该企业在三种业务中挑选一种业务进行开发。

表2-7 某邮政企业不同方案开发三种业务的纯利润表

单位:万元

自然状态	行为方案		
	方案一	方案二	方案三
业务 A	22 000	25 000	28 000
业务 B	15 000	17 000	19 000
业务 C	8 000	10 000	11 000

决策者的决策显然是以第三种方案开发 A 业务,因为它获得的利润最大。

确定型决策问题看起来似乎很简单,但在实际工作中并非如此。因为决策者所面临的方案,数量可能很大,从中选出最优方案很不容易。如邮袋调运、网路组织等,虽然都存在着最优方案,但必须运用线性规划数学方法才能得到解决。

2. 非确定型决策

由于企业环境的复杂和企业内部条件的限制,有时对某些问题不能进行基本的市场调查和预测,因此也就无法确定它们的哪一种自然状态将会发生以及各种自然状态发生的概率,对这类问题的决策只能在不肯定的情况下做出,不确定型决策方法为解决这类决策问题提供了思路。

需要说明的是,这里所说的不确定型是完全不确定型问题。非确定型决策问题必须具备四个条件:①存在决策人希望达到的目标(收益最大或损失最小);②存在着两个或两个以上的行动方案可供选择;③存在着两个或两个以上不以决策人的意志为转移的自然状态;④不同行动方案在不同的自然状态下相应的损益值可以计算出来。

常用的不确定型决策方法有如下几种。

(1) 乐观决策法(大中取大决策法)

乐观决策法的基本步骤是:首先从每种方案中选出一个最大的收益值(或收益率),然后再从中选出一个收益值(或收益率)最大的方案作为决策方案。这种决策法的选择原则是大中取大,因此该方法又称为大中取大决策法。

【例 2-7】 某邮政企业为增强市场竞争能力,准备开发一种新业务,由于缺乏资料,该企业对这种业务的市场需求只能大致估计为较高、一般和较低三种情况,为开发这种业务,企业考虑了三个方案。第一个方案是新建生产场地,第二个方案是改建原有的生产场地,第三个方案是选择合适的合作伙伴共同开发。开发期为五年,根据计算,各个方案在五年内的损益额如表 2-8 所示,试确定决策方案。

表 2-8 邮政企业开发业务的三种方案每年的损益表

单位:万元

自然状态	行为方案		
	方案一	方案二	方案三
市场需求较高	600	250	100
市场需求一般	50	200	100
市场需求较低	−200	−100	100
每个方案的最大收益值	600	250	100

决策:取最大收益中的最大值 600,即方案一。

计算结果表明,应采用第一种方案(即新建生产场地)较为合理。

这种决策方法有如下明显的弱点。

① 大中取大,忽略了许多有价值的信息。如上例中,在市场需求较低的情况下,方案一的收益仅为−200,这一信息很有价值。

② 除了最大的收益外,所有其他的收益都被忽略了。

③ 最低的收益值不影响方案的选择。

④ 大中取大是最乐观的,也是最危险的决策。

(2) 悲观决策法(小中取大决策法)

这种方法是由瓦尔德提出的。悲观决策法的基本步骤是:首先从一个方案中选择一个最小收益值(或收益率),然后,再从中选出一个收益值(或收益率)最大的方案作为决策方案。这种方法的选择原则是小中取大,所选的是最小值中的最大值,因此,该方法又称为小中取大决策法。

【例 2-8】 根据下列一组数据,如表 2-9 所示,用悲观决策法确定最优方案。

表 2-9 某邮政企业开发业务的三种方案收益率表

项目	市场需求			最小收益率
	高	中	低	
方案 A	20%	8%	−4%	−4%
方案 B	18%	12%	−2%	−2%
方案 C	13%	7%	2%	2%

根据小中取大原则,方案 C 为决策方案。

小中取大决策原则是非常保守的,它只考虑每个方案中最坏的收益。这种决策准则是建立在假设最坏的自然状态会出现的基础上的,它是与大中取大准则相对立的一种决策原则。

(3) 悔值决策法(又称大中取小决策法)

由于非确定型决策各方案的自然状态概率是未知的,决策者根据自己的判断和估计来选择方案。有时,决策者决策后往往因为后来情况发生变化而后悔当初的选择未能避免本来可能得到的收益,或者未能避免本来可以避免的损失,为使这种后悔降到最低程度,决策者在决策时,可以采用悔值决策法。

悔值决策法的基本思路是:首先将各种自然状态下的最大收益值(或收益率)减去其他方案该状态下的收益值(或收益率),从而求出每个方案的最大的后悔值,然后选择最大后悔值中最小的一个作为决策方案。因为这种方法的选择原则是从最大的后悔值中选最小值,因此,该方法又称为大中取小决策法。

【例 2-9】 根据下列一组数据,如表 2-10 所示,用悔值决策法确定最优方案。

表 2-10 某邮政企业开发业务的三种方案收益值表

单位:万元

自然状态	行为方案		
	方案一	方案二	方案三
市场需求较高	600	250	100
市场需求一般	50	200	100
市场需求较低	−200	−100	100
悔值表			
市场需求较高	0	350	500
市场需求一般	150	0	100
市场需求较低	300	200	0
最大悔值	300	350	500

根据大中取小的原则,方案一的最大后悔值是三个最大后悔值中最小的一个,因此,应选择方案一为最佳决策方案。

(4) 等概率决策法

对于不确定型的问题,由于缺少资料,无法了解未来自然状态可能出现的概率,也就是说,没有足够的数据或无法估计哪一种自然状态会有较大可能性出现或者说不出现,在这种情况下,只能认为各种自然状态出现的可能性是相同的,即概率相等。

这种方法的基本思路是:首先按照自然状态的个数,确定每个自然状态出现的概率,然后计算各方案的损益期望值,从中选择收益期望最大或最小损失期望值的方案作为最优方案。

【例 2-10】 根据下列一组数据,如表 2-11 所示,用等概率决策法确定最优方案。

表 2-11 某邮政企业三种方案开发业务的收益值表

单位:万元

自然状态	概率	行为方案		
		方案一	方案二	方案三
市场需求较高	1/3	600	250	100
市场需求一般	1/3	50	200	100
市场需求较低	1/3	−200	−100	100
各方案的期望值		150	116.67	100

方案一的期望值最大,因此,方案一为最优方案。

3. 风险型决策法

风险型决策是指具有若干个自然状态,决策者知道每种自然状态可能发生的概率。在这种条件下,选择收益期望值最大的方案为最优的决策方案。

风险型决策问题必须具备五个条件:①存在决策人希望达到的目标(收益最大或损失最小);②存在着两个或两个以上的行动方案可供选择;③存在着两个或两个以上不以决策人的意志为转移的自然状态;④不同行动方案在不同的自然状态下相应的损益值可以计算出来;⑤在几种不同的自然状态中未来将出现哪种自然状态决策人不能肯定,但各种自然状态出现的可能性决策人可以预先估计或计算出来。

【例 2-11】 根据下列一组数据,如表 2-12 所示,确定最优方案。

表 2-12 某邮政企业三种方案开发业务的收益值表

单位:万元

自然状态	概率	行为方案		
		方案一	方案二	方案三
N1	0.25	40 000	50 000	60 000
N2	0.50	60 000	40 000	20 000
N3	0.25	10 000	15 000	12 000
最大期望值		42 500	36 250	28 000

因为方案一的收益期望值最大,故方案一为最优方案。

风险决策法中最常用的就是树型决策。树型决策法对于较复杂的多级决策问题的选优是非常方便的。因为决策树型网络把方案的一连串因素按它们的相互关系用树型图表示出来,再从树枝到树干方向进行损益期望值计算,根据损益期望值的大小进行决策。决策树的示意图如图 2-2 所示。

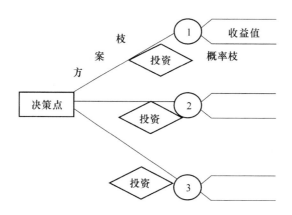

图 2-2 决策树示意图

图中方框结点为决策点。从决策点引出的若干分支称为方案枝。①、②、③为自然状态点,由自然状态点引出的若干分支称为概率枝。决策树的求解顺序是从右到左,逐步推算。

【例 2-12】 某邮政局根据业务预测今后 10 年业务将有很大发展,现有局房和设备不能满足需要,因此,该局对局房和设备提出新建、扩建和维持现状三个方案。新建需要投资 500 万元,扩建需要投资 200 万元,维持现状则不需要投资。预测资料表明,在今后 10 年内业务量大的概率为 60%,业务量一般的概率为 20%,业务量小的概率为 20%。各个方案在不同的业务量情况下每年的损益情况如表 2-13 所示,问应采用哪个方案。

表 2-13 某邮政局三种发展方案每年的损益情况表　　　　单位:万元

业务量	概率	新建	扩建	维持现状
大	0.6	200	100	20
中	0.2	10	15	20
小	0.2	−100	−50	20

首先画决策树,如图 2-3 所示。

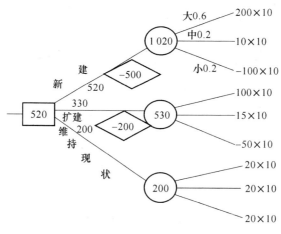

图 2-3 决策树示意图

计算过程如下。

新建方案:

十年的收益期望值 $=200\times10\times0.6+10\times10\times0.2+(-100)\times10\times0.2=1\,020$ 万元

十年内的纯收入＝1 020－500＝520 万元

扩建方案：

十年的收益期望值＝100×10×0.6＋15×10×0.2＋(－50)×10×0.2＝530 万元

十年内的纯收入＝530－200＝330 万元

维持现状方案：

十年的收益期望值＝20×10×0.6＋20×10×0.2＋20×10×0.2＝200 万元

十年内的纯收入＝200－0＝200 万元

结果表明：

新建方案的纯收入最大，因此，应选择新建方案。

第七节　邮政企业经营活动分析报告撰写

在完成邮政企业经营活动分析以后，要撰写企业经营活动分析报告。邮政企业经营活动分析报告是企业经营活动分析的输出结果，是结论性的文件。它是企业经营管理过程中的重要项目，必须定期编写，以分析评价企业整体或部门的经营绩效，为各级管理者提供决策依据。

一、经营活动分析报告编制的原则

1. 着重例外报告

管理当局很难全部了解每一个经营细节，内部经营分析报告的设计应能引导管理者的注意力，使其集中于少数重大的例外事件上。例外就是与原计划不同。

2. 内容力求简明相关

报告使用者往往不是财会人员，各项数据应尽量列表汇总，并要加上说明。内容要与该层领导的经营决策相关相适应。

3. 划分可控和不可控项目

应将报告项目划分为可控和不可控制两大类。不可控项目是指管理者无权或无法改变的项目，因此不应该负责任。

4. 考虑报表性质和可读性

根据管理者的阶层决定报表的项目和详细程度；将实际发生数与绩效标准进行比较，并显示其差额或差异率；区别报表的用途或紧急程度；用图示法以增进数字的传达能力。

5. 协助而非批评

分析报告除传达资讯外，应具激励作用；报告中采用正面的建设性的表达方式，引导管理者改善自身的工作。

二、经营活动分析报告的主要内容

（一）目前多数企业经营活动分析报告的内容

目前，大多数邮政企业所作经营活动分析报告主要包括经营成果分析、业务增长和业务排名、典型经验介绍、业务发展存在问题分析、下一步的措施。这种分析报告更多的是围绕自身业务发展情况分析，容易出现策略趋同的问题，即不分析也能得出相同的结论。有一些企业在此基础上增加了流量流向分析、客户结构分析、客户利润分析。在原有自身业务分析的基础上增加了客户分析,这是企业在经营活动分析报告撰写过程中的一个改变,说明企业认识到单纯就业务谈业务是有一定问题的。

目前邮政企业所用的分析方法也主要是比较分析法,如纵向比较:计划与实际、本期与前期等;横向比较:各局之间的比较等。采取这种方法目标明确,简单易行,但也存在分析比较表层,不够深入的局限。

(二)经营活动分析报告应包含的内容

邮政企业所作经营活动分析报告应包含四个方面的内容:业务分析、客户分析、环境分析和竞争分析。这四个方面是紧密相连的,涉及经营的全过程及经营成果,因而传统分析报告只涉及其中一个或两个方面是不科学的。

(1)业务分析:要正确认识业务所在的市场、判断市场的规模和发展速度、测算自身业务的市场占有率,采取各种经营活动分析的方法对业务发展情况进行比较分析。

(2)客户分析:分析客户结构,明确重点客户。客户用邮是邮政企业业务收入的来源,对客户进行深入研究是非常必要的。

(3)环境分析:邮政企业是在一定的环境条件下进行生产经营的,不同的环境带给企业的机会甚至威胁是不同的,因而对企业经营过程中的环境进行必要分析,从而判断企业的机会和威胁也是必不可少的。

(4)竞争分析:邮政很多业务是在竞争的环境中开展的,甚至竞争还非常激烈,因而对企业经营全过程及成果进行分析必然会涉及竞争对手的分析。明确自身业务的竞争对手、分析竞争对手的经营策略是非常必要的。

举例1 年度经营活动分析报告主要内容:分析市场环境,确认机会、威胁;竞争情况分析,比较优势、劣势;全年业务情况分析;存在问题分析;客户结构和重点客户分析;针对环境、竞争和客户情况提出下一步措施。

举例2 季度(月度)经营活动分析报告主要内容:业务情况分析、客户和重点市场情况分析、重点项目分析、竞争变化情况分析、存在问题分析、针对客户和市场情况提出下一步重点工作。

三、经营活动分析报告的一般格式

经营活动分析报告格式一般由以下几个部分构成:(1)题目;(2)概况;(3)正文,主要包括:①分析的目的、方法、步骤和时间;②经营指标完成情况;③内部资源/外部环境分析;④实际材料与分析说明;⑤得出结论;(4)提出建议和应对策略;(5)统计资料、图表附件。

本 章 小 结

本章在介绍企业经营活动分析基本知识与基本方法的基础上,联系邮政企业的实际,重点介绍了邮政业务收入分析、邮政业务成本分析、邮政人力资源分析、邮政企业综合经济效益分析、邮政经营预测与决策等相关内容,最后介绍邮政经营活动分析报告如何撰写。

【阅读材料】

七位领军人物预测邮政发展

目前,邮政行业在其历史使命与技术革命之间徘徊。它的发展方向在哪儿?本行业七位领军人物分享了自己的观点。

德国邮政 DHL 高级副总裁托马斯·鲍德里

在过去一年中,什么创新对您产生的影响最深刻?

我认为,最有活力的是受快速增长的电子商务市场推动的 B2C 物流领域。对我所在的企业和邮政行业来说,需开发国际 B2C 解决方案和产品以帮助企业将销售范围拓展到国外。

零售业的未来发展点在哪儿?

互联网和移动互联网在未来零售业的发展中将起到积极的推动作用。现在,人们交流和购买的方式与以前不同了,并且对订购和收取货物的方式和地点等方面有了更多要求。这是消费者行为的极大改变,对零售商来说,关键是要提高线上和线下销售以及通信渠道的管理效率。同时,这种改变将为新加入者带来更多机遇。对于这种改变,需要零售商快速反应并适应这个过程,否则将被市场淘汰。

"最后一公里"投递业务的未来发展点在哪儿?

灵活的包裹投递时间和地点是消费者不断对我们提出的要求。DHL 包裹自助服务亭和新用户入口 DHL Paket.de 就是对以上需求的恰当回应。城市物流概念(City Logistic Concepts)在未来的重要性越来越明显。不久前,DHL 与四川省成都市正式签署成都城市物流战略合作谅解备忘录,双方将开展综合性的城市物流总体规划研究,致力于减少拥堵并提升空气质量。

瑞士邮政公共事务与企业职责主管罗尼·卡夫曼

目前邮政行业面临的主要挑战是什么?

挑战主要有价格管控、邮政网络和人力资源的成本控制、电子替代以及本行业是否能跟上时代的步伐。作为以用户为导向、自筹经费的创新型公司,邮政运营商在定价时需拥有足够的灵活性,以保证在市场中的竞争力。由于电子替代的持续进行,邮政运营商不得不在实物和电子领域都有所突破。因此,在实物和电子邮政之间开发创新的解决方案对邮政运营商来说至关重要,可以获得更多收益。

什么技术是推动本行业发展的核心?

这些技术包括信函投递的自动排序,电子商务解决方案的宽带基础设施,通信市场内的社会媒体和节约型运输。

"最后一公里"投递业务的未来发展点在哪儿?

邮件投递的自动排序、资源效率和电力移动将成为未来"最后一公里"投递业务发展的关键因素。由于投递时通常要与用户接触,因此这也是保证投递业务成功的要素。电子邮箱等创新产品将为用户带来更多投递选择,他们可根据喜好来决定选择实物投递还是电子投递方式。

丹麦邮政技术总监迈克尔·福腾

在过去一年中,什么创新对您产生的影响最深刻?

我认为,索利斯特(Solystic)公司的 XMS 混合邮件分拣机是最大的创新,它是信函分拣的真正突破。在全球信函量持续下降的形势下,优化"最后一公里"以巩固邮件流就显得非常重要了。

目前,邮政行业面临的主要挑战是什么?

适应和实现现代化的能力是目前邮政行业面临的最大挑战。很长一段时间,函件被认为是"最适合通信的方式",从而放慢了其发展速度,同时许多邮政业务也如此发展了100年。以不同的方式思考是一种挑战,就像柯达受数码相机冲击一样,邮政行业也受到数字化的冲击,许多产品走到了它们生命的尽头,并被其他产品替代。如果我们想做下去,就必须利用进步的东西。

什么技术是推动本行业发展的核心?

能支持缩短处理时间(Lead Times)、最小化劳动成本和仓储成本以及支持实时跟踪与查询的技术,对邮政行业的发展至关重要。如在包裹上附上条码这样简单的事情却很麻烦且成本很高,我们需着眼于未来。

新加坡邮政集团CEO沃尔夫冈·拜耳

目前,邮政行业面临的主要挑战是什么?

纸质邮件量的下降为企业赚取利润带来巨大压力,成本的增加,尤其是劳动成本,使得压力越来越大。另一个挑战是在数字化变革中保持竞争力。作为一家上市公司,我们最大的挑战之一是短期和长期都要满足股东的需求。

零售业的未来发展点在哪儿?

对我来说,零售的未来意味着一种设备,是对他人基础建设的补充。我指的是非常简易的自助购物亭,可以在全国所有地方引进,如超市和银行。与此同时,还需寻找几个可以服务中小企业和电子商务用户的邮政转运中心。

什么技术是推动本行业发展的核心?

移动革命改变了一切。留意今天任何邮政流程,都存在移动的元素。此外,影像工程技术和客户关系管理有一定联系。我认为,未来的用户应拥有做一切事情都靠自己的能力。预订、反馈、状态更新等流程都应完全移动化并对技术进行整合。

美国邮政首席信息官约瑟夫·考伯特

什么技术是推动本行业发展的核心?

我们继续将重点放在改善可见度技术方面,该技术用于用户和内部管理。同时,我们将继续提高运营效率以不断降低价格,目的是提升托运人和寄件人使用美国邮政产品和服务的体验。我们需保持产品价格的竞争力。对业务智能工具进行升级,高速率数据抓取和开发工具等"大数据"模型是众多举措成功的关键。邮政提供的产品和业务通常会产生庞大的数据,这些数据可帮助企业洞察内部运营、客户计划以及跟踪行为等情况。

目前,邮政行业面临的主要挑战是什么?

邮政行业面临的最大挑战之一是增长。维持邮件相关性和可行性是现在和未来都要面临的挑战。满足消费者和企业不断变化的需求也给所有邮政业务带来了挑战,这就要求邮政企业重新思考和制定业务战略以在市场中立足。由于消费者将便捷和轻松使用作为追求重心,因此,网络购物发展迅速。我们要不断培育市场和加强广告邮件价值的宣传。广告商发现广告邮件的回应率要远远超过电子广告邮件的回应率。广告邮件和电子广告邮件的结合是实实在在的成功,同时也帮助广告商最大化提升回报率。消费者和企业都想通过在线方式获得邮政产品和服务。我们在大型购物中心和其他人流量较大的地区投放了自助服务亭,消费者可在购物过程中进行快速购买。

澳大利亚邮政未来网络设计主管加里·斯特布斯

什么技术是推动本行业发展的核心?

在分拣中心内部,我们不断追求速度更快、可靠性更高的设备。如法国 Solystic、西门子、NEC 等公司已经研发了综合性邮件处理设备,对邮件处理设备传统的三个步骤进行了很好地结合。通过使用这些设备,邮件处理中心的生产能力得到了提升,同时,机器数量和占地面积都相应减少了。

过去一年,邮政行业最大的改变是什么?

最大的改变就是发展重心向数字化转变,并随之对交易邮件产生影响。在线账单支付对邮政行业产生了巨大影响,但是我认为,不同邮政机构采取的应对措施能给人带来不同启示。每个人都在寻找替代品。事实上,邮件量的下降是缓慢的,有的甚至有回升现象。许多金融和公用事业公司发现,在线账单支付的响应时间要比传统邮件的长。

"最后一公里"投递业务的未来发展点在哪儿?

"最后一公里"业务对全球的邮政部门来说都是不动产。在传统邮件量可能会下降和电子商务产业急速发展的形势下,我认为,国家邮政机构提供的"最后一公里"业务在未来投递业务的发展中扮演着核心角色。消费者希望能选择适合他们忙碌生活方式的投递方式,而我们所要做的就是为他们提供便利和更多的选择。

国际邮政业务指导德里克·奥斯本

在过去一年中,什么创新对您产生的影响最深刻?

一些邮政运营商为了适应移动和数字时代的发展,对业务进行了重新定位,同时还对传统业务进行改革,以使它们与新一代用户的需求相适应。此外,一些技术应用也给人们留下了深刻的印象,如打印、跟踪和数字应用服务以及环保车辆、自动化技术和电子商务。

零售业的未来发展点在哪儿?

零售业正面临挑战,只有在该领域真正创新才能促进企业发展、多样化和零售网络的扩张。一些邮政企业在该领域非常成功,包括金融产品、商务建议、中小企业销售及一系列产品和服务。正如一些人士预测的,集邮业务没有消失,相反却在不断增长,尤其在中国。

"最后一公里"投递业务的未来发展点在哪儿?

我非常看好"最后一公里"投递业务的发展前景,不仅因为它是邮政企业的核心能力,而且因为用户对上门投递和实现"最后一公里"投递的需求量越来越大,他们尤其关注服务的可靠性和精确性。为满足收件人越来越高的期待,将信函和包裹投递进行整合非常重要。安全的上锁箱将在未来发挥重要作用,但不会取代上门投递的方式。

资料来源:中国邮政报

【综合练习】

1. 经营活动分析的含义、类型。
2. 经营活动分析在邮政企业能够解决哪些实际问题?
3. 什么是发展速度?有哪几种?什么是增长速度?有哪几种?
4. 比较分析法、因素分析法和比率分析法的含义,运用这些方法对邮政业务收入、邮政业务成本、邮政人力资源等方面进行相关内容分析。
5. 经营预测与决策的基本概念和基本方法。
6. 邮政企业经营活动分析报告如何撰写?

【案例分析】

阅读以下经营活动分析报告,分析有哪些需要改进的地方?

某邮政局上半年经营活动分析报告

一、收入完成情况

2009年1—6月份全局累计实现收入409.87万元,占计划进度49.44%。

具体各专业上半年收入完成情况如下:函件业务1—6月份累计实现收入31.68万元,完成年计划进度45.26%,同比增幅56.68%;包件业务1—6月份累计实现收入10.75万元,完成年计划进度71.67%,同比增幅73.39%;汇兑业务1—6月份累计实现收入6.84万元,完成年计划进度38.0%,同比负增长37.13%;报刊业务1—6月份累计实现收入30.30万元,完成年计划进度57.17%,同比增幅38.74%;储蓄业务1—6月份累计实现收入232.46万元,完成年计划进度48.43%,同比负增长5.42%;保险业务1—6月份累计实现收入22.04万元,完成年计划进度36.73%,同比增幅80.21%;电子邮政1—6月份累计实现收入3.23万元,完成年计划进度46.14%,同比增幅26.17%;代办业务1—6月份累计实现收入0.69万元,完成年计划进度17.25%,同比增幅55.89%;集邮业务1—6月份累计实现收入30.8万元,完成年计划进度75.12%,与去年同期相比增幅86.10%;物流业务1—6月份累计实现收入27.32万元,完成年计划进度54.64%,同比负增长50.64%;速递1—6月份累计实现收入12.36万元,完成年计划进度44.14%,与去年同期相比增幅87.59%。

二、经营工作亮点

1. 物流业务实现收入过半

今年1—6月份完成农资收入27.3万元,占年计划任务的54.6%,全省排位由原来的36位上升到目前的19位,顺利实现了"时间过半,任务过半"。其中共销售杂交种子7 117.5公斤,实现收入8万余元,销售保得生物有机肥196吨,实现收入14万元,销售青稻龙药物肥16吨,创收1.8万元,酒水配送额12万元,创收5.3万元。

我局一直将物流业务当作重点来抓。一是加强管理,完善销售网络。今年对农资业务的管理模式进行了调整,形成了服务三农部、农村支局、三农服务站三级管理模式:服务三农部负责政策制定、业务督导、农资产品要数及资金管理,农村支局直接管理辖区内的三农服务站,改变了以往服务三农部疲劳奔波于各个三农服务站之间的现象,减轻了管理压力,降低了管理成本,充分发挥了农村支局的骨干作用。以渠道建设和提升网点分销能力为中心,不断完善网络体系,形成了县、乡(镇)、村、用户四级联动分销模式,不断加强分销能力。二是开展了农资业务竞赛,出台了《2009年农资分销业务竞赛考核方案》,制定了总体工作目标、营销思路、考核细则,对全年农资业务的发展起到了指导作用。三是重点分销,做强优势特色产品。根据实际,我局重点抓好亚华种子、正邦农药、中邦农药、保得、农都乐系列产品的配送。1—6月份,已销售种子7.2吨,销售肥料281吨。四是面对激烈的农资市场竞争,积极采取了应对措施,精心培育市场。今年以来,农资市场全面开放,炎陵县的种子销售由原来的种子公司、邮政局等两家增加到11家,市场竞争极为激烈,所以在种子销售方面我们选择了几个品质优、效益高的品种。开展了农资特色村建设工作,对全村有80%的农户或80%的耕地面积使用邮政农资的村实行优惠政策,还可以享受免费的科技服务、病虫害通知、送科技下乡、服务上门等服务,目前已建设农资特色村2个;同时提高了投递员和三农服务站的计酬比例,调动了他们发展业务的积极性。五是做好宣传工作。我们印制种子邮送广告,分送到千家万户,联合厂家技术人员举办送科技下乡活动2次;在巩固去年西线绿色长廊的基础上,今年又新建了一条横贯水口、中村两个乡镇、全长16千米的南线绿色走廊,邮政服务三农的社会影响力和经济效益将进一步得到提高。为加大农药的销售量,在去年正邦的基础上,今年又新增了一家中邦的产品,在厂家之间无形之中形成了竞争,有利于我局农药销售的质量和服务的提升。

2. 保险业务快速发展

今年1—6月份,我局累计完成新单保费577万元,实现保险收入22.04万元,比去年同期增长60.61%。针对保险业务的特点,我局采取了以下措施发展保险业务。一是组织开展了网点业务竞赛,开展了一季度、二季度保险业务竞赛,对各个网点下达了季度保险任务,制定了奖励和考核措施。二是金融业务部积极督导保险业务的发展,做到了每日通报,对完成进度进行排名,对落后的网点进行业务发展上的指导、督促。三是奖罚分明,及时兑现奖励,同时对连续三天未出单的网点进行处罚,起到了较好的激励作用。

3. 包件业务逐步收复失地

包件业务曾是我局的特色亮点业务,后来由于政策、资费等原因导致市场流失严重,我局高度重视该项业务的发展,重新开拓包件业务市场,收复失地。在经营部的牵头组织下,上门揽收成批包裹,积极向上级争取资费优惠政策,对内理顺好工作流程,加快出口速度,提高服务质量。今年1—6月份,我局已经完成成批包裹6554件,创收5.2万元。今年5月份又在全区率先启动"爱心包裹"项目,到6月份为止已经完成1.81万元。

4. 函件集邮业务发展态势良好

今年1—6月份累计完成集邮收入30.28万元,完成年计划任务73.85%,完成函件收入31.68万元,完成年计划任务的45.26%。利用"家电下乡"的契机,函件集邮部积极公关,走访家电销售商家,共制作"家电下乡"商函一万封,创收12600元。完成邮送广告收入27077.4元。

三、存在的问题

上半年,我局经营工作虽取得了一定成效,但也存在许多问题,通过以上1—6月份数据可看出,1—6月份全局累计实现收入409.87万元,占计划进度49.44%,与去年同期完成406.03万元相比仅仅增幅0.95个百分点,离上半年收入过半差0.56个百分点。2009年收入过半的仅有包件、报刊、集邮、物流等4个专业,未过半的专业有7个,占专业总数的比重达64%。专业之间发展不平衡,欠产严重。主要表现在以下几个方面:

(1)邮政储蓄发展被动,邮政储蓄余额增长缓慢

2009年我局邮储全年净增计划为5000万元,1—6月半年时间总共净增688万元,其中一季度"开门红"任务1920万元,"短程赛"500万元,合计2420万元,实际还负增长271万元,二季度"信心杯"任务1530万元,实际增长了959万元,连续两个季度没有达到计划进度,上半年任务数3950万元,只完成上半年计划任务的17.42%,离任务数相差甚远。没有项目做支撑,仅依靠职工月末冲刺,次月余额下滑的概率很大。储蓄收入与去年同期收入数据相比下降5.42个百分点。导致储蓄收入下降的因素来自多方面:一是余额增长过于缓慢;二是活期比重偏低,目前仅为35.73%,;三是没有项目支撑,现有的个别项目也没有落实到位;四是代收付项目发展没有做起来。

(2) 专业管理不够到位

今年以来我局各个专业管理不到位,内部的各种相关账册尚未健全。对本专业及各个支局所的计划任务完成进度没有及时的通报,督导力度不够,没有敏锐地把握好市场信息,影响了业务的发展。

(3) 业务市场开拓不够

没有建立完善的营销体系,没有启动大客户营销和团队营销工作,各个部门仅限于完成本职工作,没有走出去开拓市场。发展业务,在全局没有形成一种紧张的业务营销工作状态。

4. 业务发展的后劲不强,许多业务没有得到持续性的发展

例如报刊业务自从2009年大收订结束后就止步不前,常年收订工作没有及时跟进,虽然人均订阅报刊量较高,但我们没有更进一步地去挖掘市场,扩大基础客户群,为来年的工作打下基础;函件集邮业务市场开拓不够,函件集邮业务年计划合计为111万元,商函和个性化邮品业务市场开发的深度和广度不够,迫切需要加强业务市场营销开拓能力和潜在客户的挖掘。平常封片卡、邮票上的金色少年、祖国万岁明信片业务等市局项目的联动业务没有得到拓展。自定项目"家电下乡"商函业务除在3月做了1万份外没有得到进一步的开拓,炎帝陵管理局的形象封业务未能得到及时跟进。

5. 农资业务没有达到预期的经营效果

虽然今年上半年农资收入实现了过半,但与去年同期相比下降了50个百分点。这其中有多方面的原因。一方面是市场的原因,农资市场的全面开放导致竞争激烈,农民种粮积极性普遍不高,邮政农资价格偏高影响了销量。另一方面是自身的原因,内部人员分工和各自职责不明朗。同时,内部的各种相关账册尚未健全。渠道建设的服务和业务指导跟不上,从而丧失部分农资销售的最佳时机。

四、下半年的工作措施

下半年,我局将围绕全年收入计划和收支差计划,寻找差距,突出重点,全面发展,重点做好以下几项工作。

1. 全力以赴发展邮政储蓄业务

由于受种种因素的影响,上半年邮储余额增长缓慢,距离计划进度有较大差距。下半年,我局将制定有效措施,举全局之力打好邮储业务翻身仗,全力冲刺全年邮储目标任务。一是制定三、四季度邮储竞赛方案,发动全局干部职工发展业务。二是制定网点营销方案,使全员营销逐步过渡到专业营销,进一步开展代发工作,扩大基础客户群,提高活期比重,实现邮储业务良性发展。三是做好客户维护工作,保证维护频次和维护效果,建立健全大客户档案制度,促进余额稳步、健康、快速发展。四是加大项目开发力度,调整奖励政策,把对全员营销的奖励调低,将这一块资金应用于项目的开发,加大对活期揽收的奖励。五是开展岗位练兵,不断提升营业员业务素质;改善硬件条件,从而提升我局邮政服务水平。

2. 抢抓机遇,打好农资物流业务攻坚战

一是做好中邦、正邦农药的销售,制定营销竞赛方案和激励政策,充分调动投递员和三农服务站人员的积极性,深入田间地头销售农资。二是继续抓好冬种油菜的项目的开发。三是做好渠道建设工作,完善销售网络,加快三农服务站的建设工作,并加强对三农服务站的监管。四是做好酒水、快速消费品的营销工作,利用下半年酒水消费的高峰期,与宾馆、饭店、批发部联系,建立代销点,同时发动农村支局所开展中低档酒水营销工作。五是做好农资业务宣传工

作,开展促销活动,做好病虫害防治宣传,做好农资的售后服务工作。

3. 加快保险业务发展

一是做好满期兑付保险的管理,提前告知各单位到期名单,争取用户续保或转存。二是与保险公司开展产品说明会,提高客户保险意识。三是发动投递员及三农服务站人员发展保险业务,实现储蓄、保险可持续发展。四是严格考核,奖罚分明:通过实行经济处罚、网点负责人诫勉谈话等措施和加大奖励,调整分配的政策来提高网点发展保险业务的积极性。

4. 做好2010年报刊大收订工作

一是早动员、早准备,尽早召开2010年报刊大收订工作动员大会,制定完善的、具有激励作用的报刊收订工作方案。二是实行买断包销政策,鼓励投递员多劳多得。三是管理人员分片挂点督导考核,做好各方面的协调工作,促进大收订工作的开展。四是加强投递队伍建设,改善投递员工作条件,加强投递员劳动保护,确保大收订工作的顺利进行。

5. 加快步伐,深入跟进市场,做好函件集邮业务的发展

一是做好某个性化邮册的印制、配票等工作,保证质量,保证按时交付使用。提高收入增长点。二是加快个性化邮票的开发进度。加快某旅游景区形象封、"家电下乡"数据商函业务的进一步开发、进一步拓展某个性化邮票和形象纪念册业务。

6. 加大成批包裹的开发力度,全面发动各个农村支局所发展成批包裹业务,增收补欠

7. 完善营销体系建设,加强团队营销

在市局大客户部的指导下,建立营销团队,下达营销任务,对营销团队进行考核,促进各项业务的发展。

8. 做好各项基础管理工作和安全工作,确保企业安全平稳运行

2009年下半年,我局将在市局的领导下,一如既往地按照市局的整体工作部署,围绕全年各项生产经营指标,做好各项工作,发展好各项业务。力争全年各项生产任务全面完成,全年各项工作目标全部实现。

第三章 邮政支局(所)经营管理

【学习目标】

掌握邮政支局(所)管理活动的基本内容;掌握邮政支局(所)经营活动的基本内容;了解邮政支局(所)现场管理的内容;了解邮政支局(所)服务质量管理的内容;理解如何成为一名优秀的邮政支局(所)长。

【关键概念】

邮政支局(所)　邮政支局(所)定置定位管理　统计台账　邮政专用品

【案例导入】

某位年轻的员工上班经常迟到,按照支局内部规定,每次迟到都要进行考核。然而,时间一长,这位员工也变得不在乎,迟到后竟然毫不惭愧地主动上交罚款。如果你是这个支局的支局长,应该如何解决这个问题呢?

支局(所)是邮政企业经营活动最基本的单元。其经营能力和管理水平的高低,对组织能否实现又好又快发展起着关键作用。因此对支局(所)长提出了更高的要求。通过本章的学习,我们来了解邮政支局(所)经营管理的基本内容,以及邮政支局(所)长的工作职责和工作任务。

第一节 邮政支局(所)经营管理基本内容

一、邮政支局(所)的性质和任务

(一)邮政支局(所)的性质

邮政支局(所)是指设在城市和农村,依照邮政部门规定,经办部分邮政基本业务和其他业务的邮政基层分支机构。因此,在邮政企业经营管理体制当中,邮政支局(所)是邮政企业发展的基础,是邮政企业组织职工进行物质文明和精神文明建设的最基层单位。邮政企业的发展战略、方针目标和各项工作任务,最终都要靠邮政支局(所)来落实。

邮政通信企业是从事通信生产经济活动的经济组织,而邮政支局(所)是企业生产经营活动的基本单元,是邮政企业的"细胞",是企业管理的基础,是增强企业活力的源头。

(二)邮政支局(所)的任务

在市场经济条件下,邮政企业已从过去单纯的生产管理型逐步向经营服务型转变。在这一转变过程中,支局(所)的作用也相应地发生了变化。支局(所)的任务是在做好内部管理的基础上,通过为用户提供满意的服务,搞好邮政市场营销,树立良好的邮政形象,增强市场竞争能力。

二、邮政支局(所)的基本现状

邮政支局(所)按其所处地区和规模可分为城市支局(所)、农村支局(所)及邮政代办点等;按其所承担的功能可分为营业支局(所)、投递支局(所)和营投合一支局(所)。一般来说,城市当中营业支局(所)和投递支局(所)都是分开来设置的,而县以下的农村营投支局(所)是合一的;按其所经办的业务,邮政支局(所)又可以分为只经营邮政业务的支局(所)和既经营邮政又经营储蓄业务的支局(所)。邮政支局(所)按照服务面积(半径)和服务人口并综合考虑业务量和业务收入等多方面的因素来设置。

据统计资料显示,截至2015年年底,全国共有邮政服务网点5.3万处,其中综合网点2.7万处,自有网点3.9万处,委代办网点1.4万处;城市网点3.9万处,农村网点1.4万处。

三、邮政支局(所)经营管理的内容

(一)邮政支局(所)管理的基本内容

内部管理是邮政支局(所)一切生产活动的基础。邮政支局(所)的内部管理主要包括制度管理、生产现场管理、服务质量管理、基础管理、财务管理、营业班组管理等内容。

1. 制度管理

邮政支局(所)的制度主要有业务检查制度、安全工作制度、会议制度、交接班制度、考勤制度和卫生制度等。

(1) 业务检查制度。为保证邮政通信质量,邮政支局(所)长应对日常各项业务及相关制度的执行情况进行检查。如日常工作的检查、定期检查和不定期的抽查等。如发现与规定不符的情况,要及时通知责任人进行现场整改;检查时必须做到实事求是,坚持原则;检查情况要如实做好记录;检查中发现的问题要列入每月质量分析会的内容中。

(2) 安全工作制度。为加强支局(所)的安全管理工作,支局(所)应建立、健全安全管理制度。由于安全管理工作事关邮政安全生产大事,要求每位职工必须高度重视、认真执行。

(3) 会议制度。为加强管理工作,有效提高管理效率,各局(所)应建立会议制度。要求每位营业员按规定参加局(班)务会,除进行有关文件、业务的学习外,还应该了解本单位的生产经营、服务质量、安全生产、通信质量等情况。除此之外,各局(所)还要制定晨夕会制度和民主管理生活会制度等。

(4) 交接班制度。支局(所)应建立交接班制度,规定交接内容、交接过程、交接手续等具体事项,严格制度管理。交接班制度既涉及营业人员之间的交接,还应规范营业人员与邮件押运人员的交接。对于需要午间交接的支局(所),应建立营业员午间交接班制度。

(5) 考勤制度。要求邮政支局(所)应该明确事假、病假、公假、换休、与他人调休等各项休假要求,包括休假手续、延休规定、违反正常休假要求的处理等。

(6) 卫生制度。为营造一个良好的用邮环境,树立邮政新形象,支局(所)应制定卫生制度。规定营业厅的整洁标准;为达到整洁标准,划分卫生区,将责任落实到人;并按照整洁标准严格检查、考核。

2. 生产现场管理

邮政支局(所)的现场管理就是运用科学的管理思想、管理方法和管理手段,对现场的各种要素,如人员、设备、环境、信息等,进行合理配置和优化组合,以此来提高支局(所)的生产作业效率和质量,保证预定目标的实现。现场管理主要体现在定置定位管理上。

(1) 邮政支局(所)现场管理的任务。邮政支局(所)现场管理的主要任务是合理地组织现场的生产要素,使之有效地结合起来,形成一个有机的生产系统,并经常处于良好的运行状态。

支局(所)长的基本任务是:通过现场的管理,认真落实"迅速、准确、安全、方便"的服务方针和"用户第一"的经营方针,为用户提供优质、快速、高效、满意的通信服务,促进企业健康发展,提高企业效益。邮政支局(所)现场管理的具体要求是:"作业优化、质控严格、物流有序、设备良好、信息准确、纪律严明、环境整洁、服务文明"。

(2)"6S"现场管理法。"6S"现场管理法主要是通过规范现场、现物,营造一目了然的工作环境,培养员工良好的工作习惯,其最终目的是提升人的品质。"6S"的具体含义是:整理、整顿、清扫、清洁、素养、安全。

"6S"现场管理法能够营造一种"人人积极参与,事事遵守标准"的良好氛围。有了这种氛围,有利于调动员工工作的积极性,形成强大的推动力。通过"6S"活动,从现场管理着手改进企业"体质",能起到事半功倍的效果。

(3)邮政支局(所)定置定位管理。这是在对营业操作进行分析的基础上,实现人与邮件、设备等的最佳结合。其目的是使营业员感到顺手、方便、安全、省力、避免忙乱,并能保证营业环境的整洁。

定置定位管理的工作内容:根据作业现场总体布局的要求,设计各封闭营业现场定置图,划分工序、台席作业区域;设计设备、工具、台席、桌、椅、柜等的放置位置;设计营业时用品、用具的摆放位置和工作终了时的保管位置。

定置定位管理的工作方法:组织人员对营业现场、营业操作流程及用品、用具、邮件等物品的存放现状进行调查、分析,提出调整布局的总体设计方案;在研究操作方法的基础上,确定合理的工作方法,并在此基础上设计定置方案,将工具、材料定置到设备或工作台内;设计和绘制定置图,并在定置图中标明定置物位置。某邮政台席定置定位管理平面图如图 3-1 所示。

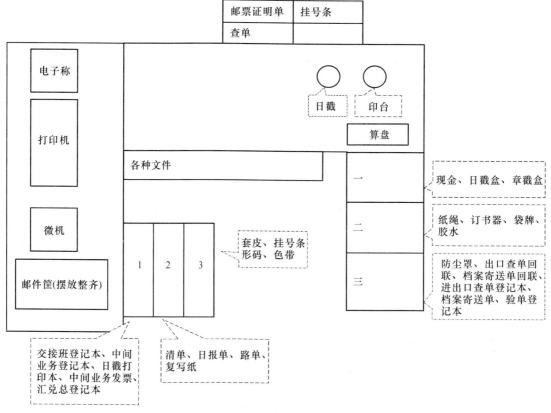

图 3-1 某邮政台席定置定位管理平面图

3. 服务质量管理

邮政营业是邮政对外服务窗口,服务质量的好坏直接关系到邮政的形象和声誉,因此,服务质量管理是邮政支局(所)管理的一项基本任务,也是一项很重要的工作。服务质量管理主要是做好邮政营业的服务规范和服务礼仪的管理,提高用户的满意度,避免客户纠纷的产生,对于已经产生的纠纷,及时妥善地加以解决。

(1) 邮政营业服务规范。邮政营业服务规范包括局容局貌管理、服务设施管理、服务水平管理、服务纪律等。

(2) 邮政营业服务礼仪管理。邮政服务礼仪是邮政员工在服务活动中,用以维护邮政企业的良好形象,对客户表示尊敬与友好的规范与程式。主要包括服务用语的使用、营业人员仪容仪表管理等。

(3) 提高客户满意度。在日常工作中,营业员有时会与客户之间产生有争议的事情或问题,这就是客户纠纷。作为支局(所)长,在日常的管理中,应该加强对员工的教育和管理,尽可能地避免纠纷的产生;一旦出现客户纠纷,应该及时找出原因并加以解决,提高客户的满意度。

4. 基础管理

邮政支局(所)的基础管理工作是指企业生产上能够正确反映实际情况的基础资料和数据的管理工作。它为实现邮政企业管理职能提供资料依据,是建立正常生产秩序和有效地组织生产经营的基本手段,是企业管理得以正常进行的最必要和最基本的工作。主要包括原始记录的管理、统计台账的管理、邮政用品用具的管理、业务档案的管理、查验工作的管理等内容。

(1) 原始记录。又叫原始凭证。它是通过一定的形式按照规定要求用数字或文字对企业生产、经营活动所作的最初的直接的记录。它的特点是最原始、最基本、最经常、最大量、最广泛。

原始记录是建立台账、企业编制统计报表的主要依据,是统计工作的基础。原始记录工作的质量直接影响到统计报表的准确性、及时性和全面性。邮政企业原始记录的基本内容主要包括以下几个方面:①邮政支局(所)网路记录;②邮政通信设备记录;③邮政业务量、交换量、产品量、工作量记录;④邮政通信质量记录;⑤通信水平和服务水平记录;⑥劳动工资记录;⑦固定资产投资额记录;⑧物资供应记录;⑨其他记录。

为了更好地发挥原始记录在企业管理中的作用,支局(所)必须加强原始记录工作的管理,加强记录的登记统计工作,要经常地、充分地利用原始记录资料开展统计分析,总结经验,改进工作,促进生产。对原始记录的要求可以概括为"全面、准确、及时、简便"八个字。

(2) 统计台账。是整理与汇总统计资料的一种表册。是系统地积累统计资料的重要工具。

对统计台账记录的基本要求有:统计台账必须由专人负责保管,以确保统计资料的完整和连续性;各类数据和情况必须逐日登账,并保证数字准确,内容真实;各局、所要充分利用原始记录资料,对邮政通信质量、业务量、设备利用等方面进行分析,总结经验、改进工作、发展生产;各局、所人员必须按要求做好各种原始记录,对突发性的问题、有价值的信息或异常情况要及时上报;对各类原始记录的登录工作,要建立相应的考核管理制度,提高登录人员的责任心,确保信息系统的正常运行。

(3) 邮政用品用具的管理。邮政用品用具管理是邮政部门为统一用品用具规格,保障供应,严格控制使用而进行的管理活动。它包括邮政日戳、邮资机、邮政夹钳、铅志、邮袋、邮政袋牌、业务单式、业务章戳和袋绳等的管理。《中华人民共和国邮政法》中规定,邮政专用品是指邮政日戳、邮资机、邮政业务单据、邮政夹钳、邮袋和其他邮件专用容器。受法律保护,除邮政部门外,其他任何单位或者个人,不得伪造、冒用。

(4) 业务档案的管理。邮政营业业务档案由市、县局统一集中管理,下设区局的市局实行高度集中确有困难的,可由区局集中管理。县局都应设置邮政业务档案室,配备专职人员专门管理。业务档案应及时整理、装订,保证完整无缺;应定置管理,妥善存放,方便查询;档案查阅要按规定办理查阅手续。

(5) 查验工作的管理。对进、出口查单、验单,按规定期限及时处理,做到进、出口查单无积压,出口查单无积案。进口验单统一登记处理,出口验单及时催办。

5. 财务管理

邮政支局(所)的财务管理主要包括营收款的管理,费用管理,票据、财产、物资的管理,报刊发行款的管理,邮政汇兑款的管理等。加强邮政支局(所)的财务管理,对搞好邮政支局(所)的财务工作,改善企业经营管理,促进增收节支,提高经济效益,具有重要意义。

6. 班组管理

邮政营业班组是邮政营业支局(所)直接参与生产经营活动的基本单位。支局(所)预期生产经营目标的实现、生产经营方针的执行、生产经营任务的完成都要依靠营业班组去完成。因此,必须加强营业班组的日常管理工作,做好班组的建设工作。

班组管理是指为完成班组生产任务而必须做好的各项管理活动,即充分发挥全班组人员的主观能动性和生产积极性,团结协作,合理的组织人力、物力,充分地利用各方面信息,使班组生产均衡有效地进行,产生"$1+1 \geqslant 2$"的效应,最终做到按质、按量、如期、安全地完成上级下达的各项生产计划指标。

(二) 邮政支局(所)经营的基本内容

邮政支局是邮政产品市场营销的窗口,支局在抓好各项管理工作的同时,应该将经营发展作为支局工作的重点,强化竞争意识、创新意识,充分调动员工的积极性、主动性和创造性,努力完成上级下达的各项经营发展指标。

1. 明确经营目标

邮政支局(所)的经营活动首先就应该明确经营目标,一般来讲,邮政支局(所)的经营目标是根据上级部门下达的经营任务来确定的。经营目标必须与上级部门的经营目标相一致,同时应该根据支局(所)的具体情况,来确定合理科学的目标。

经营目标明确之后,要确定目标的实施计划。可以将经营目标具体化,具体分解到每一位员工。然后通过组织来实施目标,在实施的过程中进行监督和控制,找出存在的问题并修正,以确保目标的实现。

2. 市场调研

市场调研是在市场经济体制下,企业了解探索其自身商品及竞争者的市场信息的主要活动。通过市场调研,企业可以了解市场的过去和现状,了解消费者对其原有产品的建议及对新产品的希望,从而改善其产品市场竞争力。

市场调研的内容非常广泛,对邮政支局(所)来讲,市场调研的内容主要涉及以下几个方面。

(1) 消费者结构调研。调研内容包括邮政各类业务客户的行业分布;每类业务的个人客户、重点客户和大客户的比例和变化趋势;个人客户的年龄结构、收入水平、受教育程度与其使用邮政各类业务之间的关系等。

（2）消费需求调研。调研内容主要包括各类客户对邮政不同业务的需求程度、数量；用户对新业务的需求程度；用户对服务水平的要求等。

（3）消费者行为调研。调研内容主要包括影响消费者购买行为的因素；用户使用邮政各类业务和对各项服务的满意度等。

（4）竞争对手调研。根据支局（所）所处的环境，对目标市场中竞争对手的数量与规模、竞争产品的品种、数量、成本、价格及利润水平，竞争对手的市场营销策略和方法等方面进行调查。

（5）业务调研。主要内容包括客户对各类业务的了解程度；用户对各类业务的评价、意见及建议；用户对各类业务的特殊要求；各种不同类型的业务所占的比重；用户对业务发展的期望等。

（6）邮政服务质量调研。主要包括营业时间、服务设施与设备、服务环境、服务态度等方面。

调研完成之后，要对调研的数据进行统计、分析和整理，并撰写调研报告，为支局（所）的经营管理提供依据。

3. 竞争对手和客户分析

（1）竞争对手分析。分析竞争对手，对邮政企业进行有效的经营计划是很重要的。邮政企业只有把自己与竞争对手进行比较，才能正确了解自己的优势和劣势，通过充分发挥自己的优势，改正自己的劣势，做到知己知彼，决策时做到有的放矢，才能把握市场机会，在市场竞争中赢得胜利。

（2）客户分析。客户是邮政经营活动中最关键的因素。因此在支局（所）的经营中要正确进行客户分析，抓住重点客户，努力维系与客户的长期合作关系，做好客户关系的管理。

对于邮政支局（所）来讲，重点客户主要指使用邮政业务量比较大、能够为邮政企业创造效益的客户，也就是通常所说的大客户。对于这一部分客户，支局（所）应建立客户档案，定期做好大客户走访工作，了解大客户用邮需求，及时听取大客户意见并与大客户保持信息沟通，通过上门服务或驻地服务等优质高效的服务，提升客户对邮政的满意度。

4. 市场开发

邮政支局（所）处在邮政企业经营活动的第一线，应该按照支局（所）的经营目标，在经营活动中通过组织市场营销活动和实施有效的市场营销策略，最大限度地开发市场，满足客户的需求，创造最佳的经济效益。

市场开发主要从两个方面去考虑：一是开拓新的市场，二是开发新的产品。开拓新的市场主要是指向新的客户去推销自己的产品和服务；而开发新的产品则是通过对原有产品或服务的改进，扩大其原有的功能和效用，满足客户的市场需求。当然有时，也会将新产品和新市场结合起来共同开发。

5. 经营活动分析

经营活动分析是各级邮政企业，特别是作为邮政经营最基层的支局（所）在经营活动中为全面有效掌握自身经营状态，正确判断经营发展方向，对过去所开展的经营情况、效果认真进行细化、总结、分析、研究并在此基础上对未来的经营形势加以预测和提出行之有效的经营措施必须认真做好的一项最基本的工作。

邮政支局（所）应该每月定期进行经营活动分析，并召开经营活动分析会，使每位员工对支局的经营工作做到心中有数。通过分析发现问题，寻找新的业务增长点。

四、邮政支局(所)长的职责

邮政支局(所)是邮政企业的基层生产单位,是整个邮政通信网的重要组成部分。邮政支局(所)是邮政服务的对外窗口,是邮政生产的第一线。邮政企业形象及邮政服务质量如何在很大程度上是由邮政支局(所)展现出来的,在邮政业务收入方面也发挥着举足轻重的作用。要搞好支局(所)的各项工作,关键还在于支局(所)长如何较好地发挥作用。

(一)邮政支局(所)长的岗位职责

支局长是支局的带头人,首先要认清自己的岗位职责,清楚自己的责任,支局长的思想、行为都可能会影响到员工,支局长心态积极、主动,员工也会有朝气。同时支局长的责任是重大的,不仅要做好内部管理工作,还担负着业务发展的重担。支局长还要做好领导与员工间的"桥梁",上传下达,带领员工深刻领会领导的意图,坚决执行各项规定,带领全体员工共同努力去完成各项计划。因此,我们说,邮政支局长是邮政支局(所)的管理者,是邮政企业各项任务和规章制度的执行者,是邮政企业基层生产活动的经营者。

由于目前邮政支局(所)的形式多样,具体到城市支局(所)和农村支局(所),或者经营不同邮政业务的支局,其支局(所)长的职责都不尽相同。某邮政营业支局长岗位职责具体如下。

(1) 热爱邮政事业,热爱本职工作,具有良好的职业道德和无私奉献精神,责任心强。

(2) 带领支局员工全面完成局下达的经济质量指标和上级布置的各项工作任务。

(3) 负责组织本局生产作业,科学合理安排台席,并布置各台席具体工作,规范营业员的操作方法,确保通信生产安全。

(4) 以用户为中心,妥善解决和处理生产中发生的问题,对重大问题及时向分局汇报。

(5) 关心职工生活,及时了解职工思想状况,多与职工进行交流,帮助职工转变观念,尽力帮助职工排忧解难。

(6) 组织好本局职工的业务学习工作,及时传达并贯彻执行上级有关政策、法规、业务通知、规章制度,每周召开服务、业务质量分析会。

(7) 搞好本局的基础管理工作,制定相应的管理制度,实行现场管理,随时掌握本局的生产情况及用户用邮情况,做到管理有依据,工作有秩序。

(8) 按规定标准、频次对本班组的服务和业务进行检查,并做好"班组基础管理资料"的登记工作。

(9) 按时完成上级交给的各项任务,督促职工做好基础数据的统计工作。

(10) 积极组织职工开展和参加有意义的活动,给职工提供交流思想感情、展示才华的空间和机会。

(11) 加强自身学习,提高自身修养,在对外服务中起表率作用,并带领本局人员共同做好服务工作。

(二)邮政支局(所)长的具体工作

邮政支局(所)是邮政企业最小的"细胞",也是经营、服务和业务发展的最前沿。邮政支局(所)在邮政企业中的重要地位,对邮政支局长提出了较高的要求。支局长是支局的负责人,负责整个支局的业务管理、员工管理和业务发展等各项工作。下面以营业支局(所)长为例来说明邮政支局(所)长的具体工作。

根据支局长岗位职责的实质,营业支局(所)长主要做好以下三个方面的工作:抓外部市场,抓内部管理,抓客户服务。

1. 抓外部市场

邮政支局是邮政企业的经营末梢,在实现邮政业务收入方面发挥着举足轻重的作用。邮政支局业务的发展,不仅要重视窗口服务、做好窗口营销,更要把营销从窗口柜台延伸到柜台之外。抓外部市场,要做好以下工作。

(1) 把握市场环境与需求。抓外部市场,一定要了解本支局(所)所辖范围内的市场。由于客户结构的不同,决定了每个邮政支局(所)所辖范围内的市场,无论是市场需求,还是市场竞争都会有所不同。这就要求支局长在把握整体市场环境的情况下,重点分析本局所辖市场,包括客户的特点、客户对邮政业务需求的变化,掌握客户的基本信息,为客户开发和客户维护打下基础;同时,通过了解市场需求,积极捕捉商机。在了解市场需求的同时,掌握本辖区市场竞争情况,用心去了解竞争对手的状况,做到知彼知己,尽力改进自己,在竞争中取得有利的位置。

(2) 了解业务特征与卖点。抓外部市场,作为支局长必须要了解各项业务的特征,要清楚各项业务的卖点在哪,特别是要善于分析各项邮政业务针对不同客户的卖点,这有助于客户开发的成功。任何客户都希望所使用的邮政业务能给他们带来好处或利益,若在业务营销过程中,能把握好客户需求,客户开发成功的可能性就会增大。

(3) 掌握营销方法与技巧。抓外部市场,作为支局(所)长一定要掌握营销方法和营销技巧。首先,要掌握与客户沟通的技巧,特别是要知道如何去拜访陌生客户;在进行业务营销时,遇到客户有不同的意见,要知道如何才能进一步规劝客户来使用邮政业务;要知道如何才能维护好一个老客户等。这些营销的方法和技巧对支局(所)长来说是非常必要的。

2. 抓内部管理

支局(所)各项工作的开展,需要依靠局(所)内部成员的共同努力,无论是窗口营业工作,还是市场的开发。要使支局的各项工作顺利地进行,抓好内部管理非常重要。抓好内部管理,具体要做好以下工作。

(1) 严格制度执行。一个企业的制度,是企业一系列成文的规则,是关于人们的权利、义务和禁忌的规定。制度明确了企业每一位成员的职责,规范成员的行为。前面我们提到邮政支局(所)管理的基本内容,其中就包括制度管理。支局的制度可以分为两类,一是企业制定的制度,包括局规局纪、业务规章制度等;二是支局制定的制度,包括考勤制度、卫生制度、安全制度等。对支局来说,制度是支局采取奖惩措施的依据,通过制度的严格执行,鼓励和保障支局成员履行各自的职责。

(2) 重视团队建设。团队成员的个体差异是客观存在的。支局作为一个团队具有团队共有的特点,作为支局(所)长,怎么样才能做好支局的管理工作呢?除了要有制度管理,还要有人性化的管理。在工作中严谨,在生活中细心,多关心照顾员工。一个支局(所)就是一个家庭,大家都是一家人,支局(所)长是家长,员工是家庭中的成员。要求每位员工要有集体观念,要团结一致,同时加强与员工之间的思想沟通和交流,化解各种工作矛盾,理顺员工情绪,当矛盾发生时,主动找员工谈心,找出矛盾发生点,化解工作中的矛盾。加强营业厅团队精神的培育建设,要让每位员工明确个人工作标准和绩效考核标准,对窗口服务工作能力强、工作成绩优秀的员工,及时给予表扬奖励,进一步增强员工的职业荣誉感和工作成就感,创建一支能打硬仗的员工团队,促进员工爱岗敬业和团队精神的培育。同时能够掌握激励和批评的技巧和艺术,善于调动每一个成员的积极性,在支局内部倡导和营造一种积极健康、活泼和谐的精神氛围,大家能够利用各自的知识和技能协同工作,取得最佳业绩。

邮政支局中,既有资历较深的前辈,也有新鲜血液进驻,所以在员工的管理方面要个体化,根据员工个人的工作经验、性格特点等因素进行差异化管理,提高工作效率。前辈们工作认真踏实,工作经验较丰富。但有时会因为个人经验化而有所懈怠。年轻人思维活跃,可以为企业带来活力。但做事有时较为浮躁,处理客户异议时缺少耐心。支局长经过分析,可以定期开展讨论会议,将员工在处理业务时出现的问题集中汇总,用不同的方式,解决疑问。同时,可以组织员工进行团队协作的活动,增进感情,减少因年龄产生的代沟,增强员工合作能力,为企业创造更多的和谐。

(3) 善于经营分析。每一个支局都承担着一定的经营任务,都经营着多种邮政业务,为保证经营任务的顺利完成,特别是经营工作的有序进行,要定期对经营工作进行分析,包括收入指标的完成率、业务量的增长率、服务质量和工作质量问题、各种安全问题等。定期进行经营分析,有助于明确工作思路和工作重点,提高经营管理水平和工作效率。

(4) 加强绩效考核。绩效考核是指组织的各级管理者,通过某种手段对下属工作完成情况进行定量与定性的评价过程。绩效考核的作用主要有建立一套激励系统,通过施加压力来创造效益;同时建立一套控制系统,通过监督评价来实现支局的经营目标。这将有助于支局(所)长建立与员工之间的绩效伙伴关系,对员工来说可以加深对自己职责和目标的了解。

(5) 注重综合管理。管理和经营是维系企业生存发展的两个轮子。所以,支局(所)长的管理能力显得尤为重要。

支局(所)长从事的日常综合管理工作很多,而且很多都是繁杂的、琐碎的事情,或者有些事情是偶然的或不可预测的,但这些事情又要求支局(所)长认真去处理和解决,如果解决不好,就会影响员工工作的积极性,影响整个支局(所)的生产经营活动。

对于日常管理工作,支局(所)长首先要摆正心态,再小的事情也要认真解决,不能急躁。在处理这些日常的事务性工作时,一定要抓住重点,分清急缓,不能盲目应付,做好精细化管理工作。

3. 抓客户服务

邮政营业是邮政通信企业的"窗口",支局(所)长一项非常重要的任务就是带领员工做好支局的客户服务工作。在服务过程中,遵守营业服务规范,提高客户的满意度,向社会提供更加便捷、高效、优质服务,不断提高邮政服务水平,树立邮政崭新的社会形象。

(1) 重视服务礼仪规范。邮政服务礼仪是邮政员工在服务活动中,用以维护邮政企业的良好形象,对客户表示尊敬与友好的规范与程式。邮政员工要用规范的服务语言和行为,要用微笑服务及良好的服务素质满足客户的服务需求,沟通与客户之间的感情,从而在情感层次上创造服务的附加值。

(2) 掌握客户沟通技巧。营业支局经常会遇到用户的询问,邮政员工应该耐心、热情地解答用户的问题,帮助用户解决问题。

当遇到客户纠纷时,要善于倾听客户的意见,耐心询问,做好记录,语言运用适当得体。对于问题,能即时答复结果的,要即时反馈;如需要一段时间调查的,则须要明确告知用户,在多少个工作日内给予答复,并在事件的调查过程中,视事件进展情况,及时向用户反馈信息,对于一些不在支局长职权范围内的用户纠纷,需要转移给上级部门协调处理的,要迅速将相关材料(包括用户信息、纠纷内容、用户要求等)转交到上级有关部门,以便及时跟进处理。

对于客户的开发,支局应坚持"用户为本"的市场营销宗旨,全心全意地为用户服务,制定科学的用户管理制度和长远的用户发展战略,不断完善和发展与客户的关系,提高推销效果,提高企业的经济效益。

(3) 妥善处理客户纠纷。在日常工作中,营业员有时会与客户之间产生有争议的事情或问题,这就是客户纠纷。作为支局(所)长,在日常的管理中,应该加强对员工的教育和管理,尽可能地避免纠纷的产生;一旦出现客户纠纷,应该及时找出原因并加以解决,提高客户的满意度。

在处理客户投诉时,采取"四步法"的法则,做到以客户为主,尊重客户,虽是一些小技巧,却有效地缓解了与客户之间的紧张关系。第一步,先受理并向客户道歉解释,并承诺将会尽一切办法为客户解决问题。第二步,听取客户的陈述,客户情绪较激烈的,可引导客户到客户接待室或班长办公室。第三步,针对客户提出的投诉问题,应按相关规定满足客户的要求,若是我方原因,在解释过程中不推诿、不争辩。第四步,在遇到无法解释的问题时,首先应向客户道歉,并承诺在最短的时间内给客户一个合理的答复。创造营业支局和谐气氛。

第二节 邮政支局(所)经营管理案例分析

【案例一】

从细节出发提升管理和服务水平

我们常说,"细节决定成败"。做好支局管理中的细节,是有效提升管理水平的关键。某邮政局下属支局营业厅的支局长通过细节管理,使该支局以优质的服务,赢得了当地群众的交口称赞,使之成为展示城市形象的重要窗口之一。

该支局位于所在城市的中心,毗邻繁华商业区,服务范围广。营业厅现有员工15人。由于出色的服务,该支局先后被授予全国"青年文明号"、全省"巾帼文明示范岗"、省邮政"十优营业窗口"和"示范窗口"等荣誉称号。

一、精细化管理培育团队精神

邮政支局(所)是整个邮政系统中最基层的单位,是为企业创造价值的第一线,是企业发展的前沿阵地。一个支局(所)的发展好坏,取决于支局(所)长有效的管理才能和水平。怎样才能做好管理工作,除了要有制度管理,还要有人性化的管理,在工作中严谨,在生活中细心,多关心照顾员工。一个支局(所)就是一个家庭,大家都是一家人,支局(所)长是家长,员工是家庭中的成员。家长要懂得平衡家庭成员的关系,了解每个人,懂得每个人,经常观察每个人的动态,及时掌握第一手资料,经常找员工谈心,做思想工作,要和员工打成一片。

在日常工作中,该支局的支局长,工作中能够一切行为都按照规章制度来执行,而工作之余与员工交朋友。有一次,一名员工在窗口服务时精力不集中,支局长发现后就利用午休时间和这名员工聚在一起,谈论他的工作、家庭和个人问题。当了解到他的实际困难后,及时给予关心帮助,及时出面协调解决他的困难,使他能够专心致志地投入工作。除此之外,支局长还能够经常关心员工的思想动态,在员工想不通、家庭出现困难或身体状况欠佳时,尽可能帮助其解决问题。如在发现员工身体不舒服时能够及时了解情况,调整作业班次,安排病号休息,对病情严重的员工,及时送进医院救治。同时在日常的管理中,要求每位员工要有集体观念,要团结一致,同时加强与员工之间的思想沟通和交流,化解各种工作矛盾,理顺员工情绪,当矛盾发生时,主动找员工谈心,找出矛盾发生点,化解工作中的矛盾。

支局长还要加强营业厅团队精神的培育建设,让每位员工明确个人工作标准和绩效考核标准,对窗口服务工作能力强、工作成绩优秀的员工,及时给予表扬奖励,进一步增强了员工的职业荣誉感和工作成就感,创建了一支能打硬仗的员工团队,促进员工爱岗敬业和团队精神的培育。

另外,该支局长能够将自己日常所学到的各项本领充分运用到工作中,与员工共同研究、探讨、处理对外工作中遇到的疑难问题,共同促进支局(所)整体服务水平的提高。在日常工作中运用精细化管理,让细节管理渗透于所有工作中,让每个岗位、每个员工都要把自己的本职工作做好。只有把细节管理工作落实到每位员工的日常行为上,把每个细节都做好,才能完成好各项工作任务。

二、真诚对待用户,树立服务形象

邮政营业支局是邮政服务的窗口。邮政支局的服务不是简单地要求营业员对客户微笑和说几句问候语,而是要求营业人员真诚待客,用心交流。一句暖心的话、一个关爱的眼神都要落实在行动中、体现在细节上,让客户切实体会到邮政服务的真诚。近年来,该营业厅融合各种服务规范和其他行业的优质服务标准,推出了"五心服务"标准:热心接待客户、用心宣传业务、细心办理业务、耐心做好咨询、虚心接受批评。

为实现这个目标,营业厅将感性的温馨服务理念融入具体的细节中,在一点一滴上下功夫。为了营造一个整洁、舒适、优雅、文明的服务环境,营业厅无论工作忙闲,台席都必须保持干净整洁,用品用具定置定位摆放;对营业厅、走廊卫生,每日下班后,擦、冲、扫"三部曲"一个都不能少;每周定期大扫除,彻底消灭卫生死角;大厅设置服务台,专门负责维持环境秩序和业务引导;及时为饮水机加水;为客户使用后的缝衣针穿好合适长度的线,为老年客户递上老花镜。同时,他们还定期上门走访客户,征求意见和建议,并及时进行整改。2009年11月的一天,城区飘起了雪花,营业员不仅在台阶上铺上防滑垫,还冒着严寒站在台阶上搀扶进出的客户,防止发生意外。得到了用户的广泛称赞。

营业厅周边还有几所高校,学生用邮需求量比较大。但是,由于学校管理严格,学生外出不方便,一般只能等到双休日才能出校门办理业务。营业厅得知此信息后,积极争取学校的支持,主动将服务延伸到校园内,为学生提供各项邮政服务。最让学生感动的是在他们毕业离校前,营业厅几位营业员顶着酷暑上门收寄包裹,装袋、缝合、称重、收寄,"一条龙"服务到位,免除了他们的后顾之忧。对一些身材娇小的女学生,营业员还会上楼到学生寝室里帮忙把行李搬运下来。

三、贯彻规章制度,强化基础管理

在精细化管理的同时,该支局加强了基础管理。对窗口前台岗位进一步规范业务操作,建立了一系列考核制度,增加"出国劳务台账""EMS台账""账户汇款台账"等多项业务台账,为全面开展营销工作奠定基础。

支局长在做好支局(所)常规工作的同时,不定期组织突击检查,通过检查,及时发现问题,并予以整改。经常检查各类交接表簿填写是否符合规定。严格执行汇兑、邮资机操作等管理办法,不定期对相关人员进行检查,台席的人员调整情况要及时上报主管领导。不定期抽查营业员抽屉内现金是否超限,各类邮资票品的进、销、存账务是否相符,有无私自进票现象,库存包裹和邮袋是否账实相符,业务量统计是否及时准确,各类档案上缴是否及时,信箱开取是否符合时限规定,卡片和印章是否分开保管,印章是否固封在信箱内,邮筒卫生是否进行清理。支局(所)一律不允许留有账后邮件。营业终了,监督营业员做好邮件和资金的交接工作。要逐个台席地检查是否有遗留的邮件,看现金、有价证券、各类收据、日戳、名章、夹铅等是否锁好,交接簿和路单是否都满意签收,电源和水龙头是否都关好。

支局(所)长在日常现场管理时注意检查营业员是否违反操作流程、不执行规章制度等问题,如发现问题立即督促责任人整改,整改不及时或不彻底的,给予"处罚"。支局(所)长在日常工作中注意观察和了解每名营业员的日常表现,发现有可疑行为,立即向分局主管领导汇报。

案例分析

1. 结合案例分析,该支局管理和服务中的细节都体现在哪些方面?
2. 结合案例分析,支局应该从哪些方面做好客户服务?
3. 结合案例分析,该支局是如何进行基础管理的?请你谈一谈基础管理在支局管理当中的作用。

【案例二】

坚持以人为本,推行"柔性管理"

某支局在管理中将刚性管理和柔性管理很好地结合在一起。柔性管理是相对于刚性管理提出来的。刚性管理指"以规章制度为中心",凭借制度约束、纪律监督、奖惩规则等手段对企业员工进行管理,柔性管理则是指"以人为中心",依据企业的共同价值观和文化、精神氛围进行的人格化管理,它是在研究人的心理和行为规律的基础上,采用非强制性方式,在员工心目中产生一种潜在的说服力,从而把组织意志变为个人的自觉行动。

一、刚性管理是基础

该支局的管理者深知刚性管理是管理工作的前提和基础,因此在日常管理的过程中,坚持制度先行,支局基础管理资料健全,一账、一志、五簿都按时填写,业务发展台账逐日登记,通过每天的晨会点评和定期经营活动分析、服务质量分析及安全生产自查,及时总结工作中好的做法和存在的不足,有各种严格的奖惩制度,为生产经营的顺利开展提供了保证。同时,支局负责人没有拘泥于规章、会议等固定形式,在平时工作中一旦发现问题便当即指出,现场整改,并通过相对柔性的方式予以处理,让员工们易于接受。

二、柔性管理是关键

在日常的支局管理中,该支局在制度优先的前提下,采取"柔性管理"。作为支局的管理者,能够关心员工,通过和员工谈心、交朋友等方式,随时解决员工生活中出现的问题,使他们能够全身心地投入到工作中。

1. 心系员工,关心员工

在日常的管理过程中,该支局的管理者能够做到心里时刻装着员工,并善于捕捉员工的心态和情绪的变化。一天,一位员工从支局长办公室门前经过,支局长在与她打招呼时,发现她情绪不高,好像有什么心事,叫住一问才知道,这位员工的爱人突然生病需要手术和陪护,当时是业务高峰,局里人手又紧,而且她自己的工龄假已经休过了,不好意思再开口向局里请假,为此,她心里十分犯难。了解情况后,支局长立即批准这位员工到医院照顾爱人,并安慰她不要着急,局里的事会安排好。这期间,支局领导还去医院看望。

在日常工作中,支局管理人员真心实意地把员工当亲人,从小事做起,解决员工的实际困难,让员工真正感受到体贴、理解和尊重。原来员工中午吃饭、休息没有固定场所,支局在上级单位的支持下建成了职工小家,组织开展各种文体活动,还专门开辟出用餐区;看到前台营业员因票底过重,上下楼不方便,就配备了小推车等。

2. 主动找员工谈心,做员工的贴心人

众所周知,沟通在管理中占据着重要的位置,有效的沟通是管理成功的保证,而在沟通中能设身处地为他人着想,往往会取得较为理想的效果。该支局实行的柔性管理正是体现了这一特点,他们通过经常和员工谈心这种方式,建立了较为有效的沟通方式,及时了解员工心态,并设身处地地为员工着想,不是单纯地通过强硬的规章制度来约束和规范员工,而是通过更人性化的方式,让员工更容易接受。

该支局的一名营业员刚进单位时,对用户说话比较冲,结果经常是办完了业务用户不满意,自己也生气。有一次,用户投诉到了支局长那里,当时这名营业员心想"这回完了,不但要挨训还要被罚款了"。没想到的是,局长并没有当着用户的面批评他,而是第二天把这名营业员叫到他的办公室,给他讲了优质服务的意义和重要性。局长耐心的引导,使他懂得了上班不能像在自己家里一样想怎么说就怎么说,而是要真正树立"一切为用户"的理念。经过这件事,该营业员开始有意识地注意服务用语和接待用户时的态度,在局长和同事们的帮助下,他进步很快,每当用户来办理业务时,他都会热情地迎上去,为用户提供细致周到的服务。3个月后,局长又把他叫到办公室,对他近期的表现给予肯定,并告诉他省公司劳务工的晋升政策,使他树立了明确的目标。从此,这名营业员的干劲和信心更足了。这是该支局在管理中的一个具体事例。

同时,支局还建立了领导与员工恳谈会制度,能解决的问题要求限时解决,超出权限的要及时反映,一时无法解决的要做好沟通、解释工作。由于在支局形成了领导善于听取员工的意见与建议、真心地帮助员工解决困难的良好氛围,使员工迸发出为支局贡献智慧和力量的热情。

3. 通过丰富多彩的活动,增强团队凝聚力

该支局的青年人比较多,对他们,支局并没有采取简单说教的办法,而是经常组织一些活动,积极开展建"小家"活动,丰富支局职工的文化生活,使大家在交流中增加了团队的凝聚力。通过开展邮政改革形势教育活动、岗位练兵、各项劳动竞赛和业务操作比赛,提升员工的业务能力和工作积极性。同时,支局还针对年轻人接受新事物快、思维敏捷等特点,让他们为支局管理和发展献计献策,为他们提供发挥聪明才智的舞台。

虽然支局有严格的奖惩制度,但支局会尽量通过和员工谈心等柔性的方式解决存在的问题,使职工从内心接受而不是通过制度等生硬的方式被迫为之,在支局的管理当中取得了良好的效果。

三、榜样的力量是无穷的

柔性管理是更高层次的一种管理理念。由于支局是邮政系统最基层的生产经营单位,每天遇到的都是非常具体的事物,接待的是各种各样的用户,除了严格统一的规章制度外,柔性管理是一种更人性化、更适用于支局的管理方式。柔性管理最重要的是支局长首先要做好榜样,所谓"身教重于言教"。只有自己做到了、做好了,才有可能去要求员工。

在日常工作中，该支局的支局长能够时时、处处严格要求自己，无论从组织纪律还是业务发展方面都以身作则，注意加强业务学习，从气质、言行、举止、姿态等各个方面树立自身的良好形象，为员工树立榜样，各项业务和营销业绩也都在支局名列前茅。

看到支局长这样做，支局的员工们自然也会跟着学习，无须更多的说教，2009年度贺卡营销就是最好的例子。由于受当地大环境的限制，发展贺卡在当地有一定的难度。2008年，该支局11个人只完成了9000多元的贺卡收入，员工们对发展贺卡业务也有一定的畏难情绪。为了调动员工的积极性，支局长就首先做出榜样，主动上门开展营销活动。想起以前曾和新华保险公司的一位办公室主任有过一面之缘，就上门进行宣传，在他们向省公司汇报的同时，又做出各种样式的设计，为了让他们看到更好的效果，他自己花钱买相纸打印出来，客户看了都说好看，结果达成了制作5000枚普卡的协议。看到支局长营销成功了，员工们在下班后也走出去营销，到处去宣传，入局时间不长的一名营业员在跑了很多单位后，也卖出了200多张贺卡。2009年度，该支局完成贺卡收入3万多元。

四、只有管理到位，服务才能到位

优质的服务必须要有较强的服务意识和服务能力。怎样才能提高员工的服务意识和能力呢？该支局以班前会作为对在岗员工职业技能和素质培养的载体，使之成为员工的服务课堂、业务课堂、营销课堂和励志课堂。

支局利用班前会，强化员工的服务意识，并制定了班前会管理制度，对每周一至周五的班前会内容进行规范，使班前会内容更加充实、营销重点人人明确、支局重点工作人人知晓、支局发展人人关心，形成后勤服务窗口、窗口服务客户的格局。支局还以服务一课、营销一课和员工每人一课等形式，使班前会更加生动活泼，真正起到了提高素质、养成良好习惯、提高营销能力的作用。

为提升员工业务水平和服务能力，该支局制定了"培训工作奖励办法"，鼓励员工积极参加区局和支局的各项竞赛活动。对成绩优秀为局争光的员工给予奖励，对不达标的员工适度考核。

对于客户服务的管理，该支局抓大不放小，制定了完善的维护制度。一方面明确管理范围，建立完善的大客户基础资料，为市场营销打下坚实的基础。另一方面，对大客户制定了定期走访制度、服务保障制度和质量保障制度。两年来，该局注册大客户稳定率始终保持在100%。

案例分析

1. "柔性管理"的核心思想是什么？该支局在进行"柔性管理"时采取了哪些措施？效果如何？
2. 结合案例谈谈"刚性管理"与"柔性管理"的关系。
3. 如果你是支局长，在实施"柔性管理"时应该注意哪些问题？

【案例三】

某支局团队营销结硕果

面对客户日益多元的服务需求和激烈的市场竞争，某市某邮政支局在上级邮政分局的指导下，领导班子在支局营销团队成员中培育上进心、责任心和平常心，着力提高与客户的沟通能力、提高团队战斗力和提升整体营销能力,在创建和着力培育可持续发展的学习型营销团队上下功夫,2012年实现支局营业收入8 000万元,营销团队完成业务收入7 000万元,创造了该局历年同比之最,一举跻身于领先行列。

一、培育"三心",步步为营稳步前进

如何在竞争中站稳脚跟求得新的发展?支局领导班子静下心来,在学习党的十七大精神中进一步明确了依靠科学发展观引领全局工作的思路。支局领导班子认为,要打开营销工作新局面,营销团队成员具有良好的健康的心态是至关重要的。因此,支局根据繁重的营销任务和职工队伍的实际,在营销团队中倡导树立上进心、责任心和平常心,引导员工们克服浮躁心理,心中有客户、有目标,从最平常的细节抓起,步步为营地稳步前进。

在团队中,李某、陈某、谢某、张某等人都是连续多年被评为市南区局营销能人,但他们从来没有自满,营销业绩一年比一年好。张某一个人负责十几家客户,风里来雨里去从来没有误点,被客户亲切地称作"半个员工",一些客户还自发为其过生日;谢某和其他同事经常熬夜亲自为客户设计个性化邮票。他们心态平稳,不讲报酬,不计时间,一门心思考虑如何把业务做好做全和客户是否满意。

上进心、责任心和平常心的培育,让某支局营销团队形成了良好的整体发展态势,其中12名营销员及8名商务楼进驻人员,2012年累计完成大大小小的开发项目50余项,为支局营销创新高立下了汗马功劳。

二、聚合"三力",发挥团队整体优势

营销团队成员"三心"的培育,还聚合成了团队与客户的沟通能力、团队战斗力和整体营销能力。

为了提高与客户的沟通能力,支局将新队员派到商务楼,在老队员的言传身教下进行实地学习锻炼,不断帮助新队员处理一些急、难业务,让他们在商务楼的实战状态下提高自己的沟通能力,让新队员迈出独立营销的第一步。

支局营销团队的战斗力还体现在团队熟练的业务技能与团队成员吃苦耐劳的敬业精神上。比如,支局的两家大客户,每天交寄的挂号信函近6万件、特快专递2 000余件,团队都有各自的明确分工。如通信局长负责邮件的技术处理与邮件质量;支局的驾驶员毫无怨言地承担了大量邮件的揽收、搬运工作,从来没有一个人叫苦、喊累,即使干得汗流浃背,只要有活干,他们就觉得充实;内部处理负责人李国萍开刀手术两周后,就坚持来上班,有条不紊地安排车辆、封发邮件;内部处理人员更是每个人各尽其职、各就其位,有效保证了邮件的质量。

支局领导为大家做出了榜样,他们带领着这支队伍冲在营销阵地的第一线,在客户开发、协调、沟通、组织方面都有他们的身影。他们的行动,也深深影响着身边的每一个员工。

三、携手合作,营销纪录水涨船高

支局十分重视树立团队合作精神,再接再厉,全体队员拧成一股绳,齐心开拓市场,营销纪录不断被刷新。当营销员遇到开发上的困难时,支局领导主动和他们一起去跑客户,共同攻克难关。营销部有明确的分工,有专职业务开发的、也有支撑保障的,但只要是营销部的事,无论大小都是大家自己的事。营销人员不计报酬跑商务楼,为进驻人员开发业务;年末内部处理相当繁忙,时限上非常紧,其他人就轮流来帮忙;营销员们时常聚在一起排查市场信息,制定营销策略;有新同事加入,老师傅们都像教自己的孩子一样毫无保留地传授技艺;有员工生病或有事外出,同事们会主动补上,不让客户踏空。在新年贺卡开发中,于某由于到市场部时间不长,

对贺卡开发找不着方向、摸不着头脑,这时市场部的同事都伸出了援手,李某一对一培训指导,主动帮他找社会关系,想办法出主意,目前已实现新的突破,成功开发了一批普通型贺卡。在团队向新目标冲刺的过程中,张某联系了多笔金卡业务,但由于时间较紧而且平时承担了固定的揽收业务,一时腾不出时间。这时任某主动把设计和联系的活承包了,设计出客户满意的样稿,成功开发幸运封,收入达 30 万元。

营销"老先进"谢某在成绩面前不停步,不断创造新的佳绩。他善于学习、看书、看报,善于从各个渠道获得信息。2012 年,他结合"和谐"题材,成功开发了警民和谐题材信卡,形成收入 3.08 万元;他在得知某职校成立 90 周年的消息后,又成功开发了个性化邮票和邮册 16 万元;思南路邮局地处思南路,他结合"百年激荡思南路"题材,向某房产公司和区政府递交了详细的策划报告,该项目得到了区政府的认可,并在积极地落实中。市场营销部有几个系列的拳头产品。像账单类业务从起初的一家发展到现在大大小小十几家,从保险类到银行类,从接受信息,修改电脑程序,账单与信封的印刷、打印、封装、寄递一条龙服务,在整个邮政局非专业公司营销中也是凤毛麟角,整个支局的函件收入从早年的每月三四十万元稳步攀升到现在的每月 300 多万元。

【案例四】

旗舰店里的"空姐团队"

某邮政旗舰店位于某市的一个繁华路段。该营业厅总面积达 4 000 多平方米,富丽堂皇,由明黄色"飘带"造型连接起来的邮政专业展示区绚丽夺目。走进这个旗舰店,总会给人一种误入机场候机大厅的错觉。一排身着淡蓝色工装、颈佩明艳丝巾、发型统一、微笑甜美的"空姐"营业员,让人感觉眼前一亮,她们就是这个旗舰店里的"旗舰团队",由 11 个 80 后女孩组成。这个团队还被某市总工会评为 2012 年度"五一文明岗"。

一、通过"空姐"服务打造创新团队

刚走到旗舰店大厅门口,就看到一名营业员正起立微笑着询问面前的客户:"先生,您需要办理什么业务?"客户有些难为情地用手语"回答",营业员见状也立即改用双手熟练地与其"对话"。这个营业员和旗舰店内其他员工的服装一改邮政的传统绿标志服,换成了鲜艳的淡蓝色标志服,颈间搭配着耀眼的花丝巾,美丽的笑脸上化着淡淡的妆,举手投足间散发出空姐的气质。两三分钟后,客户把填写完毕的 EMS 特快专递交到营业员手中,笑着与营业员挥手告别。

营业员为什么会穿着和"空姐"一样的服装呢?该支局班长张某介绍说,"空姐"着装和"空姐"服务是该旗舰店邮政营业的创新内容之一。她说:"旗舰店的各种硬件设施都是一流的,所以要求营业员从形象到服务也必须是一流的。市局专门为我们配备了'空姐服',并专程组织大家到深圳航空公司取经,学习空姐礼仪。"

同时,在旗舰店的邮政营业区总能听到轻柔的以钢琴曲或爱尔兰风笛为主旋律的背景音乐。旗舰店会在每天的营业时间播放音乐,不仅可以舒缓顾客排队等候期间的焦急情绪,还会让置身营业厅办理业务的顾客有种宾至如归的感觉。

二、通过各种方式创建学习型团队

旗舰店邮政团队的 11 名员工,不仅身高长相可比空姐,还个个都是名副其实的业务高手,在全局营业员定期技能考试中均获得"二级"以上评定,班长张某在首次考评中以五项全红的成绩获得满分。她们的英语水平均达到四级以上,其中一名为专业八级,并全部具备邮政专业手语技能。这些成绩的取得,是与团队的日常学习制度密不可分的。

在班组的"学习园地"展板上贴满了五颜六色的漂亮信纸,写着各位员工总结的学习心得、邮政知识、服务技能以及营销技巧,大家在这里实现知识共享和业务交流。团队还利用每周二的午休时间进行集体培训,培训的内容主要围绕《中国邮政报》《业务学习报》和《中国邮政·班组学习专刊》展开,选取其中适合班组自身借鉴的文章,进行学习讨论,相互交流。此外,为了更好地服务聋哑客户和外国客户,旗舰店还邀请专业教师,对营业员进行邮政专业手语和英语培训,希望通过这些特殊技能来展现旗舰店的一流服务。

三、建设职工小家营造温馨团队

根据省邮政公司和所在市邮政局的要求,旗舰店推行了"梯形排班法",为了满足员工午休的需要,市局专门为旗舰店建设了职工小家。步入职工小家,墙壁上的合影,桌面上的小花,粉红色的被褥,都流淌着"家"的欢乐与温暖。小家门口那块"温馨家园"的展板上,贴着姑娘们的照片,她们个个露出阳光般的笑脸,每一幅照片旁还写着自己的座右铭。

"这是我们温馨的港湾,虽然不大,但却可以容纳十几张美丽的笑脸;虽然简朴,但却是我们用爱浇筑而成。沐浴在温暖的灯光下,萦绕着的,是团队中每一个人的爱与关怀!"这是写在展板中央的一段话,也是旗舰店邮政班组所有成员的心声。

"梯形排班后中午回不了家,我们就在休息室看看书、看看电视、下下跳棋,困了还能眯一会儿,局里为我们考虑得可周到了,还为我们配备了梳妆台、穿衣镜、衣柜。"员工刘某笑着说。

和谐的小家环境托起了团队的和谐氛围。平时到旗舰店寄递包裹的客户特别多,如果偶尔某个营业台席会出现业务小高峰,班长张某就会在这时去协助营业员处理,封装包裹、称重、贴票,手头麻利、准确,并不时指导营业员如何引导排队客户配合填单,提高服务效率。

案例分析

1. 结合上面两个案例,分析两个支局团队建设各表现在哪些方面?
2. 请分析团队建设在支局经营管理当中的作用。
3. 如果你是支局长,应该如何进行团队建设?

本 章 小 结

邮政支局(所)是邮政企业生产经营活动的基本单元,是邮政企业经营、服务和业务发展的最前线。邮政支局(所)在邮政企业中的重要地位,对邮政支局(所)长提出了较高的要求。本章详细介绍了邮政支局(所)管理的主要内容和经营的主要内容,重点阐述了作为一名邮政营业支局(所)长,应从抓外部市场,抓内部管理,抓客户服务三个方面做好邮政支局(所)的经营管理工作。

【阅读材料】

韩国三星集团的班组管理方法

韩国三星集团是一家跨国公司,职工16万人,年销售额近1 000亿美元;在世界500家大公司中曾名列第16位。其发展速度之快、产品涵盖之广、市场份额之大、出口创汇之巨都是超出人们想象的。那么三星集团管理优势何在？重要优势是它的班组管理。

一、三星班组管理的基本要求

三星集团班组管理的核心是生动活泼，具有民主性，注重实际效果，注重人的自觉性、主动性与创造性的发挥。班组开展的各类管理活动，都与企业的方针、目标及重点工作相联系，充分体现了人人爱岗位、人人爱企业的精神。由于班组开展的各项管理活动形式多样又非常灵活，给人们一种浓厚的、真切的、充满生机和活力的感受。

二、班组管理重在目标管理

班组的目标管理是以表格的形式开展的。先将班组的目标（主要是经济指标）确立在历史最好水平上，每天进行检查，每月进行综合评定。如果在某天或某月达到目标后，班组及时地将所实现的目标值填入目标管理图内，并注明班组达到此目标所做的重点工作。企业的厂长（代表理事）也在该表格内签上自己的名字，并写上几句勉励的话。这样，使班组在取得成绩后，能及时得到领导的鼓励，以激励班组向更高的目标奋斗。同时，企业领导每天都要到班组走一趟，加深了领导深入基层的工作作风，密切了干群关系。

三、开展全员降低成本活动

韩国经济的不景气，对三星集团也产生了较大的冲击。为此，他们普遍在班组开展了"降低成本费用活动"。在生产现场可以看到班组绘制的成本控制图。在这个图中，有控制成本费用的主要项目，有每个人的实施目标，有具体的目标值。班组开展的这项活动在组与组之间是公开的，职工与职工之间也是公开的，这样做使奔跑的人、走路的人、坐着的人都要相互尊重，并给予鼓励，最后使所有的人都成为奔跑的人。

四、实行全局设备管理

在三星集团班组内开展的全员设备管理得到了职工的极大响应，也是班组管理的主要内容之一。他们有着完整的设备维护保养制度，并对设备实行重点管理。重点管理就是对容易影响产品质量的设备或容易出现故障的设备实行重点监控，使设备在大生产中处于良好运行状态。凡重点设备都有非常明显的提示牌，以提示职工对设备监管的频度和内容。班组的全员设备管理充分体现了全员参与的意识，在班组内你可以看到职工对设备提出的改进意见、改进方案图示和设备改进前后的对比分析示意图。由于全员设备管理工作的开展，克服了设备管理只是少数专业人员职责的界限，同时也给班组职工创造了参与管理的环境。另外，全员设备管理也得到了各生产企业领导的重视，并及时对全员设备管理成绩突出的班组和个人进行奖励和表扬。

五、星级教师制

在三星所属工厂的班组里都有专职教师，这个专职教师负责对所有职工在操作技能上的指导、帮助、学习、提高，他们的责任是培养出更多的"师资"水平的职工。他们开展的星级教师制分为"四星"，也就是说，凡班组职工取得4个星级时，那就证明你具备了专职教师的资格，可以对三星、二星、一星的职工进行操作指导和帮助。这项活动的开展，极大地调动了全体职工的学习热情和向四星级奋斗的目标。

六、创新深入三星人心中

"创新"是三星集团极力提倡的工作精神，并作为厂训深深地扎根在三星人的心中。而班组合理化建议的开展,大大激发了职工的创造精神。班组合理化建议有个人提出的,也有组成"合理化建议小组"后提出的,他们将合理化建议贴在墙上,将建议的内容拍成照片,配上文字,并有改进前后的可行性分析,非常生动。另外,凡是合理化建议被采纳,就给予奖励。三星每个职工每月平均4次向上级提合理化建议,可见职工热爱企业的程度。

七、组织公益活动和集体活动

班组在完成生产任务后,也利用空余时间参加社会公益活动,很近似我国的"学雷锋"活动。其内容有,植树、值勤、到敬老院做好事及与社会有关的其他活动,从中增强对社会的责任感和展示职工的人性美和道德观。三星人讲:"我们三星之所以能够开展丰富多彩的公益活动,正是企业把这种精神作为自身基础的结果。"

班组集体活动有旅游、聚会、联欢、体育比赛等内容,而且将每次活动的内容拍成照片,贴在"班组园地"里,让大家共享那美好、难忘的集体生活。由于集体活动的丰富性,锻炼了三星班组的团队精神,培养了人和人之间友善和谐的关系,创造了宽松、和谐的班组氛围,就是这些集体活动培养了对集体的责任感。

三星为职工建造了很多现代化的文体中心,为他们提供了培养多种兴趣的条件,从而不断提高三星人的生活质量。

三星班组的管理活动内容还很多,比如综合评定职工的"累计分考核制"、全面质量管理以及提倡环境舒畅和气氛融洽的民主管理等,都在班组管理中发挥着重要作用,使班组这个企业最小的生产组织单位在企业管理中变成了最积极、最活跃、最富创造力的群体。

资料来源:中国邮政报

【综合练习】

1. 邮政支局(所)管理的主要内容有哪些?
2. "6S"的含义是什么?
3. 邮政支局(所)经营的主要内容有哪些?
4. 定置定位管理的内容有哪些?
5. 如何成为一名优秀的邮政支局(所)长?

【案例分析】

某市邮政局以提高现场管理水平为突破口,继续深入开展抓基层、打基础工作,将现场管理作为基础管理工作的重要内容,注重管理细节、细化目标要求,并进行定期和不定期检查,有力促进了该市邮政局现场管理工作的开展,网点现场环境及办公场所整洁有序,取得了较好的效果。主要做法体现在以下三个方面。

一是加强教育,提高思想认识。召开了现场管理工作专题座谈会,统一了中层干部的思想,并利用每周例会、黑板报、通知等形式向员工宣传现场管理的重要性,使广大职工认识到,提高现场管理水平是与提高服务、提升企业形象同等重要的;现场管理是企业综合管理的重要内容之一,是衡量企业综合管理水平的尺子,是影响客户对企业信心的重要因素,是提升客户满意度的重要举措。

二是注重细节,细化目标要求。制定出台了《现场管理标准和考核细则》,重点对生产作业现场和办公场所的环境、用品用具、设备、文件资料等管理要求进行了完善和细化,使现场管理的每一个细节、每一个步骤、每一个区域都有明确的目标要求和标准,并要求各网点制定详细的操作细则和内部考核标准,形成了规范、可操作、易考核的管理体系。

三是严格考核,确保管理效果。实行两级管理考核,一方面由检查人员不定期组织开展现场检查,检查结果以通报形式下达,纳入月度履职考核;另一方面由各中心组所根据部门内部考核标准进行日常检查考核,做到考核到位、扣分到位、通报到位。

通过努力,该局现场管理水平有了明显提高,生产区域内地面、设备整洁,工具、物品摆放整齐,办公现场环境整洁,促使职工养成了规范操作的良好习惯,进一步提升了企业形象。

思考题

1. 结合案例分析,现场管理的任务体现在哪些方面?
2. 请结合案例谈一下现场管理在邮政支局管理当中的作用。

第四章 函件业务经营管理

【学习目标】

了解函件业务经营管理的基本内容,掌握函件经营中典型案例的分析方法,熟练掌握新增的国内小包业务的服务范围、费用、处理规范,以及一般的开发流程。

【关键概念】

数据库商函　邮资封片卡　账单　国内小包

【案例导入】

中国人民财产保险股份有限公司是国内最大的非寿险公司,在非寿险市场处于领先地位,在保险业的竞争日趋白热化的今日,要继续保持该公司的发展态势,扩大广告宣传必然是一大途径。福建邮政局在对该公司在福建市场的广告投放现状做了一次精细详尽的市场调查后,制作了一份附带精致样稿的完整邮政广告策划建议书,得到了客户的认可,特别是提供的数据名址大大解决了一直困扰他们的难题,为他们寻找到了新的市场空间。通过数据库商函切实地为客户的新险种打开市场,带来了经济效益。近几年,邮政商函业务发展较快,除了数据库商函业务,你还知道邮政开办了哪些商函业务?它们针对的市场分别是哪些?

第一节　函件业务经营管理基本内容

近年来,中国邮政函件业务经历了跨越式的大发展,函件收入从 2005 年的 50 亿元到 2012 年的 131 亿元,实现年均两位数的增长比率。函件功能也实现了从民用向商用的全面转变。函件业务取得的巨大成绩与中国邮政先进的经营管理经验是分不开的,本节将对邮政的经营管理模式进行简要的介绍。

一、函件业务管理体制

邮政函件业务是邮政函件部门以精准的名址数据库为基础,以信函为载体,以特定收件人为受众,以邮政投递网络为传播渠道的媒体,将客户所需传递的各类信息寄达目标消费者的一种业务。自函件业务由民用为主转向商用为主以来,邮政函件业务得到了迅速发展,函件业务管理体制也随之逐步完善起来。

我国函件业务现行的管理体制为分级管理制:即由中国邮政集团公司邮政业务局下属的函件处统管全国函件业务,各省(市、区)邮政函件局负责全省函件业务的经营与管理,市、县邮政局,负责经营管理本局范围内的函件业务。各级函件业务管理部门的职责如下。

1. 集团公司函件处职责

函件处在集团公司的直接领导下,负责全国函件业务的经营、管理和服务工作。具体职责如下。
(1) 负责制定全国函件业务的发展规划、经营战略。
(2) 负责全国函件业务的市场开发和经营目标的组织落实。
(3) 负责对全国省函件业务经营秩序和专业化核算的监管和指导。
(4) 负责协助邮政行业管理部门做好对信函市场的规范和管理工作。
(5) 负责全国函件经营业绩的考核。
(6) 负责全国信息名址库的规划、建设和管理工作。
(7) 负责全国账单、商函制作中心的规划、建设和管理工作。
(8) 负责全国邮资封、片、卡的审核、报批等工作。
(9) 负责全国函件业务培训。
(10) 负责全国函件业务宣传、营销策划和劳动竞赛的组织。

2. 省邮政函件局职责

省邮政函件局在省公司的直接领导下,负责全省函件业务的经营、管理和服务工作。省函件局一般设有综合办公室、市场经营部、名址中心等部门,具体职责如下。
(1) 负责制定全省函件业务的发展规划、经营战略。
(2) 负责全省函件业务的市场开发和经营目标的组织落实。
(3) 负责对行业客户和全省性集团大客户的管理、营销、服务工作。
(4) 负责制定函件专业的具体政策、内部管理制度和业务管理办法并督促落实。
(5) 负责对全省函件业务经营秩序和专业化核算的监管和指导。
(6) 负责协助邮政行业管理部门做好对信函市场的规范和管理工作。
(7) 负责对市邮政函件局局长经营业绩的考核。
(8) 负责全省信息名址库的规划、建设和管理工作。
(9) 负责全省账单、商函制作中心的规划、建设和管理工作。
(10) 负责全省邮资封、片、卡的审核、报批等工作。
(11) 负责全网协作性业务(邮资封片卡、账单、个性化名址库商函)资金的及时结算。
(12) 负责全省函件业务培训。
(13) 负责全省函件业务宣传、营销策划和劳动竞赛的组织。

3. 市邮政函件局职责

市邮政函件局在市局和省邮政函件局的双重领导下,负责本地区函件业务的经营、管理和服务工作。市邮政函件局一般设有综合办公室、市场开发部、数据中心和设计制作中心等部门。具体职责如下。

(1) 综合部工作职责
① 负责全区函件专业生产指挥调度。
② 定期到基层单位调研,掌握业务发展情况,及时发现工作中存在的问题,并上报领导。
③ 按月统计全市及市局本身业务量收完成情况,确保准确无误,并写出书面经营分析报告。
④ 及时发现业务发展中好的经验、做法,并编发信息在全区推广。
⑤ 协助领导制定管理办法、重点工作考核办法、竞赛办法,并做好阶段性竞赛活动的通报工作。
⑥ 负责日常办公文件、资料、档案的收发和保管。

⑦ 负责对全区函件业务的监督检查和业务培训指导工作,处理用户投诉。
⑧ 负责全区邮资封片卡业务的审核、报批、统计和管理。
⑨ 按照规定开具业务工作单,并收缴营业资金、清收欠费。
⑩ 负责业务合同的审核和管理。
⑪ 协助邮政行业管理部门做好函件市场管理。
⑫ 按规定完成全区业务检查工作。
⑬ 负责生产用品用具请领、发放、保管。
⑭ 积极完成领导交办的其他工作。

(2) 市场开发部工作职责

① 围绕函件局各项营销工作计划和客户需求开展工作,努力完成下达的各项目标任务。
② 深入市场开展调研活动,制定业务宣传、市场开发和项目运作方案,最大限度地占领市场。
③ 制定专业营销管理和考核办法,对全区的专职营销人员进行管理、考核和营销指导。
④ 制定全区专业营销培训计划,系统开展培训,提升营销人员素质。
⑤ 建立全区大客户档案,并进行动态分析和管理。
⑥ 建立营销员业绩档案,按月通报、考核。
⑦ 围绕阶段性经营工作重点,进行市场调查、信息收集、营销策划工作,为领导决策提供依据。
⑧ 在划定的区域范围内,直接面对客户,负责各项函件业务的宣传、演示、咨询、营销、实施等具体工作,开拓现有客户新的业务领域和潜在客户市场;根据阶段性的营销项目展开统一有序的营销工作。
⑨ 定期走访客户,按日填写客户走访登记表;按月写出书面总结和市场分析。
⑩ 积极完成领导交办的其他工作。

(3) 数据中心工作职责

① 全面负责名址信息系统的应用、管理和安全保密工作,制定制度,确保落实。
② 按照省、市局名址征集工作安排,组织安排全区的名址征集活动,并做好培训和指导工作。
③ 根据业务发展需要,制定个性化名址信息采集方案,并组织实施。
④ 及时掌握全区名址信息库建设进度,并进行通报。
⑤ 对全区的名址信息进行统计、整理、分析,做好名址信息查询操作,支撑营销工作。
⑥ 按月写出书面的名址信息变动、维护及使用情况报告。
⑦ 及时处理退信,做好名址信息的新增、删除、修改等维护工作。
⑧ 定期维护名址信息,确保准确率达到省、市局要求。
⑨ 积极完成领导交办的其他工作。

(4) 设计制作中心工作职责

① 按照客户要求,限时保质地完成商函、账单及封片卡的设计。
② 负责函件业务的内部处理工作,对揽收来的函件业务进行设计、打印、封装、过戳处理,确保时限。
③ 按照省、市局邮资机管理办法,由专人负责邮资机的使用和管理工作,认真填写邮资机相关资料,确保邮资准确无误。

④ 严格按照电子化量收系统操作要求,每日营业结束后,将当日的信息录入系统,并打印各类报表。

⑤ 对处理的邮件进行检查,确保信封合格、计费正确。

⑥ 负责信封的打印,做到最低损耗。

⑦ 按规定进行封装处理,送交分拣部门。

⑧ 对制作中心的机器,要严格按照使用要求进行操作,定期保养,确保机器的正常使用。

⑨ 积极完成领导交办的其他工作。

4. 县(市)邮政信函公司职责

县(市)邮政信函公司在县(市)局和市邮政函件局的双重领导下,主要做好函件市场开发、营销和管理等工作。

(1) 认真贯彻落实上级制定的各项政策、规章制度、管理办法和业务处理规则。

(2) 完成上级下达的业务发展计划和经营管理任务。

(3) 负责函件业务市场营销、策划及大客户管理工作。

(4) 负责本局名址库建设管理工作,为本县(市)函件广告业务发展提供名址、制作支撑和技术支持。

(5) 负责本局函件设计、制作等支撑服务。

(6) 负责本局邮资封、片、卡的审核、报批等工作。

(7) 负责本局函件业务专业化经营成本费用管理。

(8) 负责对所辖县(市)局工作人员工作业绩的考核。

(9) 负责本局函件业务培训。

(10) 负责本局函件业务宣传、营销策划和劳动竞赛的组织。

二、邮政函件专业大客户管理

函件专业大客户是指使用函件业务收入达到一定规模的客户。

1. 组织机构及职责

建立省、市、县三级大客户营销体系,省邮政函件局设立大客户服务部,省辖市函件局设立市场开发部,各县(市)局配备大客户服务人员。

2. 省函件局大客户服务部的主要职责

(1) 负责贯彻落实集团公司、省公司有关大客户服务管理工作的各项部署,制定全省函件专业大客户发展规划。

(2) 负责制定全省函件大客户发展目标、管理制度、专职营销人员管理办法,负责制定函件大客户的服务规范和业务流程,并组织实施。

(3) 负责指导、监督和考核各省辖市邮政函件局的大客户管理工作。

(4) 负责组织全省函件专业大客户市场研究与分析,定期召开大客户座谈会,搜集整理大客户用邮需求,定期分析全省大客户用邮、服务等情况,适时提出新业务开发需求及营销策略,指导全省函件专业大客户的开发、维护等工作。

(5) 负责协同省会局开发和维护省级及以上大客户,建立省级及以上大客户档案,对客户涉及其他专业的用邮需求及时上报省公司市场处。指导市函件局开发维系地市级客户。

(6) 负责全省函件专业专职营销人员技能培训和经验交流。

3. 省辖市邮政函件局市场开发部大客户服务职责

（1）贯彻落实省公司有关函件专业大客户服务管理的各项工作部署，结合本局实际制定具体实施办法并组织落实。

（2）收集、整理市场需求信息，研究、分析市场动态，提出新业务发展需求，制定营销策略与措施。

（3）负责建立、管理辖区内函件专业大客户档案。按月收集大客户用邮情况，组织汇总、分析本局函件大客户信息资料、营销服务等情况，并将分析材料上报省函件局。

（4）负责对辖区内函件大客户的开发与维护，对大客户涉及其他专业的用邮需求及时上报市局市场部；指导区、县大客户服务人员开发维护其辖区专业客户。

（5）负责处理大客户的投诉、咨询等问题，做好各项服务工作。

（6）负责本级函件专业专职营销人员的组建、业绩考核。

（7）负责全区函件专业专职营销人员的培训和经验交流工作，指导、协调专业专职营销人员做好函件专业大客户营销服务工作。

4. 对函件大客户进行分类、分级管理

对函件大客户进行分类、分级管理，针对不同的客户需求，采取不同的服务模式与营销措施，实施个性化服务与差异性管理。

（1）函件大客户的分类管理

函件大客户可分为账单大客户、商函大客户、封片卡大客户和综合大客户四类。

（2）函件大客户的分级管理

① 大客户分级：分为国家级、省级和市级三级大客户。

② 大客户等级划分标准：根据历史或预计年用邮收入确定，国家级大客户为年用邮收入列全省本专业前20位的客户，省级大客户为年用邮收入列全省本专业21～50位的客户，市级大客户为本专业其他大客户。

③ 大客户等级实行动态管理，每年进行一次调整。省函件局每年年底对全省函件专业大客户用邮情况进行通报，并根据客户等级标准重新划分客户等级。

④ 大客户实行属地管理。省函件局协同属地局对省级及以上大客户的走访每年不少于一次；市、县局专职营销人员对所辖区省级及以上大客户的走访每月不少于4次，对市级大客户的走访每月不少于2次。

5. 开发注册管理

为整合邮政资源，加强信息沟通与工作协调，降低营销成本，规范营销秩序，提升邮政统一的品牌形象，各级函件部门应按照区域、行业划分每个专职营销人员的营销范围，对函件大客户实行有序开发、注册管理。

函件大客户开发应严格遵照"属地负责、集中管理"的原则。具体流程包括以下几项。

（1）基层营销单位或部门拟对本区域潜在函件客户进行业务开发时，应将开发方案报本局市场开发部审批立项，经市场开发部确认为新客户并明确开发期限后便可开发。

（2）基层营销单位在规定的时限内享有独家开发权利，其他营销单位或个人不允许介入对此客户的开发，大客户管理机构应对其进行具体的营销策划和指导，以确保营销工作的质量和实效。

（3）如在规定时限内，大客户开发工作未取得显著进展，大客户管理机构应针对该项目重新选择开发单位进行再度开发。

（4）客户开发成功后，开发单位应与客户签订相应的服务协议，并报大客户管理机构备案。

对搬迁的注册函件大客户，基层营销单位要及时上报上级大客户管理部门。大客户管理部门要根据具体情况统筹安排，做好基层营销单位之间交接工作的监控，确保原服务方案实施的连续性。

6. 信息档案管理

加强函件大客户信息管理是客户管理的基础工作，通过对函件大客户信息资料的收集、整理、分析，充分了解函件大客户对邮政业务的需求，实施有针对性的营销服务策略。

7. 基础资料管理

（1）各级函件部门应认真收集函件大客户资料，确保资料的完整性、准确性。函件大客户资料主要包括以下内容。

① 基本情况：单位名称、单位代码、单位性质、行业类别、用邮类别、客户级别、服务方式、法人代表、规模、主要产品、年产值、信誉、盈亏状况等。

② 联系方式：包括大客户地址、邮政编码、联系人姓名、联系电话、传真号码、电子信箱等。

③ 相关重要人士：企业负责人及经办人的基本情况，如家庭成员情况、家庭地址、兴趣爱好等。

④ 服务管理：营销服务责任单位、责任人、客户经理、服务方式等。

⑤ 用邮情况：包括主要用邮种类、用邮量、用邮收入、用邮记录等。

⑥ 各类记录：包括揽收记录、走访记录、投诉记录、处理记录等。

⑦ 信用等级：包括信用级别、核定的欠费额度与归还周期、用邮量及缴款记录等。

①～③为客户外部资料收集管理，④～⑦为客户信息内部维护管理。

（2）各级函件部门要强化客户日常信息管理工作，及时整理更新大客户信息资料，保证客户信息完整准确，实现动态管理。

8. 信息资料分析

（1）定期分析和评估大客户相关信息，通过信息资源的有效管理和利用，及时调整大客户营销策略。

（2）客户信息资料分析主要包括以下内容。

① 对函件大客户总体用邮情况分析。主要应分析函件大客户增减数量、用邮收入变动、占函件总收入比重、客户服务满意度、用邮结构、用邮趋势等。

② 对函件大客户个体用邮情况分析。主要应分析函件大客户的用邮结构、量收同期对比、用邮趋势、产品流向以及客户需求的变化等。

③ 对流失的大客户进行分析。要重点分析流失的原因、流向，以及竞争对手的具体情况等。

（3）各级函件部门要加强大客户信息分析工作，把大客户信息分析作为各单位经营分析的一项重要内容，使之系统化、规范化和制度化。

函件大客户信息属企业秘密，各级函件部门要加强函件大客户信息档案的保密工作，指定专人负责对客户资料库的整理录入工作。对需要查阅函件大客户信息档案的营销部门，应按照权限提供相应信息档案，同时做好登记手续。未经主管领导批准，任何人不得以任何理由私自查阅、复制大客户信息档案。各级大客户管理机构要制定大客户信息保密管理办法，确保信息不流失、不泄密。

9. 资费管理

各省辖市邮政函件局要加强函件大客户资费管理和欠费管理,防止邮政资费跑、冒、滴、漏,防止客户恶意拖欠,杜绝乱收费和采取不正当经营手段揽收邮件等违规行为的发生,规范经营秩序。

建立健全函件大客户信用档案和欠费控制预警系统,有效降低企业经营风险。对采用记欠形式结算的函件大客户,应与其签订用邮协议,明确结算周期,并按时结算;对不按期结算的,邮政企业应予以停止使用记欠业务,并负责追回欠费。

10. 服务管理

(1) 大客户服务管理方式有以下几种。

① 客户经理制。为大客户制订营销服务方案,协调内部各部门之间的关系,定期走访客户,了解客户需求,实施针对性营销服务。

② 派驻制。派专业水平较高的人员进驻大客户用邮区域为大客户提供全方位、便捷、快速的服务,包括营销的产品和服务涉及邮政所有的产品和服务。

(2) 各级函件部门要针对不同类型的大客户,采取不同的服务方式,实施个性化、专业化、一站式优质服务,满足客户需求,提升客户满意度和忠诚度。

(3) 对大客户实行"三优一超"服务,即优质、优先、优惠和超值服务。

① 优质服务。对大客户要指派业务水平较高的人员为其提供"门到门、桌到桌"的服务。将"11185"客户服务中心作为大客户重要服务的手段之一,及时处理大客户的业务咨询、投诉等。

② 优先服务。大客户办理邮政业务,享有优先权,实行优先办理、优先查询、优先投递、优先解决问题和优先理赔。

③ 优惠服务。大客户用邮按集团公司、省公司、市局规定的资费标准予以优惠。

④ 超值服务。各局可根据自身能力,尽可能为客户提供多样化的超值服务。如生日礼仪服务,节日慰问,建立俱乐部,开展文体联谊活动,让大客户感受邮政为其提供的超值服务。

三、函件业务处理流程

1. 商函业务处理流程

(1) 派单人员根据所提供数据和实际安排处理时间,编号填写工作单一式两份,一份交制作部门,一份留档备查。

(2) 制作部门接工作单后,按要求核点客户交来的商函内件和信封。

(3) 核点无误后,安排名址打印(或手工书写)、封装、过邮资,在工作单上注明处理完毕的时间(明确到小时)。

(4) 制作部门详细填写邮资机使用记录等业务单式,并详细记录信封、内页的损耗。

(5) 制作部门在规定时间内处理完毕后,告知营销人员通知客户点验邮件,客户在工作单上签字确认后,营销人员收款。

(6) 收款后,通知制作部门在工作单上填写交分拣部门时间及邮件数量、重量、种类,再将邮件交分拣部门处理。

(7) 处理完毕,制作部门将工作单交派单人员,由派单人员填写完工时间,并与留存的一份工作单核对各环节处理时限,逾限的,需注明原因,然后将两份工作单归档备查。

2. 账单业务处理流程

(1) 与客户签订账单制作协议。设计信封、内页。

(2) 数据校对。

(3) 客户下达账单制作业务通知(口头、电话或传真)。

(4) 接收数据。盘片交接或电子文档交接。

(5) 下达生产工作单。营销员填写账单制作申请单、账单数据处理需求表交市函件局市场部,市函件局市场部向省商函制作中心提交账单制作工作单、账单数据处理需求表,同时向制作中心传输数据。

(6) 数据转换。制作中心接收数据后,按照账单格式由专人对数据进行转换,将原始数据转换成打印数据。为确保数据转换后的准确性,数据中心明确专门负责数据检测人员再次检查、审核转换后的数据。

(7) 打印样张、样张确认。在正式打印前,打印账单样张,传真给账单申请制作单位确认,由客户确认签字后,传真到制作中心。

(8) 打印、打印成品检测。接到确认样张后,正式打印。账单打印完毕,由专门的检测人员对打印成品进行抽检,检测合格后进入封装环节。

(9) 封装、发运。确保成品无误后,对账单进行封装。由制作中心总包发省会邮区中心局和各地市局。

(10) 过邮资、成品检测、邮寄。封装与过邮资机实行流水作业,处理完毕,经再次检测后,交分拣部门。

(11) 投递。

(12) 退信处理。对确实无法投递的,投递员应批注原因,退市函件局。函件业务部门接退回账单后,由专人再次进行试投,试投成功的,及时通知相关投递部门和视检部门;确实投递不出的,在投递清单上再次备注,交专人进行汇总,退交客户。

(13) 数据删除。投递完毕后,将所有客户数据进行彻底删除。

(14) 账单制作、投递完成,向客户反馈信息。函件业务部门根据每批次账单的投递清单,一周内整理出账单投递质量报告,连同校订后的名址一起交账单发寄单位。

3. 封片卡业务处理流程

(1) 揽收人员根据封片业务揽收要求,与客户签订揽收协议。

(2) 揽收人员把揽收合同和客户所提供的资料交业务主管把关。

(3) 业务主管按照工作要求对合同审核无误后,填写工作单一式两份,一份留存,一份交制作设计部门。

(4) 设计人员按照要求设计出封片样稿,由业务主管把关后交业务揽收人员。

(5) 业务揽收人员交用户签字认可后,把签字样稿交业务主管,业务主管安排报批人员进行网上报批。

(6) 报批人员在审核报批资料无误后,一个工作日内完成报审。

(7) 省公司一审人员按照报批要求在一个工作日内完成上报或对不符合报审要求的稿件提出修改意见,退上报部门修改。

(8) 对通过集团公司初审、终审、交付印制的稿件,在规定时间内由印制部门制作完成。

(9) 制作局对收到封片成品验收无误后,按出入库管理办法,进行入库管理,同时库管人员制作入库清单报业务主管。

（10）业务主管根据产品入库情况，通知揽收人员办理出库手续及时向客户交货。

（11）揽收人员交客户验收无误后，不能及时收回货款的，按财务规定作用户欠费管理，并要求揽收责任人在规定时间内收回货款。因产品质量、数量有误、交货时限等问题客户拒收的，揽收人员按规定对产品作退库管理，并填写客户退货说明上报业务主管。业务主管根据具体情况落实责任段和责任人，按规定进行处理，并做好客户的善后工作。

4．数据查询处理流程

（1）数据查询

① 营销人员根据需求填写《名址信息需求单》交名址中心，名址中心可结合实际建库情况提出查询修改意见。

② 名址中心查询完成后，由查询人员填写确认单交营销人员和客户签字确认，确认后名址中心将数据传制作中心。

③ 营销人员拿名址库信息确认单到制作中心确认制作，由制作中心填写数据打印确认单，营销人员签字确认后方可打印制作。

④ 制作中心按照数据打印确认单要求进行按段打印。

（2）客户自带数据处理

① 营销人员将客户数据交名址中心进行数据匹配，将匹配成功和非成功数据分开传送到制作中心。

② 制作中心分别按照匹配成功和非成功数据进行打印制作。

③ 名址中心根据投递结果对未匹配成功的数据进行退信处理和增加基础地址信息。

5．退信处理流程

（1）本局分拣部门对退回的商函，放入专门格口，封交市函件局数据处理中心。

营销人员回访客户时，汇总客户退信（征求客户同意后），移交名址中心进行退信处理，处理后将退信交还客户。

（2）市函件局数据处理中心安排专人接收退信，在系统中录入退信（包括全国各地退回的信件）的批号、序号和退信原因后，作正常退信处理。

（3）数据维护员对退信信息要采取投递确认、电话联系或实地上门等多种方式进行核实，属实后，在系统中作退信确认。

（4）对处理后的退信，数据中心要反馈给营销员，由营销员及时退回客户。

（5）数据中心每日从系统中下载由全国各地反馈、汇总下发的本地退信信息。

四、函件业务市场定位

函件业务是中国邮政最核心的业务，函件业务的整体定位和发展方向是商业信函，商业信函的三大重点业务数据库商函、账单及封片卡都具有自身的特点，因此其市场定位也具有一定的差异性。

（一）数据库商函业务的市场定位

数据库商函是函件业务发展的原动力。数据库商函具有精准营销、定向传播等一系列特点，它已经被业内广泛定位为一种新兴的媒体。因此数据库商函作为一种精准媒介，全面进入广告市场成为其发展的必然方向。将数据库商函定位为"到户的广告"，邮政将市场瞄准了广告行业，除了与社会知名大型广告公司合作之外，与国内各大知名高校展开广泛合作，大力推广直邮理念，让社会受众接受数据库商函这一新型媒体。

（二）账单业务的市场定位

账单是函件发展的高效业务。从全国的情况看,金融类账单占71%,其中银行占到51%,是账单业务的主体市场。政府及公用事业类账单占比11%,呈逐年增长的趋势。通信类账单虽然占到18%,但是呈下降趋势。同时由于全国各省经济发展不平衡,人们对账单的使用情况也有很大差异,因此各地账单业务的发展也很不平衡。通过对全国账单业务发展的统计分析,东部地区账单的发展空间定位在保险、政府和公用事业类,主要通过做多品种、做大种类的方式开发。中西部主要是银行、保险、政府与公用事业类,突破口在客户开发数量上。

（三）封片卡业务的市场定位

封片卡是函件发展的成长型业务。从1992年中国邮政首次发行贺卡有奖明信片,到2002年,一直都是以面向个人消费市场的销售型贺卡为主。由于我国贺卡文化底蕴不足,个人消费市场有限,极大限制了中国邮政贺卡业务的发展。自2003年开始将贺卡转向面向企业的定制市场。这一战略举措取得了飞跃式的突破,经过几年的发展,到2009年贺卡收入已经突破30亿元大关。因此主攻定制型市场是中国的特色,贺卡业务这一定位不会改变。同时通过与互联网终端结合,大力培育个人贺卡消费市场,建立成本控制机制,不断提升效益。

五、函件业务经营发展状况

作为中国邮政最核心的业务,2012年函件业务收入实现了130亿元。数据库商函业务引入了商务智能的理念,积极探索新模式,业务增长势头进一步增强;账单业务拓展了媒体功能,提高了客户价值,同时县域市场开发初见成效;邮政贺卡业务强化了营销组织管理,拓展了定制市场,同时个人市场通过网络等形式逐渐得到培育。在中国邮政集团公司关于加快函件业务发展的相关要求和指导下,各省邮政公司高度重视,努力解放思想,大胆创新,积极探索适应当前我国函件业务发展的新思路、新办法,在数据库商函、账单、封片卡等业务方面积累了丰富的经验。

（一）数据库商函业务的发展策略

1. 整合资源,深化支撑,优化直邮发展组织模式

（1）整合营销资源,加强专业支撑,促进业务发展。一是明确分工。函件局突出业务策划和经营指导,负责营销方案策划、设计、协调和业务培训指导;支局负责市场开发。二是强化专业支撑。函件局长每月在区局的组织下深入支局现场办公,通过营销沟通会等形式,及时了解业务动态。针对支局项目计划,提供营销策划方案、协同开发、跟踪督导。三是完善考核体系。覆盖营销员、支局长、函件局员工三个群体,对营销员实行岗位分级、绩效挂钩的考核方式,形成了完整的员工职业发展通道,有效激发员工的积极性。

（2）依托邮政大网发展数据库商函。一是通过推行函件与投递等支撑部门的内部结算制度,调动了商函发展相关各方的积极性。二是协同推进,由市场部牵头,组织函件、名址、投递等部门开展巡回推进会等方式推进业务。三是营销分工明确,函件局负责金融等五大行业大客户营销工作,区支局主攻中小企业市场。

（3）深化专业支撑,优化营销体系。一是整合资源,实施同城化经营。将大宗局、名址中心统一并入函件局,提高客户管理能力,简化业务协调关系。实施函件专业同城化经营,在市、县区共设26个函件部,分区域营销;函件部人财物资源由市函件局统一管理;县局长兼任县函件部负责人,有效提升了农村市场的开发和管理力度。二是专业营销与综合营销相结合。市函件局设数据库商函项目经理和营销团队,负责大项目策划开发,为各区函件部提供业务支撑;各区函件部负责本区域市场开发。三是深化支撑服务,初步形成业务前、中、后三阶段专业服务团队。信息中心采集并跟踪、分析信息,实行信息闭环管理;数据库营销服务中心提供数据筛选、匹配、策划、反馈等全面解决方案;客户服务部统一管理客户信息,设立专项基金,对客户分级维护。

(4)充分重视数据库商函业务发展,整合资源,统一领导。省市县局确立了"一把手"为数据库商函发展第一责任人。省公司成立数据库商函发展领导小组,由副总经理任组长,由市场部、计财部、人力资源部、省函件局、省营投中心负责人为成员,整合部门资源,协调发展函件业务;市局成立数据库商函发展推进领导小组,分管函件的局长为推进领导小组组长,市场部、人力资源部、计财部、函件局、名址中心、营投中心为成员,明确市场经营部门负责组织协调和整体推进工作,人力资源部门负责专职营销人员配备到位,计财部门负责激励政策的兑现工作,函件部门负责市场推进、培训推广、设计策划、打印制作等工作,名址中心负责配套名址数据的建立、提供以及名址更新和维护工作,投递部门负责商函寄递和退信处理工作;县局明确了一名局领导统一分管数据库建设、商函营销和投递工作,便于数据库商函发展资源整合和调配,形成三个关键环节有机衔接,打造数据库商函发展核心竞争力。

2. 媒体化经营,拓宽直邮市场

(1)发展"产品+数据"联合营销模式,开展"万企工程"专项营销活动,确立了在全省开发和维护数据库商函中小企业客户1万户、迅速做大数据库商函基础客户群体的目标。一是细分市场,突出重点行业、重点客户的开发。按十大行业细分目标市场,并建立全省目标客户数据库,将相关目标客户名址下发各局,由各局负责具体走访、落实。在走访调查的基础上,按现实/潜在用邮需求将客户划分为A、B、C三类,确定相应重点工作。二是精确营销,强势推进。组织精干人员,按照进工业园区、进企业、进工厂的"三进"要求,在最短的时间内实现邮政与中小企业的"零距离"接触。三是创新产品,模板营销。策划、制定了6个重点行业商函产品,将抽象、虚拟的商函数据库营销,提炼为具体、直观的直邮产品。建立操作性强的策划模板,使一线营销员直接可用。并在此基础上将直邮产品与客户产品、节日等个性化组合,增加产品对客户的吸引力,使受众直观明了。四是以"模块数据"为支撑,转变思路找客户。改变以往"为客户找数据"的名址使用思路,而是"为数据找客户",根据不同行业属性,通过数据分析、筛选、建立六个直邮产品的数据库模块,并下发各地作参考。通过建立模块数据,有效地简化了数据筛选过程,加强营销员对数据的了解;通过数据的预筛选、挖掘和分析,提高了数据库的针对性。实现"数据支撑前移",由"维护型"向"生产型"转变,数据下载量实现了"月月上台阶",成功地解决"数据库内外推介难"的问题。五是通过"联合商函"快速拓展客户数。借鉴中邮专送广告的经营模式,以邮简为主要载体,通过化零为整的市场营销模式,引导多家广告客户联合寄送商函。

(2)以传媒业经营理念为指导,自主开发和媒体代理两条腿走路。一是打造商函品牌。统一推广"直邮通"数据库商函品牌,并结合市场需求和季度营销主题,开发了"魅力××"(针对政府招商)、"金桥"(针对中小企业)、"招生信函——助您成功"(针对招生商函)、"打开有礼"(针对商超促销)等多个子品牌,有效支撑了业务发展。二是大胆探索媒体代理模式。率先签订房地产行业商函代理合同,代理后实现函件业务收入翻番。并在此基础上整合社会优势资源,继续创新、拓展和延伸,陆续推出了"闭环发展、联合发展、代理发展、资源整合"四种数据库商函发展模式,聚焦核心,合力推进,逐步把数据库商函打造成直邮传媒品牌。

(3) 大力打造"信函传媒"强势品牌,宣传、培训、流程优化、营销推广等多管齐下,有力推进了数据库商函业务的快速发展。在"信函传媒"品牌下推出重点行业数据库商函打包产品,支撑前移、强化培训。提前整理、匹配相应的数据库,形成菜单化模板产品;要求各局上报目标行业和目标客户,组织面向客户的讲座,高起点培育客户直邮理念。

3. 项目带动,产品推广,督导开发

(1) 着力建设"总部项目+区域营销"的营销框架,以省管总部项目为抓手,抓住省级龙头,加大省级总部客户的开发力度,实施"省、市、县"的联动营销,成效显著。一是继续加强省政府公用部门、金融保险、通信等企事业单位业务开发。如与省电信公司签订"校园电信"数据库商函合作协议,面向新生寄送促销商函;与省建设银行签订"个贷账单合作协议",寄送个贷对账单和个贷催款提醒单,并引导其寄送三批次的龙卡汽车卡数据库商函;与兴业银行合作,达成向兴业银行的黑金卡、白金卡客户定期寄送VIP会员图书挂号印刷品的合作协议。二是集中营销策划力量,策划时事主题及节日主题营销。及时捕捉社会重要事件信息,加大事件营销力度,开发劳动合同法商函、防震自救知识信函、征信知识商函、"迎奥运 放心用卡 安全支付"宣传商函等。

(2) 按季度开展营销竞赛,突出重点项目,督导有力,效果卓著。只有淡季的思想,没有淡季的市场,通过突出重点市场、重点项目、重点客户,深入开展以"金鼠迎春""直邮体验""喜迎奥运""喜获丰收"为主题的季度数据库商函专项营销活动,同时明确各级市场部门成为数据库商函发展第一责任人,加大协调力度,整体推进季度数据库商函主题营销工作,确保数据库商函发展实效。其中,一季度"金鼠迎春"主题营销活动主抓"致在外工作人员一封信""新春大礼包""中小企业商函""打开有礼"四大产品。二季度"直邮体验"主题营销活动主抓"中小企业""金桥""招生信函——助您成功""打开有礼"四大产品。三季度"喜迎奥运"主题营销活动主抓以奥运为商机的"资讯通""旅游乐""大礼包""楼市通"四大产品。四季度"喜迎丰收"主题营销活动,阶段性落实数据库商函"百千万"工程。通过开展系列活动,极大地调动了各局发展数据库商函业务的热情,形成了比、赶、超的发展格局。

(3) 细化12个数据库商函行业产品,完善产品模板。将集团公司及本省推出的数据库商函产品进行有效组合,推出2级产品体系。省公司对产品商标(LOGO)及信封样式进行统一设计,并对行业产品模板进行进一步的丰富和完善,本地化数据库商函产品。

(4) 通过案例复制实现联动开发。省公司大力推进全区性大项目,在房地产、十七大学习、招生商函、少儿书信、反假币等多个全区联动性营销项目上加强总部支撑,及时总结优秀经验,按期通报推广进度,形成争、学、赶、超的良好氛围,相继开发成功多个同类项目,实现优秀案例的快速复制。

4. 加大直邮倾斜力度,完善激励考核机制

对使用邮政名址开发的数据库商函按件补贴0.1元;为加强营销员业绩考核,按业务种类设置权重,其中数据库商函权重最高。实行函件收入一票否决,市局部门、县局领导班子、员工收入与函件收入全面挂钩。对未完成数据库商函收入计划的单位,根据进度分级制定罚金。

(二) 账单业务的发展策略

1. 案例营销,项目推动,推动市县账单发展

(1) 全省开展有计划地进行案例营销活动,各市局必须成立专门的账单业务部门,配备专门的人员负责账单业务的开发和维护,消除客户和产品空白点,深度开发银行账单的产品种类,以领导营销解决客户开发问题,以客户经理营销解决同一客户账单种类的延伸挖掘问题。

（2）注重细节，项目推动，全省跟踪推动各市县的交警账单和三金账单进展情况，使各地市、县账单业务持续发展，多个地市、县账单业务收入翻番。

（3）积极开发县域合作银行及合作社账单市场。某县商函公司成功开发农村合作银行银企对账单业务，该项业务是继供电账单后又一账单项目，开辟了县局账单业务的新领域。

2. 深化服务，为客户赢，体现账单业务价值

（1）积极开发农业银行银企对账单业务，充分整合资源，做好各环节的准备工作。

（2）以县域试点先行，为开发省医保账单做好铺垫，通过数据加密解决客户安全顾虑，加强数据整理，通过招商第三方付费方式解决资费问题，成功开发和运作省医保账单，实现了医保中心、商家、邮政三方"共赢"。

3. 捕捉社会热点，积极拓展新账单领域

（1）积极捕捉市场信息，结合交警ETC电子不停车收费系统的创新应用，及时跟进，成功开发ETC电子交费卡账单。随着ETC的进一步推广，该项目前景广阔。

（2）开发工商银行"个人综合对账单"，通过客户征询的形式，将获得授权的个人用户的多个账户综合对账，寄发到个人用户手中。此业务是全国首笔个人综合对账账单，是账单业务的新品种，提高了账单的综合价值。

（3）开发学生成绩通知单业务。大部分家长在收到学生成绩通知单后，纷纷打电话与学校沟通，对学生成绩通知单给予了极高的评价，此项业务成为学校与家长沟通的有效平台，受到家长的普遍欢迎。

4. 积极造势，营造账单业务发展的良好氛围

（1）充分利用3·15消费者权益日"消费与责任"的主题开发致广大消费者一封信账单，以消协的名义"致广大企事业单位一封信"，倡议企业要主动承担让消费者"明白消费"的责任，向消费者提供消费详单。在3·15来临之际营造企业为消费者寄递消费对账单的良好氛围。

（2）借助与工商部门联合执法，检查社会账单专营权，对于部分违反专营权在社会速递、社会投递公司投递的建行、招行、电力等几家账单成功回收邮政投递，保证了邮政账单的专营权，维护了账单发展的氛围。

（三）封片卡业务的发展策略

1. 组织科学、推进扎实、模式创新

强化营销组织，推行严格的揭标制和内外部管理流程，根据邮政贺卡业务开发时间较短的特性，制定了"以快取胜"的工作思路。组织客户经理开展市场调研工作，通过各种渠道初步掌握尚未开发客户的基本信息，再有针对性地采用发放问卷、上门拜访等方式全面掌握客户的业务需求和意向。对所收集的客户信息，组织专门的数据分析人员进行认真梳理，科学分类。

2. 创新产品、拓展功能、支撑到位

确立"通过项目营销实现贺卡规模发展，通过功能创新实现贺卡长远发展"的思路。在集团公司统一部署下，认真借鉴全国近年来的发展经验，从贺卡的形式、内容、功能和服务等不同方面进行了探索。尤其是在集团公司产品基础上，针对现实的市场需求，推出了调查回函式贺卡、异形副片式贺卡、心连心贺卡、台历式贺卡、刮刮卡、异形DM＋普通型贺卡、笔记本式贺卡、连体贺卡等12大类几十个贺卡新产品，大大丰富了贺卡的功能，受到了一线营销人员的广泛欢迎，并在市场拓展上发挥了积极作用。如针对政府这一成熟市场，在贺卡问候、慰问功能的基础上，叠加回函式贺卡的意见征询和行风评议功能，得到政府部门的广泛认可；对保险、金融、通信、电力等行业大客户市场，在贺卡维护客户功能基础上，叠加贺卡的台历功能、回函式贺卡的服务满意度调查功能,实现了开发量的规模提升;对校园市场,通过叠加"成绩通知单"功能,全面拓展了学生"成绩通知单"市场;对中小企业市场,通过叠加数据库营销功能,实现中小企业的全面开发;对临街门店、商户市场,通过叠加异形副片式贺卡的促销功能,大大拓展了贺卡的市场范围。

3. 抓住奥运商机、鼓励实寄、做大时点市场

邮资封片产品在时点项目运作上潜力巨大,函件专业共开发13种奥运产品。特别是以"从奥运现场寄出的祝福"为主题的营销项目,充分体现了实物传递祝福的优势,这是一个产品有市场、客户有需求、邮政有能力做大的短、平、快项目,各地结合数据库营销,突出对金融、公共服务、通信、校园、零售、村委会等会员制重点企业进行推介,从组织、培训、营销、售后服务等方面也都更趋于市场化运作,更贴近市场需求,为邮资封片业务做大市场规模摸索了路子。

第二节　函件业务经营管理案例分析

近年来,函件业务取得了飞跃式的发展,全国各地涌现出了许多优秀的经营管理案例,其中许多宝贵的经验值得我们借鉴和学习。

【案例一】

某地量子科技商函营销案例

一、开发背景

(一) 客户概况

某地量子科技有限责任公司位于京沪铁路与石新铁路交会地,327国道与日东高速立交入口处。北邻泰山,南傍微山湖,西接水泊梁山,东连三孔名胜。交通便利,人杰地灵。

公司注册资金1 166万元,厂区面积100亩,现已拥有三十三项国家专利和现代化生产设备,是集科研与生产为一体的现代化企业。公司多年来一直坚持科技创新、精工制造、真诚服务的宗旨,兢兢业业稳步发展,先后被省科学技术厅、省技术产权局授予"高新技术企业""中国专利山东明星企业"等荣誉称号。公司批量化生产的十多种专利产品:滚动罐耳、破拱器、甲带给料机、组链推车机、液压测重定量自动化系统、装卸气动控制柜、集控液压站等设备已在山东、安徽、上海、河南、山西、陕西、江苏、新疆等地的矿业广泛应用,为使用现场提高了综合效益,赢得了用户的一致好评。

(二) 先前合作情况

量子科技是邮政的老客户,通过邮政邮寄过挂号信函,寄送过特快专递,对邮政业务非常熟悉是合作的基础。虽然此前的业务量不多,但邮政良好的服务质量给客户留下深刻的印象,这为本次合作奠定了基础。

二、营销措施

该地邮政局广告分局在对传统函件业务开发的过程中,坚持以数据库商函业务为切入点,以机械制造企业为突破口,逐步在机械制造行业、医药行业、造纸行业和业务层面实现拓展,不断开发新的商函客户、增添新的业务内容来提升邮政传统业务的竞争力,增加业务收入。

(一) 上门营销,巧得机遇

在针对境内所有机械制造业进行目标筛选时,量子科技的企业实力和经营状况引起我们营销团队的重视,对其进行上门营销得知,该公司有向全国的煤矿企业和选煤厂进行宣传的企业产品和文化的意向,营销经理向其负责开拓市场的部门经理推荐了商函数据库营销方式,并向其介绍了我们这种营销方式和传统人员上门营销方式的差别和优势。

邮政拥有特殊的信息资源——商函数据库,是其他社会媒体所无法比拟的,商函数据库具有以下特点。

针对性强:针对目标客户进行广告投放,使宣传一步到位,是目标营销的重要手段。

灵活高效:可跨时间、空间,形式多样地使用,信息量大;便于收藏和传阅。

经济实惠:使用资金投入较小,回报率高。

人情味足:具有书信所特有的亲切感,易为人们接受。

可测性高:直邮能使广告主容易获得目标受众的直接反馈,传播效果易于测量。

保密性强:发布形式隐蔽,广告策略不易被竞争对手察觉。

(二) 认真务实,赢得客户信任

经过营销团队的集体商议,认为量子科技在数据库营销方面有很大的潜力可挖,决定全力配合量子科技筛选潜在客户数据库,提供客户指定省份的煤矿企业和选煤厂的明细地址,该局的服务态度和质量得到了客户的肯定,决定试发一批商函。第一批商函选择北方几个重点省份试发,山东、山西、河北、辽宁、吉林、内蒙古等,内容主要是宣传企业产品,当年5月份共发商函6 000余件,其中挂刷1 246件,形成业务收入7 000余元。

(三) 营销回访,广泛合作

当年6月中旬,该局的营销经理对量子科技进行了回访,客户反映寄发商函后,企业潜在客户反应较好,有不少客户进行电话咨询,对试发商函效果较满意,并对数据库营销产生了浓厚的兴趣。营销经理联想到量子科技有向全国发展的趋势,决定对量子科技进行深度开发,并向其推荐全国数据库。在7月中旬和客户达成第二次合作的意向,客户对邮政的全国库进行筛选后,决定在全国范围内进行广泛宣传,内容是企业新产品和文化,7月份共发商函12 000余件,其中挂刷2 102件,形成业务收入15 000余元。

(四) 再次回访,深挖客户潜力,促成深度合作

在8月下旬,该局的营销员对量子科技进行了再次回访,客户对第二次大范围的撒网营销效果感到非常满意,基于量子科技在生产煤炭机械企业的领先地位和企业的长期发展目标,同时量子科技方面希望扩大在全国范围内的影响力,结合前两次商函营销效果,客户决定对来电咨询的客户和自身认为的潜在客户采用挂刷的形式进行一次深度营销,主要内容是对量子科技的企业文化和形象进行宣传,形式是第一次出版的量子科技报,10月份共发商函8 000余件,其中挂刷5 186件,形成业务收入21 000余元。

(五) 互惠互利,促成四次合作

量子科技方面对与邮政的三次合作效果感到非常满意,2007年11月5日,量子科技第二期量子科技报—维权版发行,该地邮政凭借多次的诚信合作经营,再次赢得量子科技报的发行权,此次共寄发商函13 000余件,其中挂刷4 000余件,形成业务收入22 000余元。

(六) 诚信经营,赢得长期固定客户

量子科技与市邮政局的互惠互利合作,促使量子科技方面领导对邮政局业务和服务能力重新认识;2008年3月份,量子科技第五批商函如期寄发,内容是量子科技的企业新产品、新

专利和企业文化形象宣传。此次共寄发商函 12 000 余件,其中挂刷 5 195 件,创历史新高,共形成业务收入 23 748.4 元。

2008 年 4 月底,量子科技第四期量子科技报出版,此次挂刷寄递量明显上升,达到 4 000 件(4.1 元/封),内容增加了专利产品宣传册,形成业务收入 25 000 余元;

6 月下旬,量子科技第五期宣传报出版,共寄递 12 000 余封函件,挂刷再次突破了 5 000 件(4.1 元/封),业务收入也突破了 26 000 元,成为名副其实的商函大客户。

三、实施效果

通过与量子科技的四次合作,该局实现业务收入 14 万余元,不仅提高了邮政商函数据库营销的知名度与信誉度,而且积累了数据库营销的宝贵经验,为进一步拓展商函市场打下基础。

现在,在原来良好的合作基础上,该市邮政局和量子科技达成共性认识:量子科技报每月一期出版,寄送渠道工作由邮政局方面来做,初步估计量子科技每月寄送函件 1.5~2 万元,全年函件收入可达到 18~24 万元,量子科技已成为该市邮政局的函件大宗用户。

量子科技通过数据库的平台,为量子科技公司创造了较好的销售业绩,取得了良好的反馈效果和效益,形成了量子科技与邮政局互惠互利、长期合作的战略伙伴关系。

案例分析

该邮局与量子科技能够深度合作的关键因素是什么?

【案例二】

高科工程学校直复营销招生案例

一、项目背景

(一) 存在的问题

(1) 招生市场竞争激烈。随着正规院校扩招和民办职业学校的增加,各院校招生竞争压力增加,故在招生上需投入更大的资金和精力,否则将面临生存危机。

(2) 招生商函反馈率逐年走低。单个学生必然会收到多个学校的录取通知书,学生可选择学校较多,使招生效果打折招生成本增加,个别学校选择到招生地自行散发招生简章或驻地发函,影响招生商函市场的开发。

(3) 个别学校对招生商函的效果心存疑虑。一些实力较差的学校由于资金紧张,故投入谨慎,对招生商函的招生效果心存疑虑。

(二) 邮政的困惑

(1) 该局招生商函虽发寄了两年多时间,但究竟效果如何,投入产出比至今无法深入测算。

(2) 除招生商函外,该局是否还有其他更好的招生方式,如何创新,是需要长期以来思索的问题。

(3) 该局招生商函起步较早,到目前为止有 4~5 家客户年发寄量在 20 万件以上,客户大但流失风险也大。

(4) 连续多年招生商函量越来越大,客户也越来越多,发寄招生商函的效果也逐年下降,存在客户流失风险。

(5) 在招生商函揽收过程中,也曾有客户提出"既然你们把数据库商函讲得那么好,不如我们把费用给你们,你们帮我们招生",由于对商函的效果没有进行过尝试,也不敢贸然答应,使我们丧失了客户。

二、实施方案

(一)策划招生方案

1. 生源市场调查

(1) 职业中专所招学生区域大多为各县的乡、村,特别是贫困地区的学生。

(2) 学生及家长对是否学到技术和能否就业关注比例达80%以上。

(3) 其了解学校的途径主要是通过学生、老师推荐及招生商函、电视广告等媒体。

(4) 由于招生市场鱼龙混杂,家长及学生害怕吃亏上当情结严重。

2. 高科优势及劣势

(1) 优势:安置就业方面较其他学校突出,该校与 TCL、LG、诺基亚、富士通等大型企业有着良好的合作关系。

(2) 劣势:校园及教学环境差、管理及教学质量不高、学校规模小(在校生两届共300人左右)、学校知名度低。

3. 宣传思路

由于经费有限,经研究决定完全采取招生商函的方式进行推介(也便于测算)。同时确定招生商函设计及诉求内容的总体思路是:打消学生家长的顾虑,重点诉求学校就业安置方面优势。因此邮校双方在招生商函的设计上投入了巨大的精力。

(1) 招生商函载体的确定。由于目前学生收到招生商函过多,故为降低成本和提高学生及家长关注率,确定采取独特新颖的邮筒形式。

(2) 招生邮筒诉求内容。解决家长对学生就业顾虑方面:学校安置就业保障说明及案例、知名企业与校方合作照片及委培授权书、已就业及在校学生的照片及联系电话、就业跟踪责任卡样张等。为进一步打消学生及家长的顾虑,策划举办"成功在高科"职业教育专场咨询报告会,并请富士康、海尔、LG等企业到会进行现场面试,合格者与企业现场签订就业意向书,同时推出"半工半读"就学模式,即"先打工赚钱,后入学读书,毕业后再分配就业"。解决是否能学到技能方面:学校的师资力量(诉求一所好的学校可以没有大楼,但不可以没有大师)、培训实习器材、严格的半军事化管理模式(诉求严是爱,宽是害);丰富多彩的校园生活等内容。

(3) 两种招生模式的确定。为测算招生商函反馈效果和蹚出一条新的招生模式,决定对山西及河南(除洛阳九县)范围内仅靠发寄商函招生;对洛阳九县(市)在投递商函的同时,开展"多说一句话"活动,由投递人员对高科职业教育咨询报告会、企校现场面试及半工半读模式进行重点推荐。

(二)招生工作的开展

(1) 招生邮筒的发寄。通过数据人员认真筛选整合,共选择出县、乡、村应届初中毕业生名址20万条,自7月10日起共用一个星期时间完成发寄任务。

(2) 对县投递人员进行培训。市局用一周时间对县(市)的投递人员进行了培训,培训内容为商函的投递工作要求和标准,高科学校的介绍和对宣传口径进行了统一,提出了推荐学生及家长到校参加报告会和企校面试,但是否报名上学由学生和家长自己决定的基本原则。

(3) 对学校进行包装。由于该校实力较差,该局协同校方针对学校的弱项,采取多制作喷绘写真(突出企业介绍、用工及待遇和学校就业安置等方面内容)、改善卫生条件、完善各项制度等方式对学校进行了全方位的包装,同时和校方中层进行座谈,统一思想,取得了他们对该活动的支持。

(4)组织"成功在高科"职业教育专场咨询报告会。自7月20日起,帮助学校成功举办了3场报告会,主要议程:①由教育专家讲解职业教育的重要性及就业方向;②高科领导讲解办学理念、教学方针和就业保障;③企业代表现场讲话;④企校双方现场答疑释惑;⑤富士康、海尔、LG等企业进行现场面试,合格者与企业现场签订就业意向书。通过专场咨询报告会的召开,现场报名异常火爆,同时学生及家长成为我们最好的口碑宣传者,造成非常广泛的社会影响。

(5)采取措施做实各县的招生宣传工作。为提高九县的宣传推介效果,收集了各县(市)的356个投递人员和128个支局长的联系电话,通过网上集群发短信及时通报招生进度、技巧经验、推介要点等信息,达到信息畅通的目的。

三、实施效果

此次活动共发寄招生商函20万件,自7月20日至8月底,通过42天的运作,到校考察学生超过1 500人,现场交费报名学生共1 022人,后期实际上学人数为651人(由于学校管理、环境、服务等原因流失371人),与往年高科学校每年招生不足200人相比已增加了3倍。

通过此次活动该局共实现招生收入38.43万元。

四、经验总结

(1)此次招生活动所设计的招生邮简及诉求内容和诱因较好。

(2)投递人员在走街串巷中能及时掌握意向学生的情况,加之邮政良好的信誉,使其在招生宣传工作中有着无可比拟的优越条件。

(3)县局招生宣传不到位。一是大多数局未充分重视未全面启动此项业务,而仅有3个县局中的15个支局(所)启动,其中招生情况最好的支局,招生人数达55人;二是投递人员首次做此业务,缺乏宣传技巧,招生的黄金时间仅不足一个月,大多数人未能及时进入工作状态也是影响招生效果的主要因素。

(4)由于该局初次选择此操作模式,实力强的学校不愿与其合作,而高科学校因面临资金紧张的困境,该局才与高科达成合作协议。而人员两次流失(报名时流失500人,实际报到上学时又流失371人)的主要原因是高科学校所招学生人数突然增加,其学校的承受能力及管理、服务跟不上,造成生源的严重流失。

(5)名址不准确和生源名址选择未全面铺开,也是影响此次活动效果的主要原因。

(6)此次活动该局最大的收获是积累和总结了直复营销的宝贵经验,同时对商函及投递人员的作用有了一个正确的评价,为以后开展商函业务提供了一个好的案例。

案例分析

招生商函是邮政函件业务中的传统项目,经过多年的经营,招生商函已经形成了相对固定的运作模式,也给各学校带来了较好的生源,得到学校的认可,但是也存在着一些问题。试结合本案例,分析如何突破现有的招生商函的固定运作模式,能够进一步做大招生商函项目。

【案例三】

某邮政局开发移动话费账单业务

一、营销背景

随着科学技术的进步,人们的生活方式正在发生着巨大的变化,通信方式也多种多样——电话、传真、上网、电子邮件、网上实时通信等,邮政作为传统的通信企业面临的市场竞争变得异常激烈。同时,现代社会是一个信息化的社会,很多城市也向信息化城市发展,信息量呈几何数量增长,人们获取信息的渠道也非常广泛,在消费领域,为了让用户做到明白消费,商家为用户提供了很多方式,例如,通信、金融等行业都提供了网上查询、电话查询等服务,邮政如何占有一席之地呢,通过一定范围的市场调查发现,账单比其他方式有着显而易见的优点,主要表现在以下几个方面。①为客户节省时间,并带来方便。②对客户来说有享受VIP客户服务的感觉。③对商家来说,一方面可通过树立企业形象,使客户最终变成忠实客户;另一方面可附加广告降低成本,而且广告有较好的针对性,效果好、成本低廉。

函件业务是中国邮政专营业务,从外国的发展趋势结合国内的市场条件,断定账单业务有着广阔的市场发展空间,基于这种想法,该局首先想到了通信行业,在移动通信行业,中国移动无疑是行业中的航母,有着市场份额较大的客户群体,近年来,随着行业竞争的加剧,移动自身通过不断地增加服务来稳定客户扩大市场占有率,因此有着潜在的市场需求。另外,通过媒体得到的一条不起眼的信息也增强了他们办成这项业务的信心,据报道,一个北京市民对移动运营商收取高额手机话费提出质疑,随着社会的发展,人们的联系越来越紧密,手机成为人们的新宠,不光年轻人使用,连老人也不甘落后,手机运营商为了其自身的发展需要,开发了许多增值类业务,其中有移动自身开发的,也有其他运营商开发的,最后的话费都要通过移动公司收取,老百姓如何明明白白的消费,获得知情权成为热点问题。

二、市场分析

邮政具有不可比拟的网络优势,具有丰富的投递经验,利用邮政网络递送移动话费账单不仅能够保证将话费账单及时准确地投送到手机用户手里,同时,从服务角度来说,邮递话费账单也体现了运营商对手机用户的一种增值服务。因此,他们断定,此项业务的开发应该具有很大的优势和可行性。首先该邮政局有一批精明强干的营销人员,开发能力强;其次,话费账单数量会很大,具有连续性,如果开发成功将成为邮政的一项本业务,可带动行业性发展,发展像电信、联通等一系列单位,获得可观的经济效益。

如果每月能投递话费账单10万份,每份按0.80元计算,那么每月函件收入就会有8万元进账,项目实施后每月业务收入都在9万元左右。

通信行业中最有实力的就是中国移动通信了,每年花在业务宣传的广告费用就非常可观,所以制作账单的成本对于移动来说是可以承担的,也具备这个能力。

该邮政局认为自身也具备准确递送的优势能力,同时邮政可以对名址信息的正确性进行核实,确保妥投率,而且,邮政具有百年的品牌,社会认知度较高,更具有亲和力。

三、营销过程

有了这个想法,由区局局长带队,业务科及相关支局为成员,精心策划,多次集中开会,经与移动市场开发部领导接触后,开始移动不太认同,存在很多疑虑,如账单的妥投率、客户信息的保密、退回邮件的处理等,后经该区局不断完善方案,多次与移动磋商,终于初步达成一致意见。此方案报移动公司的领导后,非常满意,用移动领导的话说:"这真是一个不错的点子,可以使我们的服务又上升到一个新高度!"

好的开头就等于成功一半,但这并不等于这项业务就此成功。项目启动后,就发现存在地址不准确的问题,因为当时用户办理手机号码时,填写的地址是身份证地址,并不是通信地址,因此根本无法进行妥投,移动也很担心,邮政的投递部门能否担当起重任,所以移动方面建议这个项目应分两个阶段进行:一是试投阶段;二是完全实施阶段,并签订合同。

按照协议中初步制定的内容,移动公司选择部分移动用户话费账单递送结果作为抽样调查样本,对项目试运行,进行评估。在此过程中,该区局对策划方案中部分内容又进行了反复修改,组织相关人员进行研究,听取成功案例经验,广泛听取意见。试投阶段结束了,确实存在大量的退信,该局便派专人上门利用移动免费电话核实地址,最终妥投率可达到95％左右。第一阶段的成功使该局顺利同移动签订了《中国移动通信有限责任公司某分公司话费账单项目协议》。

四、营销效果

通过开办移动话费账单业务,成功地推介了某局函件中的账单业务,每月话费账单收入平均9万元左右。同时伴随着账单业务,移动公司对该局工作的认可,为他们以后的工作也带来了方便的条件。该局在思乡月活动中与知名月饼厂家合作为移动公司特别制作了一款月饼,月饼上烫有移动公司的标志,特制的包装盒,免费为移动公司邮寄到他们的用户手中。并在年底为移动公司制作企业金卡,为该局带来40多万元的经济效益。

案例分析

当前邮政企业的市场营销需要进一步科学化,方案营销与关系营销并存的现象较为普遍,结合本案例,分析方案营销在营销过程中的作用。

【案例四】

某区局发展人寿保险账单

一、业务背景

某区局与该地人寿保险公司合作,于2004年8月份成功开发了"某地人寿续期缴费保险账单"业务,协议年制作量8万封左右,预计实现收入5万元。这是该邮政区局专业化营销的成功案例之一,也是该地邮政账单业务改变零敲碎打,实现长效性的一次零的突破。

该地邮政其实早就认识到了发展账单业务对提升函件业务核心竞争力的重要意义,但以前由于不能主动出击和保险市场的独家经营等种种客观原因,一直未能有所突破。2004年6月,区局成立后,将"抓函件"放在了经营活动的重要日程之上,在局领导的支持下,专门成立了项目营销组,决心啃下这块"硬骨头"。

二、市场分析

该地保险市场不断壮大,从原有的人寿保险、人民保险,到新生力量太平洋保险、永安保险,到更为年轻的平安保险、中华保险、泰康保险,该地成为众多保险企业一显身手的宝地。为了抢占更多的用户,扩大市场份额,各家保险公司都倾尽全力,在改善、提高服务方面下功夫。而邮政账单业务"让消费者明明白白消费"的理念正好迎合了保险行业的人性化服务宗旨。

该邮政局选择中国人寿保险公司这个寿险市场的"大哥"合作,一方面源于与人寿扎实的业务合作基础(早在2001年,邮政与人寿保险就开始了保险单证专递的合作),这样在协调过程中比其他公司具有优势;另一方面,人寿保险的综合实力相对比较雄厚,客户队伍庞大,人寿保险的工作做通了,在一定程度上可以扩大邮政账单业务的影响力,引导其他保险公司或行业使用该项业务。作为人寿保险公司,要体现自己的"国"字品牌,体现自己不同于其他新型公司的服务品质,也愿意接受邮政提供的这项服务。而不管怎样,受益的都是广大消费者。所以,人寿保险账单的开发,也是实现了邮政、人寿保险、用户的"三赢"。

三、营销措施

（一）精心策划，以"情"动人

营销组由区邮政局副局长直接负责，经过精心策划，决定与人寿保险公司座谈时，先对保险市场激烈竞争的现状进行分析，从生存必先发展、发展必先服务、服务务必优质入手，以"人性化"服务为切入点，以"情"感人。通过几次协商，人寿保险公司便与邮政达成了制作账单的意向。但是，在接下来的制作范围和价格问题上，人寿公司有些犯难，以邮政的推荐，为所有的保户尤其是包括一次性缴费购买分红保险的用户提供本息信息，业务量太大，节约费用也是经济效益，并要物有所值，存在一定风险。经过反复思考，否定了这一方案。于是，最终在邮政的推荐下，采用了为续期应缴费的保户提供缴费信息的方案并达成了双方认可的单价协议。从2004年9月正式开始第一批"人寿续期缴费账单"的制作，并逐月呈增长趋势，这样，该地邮政打响了进军函件账单市场的第一枪。

（二）制作过程，以"严"为本

账单业务与其他普通邮件不一样，由于是通知保户续期缴费的，人寿保险公司将客户资料数据提供给邮政的时间都集中在每月的月底到下个月的月初，而且，为了避免用户已缴费而带来的负面影响，所有本月的账单都必须在当月5日之前送到广大用户手中。涉及面广、时效性强、准确率高，成了账单制作工作的特点。这就意味着，在3天左右的时间里，该区局要争分夺秒，及时准确地打印、封装好每一封账单。由于保险公司为了客户资料的保密，将所有拷贝给邮政局的数据做了技术处理，增加了账单制作难度。由于每月制作账单业务量的多少，是经过人寿保险公司筛选决定的，所以为了履行协议，高质、高效地完成任务，赢得人寿保险公司的认可，争取更多的业务量，该局严把质量，持之以恒，体现在了每一次的制作中。他们决不认为，达成协议就是营销成功，而是每一次的制作过程都是一次营销的过程，以此赢得客户的信任。

（三）投递质量，以"优"取胜

除了营销策划，为用户提供制作、投递的一条龙优质服务才是账单业务健康、持续发展的保证，做好妥投工作是账单业务的关键。如果说每一次的制作过程都是一次营销过程的话，准确、无误地投送好每一封账单更是营销能否成功的关键所在，应该作为一项长期的营销措施来抓。针对投递服务成为制约账单业务发展的"瓶颈"这一现状，该区局明确了各环节的处理时限和质量要求，召集业务、分拣、投递等涉及账单制作整个过程的部门负责人，专门就此事项明确责任，提出要求，并及时对整个业务处理过程中出现的问题进行交流、整改，力争成为该局服务社会的一个文明窗口，确保账单业务长效、持续发展。

四、营销效果

功夫不负有心人，付出总会有回报。从9月份开始，商函广告中心局已经制作、投递了近2万封人寿保险续期缴费通知账单，实现创收12 000余元，并且每月业务量逐渐增长。虽然业务量还未达到一定规模，创收也显得微不足道，但作为一项具有累加效应的长效业务，其市场潜力是巨大的，也是该地邮政在商函新业务方面取得的又一个零的突破。邮政也将通过这成功的"第一次"，逐步扩大业务领域，力争进一步与其他保险企业及通信、金融行业协商，充分利用好邮政资源，把商函账单业务做大做强。这次成功的营销经历，也将对提高邮递类核心业务在整个邮政业务中的比重及业务结构的调整起到积极的作用。

五、营销启示

（1）及时了解市场信息，从用户需求出发，解决用户关心的问题，达到双赢。

（2）人才、技术、设备在商函新业务开发、发展中显得更为重要。

（3）投递质量是邮寄类业务持续发展的关键，尤其是账单，用户的付出要求物有所值。

案例分析

在本案例中该邮政局取得成功的关键因素有哪些？

【案例五】

某局揭标组织模式经营案例

贺卡战役再度打响，领导的科学安排和合理组织是打好这场战役的关键。某省邮政首创的贺卡营销组织形式——贺卡揭标，符合了贺卡业务规律，使该省成为贺卡业务工作的标杆和榜样。2010年，该局及时、恰当地引入商务智能理念，结合新形势，提出新想法，解决新问题，不断充实和完善贺卡揭标这一组织形式，使其不断焕发生机和活力。

一、揭标缘由

邮政贺卡业务在营销过程中仍存在许多问题，如营销体系建设不完善，主动营销的热情不高，贺卡市场开发形式单一，营销过程中全局无法形成合力等。贺卡招标这种组织形式可以规范营销秩序，加强过程管理，有效配置资源，营造攻坚氛围，鼓舞团队士气，大大提高全局整体的战斗力。

二、揭标实施过程

该省邮政局把揭标主要分为三个阶段：揭标前期准备阶段，揭标大会的召开，揭标后推进阶段。

（一）揭标前期准备阶段

1. 前期调查摸底

首先，梳理客户资源，主要包括对老客户进行摸底走访，从客户管理系统及组织机构库中筛选出目标新客户。其次，拟定营销项目：细化贺卡市场，在分析各个市场特点的基础上，将所有客户按规模、行业进行细分，围绕服务政治、经济、社会等热点，拟定主题营销项目。最后，下发项目信息：将梳理出的新客户和项目信息下发全局各单位，进行目标客户、项目的筛选，由各单位自行认标，申报开发意向。

2. 资源上报

各单位将认购的目标新客户及本单位项目上报市局，进行信息反馈。

3. 资源确认

确认竞标客户和竞标项目后，按照"老客户上年谁开发谁维护"的原则，无争议的客户及项目划归申报单位开发。对于同一资源出现两个或两个以上单位认标的，将该资源作为公共资源在竞标大会上公开竞标。

（二）揭标大会的召开

1. 会场布置

通过会标、会幅、背景音乐等把会议气氛烘托得斗志昂扬。会标采取主副标题的形式，《某邮政局2010年邮政贺卡启动暨竞标大会——某局问鼎2010》。会场采用"看众多将士摩拳擦掌，斗志昂扬，跃跃欲试；观各路精英尽显其能，激情澎湃，众志成城。"的条幅通过精心安排和策划，充分激发参会人员奋战的决心和斗志，彰显每位勇士必胜的自信和霸气。

2. 不同类型的揭标介绍

个人和单位揭标。竞标单位和个人必须实事求是地对客户资源进行分析,提出竞标数量。主持人通过幻灯逐一展示标的,并作简要介绍,竞标人通过公开举牌的形式进行竞标。同时有多人竞标的,以业务收入多者中标,在业务收入相同的情况下,客户资源所属邮政服务区域内的单位优先中标。中标单位或个人现场签订揭标书。对于竞标会上未被竞标的资源,由市场经营部按照所属地域和相关专业,指定责任单位开发。

项目竞标。现场展示项目内容、切入点、目标客户、标的、设计稿等,由各团队进行竞标。以每个项目标的额为基数,竞标人每次举牌以5万元递增,也可以直接喊出竞标收入,以收入高者中标。

客户竞标。现场展示客户经营范围、注册资金、企业规模、标的等信息,由营销人员个人进行竞标。以每个客户标的额为基数,标的额为3万元以下的客户,每次举牌以5 000元递增;标的额为3万元及以上的客户,每次举牌以1万元递增,竞标人可以直接喊出竞标收入,以收入高者中标。

3. 竞标规则

各单位要对客户资源的类别属性、文化理念以及贺卡的使用对象等情况充分掌握,防止攻关"搁浅"或客户流失,否则,竞标单位和个人须对提出的制作数量和品种承担责任。

规定时间内未开发成功但退标的,按照中标收入的0.2%缴纳资源占用费;规定时间内开发成功的,按照实际开发收入与中标收入差额部分缴纳0.3%资源占用费;规定时间内未开发成功且未退标的,按照中标收入的2%缴纳资源占用费。

4. 激励措施

除按照集团公司既定标准给予单项奖励外,该局按收入业绩设立营销精英奖、营销组织奖、营销贡献奖;按时间进度设立一马当先奖。此外,还设立其他奖项,如客户数最多的个人百花奖,单个项目收入规模最大的明星项目奖,成功开发最具创意的贺卡营销方案的策划奖。

(三)揭标后推进阶段

建立日报和周报制度。日报制度是通过短信发送各单位负责人及营销人员,在市局公告栏公布团队营销业绩,当日完成最高的个人,被评为"每日之星",奖励200元。同样的方式,周报制度将本周(旬)业绩完成率最高的团队评为"优胜单位",奖励500元。

建立督导机制。揭标会后每周由市(县)局分管局长召开团队负责人贺卡督导会。各团队每日召开营销人员晨会及夕会。

客户资源管理制度。对在规定期间内未开发成功的客户,允许原承揽单位或个人退标,并由市场部重新确认新的开发单位,由市局统一将资源进行二次分配。非市局下发的新客户应及时上报市局,以"先报先得"为原则,其他单位不得开发。

项目动态管理制度。市局成立"项目推进工作组",制定项目时间进度,根据项目开发情况,实行动态管理。

贺卡营销是一场需要集中优势兵力才能打好的突击战。各级邮政企业要由一把手亲自挂帅,加强组织领导,统筹调配人、财、物力资源,科学整合内外部资源,学习借鉴其他局邮政贺卡营销揭标的经验,合理规划、科学统筹,制定行之有效的激励政策,汇聚市场开拓的强大力量,保证贺卡战役打得顺利,打得漂亮。

案例分析

经营需要不断创新,本案中的贺卡营销揭标模式就是一种创新,结合案例分析揭标模式的优点和不足。

【案例六】

某省邮政探索封片业务转型案例

2014年,某省邮政从强化业务管理着手,通过研发新产品、建设渠道体系、开发联动项目等方式,加快实践封片业务的转型发展,并取得了一定的成效。

一、案例背景及品牌策略

该省邮政公司通过多次组织市场调研,将封片业务的目标市场锁定在校园和旅游两大市场。提出了创新产品、拓展渠道、树立邮政封片批销商品牌形象的工作目标;并确立了定位、定性、定价、定渠道、定传播、定活动的"六定"发展方针,力促封片业务战略转型。

以往封片产品主要面向企业定制,难以满足个人市场需求,为此,该省邮政产品研发方面力求创新、多元发展。专门组建了封片研发专班,由直邮协会牵头,利用社会力量,吸收外部文化创意公司的优秀经验,大力开发包括无邮资封片卡在内的系列产品,以寻求邮政传统销售型产品的突破。经过对校园、旅游两大日常封片主流消费市场特征和消费者喜好分析,该省邮政策划制作的封片产品总体秉承"大众性、文化性、情感性、宣传性、纪念性、批销性"六大特性。2014年研发推出了300余款封片新产品,如,心之爱、爱的历程、生日快乐、亲亲宝贝、花时间、生活感悟、校园时尚、生肖星座等,其中"亲亲宝贝"等系列产品深受消费者喜爱,并在集团组织的"金雁奖"中斩获"综合奖最佳单枚""创意设计单枚金奖""最受大众喜爱明信片"等多项大奖。为最大限度地提升产品吸引力,在设计风格选择、包装设计等方面也力求新颖独特,推出的产品中有主题明确的套系产品,有以画面文字打动人心的单枚产品,有趣味好玩的异形产品,有包装精美的精品纸外盒,也有简约大方的塑料封套。利用不同的设计元素和技巧,深挖封片的文化属性,激发消费者的购买欲望。

二、渠道建设打基础

只有畅通的渠道才能让消费者更快接触到封片产品,形成良好的消费习惯。该省邮政在封片销售渠道建设方面下功夫、做文章,有效推动了日常封片的发展,预计2015年日常封片收入占比将提升至80%以上。该省邮政建设渠道的原则是:一要能直接接触到目标消费者;二要体现文化特色,从主题邮局、代理渠道、网络渠道三个方面入手,分步、分类进行完善。主题邮局建设凸显文化特色,打造城市里的邮政地标,如2014年统筹建设了长江文化邮局、武当文化邮局、土苗族文化邮局、孝文化邮局等主题邮局,形成收入近140万元。代理渠道和网络渠道建设则主要实现向消费者渗透,以便利、时尚、互动性强的服务方式,提升了用户体验,多方位地打开了销售局面。目前,该省邮政开通了"楚邮尚品"淘宝店和微店等互联网销售渠道,并在校园、景区等地共建设封片代理渠道5 070家,包括书城、奶茶店、咖啡吧、景区商店等,不仅有气质优雅、文艺清新范儿十足的24小时营业书店,还有布置简朴、亲民大众化的商铺和便利店。

该省邮政通过加大渠道建设等手段,以主题邮局运营为轴心,向本地代理渠道、自有渠道辐射,并将主题邮局设为"楚邮尚品"淘宝店和微店线上封片销售渠道的分仓,实现了线上线下联合作业、资源互补、时尚快捷的销售新模式。如2015年情人节当天,该省某地市邮政分公司分别在某文化邮局、邮政网点、书店等渠道同步举办"大声说爱、手写幸福"特别活动,首次尝试通过网点、主题邮局、代理渠道共同开展节日营销活动,现场活动设置了包括书写明信片、抽奖、真情表白等环节,场面火爆,吸引了当地电视台等多家媒体进行现场采访报道。

三、项目联动拉规模

该省邮政在项目策划上从书信文化的传承到服务民生,从公益助学演出到助力企业发展,深入挖掘函件封片业务的文化属性、传媒属性、寄递属性,致力策划既有经济效益,又有社会效益的联动项目,拉动收入规模,引导客户消费。

一是针对年度营销旺季,策划推出了"金羊献福"贺年册、主题公园明信片门票、安全行万里明信片套盒、字帖明信片套装、笔记本等产品,共计实现业务收入超过5 900万元,平均利润率35%。

二是推广书信文化,2014年该省邮政开展了第十届书信文化活动,是全国少有的十连环省份之一,当年共实现项目收入1 028.5万元,十年来累计收入超过8 000万元。2015年春节前夕该省邮政在多个地市同时开展"为爸爸妈妈寄贺卡"关爱留守儿童公益活动,拉近孩子与父母的距离,被社会媒体广泛报道。

三是深入挖掘旅游市场,开发了手机U盘旅游明信片套装、"超级旅行"蓝牙音箱旅游套装、"惠途假期月月游"旅游贺卡等项目,形成收入1 115万元。

四、转型升级促发展

2015年该省邮政将采取以下措施继续推进转型升级,一是对标先进,补足短板,融合新媒体、新技术,狠抓文化传媒项目发展;二是做好顶层设计,引领发展。要与报刊、集邮等专业联动,充分利用地方资源,做大商演会展经济;整合户外广告、视频广告、AR等互联网技术,搭建全媒体平台;三是加快渠道整合,落实"三比三看",即比渠道建设能力,看谁规模大,比渠道叠加能力,看谁叠加业务多,比市州渠道运营水平,看谁新渠道收入增幅高。

2015年该省邮政依托集团公司"一体两翼"经营发展战略,提出了全力打造综合服务平台,创新发展以代理金融业务为核心,以函件和电商分销业务为两轮的"一核两轮"发展规划,将函件业务作为邮政发展中的重要一轮,提到了一个新的高度。函件是邮政的看家业务,是邮政的根本,其转型发展关系到邮务类业务的出路,关系到邮政生存的基础。要切实抓好函件传统业务转型工作,成为转型升级的排头兵,邮务类业务发展的一面旗。

案例分析

该案例是邮政贺卡转型发展的创新之举,在国家政策调整的大背景下,能够从新产品的开发、渠道的拓展以及项目的联动等方面进行及时调整,很好地抓住了发展机遇,对于全国邮政贺卡业务的发展起到了很好的借鉴作用。

本 章 小 结

本章主要介绍了邮政函件业务管理体制、函件业务经营的基本内容,明确了函件业务在整个邮政业务中的定位,并对函件经营的典型案例进行了深入分析。

【阅读材料】

德国邮政函件的经营发展状况

一、德国邮政发展现状

德国邮政集团有三大品牌——德国邮政、DHL和德国邮政银行,提供四大类业务——函件、速递、物流、银行业务。其函件业务不仅服务质量在欧洲名列前茅,而且在其业务收入只占总收入的大约三分之一的情况下,利润贡献率却占德国邮政税前利润的60%以上。德国邮政的函件业务较好地发挥了邮政的核心竞争能力。

函件业务包括信函通信、直销、印刷品发布、集邮和电子信函打印等。可分为三大类：一是国际邮件，主要指跨境国际函件；二是国内邮件；三是增值业务，主要是指利用信函价值链开展的服务性业务，如地址管理、大宗印刷品和个性化广告邮件的打印、封装和邮寄、呼叫中心服务等。同时，德国邮政围绕信函业务发展的一条龙服务也都属于其增值业务范畴。

德国邮政函件业务凭借每日7 000万封的信件处理量位居欧洲第一。它包括为各类的私人和商业客户提供产品和服务以及从标准信函到商业函件包括诸如货到付款（COD）和挂号邮件的特殊服务等。消费者可以使用邮资在线购买传统的印花邮票，甚至通过短信获得。邮票依然是集邮者的热门收藏品，每月有100多万集邮爱好者为新邮票的设计付费。德国邮政还在与政府签订合同的基础上出售"德国收藏家硬币"。除了标准产品，他们还为企业客户开发度身订造的邮件解决方案。例如，他们将收到的信件数字化，然后以电子的形式发给内部收件人。

2008年，由于受到全面开放的影响，德国函件市场面临的竞争加剧。此外，由于传统邮件正在逐渐被电子邮件通信所取代，国内的邮件沟通市场开始日益萎缩。2008年，德国函件市场份额为65亿欧元，下降了2%（2007年同期为66亿欧元），但他们以高品质和灵活的价格成功地提高了市场份额，达到87.7%（2007年同期为87.2%）。

二、德国邮政的具体发展措施

为应对邮件量下降和数字化趋势，邮件部门将再次强化其核心业务，同时保证客户服务的高质量。邮件部门的对话营销、电子通信和包裹等业务有着巨大的增长潜力。在此过程中，邮件部门将整合对话营销的实物和数字解决方案；推出在线函件，提供安全的电子通信以及针对收件人、寄件人的综合性服务；在今后几年加大投资力度，综合供应商的地位。总结2008年具体措施如下。

有意针对特定客户利用传统的对话营销工具来避免广告浪费。为客户提供技术解决方案，不仅可以使客户轻松计划和设计广告邮件，而且还能优化、节省邮费。广告成功的一个直接关键因素是德国邮政提供在线工具和服务，公开已检查、过滤和更新的地址列表，进而确保地址的准确性。此外，他们开发多渠道客户对话的解决方案，服务范围包括咨询和概念的发展到媒体策划和购买，以及广告材料的生产和调度。因此，结合传统的广告营销对话进行市场研究，衡量这些广告的影响。

对话营销成为广告市场的一部分。广告邮件、电话和电子邮件等营销方式是当前德国公司较为喜欢的营销手段，并以此限制广告市场的支出。2008年，这个市场已达到204亿欧元，比去年同期减少了2.1%。

完善国内客户报纸和杂志的订阅。新闻服务事业部提供了两种产品：传统邮件出版的"首选期刊出版物"的认购和德国邮政通过发行公司向客户或员工发送的杂志，通常称为"标准期刊"。同时，他们还将提供电子地址更新以及投诉和质量管理作为一项额外服务。据研究，2008年德国邮政为新闻界服务的市场有17.8亿欧元，比上年减少0.6%。在这个市场，他们的竞争对手是提供区域报纸的公司。尽管由于广告内容越来越少，德国邮政的页数以及报纸和杂志的重量都减少了，但还是成功地实现了这些项目对市场更高的平均价格，保持了11.4%的市场份额。

强化包裹服务市场。德国邮政的33个包裹中心每天处理超过250万件的包裹量，这依托于其遍布全国的 14 000 个零售点、1 400 个邮包站和 1 000 个时钟小包(Paketboxes)。客户可以采取相关操作,如网上采购包装材料、购买邮资和打印标签的包裹、放置包裹、收集和跟踪项目的订单。对于企业客户,德国邮政为其开发定制特殊的行业解决方案,例如,他们支持邮购公司运送商品给消费者和提供便利返回的解决方法。商务客户可以在线注册并立即开始发送和跟踪包裹。2008 年,包裹业务的市场量大约为 65 亿美元,它标志着一年同期上升 3%。有几个非常有能力的供应商包括 DPD,Hermes,UPS 和 GLS 竞争这一高度争议部门的股票。商务正受益于电子商务的日益普及,而传统邮件的销售订单市场正在下降,在 2008 年德国邮政保持了 38% 左右的份额。

向国外市场提供邮件传输以外的特殊服务,主要包括美国、荷兰、英国、西班牙和法国在内的国外邮政市场的企业客户。2008 年,全球市场的跨边界邮件有大约 100 亿欧元,几乎与上一年相同。2008 年在美国经济危机和严峻的竞争环境下,德国邮政将重点放在了收入上而放弃了与非盈利客户的联系,也因此失去了市场份额,他们期待 2008 年的总市场份额可以达到 13%。

制作价格和成本更灵活。在德国,联邦网络机构继续规范邮件价格。虽然德国邮政邮资价格将保持稳定,但将简化邮件转发到其他国家的价格结构正在酝酿。参照国内投资,在未来德国邮政函件部计划提供重量高达 500 克的国际平面邮件产品。

交通网络费用更加灵活,以便迅速响应数量的变化。例如,他们可以减少夜间邮件货运航班,并减少任何时候的卡车运输外包业务。德国最先进的 IT 系统使他们能够更准确地预测新订单和优化产能利用率,以反映交通流量。德国邮政还进一步增加了过去两年来工作人员费用的灵活性。

得益于高质量的服务和灵活的价格机制,德国邮政在邮政市场开放的第一年,市场份额小幅上涨,其国内市场份额由 2007 年的 87.2% 增加到 87.7%。2008 年,邮件业务收入为 143.9 亿欧元,基本与 2007 年的 145.7 亿欧元持平,息税前利润由 2007 年的 200.3 亿欧元增长到 225.6 亿欧元。由于高额的运输和人力成本以及征收附加税等因素,扣除 5.72 亿欧元的非经营性收益,整个邮件部门的息税前利润下降 14.9%。

三、德国邮政发展趋势

德国邮政 2015 战略规划的宗旨是:维持德国邮政在德国邮政市场的地位并提高 DHL 公司的盈利能力。在中期,公司所有部门都要保持高于市场平均水平 1%~2% 的有机增长率。此外,所有部门的利润率、现金周转和资本回报率都要在同类行业名列前茅。

澳大利亚邮政函件的经营发展状况

一、澳大利亚邮政基本情况

澳大利亚邮政是一家国有公司,总部设在墨尔本市,现有员工 35 509 人。澳大利亚邮寄服务开始于 200 年前,在当时邮件就可以在新南威尔士殖民地进行寄送和接收。可靠的邮件寄递仍是其核心业务,但自从 1809 年以来,澳大利亚邮政的网络、产品和服务急剧扩大。从本质上讲,澳大利亚邮政有三项核心业务:寄递信件、处理包裹和经营零售点。澳大利亚邮政的使命是向全体澳大利亚人提供高质量的邮件和包裹服务。数以万计的人促使澳大利亚邮政多种经营活动的蓬勃发展。从收寄到寄递,确保信件及时到达 1070 万澳大利亚收信人手中。

二、澳大利亚邮政函件发展情况

(一) 信函和相关服务

澳大利亚邮政信件的三个主要类别：

- 交易类，涉及企业与其客户之间的交易(账单、发票、账目和报表)
- 宣传类(小册子、目录及其他营销传播)
- 社会类(贺卡、明信片和私人信件)

多年来，信件面对诸如电报、电话和传真等其他通信形式的竞争。在近代，越来越多的电子替代品无疑带给信件很大压力。但是，信件凭借发送者和接收者双方都能接触到这一特性仍然是有效和可靠的通信渠道。

(二) 信件数量和收入

在经历了近年信件数量增长之后(许多海外国家信件数量已经下降)，2008—2009 年度的经济形势导致了澳大利亚信件数量的下降。2009 年，有址国内信件数量下降 4.1%，这是由于经济下滑和正在进行的电子替代以及促使信件寄送数量打破以往记录的联邦选举邮件减少造成的。信件及其相关服务组合的总体收入上升 0.7%，这主要是因为 2008 年 9 月基本邮费增加了 5 美分。

(三) 增加基本邮费率

每年，澳大利亚邮政必须给全国约 20 万新网点提供寄递服务，因而大大增加了成本。由于未来信件数量不可能大幅增加，因此不增加基本邮费率(BPR)就不可能弥补这些成本。根据澳大利亚竞争和消费者委员会(ACCC)的批准，2008 年 9 月，基本邮费率由原来的 50 美分增加到 55 美分。即便如此，澳大利亚仍然是经济合作与发展组织国家中基本邮寄率第三低的国家。

(四) 以创新谋发展

在 2008—2009 年度，专业化和协作推动了邮件创新。澳大利亚邮政携手邮件行业各个领域积极致力于开发、支持和促进邮件增值解决方案，并提高邮寄渠道的效率。澳大利亚邮政将继续加强核心寄递产品，扩大专业服务范围，通过引入整个邮件价值链的协作解决方案来推动增长。

(五) 寄递产品和专家服务创新

近年来，澳大利亚邮政引入多种创新，使企业和其他组织通信更为方便、灵活和有效。主要措施包括以下内容。

- 获取邮件：无名址、非个人寄递服务帮助企业将邮件发送到除了现有客户之外的每一个指定区域的住址。
- 易剥离电子信件：高影响的直邮产品在澳大利亚是独一无二的。特别是漆形式的、轻型密封的、明信片样式的邮件，收件人可以剥离开，呈现出个性化信息。
- 电子信件包装：A4 全彩色页折叠后形成一个信封，它使客户充分利用邮件的可视区域，使邮件充分个性化。
- 邮件渠道回应设备：澳大利亚邮政与外部组织合作，以促进新的、创新的邮件回应设备。这有助于企业选择基于邮件的回应设备，这比非邮件渠道更有效，帮助提高回应率，使收件方便、简单地做出回应。
- 创新和环保信封：澳大利亚邮政与信封制造商共同努力提供创新的信封解决方案，并告知商家尽可能减少对环境影响的可用信封范围。
- 电子信件门票：开辟了在票务行业提高自动化水平，大大提高直销能力的一个新的市场。
- 感官邮件：突出了邮件可以达到五感——触觉、视觉、嗅觉、听觉和味觉的独特能力。澳大利亚邮政提供有关直邮创意产品技术和可以生产这些产品的供应商的最新信息。

（六）专家数据产品

客户数据的可用性对宣传类邮件的成功是非常重要的。澳大利亚邮政开展了各种各样的活动，使企业能够获得可靠、准确的相关客户数据。主要产品和解决方案包括以下几类。

- 澳大利亚地址参考文件：澳大利亚邮政为了营销目的进行全国范围的可邮寄地址收集，其中包括住宅、非住宅和"无广告材料"指南。
- 客户定位：一个方便用户的在线服务，使中小企业进入营销活动的主要地址数据。
- 重新连接：一种使企业重新与失去的客户建立联系的服务，但这些用户必须使自己的数据可用。
- 远景文件：一个包含大约870万"准"数据记录和生活方式数据的数据库，准数据记录来自澳大利亚邮政的住址数据库（澳大利亚地址参考文件），生活方式数据是从澳大利亚的生活方式调查获取的。
- 搬家营销：使得营销者与澳大利亚每年搬家的300万人建立联系。
- 数据合作：支持筹款、出版和邮购部门的直邮活动。客户数据和交易信息都集中到一个单一的数据库。所有参与者都使用这个中心数据库，挖掘新客户，重新联系丢失的客户或捐助。
- 交易大全：包括在过去两年邮购商品或服务，或通过邮寄捐赠的120万人的邮寄数据库。
- 全国地址变更：一种帮助企业更新他们的数据库地址，使得由于搬迁和减少处理返回寄件人邮件成本而丢失客户的风险最小化。

（七）邮寄性能和社区服务

信函是澳大利亚邮政的唯一部分受保护的业务。1989澳大利亚邮政公司法规定，重量250克及以下，或成本低于4倍基本邮费率的信件只能由澳大利亚邮政邮寄。由于这一保护，澳大利亚邮政必须履行一系列的社区服务义务。在2008—2009年度，澳大利亚邮政达到或超过所有社区服务义务所要求的性能标准。其中一个关键性能标准是非大宗信件按时寄达率要达到94%，2008—2009年度，澳大利亚邮政再次超过了这一目标，按时或提前寄达率达到95.5%。几乎所有剩余的4.5%的信件都只晚了一天。澳大利亚邮政还监控了大宗批量商业邮件的寄递，在2008—2009年度，大宗批量商业邮件按时寄达率达到97.5%。

（八）大宗邮件服务

占国内信件总量52%的大宗邮件服务寄递量比上年有所下降，这反映了经济状况对整个澳大利亚商业行为的负面影响。然而，澳大利亚邮政成功实现了客户便利和大宗邮件服务的成本节约。

（九）国际信件

在全球经济衰退，数字通信增加的形势下，国际信件总量下降12.5%。明信片、贺卡、邮简和商业邮件都有所下降。在2008—2009年度，澳大利亚邮政再次超过了万国邮政联盟规定的国际信件按时寄达标准。

（十）业务优化程序

为了继续向客户提供可靠而又价格合理的信件寄递服务，澳大利亚邮政不断投资于旨在改善运营效率和灵活性的项目。目前正在进行的一个主要措施就是未来寄递设计(FDD)。这项计划包括若干变革项目,旨在改善其寄递运营效率,处理招聘的挑战,提高客户服务的同时保持和加强澳大利亚邮政在迅速变化的市场中的位置。

未来寄递设计在2008—2009年期间所取得的成就如下。
- 将信函自动分拣到寄递程序的设备继续铺设。
- 邮件中心的地址识别软件和硬件的更新开始实施,这一更新是为了使邮件分拣机的地址识别率超过10%,并减少错误分拣。
- 邮寄工具的替代测试成功进行。电动自行车、三轮车以及新的步行儿童车配备给邮递。在2008—2009年期间,建立企业地理信息系统(GIS)单元,以实施企业软件许可协议和测绘服务的国家标准。2009年5月,澳大利亚邮政董事会批准了地址整合项目,该项目将7个应用程序和5个数据库整合为综合IT解决方案,以更有效地管理地址信息。

(十一) 电子信件解决方案

信件通过电子信件产品套装迎合数字技术,使企业从它们的计算机发送邮件到客户的实体信箱。尽管经济环境仍具有挑战性,电子信件解决方案在今年仍然表现突出:数量增长9.6%,收入增加16%。这些出色的结果是因为近年来采用了创新的新产品。

三、展望

2009年信件总量的下降强调了2010年澳大利亚邮政正在进行的实体邮件的优势宣传活动的重要性。通过专业化和协作,澳大利亚邮政将继续推出创新产品、服务和宣传活动,突出邮件作为交易和促销工具的有效性。澳大利亚邮政还将继续关注网络的效率和灵活性,以尽量减少成本。

【综合练习】

1. 函件业务的管理体制是什么?
2. 函件业务的定位是什么?
3. 函件业务的经营策略有哪些?
4. 数据库商函策划的技巧有哪些?

【案例分析】

某局《新民晚报》贺卡项目营销案例

一、营销背景

《新民晚报》是中国出版时间最长的晚报,以"宣传政策,传播知识,移风易俗,丰富生活"为编辑方针,成为上海地区综合性大报。2009年9月9日《新民晚报》迎来它八十岁生日,某邮政为配合《新民晚报》八十周年庆典活动,建议制作邮政产品,将时间定格,把这一刻的激情留作美好的回忆。

二、营销过程

(1) 深度洞察需求 巧妙设计主题

近几年,报刊收订变得日趋激烈,许多报纸杂志都采用了赠品促销这种营销方式。《新民晚报》面临的市场竞争压力越来越大,但实物赠品对于发行量为100万份的《新民晚报》来讲,无疑是代价巨大的,报社无法承受。

在充分了解客户面临的困惑以及报社巩固报刊订阅量的需求后,该局的营销人员确定了"帮客户赢市场,增发行量"主题,让明信片融入大收订,使用中国邮政明信片提高收订发行量。

(2) 精心策划方案 悉心劝服客户

通过让四位设计人员各自设计方案的局内竞争,该局最后评出最佳方案,并将其推荐给客户。最后的方案为:开展"刮刮卡,有奖订阅"活动,项目小组策划了"2010年《新民晚报》邮政贺卡"项目,以邮资明信片作为主推产品,在客户订阅晚报时送一枚明信片,将刮刮卡与邮资明信片结合,既保存了刮刮卡的主要功能,又提升了晚报品牌的文化底蕴,更通过对邮资明信片的收藏、邮寄,对晚报品牌进行二次传播。

客户接受了方案,但迟迟订不下来,制作明信片的费用无法落实。为了解决这一难题,该局召开了全市投递局发行座谈会。大家分析了发行的严峻形势,一致认可运用明信片可以对发行收订带来巨大好处。客户深切地认识到方案为其带来的价值后,愿意支付费用。

(3) 短时间精心制作 尽全力用心服务

当《新民晚报》负责人确定最终方案后,邮政只有15天的制作时间。为了保证按时交稿,该局开通申报制作绿色通道,优先申报、优先制作,确保客户活动的正常开展,并安排专人运用QQ,向《新民晚报》每天通报印刷进度。

贺卡制作成功只是工作的开始。该局在围绕明信片如何在大收订中发挥作用,制定了一系类工作方案,如贺卡发放形式,奖品分配比例,报刊社广告宣传等。邮政为报社后续策划和组织工作得到客户的认可。

三、营销成果

(1) 业务收入:本次2010年《新民晚报》普通型贺卡营销项目,实现业务收入126万元,其中贺卡收入108万元。

(2) 项目创新:运用邮政贺卡参与报刊收订,用邮政贺卡来增发行量是一大成功创新,开辟了中国邮政贺卡新领域。

(3) 板块联动:集团公司在邮政体制改革中,提出了板块联动的概念。邮政贺卡用于报刊收订,是邮务类板块中发行专业和函件专业联动的新商机。邮政贺年明信片的开发,不仅促进发行专业发展,也促进了函件专业发展。

思考题

1. 好的创意是成功的关键,分析本案例中的创意为什么能够打动客户?

2. 帮客户赢是我们开展营销的出发点,如何才能避免传统的盈利观念,真正做到帮客户赢,进而实现双赢?

第五章 包件业务经营管理

【学习目标】

掌握包裹业务的管理体制,了解包裹业务经营管理的现状,熟悉近几年开展的包裹项目,能对典型包裹业务开发的案例进行点评和分析。

【关键概念】

家乡包裹 爱心包裹 母亲邮包

【案例导入】

致中国石油大学毕业生的一封信

亲爱的同学们:

你们好!

首先祝贺您学有所成!

为解决您携带行李不便的困难,××邮政局想您所想,急您所急,以百年邮政品牌的信誉为您提供行李物品的收寄服务,让您真正体验到邮政为您量身打造的超值服务。

一、最大优惠:对您邮寄的行李物品实行最大限度的资费优惠政策。

二、三免服务:为您提供"免费打包、免费上门搬运、免费延期发送包裹的保管"的三免服务,真正解决您的所忧、所想。

三、全程传递:遍布城乡的邮政网络,为您实现迅速、准确、安全、方便的全程传递。

四、贴心承诺:我们将根据您的需要,按照您的要求时限将您的行李寄送到指定地点,并实行寄送前免费保管,寄到后免费保管7天的贴心服务。让您时刻都感受到邮政人对您的关怀。

款款深情送学子,邮政伴您一路行。最后,我们衷心祝愿石大的所有学子前程似锦;真诚祝福中国石油大学桃李满天下。

中国邮政郑重承诺:将以绝对优惠的价格,把您的行李安全快捷运达目的地。

这是某邮政企业为毕业的大学生提供的一项"校园包裹"服务。近年来,邮政包裹业务不断发展,积极开发了很多新的业务种类,除了"校园包裹",你还知道哪些包裹的新项目?

第一节 包件业务经营管理基本内容

一、包件业务管理体制

邮政实行专业化经营以来,各地邮政纷纷成立包件局(有些地区成立包件邮购局),大力开发包件业务市场。随着邮政进入物流行业,根据实际情况的不同,一些省份取消了包件局,在此基础上成立省物流局。一些省份则保留包件局,其省局经营服务部门也有专人负责邮政包件业务。在一些市县局包件业务由经营服务部负责,成立专门的项目组开发当地包裹业务市场。

2007年1月19日,中国邮政集团公司挂牌,在集团公司总部层面设置了包裹业务的经营管理部门,即邮政业务局下设的包件业务处,负责制定包件业务的发展战略和发展规划、实施包件业务的宣传工作等,从而建立起总部—省公司—地市分公司—县分公司的包裹经营管理体系。在营销体系建设上,现阶段包裹业务是以窗口经营为主,上门揽收为辅。

二、包件业务经营状况分析

(一)包件业务经营环境

由于邮政包件业务拥有遍及全国的最大的配送网络及现在可投递到户的服务水平,这项业务得以在市场竞争中仍占重要地位。一直以来,邮政在普通包裹业务上一直占据主渠道的地位。但是包件业务是物品传输业中的一个分支,有替代性,市场上企业数量较多,属垄断竞争市场。随着我国经济快速发展,市场竞争将更加激烈。

从包裹业务竞争情况看,过去包裹业务的竞争仅仅来自于民航、铁路等包裹运输部门或企业;现在,随着高科技的发展,从事电子商务活动,或者说从事网络经济活动的企业和物流配送企业也已成为邮政部门经营包裹业务的强有力的竞争对手。除此之外,国内不断出现的民营快递公司和国外知名快递公司如 FedEx、UPS、DHL、TNT 也在包裹市场中分一杯羹,成为中国邮政又一强有力的竞争对手。

(二)包件业务发展情况分析

过去,包裹业务曾一度呈缓慢发展趋势,面对这种情况,各地邮政局经营部门,根据本地实际情况对包裹业务市场进行分析,分析竞争对手的状况,分析用户需求,并针对用户需求进行营销活动,2000年后,包裹业务逐步开始走上增长的轨道。

1. 业务收入情况

我国进入第十一个五年规划,国民经济发展水平持续增长,社会经济的发展推动了社会对邮政服务的需求,特别是对通信需求的增加,商贸往来和民间往来增多,带动包裹需求旺盛,为邮政商业性包裹提供了发展机会。据统计,2006年包裹业务收入实现22.9亿元,2007年包裹业务收入实现23.4亿元,2008年包裹业务收入实现22.5亿元,2002年到2008年包裹业务收入年均增长率为1.23%。2010年,全国普通包裹业务收入8.5亿元;2011年包裹业务收入8.8亿元;2012年收入9.6亿元,同比增长8.8%。2013年公益包裹影响力提升,公益包裹5年累计捐赠额3.5亿元,240万名贫困学生和30余万名贫困母亲受益,塑造了中国邮政公益品牌。

2. 快递包裹业务介绍

2015年,为全面深化改革、加快转型发展,推进中国邮政"一体两翼"经营发展战略实施,中国邮政集团公司实施邮政包裹快递业务改革。改革的总体思路是:整合产品体系,统一信息系统,统筹能力建设,强化运营管控,发挥整体优势,加快专业发展,做大做强中国邮政包裹快递业务。改革的内容是整合产品体系,统一产品管理。将现行邮政公司和速递物流公司分别经营的包裹快递业务产品,以客户需求为中心、以时限为主线、以简化为原则、以提高市场竞争能力为目标进行整合,形成时限层次清晰、易于客户识别、便于全网标准化作业的包裹快递业务产品体系。国内产品体系中,将经济快递、国内小包和快递包裹整合为一个产品,新产品名称为快递包裹,主要满足国内电商包裹快递市场需求,提供上门揽收和投递到户服务,并可办理窗口收寄。包裹快递业务产品管理权统一收归集团公司,由集团公司市场协同部负责包裹快递业务产品的发展规划、经营战略与策略、产品设计与开发、品牌建设与管理等。集团公司同时授权邮政公司和速递物流公司经营快递包裹业务,两个经营主体各自经营,执行统一的价格政策,各自开展营销,共同对外竞争。

3. 包裹业务新项目

(1) 家乡包裹

"家乡包裹"是邮政的一项新型业务,在当今市场经济下物质极为丰富的年代,它是亲人、朋友间情感交流的纽带。邮政发挥网络企业优势,与名优土特产品厂家联合策划,客户在邮局选购相关产品后可享受免费邮寄服务,满足人们亲情、节假日、旅游、会议礼品、公共关系和员工福利等需求,实现帮助客户定制具有浓厚亲情感,并提供邮寄的新型礼品包裹服务。

2006年7月,陕西邮政针对客户选购和寄递陕西土特产的需求,在全国邮政率先开办了"家乡包裹"业务,受到了客户的普遍欢迎,带动了包裹邮寄量的增长。在对"家乡包裹"业务发展较好的日本邮政进行考察,并对国内市场进行认真调研后,2008年,中国邮政集团公司在全国推出了"家乡包裹"业务。目前,全国各省(区、市)邮政公司相继推出了拥有自主品牌的"家乡包裹"业务,如北京邮政的"京味包裹"、江西邮政的"赣乡情"、安徽邮政的"徽乡情"、福建邮政的"闽乡情"等。

家乡包裹市场:需要用实物传递情感,提升生活品质的礼品寄递市场。

家乡包裹市场定位:"品牌企业联系消费者、消费者购买品牌产品的重要渠道",即中国邮政扮演中介服务商角色。

从目前的发展情况看,邮政"家乡包裹"的市场潜力还非常大。2008年,全国邮政在"家乡包裹"业务发展上首次统一行动,全年业务收入突破6 000万元。但要做大"家乡包裹"市场,使"家乡包裹"成为一项叫得响的品牌业务,还需要进一步加大宣传推广力度,提高售前、售中、售后服务质量,吸引更多的客户选购邮政"家乡包裹",培养客户在要馈赠家乡特产时就能很自然地使用此项业务的习惯,并积极拓展会展市场、旅游市场、员工福利市场等,实行多条腿走路。同时,在产品上还要更加精挑细选、巧妙搭配,充分体现地方特色;在包装上也应更加精美,设计出不同档次包装箱,满足客户的多样化需求;市场推广渠道要进一步拓展,像"思乡月"营销一样,让商场、超市、社区服务站成为"家乡包裹"的代理商,更方便客户使用业务。

(2) 爱心包裹

爱心包裹是中国邮政服务社会、服务公益事业的一个项目。2009年4月21日,中国邮政集团公司下发《关于做好"爱心包裹"项目实施工作的通知》,指出自4月26日起,"爱心包裹"项目在全国范围内启动。2009年4月26日,中国扶贫基金会在人民大会堂举办全国"爱心包裹"项目启动仪式。爱心包裹里面的善品是根据受益对象的不同、季节的不同精心配备的学习和生活用品。中国扶贫基金会依托中国邮政网点在全国开通3.6万个爱心捐赠站,社会各界爱心人士只需要通过邮政网点捐赠爱心包裹(统一的善品和捐赠标准),就可以一对一地将自己的关爱送给需要帮助的人。群众也可以通过指定网址进行在线捐赠。

爱心包裹的捐赠标准如下。

100元:捐购一个学生礼包,关爱一名灾区小学生;80元为包裹采购及邮递费用,12元为"新长城5·12自强奖学金"(500元奖励一名小学生,2 000元奖励一名大学生或中学生),8元为项目执行与推广费用。

1000元：捐购一个学校礼包，关爱一所灾区小学；870元为包裹的采购及邮递费用，100元为"新长城5·12自强奖学金"（500元奖励一名小学生，2 000元奖励一名大学生或中学生），30元为项目执行与推广费用。

2009年5月8日，中国邮政集团公司下发了《关于加快推进"爱心包裹"项目的通知》，对全国"爱心包裹"项目提出了具体要求，一是加强组织领导，各级邮政主要领导要关注"爱心包裹"项目。二是要加大宣传造势，营造爱心包裹募捐社会氛围。三是全力做好服务。四是要积极开展劝募，利用邮政大客户营销力量，重点开发行业性客户，以及中小学校、高等院校、部队等群体性客户。

(3) 母亲邮包

"母亲邮包"项目是由中国妇女发展基金会发起，以中国邮政开启的邮政绿色通道为服务支撑，主要选取贫困母亲日常生活必需品，发动社会各界通过"一对一"的捐助模式，将主要由生活必需品组成的"母亲邮包"准确递送至贫困母亲手中，帮助贫困母亲解决生活中的一些实际困难。

"母亲邮包"分"母亲贴心包"和"母亲暖心包"两种，依托分布全国的3.6万个邮政网点，各界爱心人士通过身边的邮政营业网点、有关网络和到妇女基金会直接捐赠等多种渠道即可捐购"母亲邮包"，将自己的爱心传递给需要帮助的贫困母亲。

"母亲邮包"项目有如下特点。低门槛："母亲贴心包"捐购标准为每个100元；"母亲暖心包"捐购标准为每个200元。便捷性强：在中国邮政全国3.6万个网点均可办理捐赠，也可在网上实现在线捐赠。透明性高：通过一对一的资助模式和邮寄"回音卡"的方式，向捐赠者及时反馈受助信息，通过书信、电话等方式进行互动。

受益对象：年人均纯收入低于2 300元的妇女；年人均纯收入低于当地最低生活保障标准的妇女；老少边远贫困地区母亲和自身无脱贫能力的单身母亲、英烈母亲及妻子优先选择。

三、邮政包件业务市场定位

(一) 邮政包件市场构成

主要分为两大部分：一是单位市场，二是个人市场。

1. 单位市场

属批量市场，相对集中，也是主要市场，效益好。

(1) 礼品市场：企事业单位、公司在节日和重大活动期间寄给客户或员工而引发的市场。

(2) 邮购市场：指电子商务网站或邮购公司为客户提供"足不出户、轻松购物"而引发的市场。如中国邮政目前与淘宝网、阿里巴巴网站联合，为用户办理特快邮购业务。

(3) 货样市场：企业单位以寄递企业产品货样（可以是原材料、工业品、消费品等）为主而引发的市场。

(4) 特色市场。主要依托当地的名优特产品而引发的市场。主要以消费品为主：可以是食品（北京的烤鸭、茯苓饼等、湖北的鸭脖、其他省的菌类、茶叶等）、中草药、医药产品（哮喘病药）、工艺品（刺绣、风筝、剪纸）等，适宜邮寄的特色产品。

(5) 军营市场：驻军部队、武警部队复退引发的市场。

(6) 校园市场：大中专院校学生毕业引发的市场。

(7) 退货市场：对于无法投递的或客户退回的物品类邮件，引发的市场，可降低成本支出。

2. 个人市场

属零星市场,相对分散,市场潜力大。

挖掘"情"字市场。从"亲情、友情、乡情、爱情"入手,打好情字招牌。

(二)邮政包件业务市场定位

包裹业务是以普遍服务为基础并向商业化服务拓展的业务。服务对象为适用于邮递的人民生活用品和机关、企业、团体交寄的零星或大批物品。凡适于邮递的物品,除属禁寄物品和超过规定限度寄递的物品外,只要符合包裹重量、尺寸限度的,均可以作普通包裹寄递。快递包裹主要瞄准快速增长的电子商务市场,同时也针对普通商务客户和个人散户。

随着物品传输市场的繁荣,特别是电子商务的崛起,包裹业务凭借邮政投递网络优势,必将在物品传输的一些子市场中占据较大的份额,成为邮政另一具有市场竞争力的业务。

四、邮政包件业务经营策略

从目前经济发展形势看,社会商品流通量越来越大,包裹业务的发展前景广阔,可望成为邮务类业务中不可缺少的一个分支,满足不同时限要求的包裹寄递需求。在不断变化的经济环境和竞争环境中,中国邮政也在不断调整战略思路,在不断加大对包裹业务的市场开发力度,抓住有利时机,加强营销,改善服务,提升邮政包裹业务的市场竞争力,争取市场的同时,也与竞争对手在某些方面进行一定的合作,共同开发市场。

1. 要依托服务品质的提升,大力拓展市场

明确时限标准,优化作业组织,加强全程监控,稳定包裹传递时限;在稳定包裹时限的基础上启用给据邮件查询系统,方便客户查询包裹时限;认真做好包裹投递服务,落实快递包裹投递到户和查验赔偿制度;抓住与国家旅游局签订全面合作协议的契机,大力开发旅游包裹市场;发挥全网资源优势,积极发展电子商务包裹和特色包裹,逐步向商业领域拓展。积极探索与品牌工商企业合作,依托邮政电子商务平台,大力发展电子商务包裹,与邮政速递业务中高端市场实行错位经营,针对低端寄递市场,与社会寄递公司展开竞争,扩大中国邮政在电子商务配送市场的份额;坚持项目拉动策略,精心策划组织家乡包裹、校园包裹、军营包裹、行业礼品包裹主题营销活动,改善产品品质,重点发展快递包裹业务;继续运作好爱心包裹项目,依靠优质服务,进一步扩大社会影响和经济效益;研究适合中国邮政运作的预付费包裹业务模式。

2. 针对不同包裹种类采取不同营销手段

普通包裹以 C2C 为目标客户群,做好窗口服务营销;快递包裹要不断提升产品品质,确保服务水平,要抓住电子商务蓬勃发展带动包裹寄递快速增长的机遇,积极对接电商平台,对标行业发展水平,着力提升快递包裹业务市场份额。

第二节 包件业务经营管理案例分析

【案例一】

积极创新思路 完善服务机制 拓展军营市场

某邮政局立足地方实际,针对军营"铁打的营盘,流水的兵"这个稳定的市场,积极开发特色业务,较好地将地缘劣势转化为优势,做大做专军营包裹寄递业务。从最初2001年的军包业务量3 100件,业务收入18万元发展到2004年军包业务量7 334件,业务收入39.1万元,2007年业务量达到5 677件,实现业务收入32.1万元。连续几年取得军包业务量和业务收入稳中有升的良好成绩。

一、营销背景

某地位于我国的西部边境地区,特殊的地理情况,当地驻军较多。为此,某邮政局背负了较为沉重的普遍服务的任务,但该邮政局积极创新思路,变不利因素为有利因素,利用百年邮政的信誉品牌优势,凭借与部队多年形成的传统友谊,抢先进军军营,尝试开拓军营用邮市场。

二、营销市场分析

除传统的义务兵免费信件、报刊订阅和机要邮件外,复转军人行包寄递是一个潜在的、保有量较高的长效业务,兼具社会效益和一定的经济效益。基于这点认识,该邮政局将复转军人行李收寄作为目标市场,并以此为业务的切入点,通过抓好一年一度的驻地部队官兵复退时机,做大做强军包寄递业务。

三、营销方案的策划、开发及取得的成效

(一)建立军民共建单位的长效工作运行机制,以情动人,争取理解和合作

由于部队是个特殊的用邮市场,对行李内件发运有严格的审查制度,长期以来都是自行监管、铁路托运。开始时,当地局多次前往部队接洽联系行李邮寄事宜,部队都以军包邮局不能妥善监管和费用高来推辞。该局借助与驻地各部队签订长期的军民、警民"双拥"活动协议的机会,积极、主动组织各种形式的慰问活动,做好平时的沟通和交往,用军民鱼水情系牢与部队的友情,用亲情感动部队。同时,反复宣传邮政普遍服务给部队带来的益处和邮政忠实履行政府职能所造成的企业压力,从而最大限度地赢得了部队的理解和支持。凭借百折不挠、锲而不舍的顽强精神,经过积极的推介和不懈的努力,终于以自己的诚心和韧劲,率先赢得了某武警部队的认同。该局迅速以此为突破口,以点带面,扩大战果,逐步占据了整个地区军包发运市场,彻底改变了部队复转行李寄递的市场格局和发运方式,也为该局邮政包件业务增添了一项拳头业务。

(二)统一组织,逐层落实

针对部队整齐划一、步调一致、用邮时间相对集中,以及寄递方式短、平、快的特点,该邮政局确定了自上而下联动的策略。首先由市局市场部牵头,统一与驻地部队首长签订军包用邮协议,并负责军包业务的开发、组织、协调、管理,再由各县局分头落实推进、具体实施。从而保证了军包资费、规格的统一,有效地维护了军包业务市场的经营秩序和收寄工作的迅速快捷,避免了无序经营、各自为政、资费混乱现象的发生,确保了该地区军包业务经营收益最大化,现已稳定形成了一年一度军包收寄大会战的局面。

(三)剥茧抽丝,以点促面,层层推进

在总结发展军包的经验基础上,该邮政局不断深入挖掘部队用邮潜力,积极拓展业务范围。

通过深入了解,发现边防部队指战员的文化需求旺盛,市局通过特许,送报送刊到军营,收获喜人;试销军旅册,也有很大成效。特别是2003年,该邮政局抓住"上海合作组织成员国武装力量联合反恐演习"在当地军演的机遇,开发了"反恐"系列纪念封、折、章,赢得了强烈的社会反响,一举实现邮政业务收入29万元。2004年,该邮政局再接再厉,创新业务视角,积极开发军营贺卡型明信片制作业务。2004年11月11日,该邮政局与驻地部队首期签订9 000件贺卡型明信片制作协议,实现函件业务收入4.95万元。由此,该邮政局在军营业务开发上又迈上了一个新台阶。目前,该邮政局开发的军营业务已由最初的一次性收寄老兵复转军包,发展到入伍新兵包裹揽收;从挺进老兵复转费汇兑业务、邮储绿卡业务、军旅纪念册业务、包装箱(袋)业务,延伸到军事题材纪念品、集邮品业务的成功开发,可谓百花齐放,争相斗艳。

(四)环环相扣,确保服务质量

为把军营邮政业务培育成邮政的长效业务,邮政局从开始就采取上门收寄的服务方式。由于组织得当,与部队配合衔接密切,使收寄工作做到了有条不紊,紧张有序。现场收寄速战速决,工作效率高;收寄工作分工明确、责任到人,环环相扣;现场收寄、现场分拣封发、现场装车、及时邮运、优先发运。另外,各项邮政业务同时安排、同时布置,避免了业务单一化的弊端。为给部队指战员提供最便捷的服务和形成新的业务增长点,该邮政局通过积极、广泛的宣传,努力扩大包装箱、包装袋使用业务,2005年包裹包装袋供应做到邮政集中统一,并得到部队官兵的认同,从而使收寄、封发工作效率大为提高。统一标准的包装袋给部队带来了极大便利,一方面,官兵足不出户就可以买到质量放心的包装袋;另一方面,给部队复转工作的管理带来了很大便利,部队给付官兵行李费从此变得省心省力,复转官兵的包裹封装也避免了反复拆、缝之苦,同时也使收寄工作变得方便、快捷。由于部队纪律严明、管理特殊,官兵不便外出,上门出售包装袋引发了广大官兵邮寄包裹的热情,促进了私费交寄的热潮,部队个人私费寄递量、收入呈逐年上升趋势。由于军包包装袋的统一标识,大大提高了军包分拣、封发、运输等环节的运行效率,使得军包优先处理、优先发运的承诺落到了实处,也为今后邮政军包业务的持续、稳定发展创造了更为有利的条件。

(五)全程跟踪,服务到家,建立军包收寄回访制度

为把军包业务做细做实,使之成为长效业务和本本业务,该邮政局强调"用心服务""服务至上"的服务理念,在军包业务收寄前后就积极主动与部队沟通和联系,在每个服务细节上下功夫,尽最大努力为部队指战员排忧解难。在事前、事中、事后方面,提供全方位服务。特别是包件寄发一个半月后,邮局派人到各部队回访,积极、主动地为复转官兵提供各种查询服务,对没有及时收到的包件及时跟踪查询,保证每件军包的安全;注重上门征询意见,查找和改进服务工作中的不足。几年来,无一件军包丢失。通过竭诚的服务赢得了部队首长的充分信赖,也为此项业务的稳固发展奠定了良好基础。

案例分析

1. 通过阅读案例,你能总结出军营市场的特点么?你认为如何成功开发军营包裹市场?
2. 邮政在军营市场还能开发哪些业务?

【案例二】

中国石油大学(华东)毕业生包裹营销案例

一、背景分析

(一)毕业生情况分析

中国石油大学(华东)是国家重点院校,在校学生23 000多人,其中65%的学生来自农村,生源来自全国各地。2005年毕业学生近4 000多人,其中约有1 600名学生的行李需要托运,

根据往年揽收经验可以测算:按人均 2.5 件计算,大约有 4 000 件包裹左右。

(二)竞争对手分析

(1) 中铁快运:有一定的信任度。劣势在于托运目的地的局限性,只能托运到县级以上的并且必须有铁路通达的地区。

(2) 鑫海物流:私营公司,依托各地签约公司进行物品传送,其前身是军人快运,虽然价格低,但是由于社会知名度低,平时与学生打交道很少,加之学生非常在乎托运公司的可信度,对邮政构成的威胁很小。

(3) 华宇物流:挂靠东营市团委,仍属于私营公司,所属情况与鑫海物流大致相同,对邮政构成的威胁也较小。

综上所述,可以看出,邮政的主要竞争对手就是中铁快运。根据对手的情况和学生包裹(行李)的分析,特制定了中国石油大学毕业生包裹揽收营销方案。

二、前期准备

(1) 走访:5 月份,市局将大客户走访摆到重要位置,并将负责大学生毕业事项的石油大学宿管中心负责人列为重点走访客户。

(2) 沟通:通过前期走访使后期联系沟通工作非常顺利,不但取得校方对揽收工作的大力支持,而且还为我局揽收提供了桌椅、电源等诸多便利。

(3) 配置:将揽收过程中所需要的用品和用具进行购置与配备,如磅秤、打包机、捆扎带、太阳伞、记号笔、针线、圆珠笔、包裹详情单、微机、打印机、包裹资费表、饮水机、包装袋、配电盘、电源插座等,保证揽收工作畅通。

(4) 培训:对参与揽收工作的人员进行了培训,将揽收过程中的细节问题进行说明,严格禁止在揽收和装车过程中出现扔、抛、拖学生包裹的不良现象,对所有毕业生包裹做到轻拿轻放,并对揽收人员分工后具体工作进行专门的培训指导,保证整个流程顺畅。

(5) 场地选择:取得校方大力支持后,我们根据前期的学生调查、宿管中心主要负责人建议和实地考察,正式确定了揽收场地——学生第五食堂,这个位置正好处在学 10、学 2、学 8 的中心,毕业生主要集中在这三个宿舍楼,从战略角度上来讲抢占了重要位置,占据地理优势。

三、宣传工作

(1) 条幅宣传:印制了醒目的宣传条幅用于现场悬挂。条幅内容确定为"款款深情送莘莘学子、邮政伴您一路行""邮政祝您学业有成、为您提供'三免'服务"(三免指免费打包、免费上门搬运、包裹免费保管 7 天)。

(2) 宣传单:即"致中国石油大学(华东)的一封信"。

(3) 学生宣传:市场部与中国石油大学学生会积极联系,招募 10 名勤工俭学的学生,按照男女搭配 1∶1 的比例分为 5 个揽收宣传小组,采取逐门宣传邮政通达千家万户的网络优势,提供上门帮助搬运的贴心服务,并给每个学生一定的劳务费用,有效地调动了学生的积极性。

四、实施效果

共揽收包裹 2 440 件,创收 8.5 万元,市场占有率达到 61%,(中铁快运揽收包裹 1 200 件左右,市场占有率达到 30%)。

案例分析

1. 通过阅读案例,你能总结出校园市场的特点么?你认为如何成功开发校园包裹市场?
2. 邮政在校园市场还能开发哪些业务?

【案例三】

大客户打包"爱心包裹"

2009年5月12日,某邮政局与长庆油田公司矿区事业部团委合作,成功举办了"爱心培育希望,真情成就梦想"的"爱心包裹"捐赠活动。当天活动共捐赠爱心包裹7 000余件,捐赠额达到80.43万元。

一、营销过程

长庆油田公司矿区事业部团委历来关注公益事业,某邮政局与该单位在平时也建立了良好的合作关系。在近期的一次联谊活动中,某邮政局工作人员向长庆油田公司办公室主任介绍了最近开展的"爱心包裹"项目,引起了客户的极大兴趣,于是某邮政局抓住机会,趁热打铁,及时制定了策划方案,对客户进行上门公关,最终达成一致,促成了捐赠活动的成功举办。

(一) 周密策划,细分市场

某邮政局在学习完项目后,迅速组织召开了专题会议,并成立了项目领导小组,负责"爱心包裹"活动的策划和实施。项目组针对大客户的特点,选出三家目标客户,经过前期走访,最终选定长庆油田公司矿区事业部团委为重点公关对象。

(二) 密切协作,强势公关

某邮政局针对此次活动,要求各部门密切协作,明确分工。其中市场部负责上门营销公关;综合部负责相关支持及业务指导;各网点通过摆放宣传品、张贴海报、悬挂横幅进行广泛宣传。某邮政局与长庆油田公司在多年的合作中建立了良好的关系,这无疑给本次活动的成功举办提供了保障。但是当营销员带着策划方案找到长庆党委、工会时,并没得到客户的认可。原因是时间太紧,并且长庆油田已经决定以举办文艺晚会、给灾区捐款等其他形式开展"5·12"地震一周年纪念活动。

为转变客户想法,该邮政局营销员坚持向客户提供了详细的策划书,并重点介绍了本次活动的优势及将产生的良好社会效应。长庆油田公司矿区事业部经过对方案的分析,意识到此活动既能树立长庆公司的社会公益形象,又能将"5·12"地震及六一儿童节巧妙地联系在一起,鼓舞灾区孩子走出困境,达到促进社会和谐的目的。于是长庆公司最终决定调整活动形式,并指定专人负责此次爱心包裹捐赠活动的组织策划,号召企业各部门参与到"爱心包裹"捐赠活动中来,为灾区的学生送去长庆人的一份关爱。

二、营销效果

一是本次活动实现了包裹业务的发展。二是社会效益明显。爱心捐赠仪式在长庆广场举行,吸引了社会各界爱心人士的参与,新闻媒体跟踪报道为邮政企业和长庆油田公司树立了良好的社会公益形象,社会反响强烈,这有助于"爱心包裹"项目的广泛开展。三是客户满意度得到进一步提高。长庆油田公司各级领导一致认为这次活动是一项非常有意义的爱心公益活动,对提升企业形象、增强企业凝聚力有一定的推动作用,为此非常感谢邮政部门对此次活动的大力支持,为双方的长期合作打下了坚实基础。

三、营销启示

一是要充分重视客户的日常维护,定期对大客户进行拜访,及时获取和发布有价值的信息并抓住机会。二是对于目标客户要有准确的定位,这是项目成功的前提。三是营销中要抓住公共对象的要害部门,如重点公共单位的团委、工会等有号召力的部门,提高活动的影响力及参与率。

案例分析

1. 你认为成功开发长庆油田的关键是什么？
2. "爱心包裹"项目现在处于初期发展阶段，你认为该业务宣传对象应该是哪些人群？
3. 在向客户推介该业务时应该注意哪些问题？

【案例四】

数据引领，爱心传递，开发关爱留守儿童公益项目

某省邮政公司为适应新形势，探索业务转型发展模式，通过积极捕捉社会热点信息，契合政府工作需求，创新策划，精心组织，成功开发了全省关爱农村留守儿童公益项目。

一、关注热点，精心策划

2013年9月，某省邮政公司在了解到教育部等五部委联合发文《关于加强义务教育阶段农村留守儿童关爱和教育工作的意见》中明确指出"推动实行农村留守儿童的普查登记制度"这个信息后，结合社会"关注留守儿童"这个热点，向省妇联递交了"彩虹行——关爱留守儿童"项目方案，建议依托省邮政公司的技术平台和基层网点资源优势，借助双方力量，率先在全国建立省级农村留守儿童信息数据库，运用信息化手段提升该省关爱留守儿童服务体系建设科学化水平，并在数据库建设成功后共同策划组织系列关爱留守儿童公益活动，该方案获得了省妇联的高度认可和大力支持。

二、联合建库，打好基础

经过多次沟通、反复协商，2013年9月18日，该省妇联和省邮政公司联合下发文件《关于建设全省农村留守儿童信息数据库的通知》，并召开了"某省农村留守儿童信息数据库建设电视电话会议"，明确双方各级部门工作职责，对数据采集、录入等工作进行总体安排。14个市州妇联、邮政立即行动，各级妇联全力支持和配合邮政部门采集农村留守儿童信息。通过一年的名址信息采集、录入、整理，该省在全国第一个成功建设了省级农村留守儿童信息数据库。在数据库建设之初，中央电视台、人民日报、新华社等媒体争相报道，建成之后，全国妇联《妇工要情》又刊载了题为《把握六个步骤，率先建立省级农村留守儿童信息数据库》的文章向中央进行了专题汇报，留守儿童建库工作在全国引起强烈反响。留守儿童信息数据库的建成也为省邮政公司开展"彩虹包裹"等爱心公益活动打下了坚实的数据基础。

三、数据引领，项目落地

1. 建库同时"用库"

在留守儿童数据采集录入的同时，各市州邮政分公司联合各级妇联共同开展了大量爱心公益活动，如捐赠爱心包裹、捐赠爱心报刊、开发爱心形象期刊、"存款献爱心"活动、利用留守儿童父母信息开展外出务工人员项目营销等。全省关爱留守儿童主题营销全年累计实现创收1 000余万元。

2. 开发"彩虹包裹"项目

在全省农村留守儿童数据库建成之后，为了进一步利用好数据库，省公司统一策划了全省关爱农村留守儿童"温暖微行动·彩虹行"大型公益项目，联合省妇联、省儿童基金会共同组织

运作,首批实施运作的公益产品为"彩虹包裹",项目旨在号召全社会各界爱心人士为留守儿童捐购包裹,在捐赠者和被捐赠者之间搭建一座爱心彩虹。在集团公司的大力支持下,项目搭载在全国慈善公益平台进行业务受理和项目管理。目前主要有字典包、书画包、暖心包三个包裹种类,捐购价格为每个100元,并在邮政储蓄银行开设了彩虹包裹专项基金账户,用于彩虹包裹的捐赠资金归集。

2014年10月,省公司与省妇联下发了联合文件,妇联、邮政共同对该项目进行了安排和部署,并于12月26日在省邮政公司召开全省项目启幕仪式,会后各市州、县也分别召开了项目启动仪式。彩虹包裹启幕仪式当天全省共筹集善款211万元,捐购彩虹包裹数量达2万多个。启幕仪式之后,省公司和省妇联选取三个县的学校分别举行了"彩虹包裹"集中捐赠仪式,省内各大媒体对活动做了广泛深入的报道,更进一步宣传了彩虹行项目。

四、对接政府,成效斐然

由于项目以关注民生为基础,"彩虹包裹"项目被纳入全省妇联战线未来五年五大民生实事之一,省委省政府对此项目也给予了高度的肯定和关注。春节前,各市州邮政分公司还积极利用投递彩虹包裹契机,联合当地政府、妇联组织等做好捐赠活动上门宣传及客户走访,为邮政服务更好地融入当地政府工作、做好旺季生产起到了积极作用。

案例分析

1. 谈谈你对邮政开发公益项目的看法和认识。
2. 结合案例总结分析邮政开发公益项目的策略。

本 章 小 结

本章主要介绍了邮政包件业务管理体制、经营状况,提出该业务的市场定位及经营策略,并对该业务开发的典型案例进行分析。

【阅读材料】

如何发展好节日包裹业务

包裹业务是中国邮政的传统业务之一。随着我国市场经济的快速发展,包裹业务所面临的市场竞争日益加剧。对于有着"礼仪之邦"之称的中国而言,节日礼尚往来之风更盛。尤其是在春节、端午节、中秋节这些中华民族的传统节日里,通过邮政交寄的家乡土特产包裹寄递量成倍增长。面对此种情况,中国邮政要想把包裹业务真正做大做强,就必须抓住节日这个黄金档,从以下几个方面努力,才能有更大的突破。

首先是要做好市场调查和业务宣传。我国幅员辽阔,受土壤、气候、环境等诸多因素的影响,全国各地自然就有了各自的土特产,加之人们对家乡土特产独有的眷恋,当人在异乡每逢佳节倍思亲时,就更有想品尝到家乡土特产的愿望,这就有了邮寄家乡土特产包裹的市场。有市场就有竞争,在市场经济运作中,邮政要想把这个市场做大做强,就要深入这个市场,作细致的调查研究,了解客户群体及市场需求。市场的亮点找出来了,才能有的放矢地去开发。同时要善于做好业务宣传。一方面是要宣传好家乡的土特产,让更多的人知晓这里有什么土特产;

另一方面是要宣传好邮政寄递包裹的特点和优势，让人们乐意通过邮政渠道寄递土特产包裹。

其次是要用心找准目标和锁定客户。我们搞调查不能唯调查而调查，要通过市场调查找准开发的目标，并分析出主次轻重，从而锁定目标客户群。这才有将节日包裹业务做大做强的基础。一旦目标找准、客户锁定，就要发扬千方百计公关、千遍万次走访、千言万语沟通、千辛万苦联络、千思万想突破的"五千"精神。有了这"五千"精神，就没有攻不破的难关，没有登不上的高峰。因此，要想开发好这个节日市场，就要有咬定目标不放松的毅力，切不能知难而退。市场你不去开发，就给了别人开发的机会，只有知难而进，以不达目的不罢休的精神，才能把锁定的客户搞定。

再次是要注重因地制宜和灵活多变。我们开发这个市场，还要注重因地制宜、量体裁衣。开发中，虽可借鉴他人经验，但不能搞拿来主义、生搬硬套，各地有各地的特色、特点，一定要因地制宜，才能凸显特色和个性。同时，还要有灵活多变的运作方式，要以客户满意为标准，特产推荐、产品组合、服务方式等，只要符合寄递业务规则，皆可任由客户选择，尽可能满足客户需求。在推介土特产时，要因时、因事、因人而异，并注意量体裁衣式地推介，不可只顾站在自身利益或说企业利益角度考虑如何推介，而要站在客户适宜的、满意的角度考虑如何推介。这样才会让客户真切地感受到你是在为他着想，他才会乐意使用这项业务。

最后是要主动上门服务和积极引导。邮政要想把节日包裹业务做活，还要多在主动服务上做文章。一要主动上门服务。如今人们生活富裕了，花点钱不算什么，只要热心、细腻、周到的服务，让客户感到舒服、舒心、舒坦，那就一切好办。做土特产包裹营销也一样，客户花点钱邮寄几件土特产包裹给身在异乡的亲人、朋友很是乐意，关键在于邮政为其提供的服务，是不是让客户满意。因此，邮政做好主动上门服务很有必要。二要主动积极引导。"酒香也怕巷子深"，包裹业务虽然是邮政的传统业务之一，但是家乡土特产包裹在节日寄递，有什么优惠？哪些产品、物品属于家乡土特产包裹收寄范围？怎样办理这类包裹收寄手续？应该注意哪些方面的细节等，都需要邮政积极主动做好正面推介引导工作，让乐意使用这项业务的客户自觉配合邮政做好包裹封装、书写、验视工作，保证在节日包裹寄递旺季有条不紊地办好这项业务。

资料来源：中国邮政报.

【综合练习】

1. 邮政包裹业务的管理体制是什么？
2. 邮政包裹业务的定位是什么？
3. 邮政包裹业务的经营策略有哪些？
4. 接近客户的方法有哪些？

【案例分析】

某邮政企业的某一支局服务范围内有一家制药公司，该公司主要药品是中老年人保健用的药——"护脑宝""护心宝"。目前该制药公司主要使用的邮政业务为：偶尔来邮局取一些个人包裹、到邮局取消费者从全国各地寄来的汇款。经过调查了解到，该制药公司为民营公司，老板经过多年的摸爬滚打才有今天的局面。年营业额 5 000 万元左右，员工人数约 50 人左右。该公司在全国各省（自治区、直辖市）设办事处，该公司销售渠道主要是通过各地的药房销售，对一部分新开发的价格相对较高的药也为全国各地的消费者办理邮寄业务。药品主要通过社会货运公司和一些快递公司发往全国各地。

该公司老板张某偶尔也会到邮局来,主要是取汇款或取包裹。

该公司老板张某为男性,40岁左右,身材高大,傲慢,难以接近。张某平时喜欢开一辆吉普车,属于爱车一族;张某没有同父母共同居住,其父母住在省会一个高档小区,但张某非常孝顺父母,对父母关怀备至,从其专门委托朋友从韩国给母亲购买丝巾就可见一斑;同时客户经理也了解到以下信息:张某的秘书电话、张某的办公室电话。

就以上背景材料,大家思考一下如何接近这个客户,然后设计一个接近该客户的方案。

第六章 邮政报刊发行业务经营管理

【学习目标】

掌握报刊发行业务的管理体制,了解报刊发行业务经营管理的现状,能对报刊营销的典型案例进行点评和分析。

【关键概念】

订阅 零售 第三方订阅

【案例导入】

某局开发了订报礼仪积分卡业务,订报礼仪积分卡是消费卡,分为基本型、专题型和定制型,可作为员工福利卡、商务礼仪卡、奖品卡、礼尚往来卡及节日贺卡,持卡人可通过邮政的各种收订渠道订阅报刊。订报礼仪积分卡具有价值功能和文化产品属性。你知道邮政该项业务吗?对此你有哪些了解?

第一节 邮政报刊发行业务经营管理基本内容

一、邮政报刊发行业务管理体制

邮政报刊发行业务是邮政部门利用遍布全国的邮政通信网,将报刊出版单位出版的报纸、杂志以订阅或零售的方式发送给读者的业务。自20世纪50年代以来我国采用了"邮发合一"的体制,即报刊发行与邮政部门合为一体,由邮政部门承担报刊的发行工作。改革开放后,一些报刊社开始自办发行,即由报刊出版单位自己承担报刊的发行工作。

我国报刊发行业务现行的管理体制为分级管理制:即由中国邮政集团公司邮政业务局下属的报刊发行局统管全国邮发报刊业务,各省(市、区)邮政报刊发行公司负责全省发行业务的组织与管理,市、县邮政局,负责管理本局范围内的邮发报刊业务。

报刊发行局负责报刊发行业务的全面管理。具体业务由订销局(市、县邮政局),各省、自治区、直辖市邮政报刊发行公司的定单处理部门和发报刊局(报刊出版社所在地邮局、邮区中心局)依据全国报刊发行局确定的发行方针、政策和规章制度办理,保证报刊发行业务的正常进行。

(一)邮政报刊发行业务的管理机构

负责邮政报刊发行业务的管理机构包括订销局、省局、发报刊局和中心局。

1. 订销局的职责

各级市、县邮政局,均承担办理报刊发行业务的收订、投递及零售任务,在发行业务处理过程中称作订销局。

订销局主要承担宣传、收订、缴款、要数、零售、投递等业务,此外还负责建立报刊推广发行站等工作。是办理宣传、订阅审核、日结处理、账款管理、对账、结算、查验、分发、零售的市(区)、县级订销管理部门。它负责网点的缴款集中,向省局缴款结算和对网点的业务管理等工作。

2. 省局定单处理部门的职责

各省局报刊发行专业机构的定单处理部门,负责全省报刊定单的汇总处理,其主要职责如下。

(1) 对全省各订销局所报定单进行审核并汇总。

(2) 负责向各发报刊局要数。

(3) 负责与各订销局和发报刊局办理报刊款结算。

3. 发报刊局的职责

发报刊局是各省局根据本省报刊出版实际情况和发行需要,在报刊出版地设置的办理报刊发行的专门机构,承担当地出版的报刊的接办、发行等任务。是办理报刊汇总变数、制签、通知印数、验收分发、交运和结算的部门。负责向报刊社通知印数,向中心局或订销局分发报刊,与报刊社、省局办理报刊款结算。

4. 邮区中心局的职责

中心局主要负责对报刊社出版的报刊进行接受点验和分发运输等工作。

(二) 报刊发行过程具体流程

整个报刊发行过程是由宣传、收订、要数、汇总、结算、通知印数、分发、运输、投递和零售等作业环节构成。

1. 宣传

即邮政报刊发行部门组织的对报刊订阅的宣传活动。通过宣传使广大读者了解报刊的种类、内容、订阅办法、收订的时间等内容。各级邮政局(所)应主动做好报刊宣传收订工作,送发业务宣传品和报刊简明目录,印发适合不同读者群需要的报刊分类宣传目录。

2. 收订

报刊收订包括窗口收订、上门收订、报刊发行站(员)收订、183网上收订、11185电话收订五种方式,除此之外邮政企业还可根据需要委托社会其他单位或个人代办收订报刊。

3. 要数

订销局根据"订阅报刊登记簿"和"零售报刊订货单"填制"报刊订单"向省局或邮区中心局所在地邮局汇总要数部门寄发,这一处理过程简称为"报刊汇总要数"。

4. 汇总

省局订单处理部门(或中心局)把所属订销局的报刊定单进行审核汇总后,计算出各种报刊的全省总份数,统一向相关发报刊局要数。

5. 结算

报刊发行业务资金的管理和结算涉及订销局与其支局(所)、省局订单处理部门与发报刊局以及报刊社等部门。报刊款的结算在这些单位之间进行,采用逐级结算的办法。

6. 通知印数

发报刊局根据各省报刊定单汇总情况,经审核、汇总每种报刊的全国总订数,填写"报刊要数通知",分别通知各出版单位印刷数量。

7. 分发

报刊出版后,由出版单位或印刷厂将报刊送到发报刊局指定地点(或印刷地),经核对验收后,按订销局(中心局)所要份数进行点数分发,封装后交邮运部门。

8. 运输

邮运部门按照报刊发运时限要求、发运车序,将报刊发运到各订销局。

9. 投递

订销局收到报刊后,经过进口分拣,投递员按报刊投递卡上的户名、地址,将报刊准确地投送给用户。

10. 零售

报刊零售业务是报刊发行基本方式之一。它是由邮政企业采用商业化的方式,利用流动资金购进报刊,并通过自办、委办零售网点销售报刊。因报刊零售方式比较灵活,读者根据需要可以自由地选购报刊,从而多方面满足读者的需要。这种方式受到了广大读者的欢迎,也充分反映了社会的需求。

二、报刊发行业务经营状况分析

(一)报刊发行业务经营环境

1. 中国邮政一直以来是我国报刊发行的主渠道

中国邮政自20世纪50年代起开始承担报刊发行业务,几十年来邮政报刊发行业务取得了长足的进展。邮政报刊发行的市场份额、掌控的媒体发行资源、生产管理信息化水平、物流配送能力,以及终端覆盖面等都是其他发行商无法比拟的,邮政已成为中国乃至世界上最大的报刊发行网络。当前国内具备全国发行能力的网络组织只有中国邮政一家,中国邮政对于全国范围内的报刊订阅业务具有较高的占有率。一些自办发行公司由于资金渠道的限制和媒体之间存在的"门户"壁垒,在报刊发行市场上基本是各自为营、条块分割,普遍存在发行范围和经营规模过小的问题,从而影响分销服务业的成长壮大。

2. 各报刊社自办发行和社会第三方发行方式占有越来越重要的地位

据数字显示,目前全国约有800多家报刊社走了自办发行之路,发行量很大,占全国报纸的45%。目前国内各大中城市都有数量不等的、有相当规模的发行网络。这些网络,有的是报刊社依托本报组织的,有些是专业化的以赢利为目的的报刊发行经营实体。这些网络以报刊发行为主,开展多元化经营,在区域性市场,特别是大中城市市场上占据主导地位。为进一步整合资源,一些大报刊社相继走上联合之路,成立大的报业集团,利用已形成的网络,脱离"邮发"渠道,经营报刊自办发行业务。

3. 我国报刊发行市场竞争激烈

以上这两种发行渠道利用邮发渠道服务不到位的空档,在市场上迅速崛起,很快就从主渠道分走了一大块"蛋糕",占有了一定的市场份额。目前我国报刊发行市场竞争非常激烈,个别报刊社为了扩大发行量甚至不计成本,最常见的就是赠品战与价格战。目前赠品战与价格战已经从某一类别的专业期刊延伸至多个门类和不同的企业之间。例如2006年6月16日,隶属于昆明日报社的《都市时报》数百名发行员以一年30元/份(不回收旧报)的价格进行发行,之后引起连锁反应,云南日报报业集团的《春城晚报》推出25元/份订一年报的行动,随后,昆明其余两家都市报——《生活新报》《云南信息报》也被挟裹进战团,不正常竞争的结果只能是两败俱伤。另外,个体、集体书报贩大量抢占邮政报刊零售市场,邮政在全国的报刊零售市场占有率比较低，为了不断提高自己的竞争能力，中国邮政报刊发行公司也在积极地苦练内功，争取在市场竞争中取胜。随着中国加入WTO，2004年5月，中国允许外资企业从事图书、报刊和杂志的批发和零售，至今已有70多家外资发行企业设立驻华办事处，试水中国市场。总之，目前我国的整个报刊发行市场的竞争非常激烈。

（二）邮政报刊发行业务发展情况分析

1. 邮政报刊发行业务稳步发展

中国邮政自20世纪50年代起开始承担报刊发行业务，几十年来邮政报刊发行工作取得了长足的进展，我国邮政报刊发行业务收入逐年提高。2002—2005年报刊业务收入处于负增长状态，从2006年开始，各地邮政加大报刊营销力度，采取各种办法，积极发展报刊业务，2011年实现业务收入81亿元，2007—2011年报刊发行业务收入年平均增长9.5%。

报刊发行业务属于传统的邮政业务，是一项非邮政垄断的竞争性业务，既具有政治性，还具有商品性，特别是报刊零售是完全的商业化行为。2012年报刊发行收入88.7亿元，订阅与零售是报刊发行专业的核心业务。2013年报刊业务全年收入91亿元，2014年收入90.8亿元。

2. 邮政报刊发行系统提高信息化程度，整体服务水平不断提高

2006年11月1日11时11分，中国邮政报刊发行信息系统正式上线运行，标志着邮政报刊发行进入了一个新的发展阶段，也标志着中国邮政信息化建设又迈上了一个新的台阶。新的报刊发行信息系统以"面向读者、服务报刊社、优化作业流程、提高生产效率"为宗旨，实现了报刊订阅数据的集中处理，实现了与电子化支局收订、中心局分发作业、名址维护等系统的连接，形成了一个将决策管理、经营分析、业务处理、生产作业等环节有机结合起来的完整网络平台。系统的建成有利于邮政企业优化内部作业流程、加快信息的传递和查询，提高工作效率，实现报刊业务决策科学化、管理自动化。

系统的应用，也对中国邮政名址库近1亿条地址数据完成了一次彻底的维护，数据规模有了大幅度提高，数据质量有了质的变化，将原先相对静态的商函名址库改造成一个实时更新的动态在线应用系统，使名址信息的准确性明显提高，实用性大大增强，这将带动包括函件业务在内的其他邮政业务的全面发展。系统以读者征订信息为基础，实现了发行数据信息的搜集、整理和管理，能为广大报刊社提供实时、权威和全面的数据资料，为报刊社的经营决策提供有力支撑。报刊发行信息化是邮政部门搭建在报刊社与读者之间的一座金色的桥梁。

3. 传统的纸质报刊受到数字媒体的冲击

虽然邮政报刊发行业务取得了一定的进展，但是在发展过程中仍然存在着许多的问题，其中最大的问题是随着数字媒体的出现，传统的纸质报刊受到巨大冲击，特别是年轻人，越来越倾向于通过网络了解新闻和各种消息，很多年轻人读报的习惯没有了。更多的年轻人越来越离不开网络。纸质报刊的发行量将逐渐下降，传统的报刊发行面临严峻挑战。同时，长期以来，我国报刊发行业务是公费订阅为主，而在目前新的经济条件下，读者读报、用报结构将发生较大变化：公费订阅将由多变少，而年轻人越来越不习惯看报，所以要求邮政企业必须及时调整经营策略，以适应变化的市场形势。

三、邮政报刊发行业务市场定位

（一）邮政报刊发行业务市场构成

订阅和零售是邮政报刊发行业务的主要方式，因而报刊发行业务的客户主要由私费客户和公费客户组成。私费客户主要是私人订阅和零售。由于国家宏观经济持续增长、国家政治环境逐渐宽松以及鼓励文化繁荣发展的大好机遇,报刊社办报积极性高涨、发行模式不断创新的行业环境,以及个人收入不断增长、教育水平明显提升和追求精神文化生活的微观个人环境,私费订阅市场具有很大的发展空间。

公费客户主要是一些企事业单位订阅。不同类型的企事业单位有不同的特点,因而有不同的需求。比如外企重视信息知识和员工素质,订阅报刊完全从企业实际需要出发,总部具有决定权,外部生产工厂需求不明显;效益较好的国企订报费用总体稳定中有下降趋势,党报及所属行业报占有一定比重,职工有多年订报传统;民营及私营企业领导人具有决定影响力,主动订阅积极性不够,需要加以甄别并适当引导。因而,针对公费客户要区分不同情况,有针对性地开展营销。

(二)邮政报刊发行业务市场定位

报刊发行业务是规模稳定型业务。为了顺应市场需求变化,适应报刊发行渠道多样化的市场竞争环境,在发展机关订阅的基础上,通过各种营销手段,发展私人订阅市场;利用覆盖全国的邮政通信网络,大力发展报刊零售业务,开办音像制品、图书、电子出版物等多种发行业务,提高终端服务能力,形成连锁销售的优势。

四、邮政报刊发行业务经营策略

报刊发行是一项市场潜力巨大、政治影响显著、经营效益较好的木本业务。面对文化体制改革的严峻挑战和发展机遇,要进一步解放思想,转变观念,遵循市场规则,坚持重点发展策略,集中全网力量,优先做大做强一批品质高、效益好、受读者欢迎的畅销报刊,促进党报党刊、畅销报刊、行业报刊、地方报刊的协调发展,赢得报刊发行市场的主动权。

1. 突出经营重点

(1)要高度重视党报党刊发行工作。党报党刊发行是邮政企业依法承担的邮政特殊服务,是巩固邮政报刊发行主渠道的重要基础。要紧紧依靠各级党委宣传部门,主动配合党报党刊社做好发行计划、宣传发动和收订组织工作。要及时提供党报党刊订阅情况分析报告,重点做好运输、投递服务工作,努力提升服务水平,确保党报党刊发行量稳定增长。

(2)要积极主动地做好新华社报刊和行业报刊的发行。充分利用他们的媒体影响力和行政优势,加强协作配合,促进订阅量的增长,特别是要做好集订分送工作。

(3)要整合全网的资源,大力推进畅销报刊的发展,通过统一产品、项目推动、订零协同、多方营销,实现发行量突破性增长,坚定大报大刊交邮发行的信心。

(4)要大力推进形象期刊业务的规模化经营,积极发展报刊订阅卡业务,大力开发第三方订阅市场。

(5)要加强与教育主管部门的合作,按照校园市场规律组织报刊专题营销,积极拓展青少幼儿报刊发行市场。

2. 创新发行模式

(1)要主动参与文化体制改革,积极探索与各级党报党刊合作的新模式,深化合作层次,巩固邮政报刊发行的市场地位。

(2)要大力推广"印刷、发行、广告"一体化的经营模式,向报刊产业链的上下游渗透,寻求新的盈利空间。

(3)要积极探索电子报刊的发行,占领新媒体发展的制高点,开辟新的业务增长点。

(4) 要改变"年度收订管全年"的传统观念,推行"年度收订保存量、日常收订创增量"的经营方式,形成科学、合理、长效的运营机制。

3. 强化营销能力

(1) 要加强产品研究,策划、设计出更多市场需求大、经济效益好的报刊产品。

(2) 要充实专业营销人员,增强专业营销策划、市场开发能力,各级大客户中心要在报刊第三方订阅项目营销中发挥主力军作用。

(3) 要加强培训,提高各层次人员的经营管理和市场营销能力。

(4) 要大力推进报刊进社区、收投一条龙服务模式。

4. 推进连锁经营

(1) 要推进100个重点城市报刊零售连锁经营,加强渠道管理,增强凝聚力。

(2) 要建立邮政报刊零售准入制度,突出抓好100种重点畅销报刊的销售,树立邮发畅销报刊品牌。

(3) 要创新报刊零售网点形式,利用报刊亭、邮政营业厅、社区服务点、超市、展示架等多种方式,拓宽销售渠道,扩大业务规模,提高经济效益。

5. 加强业务管理

健全规章制度,加强监督检查,认真解决报刊接办、收投服务、传递时限、资金结算等方面存在的问题,保障报刊发行业务的快速健康发展。

第二节 邮政报刊发行业务经营管理案例分析

【案例一】

某市邮政全力拓展校园报刊教辅类市场

某市邮政分公司按照"转型发展、创新经营"的总体思路,积极转变发展观念,加大校园报刊教辅类市场的开发力度,在2015年度报刊大收订期间,全市实现重点校园报刊流转额817.2万元,同期净增221万元,同比增长37.1%,规模居全省首位。其中,教辅类《学习周报》系列完成26.7万份,净增4.52万份;素质类《课堂内外》完成1.72万份,净增1.15万份。做法如下。

一、强化组织,创新校园报刊市场开发模式

通过社会调研发现,该市共有各类学校3 000余所,在校生195万人,2010年在校学生人均订阅仅为3.18元,市场开发潜力巨大。为确保全市邮政校园报刊市场的顺利拓展,自2011年起,该市分公司组建以总经理任组长的校园报刊市场开发组织架构,统一校园报刊市场开发思路,积极推进"一所多校"及标杆农村支局示范活动,组建校园报刊代理队伍,深挖农村校园报刊市场潜力。

1. 精选校园报刊产品

将报刊费率高低及报刊质量优劣作为校园报刊产品选择的标准,最终确定了随堂教辅类《学习周报》系列、综合素质类《课堂内外》《幼儿画报》《意林》系列等作为校园报刊市场开发的重点产品。

2. 创新"折让费率"模式

为契合校园报刊市场拓展,积极参与市场竞争,针对精选的校园报刊产品采取"折让费率"模式,全市统一折让标准,规避无序竞争风险。

3. 明确重点突破市场

重点开发乡镇及农村市场,开展标杆农村支局示范活动,调动农村支局所的积极性,逐步实现由"一所一校"向"一所多校"转变。

二、多措并举,促进校园报刊业务上规模

1. 开展"一所一校""一所多校"项目,积极拓展农村校园报刊市场

为尽快打开农村校园报刊市场,该市分公司充分利用农村支局长的人脉优势,自2011年起在全市范围内开展"一所一校"项目。通过开展校园报刊专项培训,提高支局长、投递人员的营销能力;举办农村支局校园报刊流转额揭标活动,充分调动农村支局所人员的营销积极性;组织农村支局所预排目标学校,开展上门走访营销。

2. 抓典型树标杆,深挖农村校园报刊市场规模

自2012年度报刊大收订以来,该市分公司设置全市校园报刊"标杆农村支局示范奖",及时通报各农村支局所重点校园报刊流转额进度情况,总结农村支局好的经验做法进行全市推广,同时邀请标杆农村支局营销骨干赴各县局开展经验交流活动,通过现身说法的形式向全市农村支局长介绍校园报刊营销经验心得,有效促进全市各农村支局的均衡发展。

3. 依循校园收订规律,提升全年发行规模

校园报刊收订是按照学期、学年收订,收订的黄金时间段是学校放假前1~2个月(每年的1—2月份及5—6月份)及学校开学后1个月(3月份和9月份)。该市分公司紧遵市场规律,每年报刊大收订结束后,通过系统数据比对分析春季校园报刊征订情况,同时筛选仅征订一学期校园报刊的客户信息,积极开展秋季校园报刊续订工作,并对续订率进行考核。

4. 组建校园报刊代理队伍,借力拓展校园报刊市场规模

校园报刊市场开发过程中,人员不足、营销力量薄弱是校园报刊市场开发的最大问题,而努力组建校园报刊代理队伍,成为促进校园报刊市场规模化开发的有效手段。该市分公司动员全市邮政营销员、支局长、投递员力量,积极搜集教育局工作人员、学校教师及其亲戚朋友、学校附近报刊亭主、书店店主、文具店主、社会培训机构人员等与学生有关的人员信息,通过进一步筛选将其发展成邮政校园报刊代理队伍。为进一步优化、稳定校园报刊代理队伍,充分调动代理人员积极性,通过建档管理、开展培训、座谈评优等方式加强队伍的管理,增强代理队伍的凝聚力及营销能力。截至2014年年底,该市分公司校园报刊代理队伍建设已初具规模,社会代理队伍已登记在册的有376人。校园报刊代理队伍的建设进一步丰富了营销手段:一是促成乡镇中心校校长亲自签发文件,或召开乡镇教育部门会议时亲自部署;二是班主任、教师在召开班会时进行宣传征订,将重点报刊纳入教学材料随堂练;三是部分教师为规避敏感问题,在召开班会时让邮政营销人员进入班级现场宣传征订。2015年度报刊大收订期间,通过代理队伍直接或间接收订校园报刊实现流转额达557.6万元。

三、活动搭台,转型拓展校园报刊业务市场

1. 举办公益活动,搭建邮校合作平台

2014年,该市分公司积极转变校园报刊"公益活动"举办思路,重新定位活动目的,在全市范围内开展全方位、多频次的《课堂内外》《意林》《幼儿画报》《中/高考复习信息快递》公益活

动,以达到搭建邮校合作平台、扩大邮发校园报刊影响力的目的。全年共开展各类公益活动59场,在活动过程中,积极开展进校园宣传、免费试读等活动,使活动效果最大化,多所学校均实现了现场订阅。临泉局充分挖掘本局内训师资源,利用《课堂内外》刊社在临泉举办3场"公益大讲堂"活动的契机,安排刚进局大学生全程参与,将其培养为本局内训师,自行深入各个学校组织开展《课堂内外》"公益大讲堂"活动。

2. 开展主题活动,提升校园报刊私费订阅市场规模

一是组织开展《幼儿画报》绘画比赛活动现场观摩会。2015年度报刊大收订期间,由市分公司分管副总经理带队,组织市、县局相关人员,现场观摩临泉局举办的"庆祝中华人民共和国成立65周年书画展幼儿组颁奖暨团中央知心姐姐学前教育讲座",充分借鉴临泉局《幼儿画报》开发模式,积极在全市范围内进行推广,全市共举办《幼儿画报》学前教育讲座12场,促进全市《幼儿画报》发行量达5 792份。二是开展优秀期刊漂流活动。联合《课堂内外》及《意林》,在全市各学校广泛开展"书香校园"优秀期刊漂流活动,使学生通过阅读书籍,进而爱上书籍,培养学生的阅读习惯,结合"致学生家长的一封信",有效促进学生家长自主订阅。

案例分析

1. 该案例的成功之处在于什么?
2. 结合案例,请分析邮政是如何开发教辅类市场的?

【案例二】

某邮政局向移动公司推荐《特别关注》赠阅案例

一、背景分析

随着通信市场竞争的加剧,通信产品的同质化、部分客户群的流失使移动公司对业务宣传和客户关系维护投入了更多的精力。某邮政与该地移动公司具有良好的业务合作关系,邮政拥有邮发报刊、集邮产品、邮政贺年卡等众多作为客户维护和形象宣传媒介的业务资源,利用邮政的业务资源,为移动公司这一特大用户的市场开拓、客情培育做好服务,一直是某邮政局研究的内容。

二、市场分析

邮发精品报刊与其他回馈客户的产品相比,具有成本低、品位高的特点,报刊品种的多样化为客户提供了更多的选择。移动公司可以针对不同客户群体的特点为其赠阅不同的报刊,给客户以周期性、个性化的关怀。2003年6月,移动曾订阅6万多元的报刊回馈其市区内的VIP客户。2003年年底,移动公司通过调查显示,订阅报刊馈赠客户使移动在网客户率提高了12%,由此移动公司于2004年再度为全市VIP客户赠阅报刊41.8万多元。

但是,由于在邮发报刊产品线中,邮政处于发行环节,与报刊社相比,邮发报刊具有单一报刊议价能力相对较弱的劣势。同时,与普通回馈礼品相比,报刊的实用性相对较差。因此,如何整合邮政的业务资源,将邮发报刊打造为一种能够宣传客户企业形象的个性化的回馈礼品,是成功开发客户的关键。

三、开发过程简述

2004年9月,某邮政局发行分局的营销人员在和移动公司联系业务时,获悉移动公司为提高优质客户保有率,准备斥资1 000万元回馈全市20万集团代交手机费用的客户(包括集

团中高层管理人员和其他由集团统一交费的人员),并初步拟定了两种回馈方案:一是向这些客户每人赠送50元话费或购物卡;二是向集团的领导赠送手机。某邮政局市场部门得知这一信息后,策划了以《特别关注》回馈移动公司集团客户的方案。经过对比营销,得到了移动公司的认可,并在全市范围内迅速落实和实施。

四、营销策略

（一）资源整合，提升移动服务价值

获悉移动回馈集团客户的信息后,某邮政局根据移动公司这一客户群体的特点,选择了《特别关注》杂志作为营销的切入点。

《特别关注》属文摘类月刊,被誉为"成功男士的读者文摘",其读者群与移动公司这部分客户群体相吻合,其名称又恰与移动"服务领先"的理念不谋而合,而其每年60元的定价也接近于移动公司计划向每位客户投入的回馈费用。但是,如何通过这份杂志,以一种竞争对手难以效仿的个性化的方式帮助移动公司实现客户关系维护,从而使移动公司更乐于接受这一方案是需要研究的内容。经过分析论证,某邮政局决定充分利用已经获得的《特别关注》在本省分印点的权利,整合邮政业务资源,"打造"《特别关注》：

(1) 在每期杂志封面右上角印刷"某地移动公司赠阅"字样；

(2) 每期免费赠送封二、封三整版广告；

(3) 对杂志以塑料袋封装,根据移动提供的客户名址,以挂号信方式投递。

经过发行、广告、邮递三大业务整合打造,《特别关注》已延展为实实在在体现移动形象的回馈用品,为此次营销的成功奠定了基础。

（二）方案营销，对比体现特别价值

方案制定后,某邮政局立即对移动公司开展公关,争取在尽可能短的时间内赢得对方的支持。但如何让移动公司放弃先前的回馈方案而采用邮政的策划方案仍面临许多困难。在此情况下,该邮政将《特别关注》赠阅方案与移动公司的初步方案进行了对比,通过分析其优势来说服客户：

(1) 每年每位客户60元的投入,相较于一次性赠送话费、购物卡和手机的方案,更能实现周期性、个性化的客户维护；

(2) 推出了特别的×市移动专刊；

(3) 树立了移动高品位、用户至上的企业形象。

经过分析,移动公司的领导层对这种回馈方案产生了浓厚的兴趣,当即确定将赠阅《特别关注》作为最主要的客户回馈方式,并与邮政签订了合作协议。

（三）优质服务，全面体现策划价值

为确保服务质量,为今后与移动公司的持续合作打下基础,在《特别关注》第一期开始投递之后,市局发行部门对杂志的赠阅服务进行了跟踪调查和整改,对前一期投递过程中反馈的不准确和不详细地址向移动公司逐一沟通落实,同时,委派专人处理客户投诉,并定期进行回访。

完善的服务赢得了移动客户的好评,经移动公司调查,接受杂志赠阅的客户在网率达到99%以上。移动公司对邮政的服务表示满意。2005年年底,双方又签订了2006年继续合作的协议。

五、取得成效

在2004年年底《特别关注》的赠阅活动中,移动客户共订阅《特别关注》4.1万份,实现报刊流转额240多万元;之后,某邮政局又针对年底移动公司开发入网新户的活动,拟定了"入移动网,赠《××广播电视报》"的促销方案,订阅《××广播电视报》近3万份,实现流转额148万元;2005年年底移动公司又为客户赠阅《特别关注》3万份,实现流转额180万元。报刊赠阅方案的实施,不但为邮政企业创造了较高的效益,同时提升了移动的服务形象,帮助移动公司有效地进行了客户维护和市场拓展,达到了邮企双方共赢的目的。

案例分析

1. 案例中某邮政局成功的关键是什么?
2. 在实际的运作中如何实现邮政和客户的双赢?

【案例三】

某支局报刊发行业务市场开发案例

支局是与客户直接接触的门店,支局服务的好坏,代表了中国邮政对客户服务的形象,她是我们的"脸面"。客户需要一张"笑脸",使他们感到温暖;客户需要被重视,使他们感到需求的满足。

一、支局报刊订阅市场的开发

作为一名支局长,首先要分析你所管辖地段的客户情况构成,掌握所辖地区居住人员的文化层次,了解他们的文化需求,为他们提供更为人性化的优质服务。"视客户为亲人",你会为亲人提供什么样的服务?只有这样面对所有客户,才能更好地巩固老客户,发展新客户。其次,开发市场的目的是什么?可能有多种答案,但是最重要的是扩大市场占有率。市场占有率是由老客户、新客户组成的。试想,如果开发了新客户,丢掉了老客户,永远不可能扩大市场占有率。

(一)稳定老客户是市场开发的第一步

据有关资料显示,发展一位新客户的投入是巩固一位老客户的5倍以上。因此,维护老客户是降低成本、节省时间和提高效率的最好方法。在经营活动中,片面地强调吸引新客户,而忽视维护已有客户,服务中存在的诸多问题得不到及时有效的解决,造成客户大量流失。新客户来,同时老客户丢,如此不断循环,"漏斗原理"发生作用。留住老客户就如同建起一座蓄水池,如同有了深度开发的矿藏。

客户维护与客户开发是相互影响的。获得满意服务的老客户会为企业推荐潜在客户,这比我们自己的宣传更有说服力,更容易得到其他客户的接受;反之失望的老客户会打消潜在客户的订阅意图。就如同多米诺骨牌现象,客户对企业的传播作用不可低估,能对企业的声誉产生很大的影响力。在市场日臻成熟的今天,我们已经看到,客户在确定订阅关系之前,往往要收集大量的信息资料,并听取有经验的人的推荐后,才做出决定,这是我们必须面对的现实。如何才能维护好老客户呢?

(1) 树立老客户就是"上帝"的理念。
(2) 用感情和利益培养老顾客。

老顾客是靠感情培养的,也同样是靠一点一滴的优惠获得的。所以在我们固执地执行一些政策的时候,我们放走了多少老顾客呢?我们为什么不能在服务条款的基础上,为客户提供一些个性化服务呢?

(3) 真诚是维系与客户关系的纽带。

"人不信则不立""以诚相待",这是历经岁月洗礼的箴言。在此我介绍两个北京局客户维护工作的事例。

第一个事例是某邮局的"五日客户维护"。"五日",即平日、生日、假日、节日、特殊日。

客户维护工作并不是一朝一夕的事情,需要经常性与客户沟通交流,主动了解并及时满足客户的需求,以表达对客户的一份关爱之言,关心之情,关注之意。在此我们注重做好以下四点:一是用执着与真情打动客户。某单位发行站负责人,因利益关系,多年来有部分报刊在社会渠道发行公司订阅。为此该局支局长、发行班长、区报刊公司经理、营销主管等多次上门拜访,并在节日、生日送贺卡、送鲜花,经过长期的感情营销和细致服务,最终以诚心诚意感动对方,使其将在外渠道订阅的报刊统统交由邮局订阅。二是关键时刻见真情。2003年"非典"期间,人心惶惶,人们尽量不出门,以减少与外界的接触,但即便是如此敏感的时期,支局长和发行班长还是没有忘记客户,他们主动与客户联系,关注客户的安危。特别是在"非典"前期,预防物资供应奇缺的时候,他们主动为客户送去了消毒液、口罩等防护物资,客户们非常感动,认为在生死关头的严峻时刻,邮局能够想着客户,惦记着客户。三是客户需求无小事。2005年度,我局党报党刊集订分送高端客户——某单位领导家小孩因心脏病住院治疗,得知情况后,区公司经理、支局长当晚九点多钟赶到医院前去探望,表示关心慰问,让其感到既意外又惊喜。某邮局界内的某单位,因该单位收发室工作量较大,要求提供延伸服务,主要负责报刊分发和邮件代收,得知情况后,支局长积极与上级领导请示,委派一名职工进驻该单位,将此设为代收代办类邮政网点,从根本上满足了客户需求,解决了客户后顾之忧。四是节假日、生日送祝福。每年支局都邀请高端客户和大客户参加联谊,并在两日期间送上鲜花。同时,区局、区公司也在此时送上节日贺卡以示祝福,而且一定额度以上的客户每年还将适时接到生日礼物。一张小小的贺卡和一份精巧的生日纪念品以及平日一个小小的问候电话和短信,都将寄予了我们对客户的一份关注和挂念。

经验归纳:平日,可通过电话问候客户了解我们工作中的不足,及时解决,密切沟通,特别是对邮局收订、投递服务存在问题的客户,要重点维护;生日,可以通过赠送邮册等纪念品的形式,在客户生日的时候送去问候;节日、假日,可以通过发短信、寄明信片、送礼品等形式对客户进行问候;特殊日,可以通过鲜花礼仪传递祝福。

在年度收订中,邮政的投递员也有很出色的范例。某市邮政局发投公司有一名投递员刘师傅已近50岁,在2005年报刊大收订中光《青岛早报》《青岛都市报》就新增80多份,被评为发投公司"十大报刊收订状元"。当被问及成功的经验时,刘师傅坦诚地说:"要随时关注你的订户,做一个有心人,哪怕只是见面问一声'您好!有需要我帮忙的吗?'"刘师傅是一名临时投递员,参加邮政投递工作仅仅两年。虽然年龄较大,但他非常喜欢邮政投递工作,在工作中,他会抓住每一个与用户沟通的机会。新订户第一次投递时他一定会见一见订户的面,说一声:"师傅您好!我是这一片的邮递员。今后您的报纸就由我来为您送了,有什么问题和需要帮忙的您尽管说。这是我的联系电话,有事常联系。"每月到交电话费的时间他会提醒年龄较大的大爷大妈:"大爷(大妈),这个月的电话费您交了吗?不方便的话我给捎着交上。"对单位的传达室更是想方设法搞好关系,每天见面就像老朋友一样,有时还开个玩笑……

在投递段上有了这样的好人缘,揽收报刊只是水到渠成的事。段上有一位老大爷知道了刘师傅有收订计划,主动订了一份《青岛早报》,后来才知道,老大爷根本不识字。老大爷说:"就凭刘师傅这个人,我愿意订,我支持他的工作。"

只有维护好老客户,才能使我们的业务变成真正的"木本"业务。

(二) 通过有效营销,开发报刊新客户

什么是营销?菲利普·科特勒说:"营销就是致力于发现顾客的需求,并以此为基础来生产适销对路的产品。简而言之,营销旨在发现和满足人类的需求。"从大师的话里,我们可以读出几重意思:

- 需求是针对顾客的需求

顾客是多种多样的,他们有各种各样的偏好。一个希望将一种产品强加给顾客就认为顾客会喜欢的企业其实想错了,因为如果我们站在顾客的角度来思考这个问题是否还会像以前那样想呢?

所以,在报刊市场开发中,各位局长首先要对本局界内的客户情况进行分析,了解其需求后,再确定向他们推荐什么报刊品种。如果是党政机关,肯定是以党报党刊为主,如《人民日报》及省市级党报;如果推荐的对象是中老年人,这部分人喜欢怀旧,就可以向他们推荐向《作家文摘》以及健康保健类的报刊,也就是说"投其所好,看人下菜碟"这个理念。

简而言之,想办法把产品卖给客户是推销;想办法告诉客户这就是你需要的东西才是营销。营销的过程是让客户明白这样做是为了提升你的价值,是为了让你受益,而不是单纯为"我"谋取利益。

- 挖掘顾客的潜在需求

假如我们的营销人员推销的商品是一种水果——李子,当他们面对买李子的老太太,应该如何掌控语言,以发掘顾客真正的需求,并针对顾客的需求引导消费,实现最大的销售业绩呢?

顾客的需求永远是多方面的。销售产品时,除了抓住顾客的外在需求,还要深入了解启发客户的潜在需求。因为,销售希望远比销售产品更重要。

(1) 公费订阅市场:紧密依靠各级地方党委和宣传部门做好党报党刊收订,确保党报党刊收订任务的完成。

虽然邮政现在是公司化运营,但它还担负着普遍服务的职责。党报党刊的发行工作,是我们义不容辞的一项政治任务。为此,支局长要带领收订人员和营销队伍,依靠各级党委宣传部门进行党报党刊的收订工作。除继续做好党政机关、企事业单位等老客户的党报党刊收订工作外,还要积极开发党报党刊增量市场。要到社区、乡镇文化站和老年活动中心,宣传党报党刊的订阅工作;努力做好党报党刊进宾馆饭店客房、入餐馆酒楼、上出租车等工作;鼓励社会力量(如报刊社、政府部门、企事业单位)将重点党报党刊捐赠给贫困地区,实施文化扶贫。

某支局地处城乡接合部,人口构成比较复杂。为做好2007年度收订工作,支局长亲自挂帅,并就党报党刊收订工作进行了专门安排。一是确保去年基数,消灭空白点。针对支局辖区内部分单位搬迁、部分报纸自办的情况,要求投递员按照去年的订阅情况进行排查,对道段内市属单位、饭店、物业、房地产公司等单位逐户上门征订。其中,辖区内的重点机关、企业,由支局长负责亲自上门走访。二是借力发展,保证党报党刊订阅范围。为做好党报党刊的收订工作,支局长亲自到所属的镇政府及各村委会、街道办事处进行走访、宣传,通过现场收订、集订分送、上门走访等有效方式催订、劝订,超额完成党报党刊收订任务,其中仅镇政府及各大队、村委会就完成流转额16万余元。三是寻找切入点,发展报刊增量市场。某学院是一所军事院校,是支局重点维护的大客户,为做好其收订工作,支局长亲自与学院领导联系,在保证加强党报党刊订阅的同时,侧重老师、同学的教辅类报刊,提供现场收订服务,实现订阅流转额17万余元。同时,以提高员工文化素质,营建和谐企业为切入点,成功说服汽车销售公司老总订阅报刊流转额近万元。

2007年度收订,该局完成报刊流转额51万余元,完成收订目标的107%,同比增长10万余元。

(2) 私费订阅市场:以畅销报刊和地域性都市类报刊为突破口,深入社区、物业、电梯间有针对性地发放宣传品,大力开发社区私费市场,同时赋予报刊营销更多的文化气息,与构建和谐社会、和谐社区、和谐家庭相结合,倡导孝敬父母送报刊活动。

随着经济和城市的发展,居民收入水平的提高,对报刊文化市场的需求也随之提高,为报刊发行提供了良好的社会环境和广阔的发展空间。因此,私费市场发展潜力巨大。其中,社区是私费订阅的主战场。我们首先要解决的就是进社区难、收订渠道不畅通的问题。对此,支局长要安排专人加强与社区居(家)委会、物业公司等部门的联系,建立稳定的合作关系,组织代收代投,为社区收订创造条件。其次,要将重点放在社区收订宣传上,利用双休日及平日有效时间段,不定期开展上门或现场收订,提出"亲情订阅"的理念。

某地有两个新建超大型居民居住社区,居住居民近40万人。为做好其私费收订工作,该地邮政局在收订前期,多次与小区物业管理部门联系,组织社区现场收订20余次。每次收订前,都在小区提前公告,并在收订前逐户发放报刊宣传单,做到客户选订报刊心中有数,同时该局局长带领收订人员进行"扫楼",逐门逐户敲门收订。现场收订时,做到收订用品"三齐全",即报刊目录齐全、样报样刊齐全、订阅纪念品齐全。由于工作扎实,在2007年度大收订工作中这两个社区共创收流转额30余万元,获得了很好的经济效益。

(3) 专项市场:对专项特定市场要根据客户的需求,提供不同深度的报刊收订、投递等服务,满足客户个性化需求。

① 校园市场:加强与校方联系和攻关,取得老师、班主任支持,并印制针对性强的校园报刊宣传单,有针对性地发放。

院校市场是一个全面而完整的市场,涵盖了一个人成人前的不同生长阶段,每年仅在某地的订阅流转额就达到5 000万元以上,而邮政校园报刊的收订流转额只有200余万元,不难看出这是一个潜力巨大的市场。虽然社会公司在校园报刊征订中占主要地位,但随着国家"反商业贿赂""一费制教育""公务员行为规范"等一系列政策法规的出台,对于学校及社会公司的操作起到了限制的作用,这恰恰给邮政扩大校园报刊市场带来了契机。在此,介绍一下在2007年校园收订中的一些心得体会。

通过2007年的实战营销,我们发现,支局只要做好以下几点,就能在院校订阅工作起到很好的成效。一是支局要发挥属地管片优势,积极做好小学报刊宣传投递工作。2007年度收订期间,我局通过投递员插箱投递了近50万张小学宣传单。二是结合支局自身优势,由支局长带头与属地学校校长、大队辅导员联系,通过老师、校团委、学生会代发,发行人员或营销人员进校园发放,学校门口发放等多种手段发放宣传单10万余张,使我们的宣传信息有效地传递到了学生中去。三是支局长带头启动全员营销,落实院校客户经理制,实行专人开发、专人维护。通过2007年的校园报刊专项营销,在社会报刊公司长期垄断校园报刊市场的局面中,邮局较好地提高了市场份额,重点推广的45种校园报刊的订阅量同比增长51%;流转额同比增长178万元,增幅达57%。

② 写字楼市场:针对高端白领市场,尝试建立楼层收投一体的有效机制。

写字楼市场作为高端市场,人群多为白领阶层,具有较高的消费能力。仅就当地而言,就有甲级写字楼200余家,每天固定上班人群超过37万人,流动人口超过22万人,市场发展潜力巨大。根据写字楼人群的工作特点和消费需求,支局应将邮发的时事类和时尚消费类报刊作为写字楼营销推荐的重点,由支局长带队,以公司主管或办公室主任等高管人员作为主攻对象,辅以代办费奖励政策进行营销攻关,并定期将产品册、样刊及宣传单投送至客户手中,增强感性认识,协助做好征订工作。对普通员工订阅,支局可安排专人负责,利用员工取、送邮件,或外出就餐等时间进行报刊收订营销工作。在此推广某邮局写字楼邮电所通过"投揽一体"的运作模式,开展报刊收订的一些经验。

随着社会的不断发展,某邮局周边发生了变化,原有的大工厂、大企业大多关停并转,客户结构发生了变化。针对这一情况,某局及时转变思路,利用自身地处CBD商圈,大厦、写字楼、商住两用楼云集的优势,将目光锁定在写字楼商厦。面对写字楼内激烈的竞争,2007年度收订前夕,在支局长的带领下,全局对写字楼商厦客户构成进行了全面摸底,确定了"充分发挥地域优势,利用投揽一体的良性机制,重点拓展商厦报刊收订市场"的思路。该局共有邮电所14个,均采取投揽一体的运行机制,即商厦的所有进口邮件报刊均由邮电所负责分发投送,在投送的同时,了解客户用邮需求并将邮件揽收回来。这使邮政有了与驻厦公司直接接触的机会,能够深入到业务开发的最前沿,减少了收发部门这一容易造成责任扯皮的中间环节,提高了邮件报刊的分发投送时限和准确率,减轻了商厦方收发部门的工作压力,赢得了客户的信任。通过几年的实践,投揽一体成为邮政售前、售中、售后三位一体完美结合的成熟运作模式,是实现与客户"双赢"的最佳途径。2007年,该局重点发挥投揽一体在年度报刊收订工作中的作用,以某邮电所十几个窗口为阵地,充分利用所内投递员、揽收员进行多角度、多层面的宣传,给客户一个"该订报刊了"的感知,让客户提早下单、提早订阅,同时也给客户在日后养成"到期订阅"的条件反射,为订阅工作打下基础。2007年,该局商厦报刊收订流转额达到150多万元,占到全局收订流转额的四分之一,实现了对专业市场的较大突破。

③ 图书馆市场:灵活掌握代办酬金政策,为图书馆提供综合用邮服务优惠。

图书馆市场订阅潜力较大,是邮政需要高度重视的优质客户,具有订阅品种多、订阅量大且投递集中、成本投入小等特点,也因此一直是报刊发行市场竞争的热点。面对这样的客户,邮政必须采取一切办法来为客户提供最优质的服务,并尽可能把各项日常工作做实做细,发现问题及时圆满地为客户解决,这样才能保证客户稳定。如何做才能做实做细呢?下面介绍某邮局在图书馆市场开发方面的案例。

某图书馆于2004年在某邮电支局订阅报刊,当时的年订阅流转额为40万元左右。通过一段时间的接触和了解,发现该单位在非邮政渠道也订阅了大量报刊且金额近80万元。根据这一情况,某邮电支局高度重视,专门安排了一名支局长负责该图书馆的沟通、协调工作。在日常对客户进行定期走访的基础上,支局和投递部门的负责人还多次与客户进行面对面的座谈,及时听取客户在日常工作中发现的一些问题及缺报少刊的具体情况,并在第一时间内为客户解决实际问题。为保证报刊投递的准确率,投递部门还安排专人每日点数、打印报刊投递清单,做到报刊专人负责、专人投递、当面交接,以利于客户进行核对。经过这几年的不懈努力,支局以优质的服务赢得了客户的信任,所有报刊全部回归邮发渠道,报刊流转额已达到118余万元。

如果全国4万名支局长都能守住原有的订阅市场,开发新的订阅市场,那么邮政的报刊发行市场将是非常牢固的,报刊发行市场将会越拓越宽。

二、支局报刊零售市场的开发

(一) 了解周边客户文化层次,有针对性地选择零售报刊

1. 抓住营销时机,开展节日营销

结合特定假日(如"六一"儿童节),支局加大儿童类期刊要货量,组织流动销售,在支局门口、游乐园等人流量较大的场所开展定点销售。同时,可以提前组织一批儿童类礼品书,配套进行销售,烘托节日氛围,取得较好的社会效果和经济效益。

2007年春节期间,某局针对春节期间的各类电视报特刊,特别是《中国电视报》《陕西电视报》开展专项营销活动。各局都加大了报刊角等经营网点的宣传力度,有的局还在经营网点前悬挂宣传牌,提醒读者注意购买专版电视报的时间,主动联系各零售网点经营户,提前要数,提高电视类报纸春节专版的销售量。春节期间,全省仅电视类报纸销售额共计达到5.3万元。

2. 结合新闻热点,紧贴市场动态

报刊零售业务要有大的发展,与重大体育赛事、社会热点新闻和突发事件息息相关,要将时点销售作为报刊零售业务发展的重点工作。因此,密切关注市场变化,成为报刊零售业务发展的新增长点。

(1) 对于国家召开重大会议、体育赛事等热点新闻,是事先可预知的,零售部门要结合社会热点,选择相应的报刊品种,提前要货,加强宣传,促进销售。

某局2006年3月13日"2006年全国中超联赛开幕式"当天,《体坛周报》的零售量突破4万份大关。6月10日,全省有15个市、县局参与了三大都市类报纸高考答案增刊的零售工作,要数量达1.03万份。"世界杯"期间,全省共新增要数局18个,实现体育类报刊流转额143.37万元,增加业务收入近32万元。10月份,抓住朝鲜核问题等时政新闻卖点,连续三周《环球时报》周五版报纸突破1.8万份,日均期发数达1.44万份,创销售新高。

(2) 对于类似于美国"9·11"恐怖袭击这一类事件,零售部门无法提前预知的突发性新闻,要有敏感的嗅觉,及时搜集市场信息,选择相关报刊品种,积极与报刊社联系,增加要数,既可以满足市场需求,又可以带来经济效益。

2005年"7·7伦敦爆炸案"发生,某省各市县局及时分析市场情况,向零售公司增加要数,使《参考消息》《环球时报》当天销售量增加将近5 000份(增幅20%以上)。

3. 把握零售报刊时点销售的关键,就是在看似平常的"无"中,发现蕴藏价值的"有"

要求从事零售业务的人员有较高的市场敏感度和市场销售意识,通过关心家事、国事、天下事,从而发现商机、把握卖点,实现增量销售。

(二) 开架售书

支局零售经营可以借鉴连锁超市的经营模式,通过将报刊和图书销售场地优化组合,形成自选超市,吸引读者进来选购,从而贴近读者,促使读者多看、多买。

支局可以将图书销售和报刊销售有机结合,灵活整合各方面资源,将图书和报刊有机结合可以适时推出一些有针对性的促销活动,例如,购买报刊一定数额可优惠购书等促销活动,灵活运用折扣空间,提高读者购买的可能性。

(三) 开办预约零售业务

预约零售业务是指读者预约订购报刊,并到零售网点自取的销售方式。

支局预约零售业务要充分发挥报刊品种全的优势,突出特色,与报刊亭零售实现差异化经营。

支局要发挥属地优势,对所辖区域读者特点进行分析,选择性地进购一些冷门报刊或专业

类报刊。对于需要不定期撰写的论文、评论、文章或有购买专业性杂志、行业类期刊需求的客户,要及时宣传预约零售业务,满足读者需求,及时记录客户需要的专业类期刊,并与读者商定到局领取时间,实现与报刊亭的差异化经营。同时,对于经常出差和经常到邮局办业务的客户,均可突出预约零售业务品种全、可预订报刊的优势,方便客户购买。

开发单位零售卡业务。到辖区效益较好的单位推销有面值的零售报刊消费卡,发给职工购买报刊。

三、售后服务

售后服务是客户维护的重要组成部分。不管在什么情况下,要想与客户保持长久的关系,就要在售后服务中,想客户之所想,诚信有效地解决他们希望你解决的问题。在发行业务中,报刊投递是售后服务的重中之重,各位支局长务必给予高度重视。

在现实工作中,报刊订阅后的问题是经常发生的,在这里仅以报刊发行业务中的集订分送业务进行举例。

2007年3月,集团公司在全国开展了《纳税人报·培训专刊》的差额集订分送业务,但据报社调查,妥投率最好的省仅达到60%,引起了报社的强烈不满,对邮政发行服务客户能力产生了强烈的质疑。2007年报刊大收订结束前,商务部向全国农村每一个行政村赠阅《新农村商报》,但各订销局包括各支局应录卡片的录入率较低,很多支局存在漏录卡片问题,同时投递质量也很不尽如人意,影响了报刊社开展集订分送业务的积极性。

报刊集订分送业务省去了邮政部门收订成本,是一项高效业务,各支局要正确认识,高度重视,按照上级分配的卡片清单及时完整地录入卡片,并在首期投递时要向订户(单位收发室)缮发投递清单,注明集订分送报刊的名称、代号、起止定期、份数、收报人等信息,避免收发室二次分发投递时错分、错投。

售后服务主要做好以下四方面工作。

(一) 报刊查询

客户订阅了报刊但没有收到,可能有多种原因。有可能是邮政工作上的疏忽,有可能是报刊社的原因,也有可能是客户自己的原因。但不管是谁的原因,作为支局长要教育培训职工严格执行"首问责任制"的原则,不能推三阻四,踢皮球,即使不是我们的责任,也要耐心做好解释工作,让客户满意而去。

(二) 客户投诉

客户投诉肯定是因我们工作出现了问题。事实上,客户所反映的信息往往是客户全部感受中的一小部分,只是露出海面的冰山一角。当出现投诉的时候,背后或许已经失去了10倍的客户。所以对这些向企业提出批评的客户,实际上标志着他会是一个比较忠诚的客户。对于这样的客户,我们更加珍视,耐心倾听客户反映的问题,能解决的当时解决,不能当时解决的请相关部门协调解决。

对此,各位局长要转变思想,不要认为客户投诉是找我们的毛病,没事找事儿,应该以积极的态度对待客户的投诉。换句话说,客户的投诉是给我们照镜子,帮助我们洗掉脸上的尘土,也是最后一次绝佳的营销机会,坏事变好事的例子也不在少数。

当然除了正常受理投诉以外,我们还要积极主动地搜集用户意见。我们要把工作做在平常,不能到了收订时再去求用户,"功夫都在收订之外"!

(三) 报刊补偿

对于报刊的短少和缺失,在我们的工作中是经常遇到的问题,在这个问题上集团公司有明确的制度要求,我们除了应该按照要求执行外,对有特殊需求的客户还应该给予更加人性化的服务。

(四)办理报刊登记为客户寻找报刊

支局开办零售业务要充分满足客户购买报刊、阅读报刊的需要,对于客户提出需要购买的报刊,特别是一些过期报刊,邮局工作人员应单独建立专门的报刊登记簿,详细记录客户需要的报刊名称、份数及联系电话等,及时与报刊社联系,满足客户寻找报刊的需求,为读者提供全方位服务,使读者到邮局办理业务像到"家"一样的感觉。

案例分析

1. 本案例主要从邮政支局层面介绍了报刊发行业务的市场开发,请从案例的介绍进行总结"支局如何做好报刊发行工作"?

2. 新客户开发与老客户维护,你认为哪个更重要,为什么?

【案例四】

《特别文摘》企业形象期刊整合营销案例

一、市场分析

《特别文摘》是全国畅销报刊《中国剪报》的子刊,是特别为中年读者群打造的全新概念的文摘类期刊。

《特别文摘》关注时事、关怀人生、关爱心灵,为中青年人完善自我、和谐家庭、成就事业提供适用资讯,深受广大读者的喜爱,市场前景广阔。

《特别文摘》创刊后,报刊社推行了编辑由报社完成,发行和内页广告全部委托邮政经营并承担印刷费用的"编发分营"全新运作模式,对于邮政而言具有市场空间广阔、发行收益明显、经营风险可控的特点。

为优化业务结构,以《特别文摘》的规模发展为切入点,策划组织开展全区企业形象期刊整合营销,完全可以形成由期刊带动发行、函广业务同步增长、跳跃式发展的良好态势。

二、开发过程

整合营销划分为竞赛性营销(突击征订 2007 年 5 月 25 日—6 月 20 日)和长效性营销(征订与广告揽收 2007 年 7 月—2008 年 12 月)两个阶段。

(一)准备阶段

1. 营销立项

4 月 28 日,在全区经营工作会议上立项,开展《特别文摘》企业形象期刊整合营销竞赛活动。

2. 组织实施

市局成立以分管局长、相关职能部室及专业局领导及专业营销人员参加的营销领导小组,大客户中心牵头策划、组织、指挥、协调本次营销竞赛活动。各市(县)局成立相应的领导班子。发投局、函件局成立营销项目组。

3. 方案制定

(1)明确营销主题。订阅扩充读者和扩大规模并重,确保订阅份数和流转额预期目标同步实现。广告、承揽和选登并重,确保广告收入和拓展效益预期目标的同期效果。

(2) 明确营销目标。实现直接营销目标：一次性收订《特别文摘》25 000 份以上，报刊流转额 225 万元以上；期刊广告收入不低于 10 万元/月。

达到经营发展目的：考验市县一体化运作、专业化营销、项目营销的响应度和执行力；调整报刊比重，优化业务结构，扭转期刊比例低于全省平均水平的状况；整合发行和商函广告资源，借助期刊品牌，拓展 DM 广告(本册型)业务市场；探索发行新型营销模式，寻找 2008 年度报刊大收订新的业务增长点；夯实基础，超强发展，巩固先进地位。

(3) 明确营销防范。不得以任何理由向发行、广告专职营销人员以外的员工个人下达硬性指标；不得强迫或变相强迫员工个人垫款订阅；不得以折扣方式征订期刊或低于底价方式揽收广告；不得以赠代订或以赠代揽。

4. 认识到位

本次营销工作是省公司成立以来，在邮政市场化运作的新形势下确定的首个全省企业形象期刊，是邮报双方全面合作的新尝试，是邮政与刊社在"编、印、发、广"深层次合作的新探索。营销效果优劣，既检验专业营销能力、反映企业执行力的高低，又对如何顺应邮政改革的形势，促进各项业务又好又快发展起着深远的影响。

5. 全面发动

5 月 11 日，召开全区《特别文摘》征订及广告揽收专题会议。其后，各市(县)局召开相关会议再落实。6 月 1 日，市局召开局长办公会再细化。

6. 样本到位

6 月 1 日前，《特别文摘》1 000 本样刊市局组织并分发到位；订阅和广告的专项营销宣传单册分发投递到位。

(二) 营销阶段

1. 实施通报，浓烈氛围

各市(县)局情况每周一、周四下午上报市局。市局每周二、周五定期通报营销进展情况和营销亮点，促进营销工作快速推进。

2. 加强审核，保证质量

为保证全区广告发布的顺利实施，各局揽收的当期杂志广告在第一时间书面向市函件局上报，市局汇总各局信息及时进行全区通报和协调，便于各局能更好地洽谈全区发布广告。

各市(县)局每月底将本局下期杂志广告揽收情况书面传真至市函件局。

3. 专题分析，深度推进

6 月 10 日，召开专题营销分析会，并邀请省行发行局领导现场指导与传授兄弟局经验，加大营销工作力度。

4. 及时总结，实施冲刺

6 月 15 日，市局对全区前期营销情况进行小结并部署实施营销冲刺。

(三) 总结阶段

(1) 6 月 22 日，市局通报营销情况，要求"意志不懈"。

(2) 6 月 29 日，市局在纪念建党 86 周年大会期间进行总结表彰，提出"营销不停"。

(3) 7 月 1 日前，通报全区营销工作情况，兑现各项奖励，做到"力度不减"。

(4) 7 月中旬，《特别文摘》企业形象期刊整合营销活动形成案例，达到"节奏不慢"。

三、营销战略

(一) 定位策略

1. 对订阅散户的定位

(1) 以大中专院校师生为主要对象；

(2) 以 30~50 岁年龄组读者为主要对象；
(3) 以党政机关工作人员、企事业单位员工、工商业主、自由职业者等为主要对象。

2．对集团客户的定位

主要选择房地产、建材、汽车、通信、金融、保险、教育、品牌服装、时尚休闲、餐饮等行业。对移动公司优先开放，实行"三优"，同时采取"排他"原则。

(二) 经营策略

(1) 专业营销与全员营销相结合，以专业为主；
(2) 集团客户与散户相结合，以集团为主；
(3) 订阅短线(2007年7月—12月)与长线(2007年7月—2008年12月)相结合，以长线为主；
(4) 广告揽收与回馈相结合，以揽收为主；
(5) 订阅赠广告与做广告赠期刊相结合，实现相互拉动；
(6) 订阅保量与零售放量相结合，实现相互补充。

(三) 价格策略

(1) 对订阅客户(自费)"订一年，送半年"，实施消费诱导；
(2) 将《特别文摘》同一载体广告，分地域发布，制定全区和本市(县)发布两种价格；
(3) 针对客户不同等级，实施差异价格管理；
(4) 实行"订阅期刊，赠送版面；发布广告，赠送期刊"的回馈方式。

(四) 宣传策略

由于《特别文摘》上市时间不长，加之我局前期重点推荐过《特别关注》，读者容易和《特别关注》概念相混淆。针对这一实际情况，我局采取以下宣传策略。

"先阅读后推介"——由发行局组织一批样刊，首先供职工自己阅读，在充分了解杂志内容、栏目、质量的基础上，上门现身说法，有的放矢地向读者推介，掌握收订主动权。

"先赠阅后订阅"——由职工带上样刊，赠读者免费阅读，让读者亲自感悟这本杂志的独特风格，激发读者的订阅热情。通过职工与读者的双向认知，产生宣传联动效应，扩大该刊市场知名度。

"自拉自唱"——利用邮政自身媒体和渠道，做好《特别文摘》订阅和广告的专项营销宣传。

(五) 激励政策

1．分层运作

发投局——组织投递员开展"365天天天都是收订日"活动，实行"洗街、洗楼、洗户"的收订竞赛。

报零公司——适当加大折扣率，以零售扩大宣传、促进订阅、降低成本、拉动效益。

函件分局——落实客户经理，细分市场，锁定目标，有针对性地开展广告揽收。

职能部室、其他公司、班组——对平时有业务往来或较熟悉的中小企事业单位进行拉网式的征订。

项目组——对高端客户(指年用邮量3万元以上的大客户)进行公关，实施方案营销。

2．PK 竞赛

市(县)局与市(县)局、部门与部门、班组与班组开展杂志收订和广告揽收劳动竞赛。

3．效益挂钩

(1) 量收与绩效挂钩：投递人员、客户经理按征订与承揽收入的比例奖励。

(2) 实绩与奖励挂钩：非专业部门实行酬金奖励，并根据完成率及超额完成率排名，再增加优胜奖励。

(3) 上下层挂钩：市领导与县局挂钩；职能部室与专业公司、支局挂钩。

(4) 贡献与荣誉挂钩：对收订和揽收中做出突出贡献的个人，颁发特别贡献奖。

(5) 全员营销赛坚持"只奖不罚"。

四、营销效果

(一) 杂志征订满堂红

(1) 全区各局均超额完成竞赛指标。

(2) 一次性收订《特别文摘》28 000份，超计划的12%。

(3) 全区2007年7—12月新增报刊流转额84万元，实现发行收入66万元。

(4) 全区提前实现2008年报刊流转额168万元。

(二) 广告揽收喜盈门

(1) 七、八两月，全区企业形象广告收入逾20万元，下半年可实现广告收入80多万元。

(2) 创新了邮政广告发布载体形式，把《特别文摘》内页广告变为邮政的本册型广告，开拓了邮政广告新渠道。

(三) 品牌价值初体现

(1) 作为战略合作伙伴的泰州移动公司，征订《特别文摘》4 000多份，馈赠VIP客户，并成为期刊广告的签约客户，使《特别文摘》企业形象期刊品牌价值得到初步体现。

(2) 通过整合营销，发展了一批集团客户，《特别文摘》企业期刊的品牌认知度得到再度提升。

五、营销启示

(一) 市县联动是整合营销的前提

实践证明整合营销强化市县联动，以"市为重点，以市带县，县抓示范，典型带动，整体推进，力求突破"的工作模式，才能解决好市、县之间沟通不够，带头单位之间交流不够，非牵头单位主动配合不够等问题；才能变方案为措施，变原则为具体，变整体为细节，变指标为业绩，实现超常规举措，谋求超常规发展。

(二) 认识一致是形成合力的基础

这次整合营销活动，由于全区上下认识一致，做到了目标任务明晰，目标市场明朗，目标客户明确，从而在大力推进重点期刊的规模发展中形成合力：

(1) "一个口号喊到底"，勇于突破，敢于争先的执行合力；

(2) 立足又好又快发展，着力优化业务结构的调整合力；

(3) 注重培养效益型、长效型业务市场的发展合力。

(三) 新思维是拓展市场的保证

在邮局、报刊社、企业三者的互动链之间，彼此都希望借助各方的品牌优势，发展、壮大、提升自我。我们认为开发企业形象期刊是拓展市场的有效途径，通过创新思维，借助媒体品牌，抢先突破，从而实现了报刊流转额和广告收入同步增长的目标，获得先发效应。

案例分析

1. 结合案例谈谈什么是整合营销？你还听说过哪些营销方法？
2. 你认为邮政如何发展企业形象期刊这种业务模式？

本 章 小 结

本章主要介绍了邮政报刊发行业务管理体制、经营状况,提出该业务的市场定位及经营策略,并对该业务开发的典型案例进行了分析。

【阅读材料】

一个卖报老汉的营销哲学

每天坐车上下班,车站总有一个卖报纸的老汉。老汉穿着整洁,精神矍铄,看起来每天的生意都不错。

有一天下班时间不算晚,我从他那买了一份杂志,便和他闲聊了起来。

两年前,老汉下岗了,生活的压力使得他开始打算卖报挣钱(制定工作目标)。几经挑选,发现35路车总站处人流量大、车次多,于是选定在35路车总站卖报(经初步市场分析,选择终端销售点)。

但是,经过几天蹲点发现,车站固定的卖报人已经有了两个(营销环境论证)。其中一个卖了很长的时间了,另一个好像是车站一位驾驶员的熟人(对竞争对手进行初步分析)。如果不做任何准备就直接进场卖报,一定会被人家赶出来的。于是老汉打算从车站的管理人员下手(制定公关策略)。

开始,老汉每天给几位管理人员每人送份报纸。刚开始人家跟他不熟,不要他的报纸。他就说这是在附近卖报多余的,这样和车站管理员一来二去也就熟了。老汉这时就开始大倒苦水,说现在下岗了,在附近卖报销量也不好,一天卖不了几份,而且女儿马上就要参加高考了,高昂的学费实在是无力负担……(与公关对象接触,并获取同情)。人心都是肉长的,车站管理员就热心帮他出主意:那你就到我们车站来卖报嘛。我们这边生意蛮好的,他们每天都能卖几百份呢。大功告成!有了车站管理员的许可,老汉光明正大地进场了。

这场是进了,可一共3个卖报人,卖的可是同样的报纸。老汉冥思苦想一番(进行营销策略分析),有了!另外两个卖报的都是各有一个小摊点,在车站的一左一右。老汉决定,不摆摊,带报纸到等车的人群中和进车厢里卖(差异化营销,渠道创新,变店铺销售为直销)。卖了一段时间下来,老汉还总结了一些门道:等车的人中一般中青年男子喜欢买报纸,上车的人中一般有座位的人喜欢买报纸,并喜欢一边吃早点一边看(消费者分析),有重大新闻时报纸卖得特别多(销售数据分析)。

于是,老汉又有了新创意。每天叫卖报纸时,不再叫喊:快报、晨报、晚报。而是换了叫法,根据新闻来叫。什么伏明霞嫁给53岁的梁锦松啦,汤山投毒案告破啦(对产品进行分析,挖掘USP独特的销售主张)。果然,这一招十分见效,原先许多没打算买的人都纷纷买报纸。几天下来,老汉发现,每天卖的报纸居然比平时多了一半。

同时,老汉还凭借和车站管理员的良好关系,让同样下岗的老婆在车站摆了个小摊,卖豆浆。旁边卖早点的摊点已经有十来个了,带卖豆浆的也有四五家。而老汉不同,老汉只卖豆浆,而且老汉的豆浆是用封口机封装的那种,拿在手上不会洒出去。比人家多花了500多元买的一台封口机,豆浆价格比别人贵一毛钱。坐车吃早点的人通常没法拿饮料,因为怕洒。有了这个封口豆浆,这个问题就解决了(针对目标消费者的潜在需求,开发边缘产品)。结果,老汉老婆的豆浆摊生意出奇地好!

这样做了大约半年左右,车站的一家报摊由于生意不太好就不卖了,于是老汉就接下这个地方支起了自己的报摊。但老汉又有不同:买了政府统一制作的报亭,气派又美观(有统一的VI,有助于提升形象)。老汉的经营品种也从单一的卖报纸发展到卖一些畅销杂志(产品线延伸)。

老汉还会根据什么杂志好卖搞一些优惠,比如说买一本《读者》送一份《作家文摘》之类的,因为杂志赚得比较多(促销策略,用利润空间较大的产品做买赠促销,并选择受欢迎的赠品)。老汉的女儿周末在肯德基打工,经常带回来一些优惠券,于是,这又成了老汉促销的独特武器!买报纸杂志一份,赠送肯德基优惠券一份(整合资源,创造差异化)。

就这样一直做了两年,老汉的卖报生意有声有色。每月的收入都不低于4 000元。现在,老汉又有了新的目标,就是附近的工厂小区。老汉打算在小区出口的小胡同里再开一家新的报亭(利用成型的管理和共享的资源,走连锁经营路线),把女儿将来读研的钱也挣到手!

和老汉的一席谈话,收获颇多。卖报卖出这样的经营哲学,这位老汉才是真正的实战派营销人。

【综合练习】

1. 邮政报刊发行业务的管理体制是什么?
2. 邮政报刊发行业务的定位是什么?
3. 邮政报刊发行业务的经营策略有哪些?
4. 邮政第三方订阅的产品有哪些?

【案例分析】

某省邮政公司创新拓展第三方报刊订阅市场

一、对第三方订阅进行品牌化包装和理论研究

根据集团公司对第三方订阅的业务范畴定义,企业形象期刊、订阅卡、农家书屋为第三方订阅的三大主打业务。经研究,我省认为要在第三方市场获得可持续发展,必须采取品牌化发展战略,以明确的业务定位,规范的营销推广手段,丰富的产品体系,来树立在市场中的品牌形象,因此,我省将第三方订阅业务的核心——企业形象期刊命名为"品牌十",旨在凸显该业务"品牌为翼、企业腾飞"的核心服务理念。

二、积极实践,丰富经验

(一) 积极扩大品牌十企业形象期刊的客户范畴

全省在大力发展金融、通信、保险等传统行业客户的基础上,全力拓展"品牌十"的客户范畴。××局打破常规思维,敏锐把握政策机遇,将目标客户瞄准在当地亭湖区政府,利用经济新区开发建设的时机,成功开发《特别文摘》1万册。同时,该局紧抓节日商机,积极组织开展集团公司牵头的2·14报刊营销活动,将目标锁定在市经济开发区离退休干部管委会,精心组织了《生命时报》《健康时报》等适合老年人阅读的报纸,以政府对离退休人员"离岗不离家,社会统筹是你家"的人文关怀为突破口,成功实现了《生命时报》订阅283份,新增流转额2.4万

元;××局则在开发医院市场方面取得初步成效,已在某市医院老干部病房开展了"品牌＋"期刊"阅读体验"活动,联合《祝您健康》杂志每月提供150份样刊免费赠阅,市场反应较好。

(二) 大力开发婚庆礼仪市场

某局将"品牌＋"融入某市首届婚博会,通过本次活动该局成功与6家婚庆公司签订了正式合作协议,与10多个单位签订了意向性协议。某局营销人员在日常营销过程中,主动问询客户是否有亲朋好友结婚,积极向新人客户推荐"品牌＋"婚庆形象期刊业务。某局在婚庆刊的基础上另行配置一个同样印有新人照片的小拎袋,既解决了杂志的套装,又可放置喜糖等婚宴礼品,提高了"品牌＋"婚庆形象期刊的附加值。

(三) 以数据库营销方式拓展校园形象期刊

某局获悉当地某市职业技术学院存在招生广告宣传的需求,选择了报刊数据库中部分高中三年级班主任、教师及学生作为赠阅客户,并免费提供寄递,对该校的专科招生计划进行宣传。当地某小学作为该市一所棋类特色学校,是国际象棋世界冠军谢军的教练叶江川的母校,该局结合该校学生荣获国际象棋锦标赛小学组团体冠军的机遇,适时地通过《特别文摘》形象期刊来介绍该校的特色和办学成绩。通过该局的精细化服务,成功开发《特别文摘》项目1.4万册,实现报刊流转额7万元。

(四) 查找全省业务空白点,实现一一消灭

2010年年底,该省还有10多个县(市)局未开展企业形象期刊业务,省发行局通过政策引导、业务指导、实地督导等措施,至2011年8月底,全省各局均已全面开展了形象期刊业务,成功消灭了该业务的空白点。

(五) 以个性化营销方案挖掘客户订阅潜力

针对移动、电信、银行和保险公司等单位赠送大客户和广告宣传的需求,制定个性化营销和服务方案,利用数据库营销手段,向其推荐重点报刊和品牌畅销报刊,进一步挖掘其订阅潜力。10月份,某局以其个性化营销、服务方案,通过与一家保险公司的多轮洽谈,一次性实现单期发行《特别文摘》10万册。

(六) 充分发掘报刊订阅卡在集团福利和客户市场维护中的作用,有效扩大公费订阅市场

该省某局在报刊订阅卡的开发上成绩突出,近几年来,报刊订阅卡的使用范围逐年扩大,已成为该地邮政报刊进军文化礼仪市场的主要产品。在此基础上,该局不断创新,在报刊订阅卡的个性化方面作了很多有益的尝试。该市某公司是该局的大客户,已连续多年使用邮政报刊订阅卡作为公司员工的福利。但几年的业务沉积使用卡量渐趋饱和,成为订阅卡业务继续发展的瓶颈。经不断沟通,该局客户经理提出为其设计个性化的报刊订阅卡,即按照企业要求增加订阅卡的企业个性化元素,在卡面打上企业LOGO或广告语,并引导该公司把订阅卡的使用范围由员工福利扩展至客户回馈,此举赢得了客户的赞同,致使该公司一次性购卡达到88万元。

三、努力做好第三方订阅业务的各项支撑工作

(一) 做好营销团队建设工作

为了改变过去营销员单打独斗的局面,省发行局要求各局今年均要成立报刊营销总队,下设报刊营销支队,就各专项市场进行团队营销。充分发挥团队成员的潜能和斗志,以其强大的互补和协同作用,提高营销效率和市场开发成功率。目前全省共建立各营销团队1 500多个。为今后第三方市场的发展提供了有力支撑。

(二) 制作下发企业形象期刊推介手册及折页

为扩大企业形象期刊的知名度,给营销人员有力支撑,2011年全省制作下发了企业形象期刊推介手册及折页共6万份,用于营销人员推介时使用。

(三) 专职客户经理尽心尽职,确保大客户市场逐年提升

大客户是企业发展的核心资源,我省在第三方订阅开发上非常重视大客户的开发与维护,注重大客户资源的日常积累,追求在自身发展的同时为客户带来价值。

谈谈你对邮政第三方订阅市场开发的理解和认识。

第七章 集邮业务经营管理

【学习目标】

掌握集邮业务的管理体制，了解集邮业务经营管理的现状，熟悉集邮业务的主要种类，能对集邮业务开发的典型案例进行点评和分析。

【关键概念】

新邮预订　邮票个性化服务业务　集邮品开发业务　方案营销

【案例导入】

2006年中国邮政推出了一项邮票个性化服务的延伸业务——个性化邮票专题服务。专题服务是指结合某一特定活动，针对特定群体，按照批准的专项内容，向客户提供个性化邮票产品的服务。某省邮政经过充分的市场调研，结合自身实际，以"六·一"儿童节为切入点，儿童为目标市场，推出"金色童年"个性化邮票专题服务。通过"国家名片"这样一种极富永恒纪念意义和收藏价值的特殊形式来记录孩子的成长历程，将孩子童年生活照或肖像制作成个性化邮票，展现儿童健康、活泼、向上、快乐的生活，是一件十分有意义的事情。以个性化邮票作为"六·一"儿童节礼物，既是给孩子童年一个恒久的纪念，也包含着家长对孩子未来的愿景和美好的祝福，不仅充实和丰富了孩子的精神文化生活，培养高尚情操，促进他们的身心健康，同时也可以培养少年儿童的集邮兴趣，提高集邮的影响力，促进集邮业务的健康发展。该省邮政在个性化邮票专题服务的起步阶段，能够挖掘客户需求，找准客户群，积极开发集邮市场，为各地集邮业务开发提供了借鉴。本章将以经营实例的形式对中国邮政集邮业务的经营管理进行介绍。

第一节　集邮业务经营管理基本内容

一、集邮业务管理体制

中华人民共和国成立60多年来，我国集邮事业取得了可喜的成果，在全国范围内已形成了集团公司、省公司、市公司的三级经营管理体制。1993年11月，中国邮票总公司进行了体制改革，将中国邮票总公司改为中国集邮总公司，负责邮资票品和集邮品的销售和经营。邮资票品发行的政府职能移交当时的邮电部，成立了邮票发行局和中国集邮总公司，实现政企分开，专业化经营。1995年10月，当时的邮电部对集邮业务管理又做出若干规定：集邮业务的经营方针、政策由原邮电部邮政司制定；集邮业务的经营管理由原邮政总局负责；中国邮票的出口业务和全国性集邮品的制作发行工作由中国集邮总公司负责。1998年3月，国家邮政局成立，下设邮资票品司，担负通用邮资票品的发行和管理职能。通信用邮资票品是指由通信渠道下发在邮政营业窗口出售的普通邮票、纪特邮票、国际回信券,各类带邮资的普通、纪念、特种、风光邮资信封和明信片、邮简、贺年(有奖)明信片(不包括企业金卡)等。通信用邮资票品由国家邮政局邮资票品管理司、计划财务部、省(含自治区、直辖市,下同)邮政局邮资票品管理部门和财务部门归口管理,省邮政局邮资票品管理部门负责通信用邮资票品的实物管理,省邮政局财务部门负责账务管理及会计核算,地(市)邮政局及其以下单位实物及账务全部由财务部门管理。2007年邮政政企分开后,中国邮政集团公司邮票发行部、中国集邮总公司、省级集邮业务部门与市县集邮业务部门和其他相关部门共同构成我国邮资票品的管理体系。国家邮政局负责纪念邮票的选题和图案审查,负责审定纪念邮票和特种邮票年度计划。

二、集邮业务经营状况分析

(一)集邮业务主要种类

1. 新邮预订业务

新邮预订是指在纪特邮票发行期之前,以预先收取已公布发行纪特邮票的部分或全部票款等方式为集邮用户预订纪特邮票,是纪特邮票的销售方式之一。新邮预订原则上是由集邮用户一次预订全年已公布发行的纪特邮票,也可按已公布发行计划中的种类预订(根据当年具体预订政策办理)。各省邮政公司开展新邮预订和邮品预订,都要和预订户签订诚信承诺书,预订户要保证不在集邮市场炒作所购邮票和邮品。

2. 集邮品开发业务

集邮品开发是指利用邮资票品、邮戳及仿印邮票图案制成的集邮商品,包括首日封、纪念封、镶嵌封、年册、专题邮册、邮折、极限明信片、盖销票、邮戳卡、原地封、卡书和以邮票图案制作的其他材质制品等。

全网集邮品开发业务。全网集邮品是以中国邮政集团公司年度邮票发行计划为主线,同时配合国家大事、要事,由中国集邮总公司统一开发、全国各级集邮经营企业负责销售的全国性集邮产品。全网集邮品开发业务包括常规集邮品开发业务、联合开发业务、年册开发业务和集邮礼品开发业务。

各地集邮品开发业务。根据销售方式的不同可分为定向开发和自主开发。定向开发类集邮品是通过与客户签订全额购买合同,根据客户要求专门为其会议、庆典或其他专项活动开发定制的集邮品。自主开发类集邮品是集邮部门根据市场需求策划开发的集邮品。

【阅读材料】

集邮品定向开发业务情况

定向邮品生产周期短、应时性强、定向制作、宣传效果明显,是客户需求与集邮文化的完美结合,受到越来越多集团大客户的青睐,是集邮业务的重点发展方向。紧抓社会热点活动及节庆市场,通过将企业文化与传统集邮文化的有效融合,为客户量身定做集邮产品,树立了集邮品牌,实现了经济效益。

江苏集邮积极发挥总部营销的指导、协调作用,通过总部营销,逐步形成科学完善的项目管理机制,实现重点营销项目的效率最优化和效益最大化。并且,全省注重对地方文化现象的研究,使邮文化积极融入地方文化之中,扩大邮文化的渗透力。南京公司为江苏凤凰传媒集团制作专题纪念邮册,展现集团的发展与兴盛,展示其企业文化,项目实现收入177万元;苏州公司为苏州大学附属第二医院开发定向邮品,实现收入145万元等。全省还开展了"十大特色营销项目"征集评比活动,以鼓励各局创新项目经营。在2008年,江苏省内邮品开发共实现收入1.38亿元。

河南集邮将定向邮品开发作为经营主方向,引导全省按照"一市一品牌、一县一专题"的经营思路,紧抓社会热点,充分利用品牌优势,积极发挥客户经理作用,借助各地大型活动和集团宣传需求,积极开发定向业务,走文化型精装礼品定位路线,提升集邮产品的文化价值,并通过专业化运作,加强对营销人员的素质培训,重点培养营销人员市场调研能力,方案策划、营销的能力,大客户开发维护能力,建立了一支专职营销队伍,有效提升了对定向邮品业务发展的支撑能力。同时运用省邮政公司的激励政策,充分调动营销人员市场开发的积极性,加快了定向邮品的开发步伐。2008年,全省开发定向邮品实现收入1.58亿元,使集邮业务步入良性发展轨道。

福建集邮全面加大与政府部门的合作力度,在主题营销、首发式活动举办等方面,在发展政府客户的同时,还依托政府力量进行社会宣传,为企业创造了可观的经济效益。2008年,福建集邮通过为省政府定向开发海西专题册,并借助海西项目面向企事业单位定向开发创收1600多万元;借助第六届全国农运会在本省举办之机,为政府提供邮政综合打包服务,定向开发邮品100多万元。在与政府部门的合作中,福建公司一直坚持品牌第一、效益第二的原则,依靠长期不懈的沟通与省政府相关部门建立起了很好的合作关系,不但增加了集邮收入,还为邮政其他业务在省内争取政策创造了基础。

3. 邮票个性化业务

邮票个性化业务是指以带有空白附票的个性化专用邮票为载体,根据用户的正当需要和有关部门规定,在空白附票上印制个性化的内容,赋予空白附票个性化特征,向社会提供邮票个性化服务的业务。利用个性化邮票表现企业的文化内涵和企业形象,是企业对外交往和企业宣传的最佳礼品和纪念品,它具有传播范围广,文化品位和宣传档次较高,制作成本低的特点。既可作为集邮品收藏,又可以在信函中使用,集纪念、宣传、鉴赏和收藏于一体,已成为展示企业形象,纪念企业重大事件的绝佳载体。

【阅读材料】

个性化邮票业务情况

个性化邮票服务业务作为一项新型集邮业务,具有选题灵活、时效性突出、个性化主题内容丰富、制作周期短的特点,充分体现了集邮品的核心优势,是集邮业务发展一个新的增长点。个性化邮票的魅力就在于"个性",在市场化、信息化的时代,无论是经营理念、经营方式,还是服务手段,都把"一对一"式的个性化服务作为占领市场的"利器"。

河南省公司强化宣传,培育市场,通过举办个性化邮票首发式扩大对外知名度和影响力。积极争取地方政府和宣传部门的大力支持,有效提升了集邮知名度和个性化邮票的影响范围。同时依托项目,做大规模,策划具有地方特色的本地题材邮品,如洛阳千姿牡丹、郑州拜祖大典等,具有规模性、系列性和连续性,为该项业务的长远发展奠定了基础。积极收集有效信息,寻求个性化邮票与社会各类热点活动、重大事件和企业庆典活动的切入点和突破口,加大个性化的定向开发力度。河南省2008年共制作个性化邮票75.66万版,同比增长59.1%,实现收入近2 180万元。

河北省公司高度重视个性化业务的发展,把它纳入集邮专业重点考核业务,坚持开展专题服务,培育个性化常规业务市场。几年来河北省根据市场需求,陆续开展了"儿童""婚庆""劳模"等专题服务。经过几年的不断摸索和改进,这些业务已成为个性化的基础性业务。2008年,在河北省开展的专题服务中,共制作个性化邮票3.45万版,其中,县局开发量占到70%。专题业务是省内县局业务量增长的主要途径,它有效地解决了以前个性化邮票单版起印量高,县局客户开发资金不足的问题。

广西壮族自治区紧紧抓住重大主题营销和重要庆典、会展活动,进行全区性个性化项目开发,形成规模效应。广西针对2008年的各项重大主题营销和重要庆典、会展活动制定了专项营销方案,并通过自治区、市、县三级联动,使营销方案得到了很好的落实,给邮票个性化服务业务的发展提供了支撑保障。2008年,共开发奥运火炬传递题材个性化邮票31 450版、开发广西壮族自治区成立50周年题材个性化邮票24 200版、开发第五届中国东盟博览会个性化邮票12 500版、开发第十届南宁国际民歌艺术节个性化邮票13 000版。

4. 年册业务

在全年邮票发行完成后,邮政部门针对不同消费人群开发不同档次的年册,包括普通年册、礼品册、活页册等。同时为满足企业宣传需要,还发行形象宣传年册。形象宣传年册是中国集邮总公司专门设计、印制的,在邮票年册的基础上,增加机关团体、企事业单位的宣传内容,将宣传内容与邮票年册有机结合。以精美的图片、翔实的文字和完善的设计编排,宣传政府形象、打造企业品牌、塑造团体文化。自2002年推出以来,形象宣传年册便以其新颖的形式、精美的设计和包装、丰富的文化内涵成为各机关团体、企事业单位年底时尚、新颖的公关纪念品、宣传品。

【阅读材料】

形象宣传年册业务情况

企业形象年册是邮政各类业务中利润率较高的业务,已经成为集邮四大重点业务之一。各省能够把握好业务发展政策,结合大客户营销及定向营销,创造良好的经济效益和社会效益。

四川省公司把形象年册项目开发作为一项重要的震后重建工作来抓,推出了题为"情系奥运 重建家园"2008年形象宣传年册专项营销方案,并纳入全省推出的"旺季营销活动"项目,专门成立了由省公司领导的项目实施小组,通过"启动动员+现场夺标""现场会+电视电话会"等形式,把项目开发作为一把手工程、政治任务来抓,为全省营销活动的顺利开展提供了坚强的组织保障。并且结合2008年社会热点题材和事件及几年来业务揽收经验,将全省的形象年册目标客户划分为党政军机关部门、行业客户、中小企业市场。除了细分市场,同时致力提高形象年册的附加值,根据客户需求开发抗震救灾、行业特色、奥运纪念、建设成就等不同版本,拓展了形象年册的礼品、商务、纪念宣传等功能。2008年四川省形象年册保持了稳定发展的态势,发展进度一直位列全国第一位。

5. 零售业务

窗口零售是指地(市)、县邮政局设立集邮门市部或集邮台(点),面向社会和广大集邮用户直接出售集邮票品的销售方式。窗口零售品种包括各类邮票,以邮票和邮戳为主加工制作的封、片、折、册等集邮品及其他集邮商品。

6. 进出口业务

中国集邮总公司与世界上30多个国家和地区建立了良好的业务关系,并建立了全球性的营销网络。中国的邮票和集邮品出口到30多个国家和地区。向海外出口的中国邮票和邮品,以浓郁的中国特色受到国外集邮爱好者的喜爱。在国际交往中,集邮品以其丰富的内涵和浓郁的中国特色,成为一条文化纽带。同时为满足国内集邮爱好者的需要,进口中国香港邮政、中国澳门邮政发行的全年邮票及中外联合发行的邮票。

(二)集邮业务收入情况

集邮业务发展有起有落,但是总体显示为上升的发展态势(图7-1),尤其是2009年以后,集邮业务一直处于稳步发展阶段。

在这十年间,2006年是业务收入最低的一年,收入为338 246万元,2013年是业务收入最高的一年,达到了999 760万元。

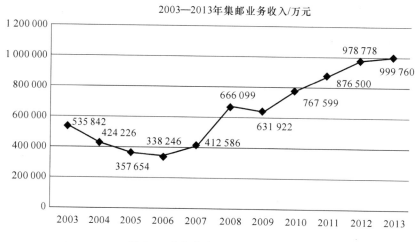

图7-1 各年集邮业务收入分布

从增长幅度来看,2004—2006年一直是负增长,2008年集邮业务增长幅度最大达到了61.44%,2009年出现了-5.13%的小幅度负增长。这个现象的原因是2008年由于北京奥运会的影响集邮业务收入出现了突增,但2009年仅有第十一届全运会,其影响力远远不及奥运会,可见重大活动对集邮收入的影响十分明显,重大事件对集邮业务的拉动作用是十分重要的。在今后的经营中要重视对重大事件的挖掘甚至要主动营造重大事件的氛围。

三、集邮业务经营的定位

(一)集邮业务服务对象

集邮业务的服务对象包括个人客户和团体客户。

个人客户主要有以下几种类型。

(1)集邮爱好者

集邮爱好者是邮票购买的主体,具有数量众多,消费能力较弱等特点,其集邮需求特点是以套票、纪念封、纪念折为购买对象,是开展集邮业务的基础。

（2）集邮收藏者

其需求特点是以某一类别、专题的邮票（如纪特票、编年票等）为收藏对象,讲究齐全、完整,满足个人的收藏心理,购买以后会精心保存,长久收藏。

（3）集邮投资者

此类客户将闲散资金购买邮票作为投资对象,在邮票增值的条件下会将邮票出售。其需求特点是选择一些有长线投资价值的邮票,小型张等为投资对象,持有时间较长。

团体客户主要有：政府机关、企事业单位在节日、周年纪念等庆典活动及开展营销活动时,向客户、合作单位馈赠礼品和纪念品的需求和向员工发放节日礼品、慰问品的需求,同时,政府机关、企事业单位还有使用个性化邮票资源定向开发的宣传用品,来宣传自身形象的需求。多数此类客户会有选择性地购买适合本企业的邮品。其需求特点是要求邮品外观大方、得体,加工精美,能够将礼品的特性与邮票的特点有机地结合起来,增加礼品的内在价值;在数量上多是成批购买,一次性派送或分批派送,每年都有不同的需求。

（二）集邮业务办理渠道

集邮业务的办理渠道主要有窗口零售、新邮预订、网上办理及对大客户的上门营销。

网上集邮业务主要分为信息服务和交易服务两部分。目前由中国集邮总公司建设的全国性集邮平台、各省自建的集邮业务平台提供网络集邮服务。信息服务分三类：发布信息、征集信息和交互信息。发布信息是指发布集邮新闻、新邮预报、邮资票品目录、集邮品目录、邮政集邮企业信息、集邮知识、邮市行情等;征集信息包括征集邮资票品和集邮品选题与图稿、公众意见和建议等;交互信息指专家访谈、集邮论坛、供需交流、业务咨询与查询等。交易服务包括邮资票品和集邮品的预订、零售、寄售、求购、拍卖等业务。

（三）集邮业务市场定位

集邮业务是一项从邮政通信派生出来的具有浓郁文化气息的邮政业务,是一项成本低、效益好的业务。随着现代通信技术的进步和人们生活节奏的加快,人们越来越少地通过信件的方式互寄问候,邮票作为邮资凭证的功能逐渐衰减,各地集邮部门业务经营的重点转向开发集邮收藏品市场、集邮艺术品市场、集邮礼品和纪念品市场。

集邮业务的市场定位：集邮是邮政利用邮票资源发展的特色增值性业务。以全年发行邮票题材为主线,开展全国范围的主题营销活动,紧抓各地政治、经济生活中的宣传、纪念、庆典等需求,积极开拓集邮文化产品市场,提高集邮产品的社会效益和经济效益。

四、集邮业务经营的策略

发行邮资票品是国家赋予中国邮政的一项特殊职能,要充分用好所掌握的独特资源,促进集邮业务的持续健康发展。目前邮政集邮业务的发展应以市场为导向,以服务为宗旨,健康发展集邮业务,提升品质效益坚持集邮的文化方向,正确引导、培育集邮市场,为社会主义精神文明建设服务,为邮政发展服务。

（1）努力提高邮资票品发行工作质量,增强邮品开发能力,满足社会需求

坚持"总量调控、适度从紧"的邮票发行政策,做好全年邮资票品发行工作。实施"预订和零售并举"的销售方式,确保邮票发行基本供需平衡。积极推进集邮专卖店建设,统一品牌形象,增强网点销售能力。

坚持"集中统一"的市场开发原则,进一步增强集邮总公司和各省公司的邮品开发能力,围绕传统文化和社会热点,研发具有文化内涵、艺术魅力和收藏价值的高雅时尚的集邮品,满足社会各类客户的需求。

(2) 积极扩宽集邮业务市场

使用好邮票资源,发展好定向邮品、个性化邮票、形象宣传年册三项增值业务,大力拓展集团消费和文化礼品市场,使集邮业务实现从分散开发向集中开发转变,从粗放式管理向精细化管理的转变。策划组织重大营销项目,以主题活动带动市场营销,有力推进形象年册、新邮预订、定向邮品开发、个性化邮票四项重点业务的市场开发。

(3) 加强集邮协会工作,培育繁荣的集邮市场

广泛宣传,开展丰富多彩的集邮活动。注重普及集邮知识,提高鉴赏水平,培养壮大集邮爱好者队伍,特别是青少年集邮后备队伍。

第二节　集邮业务经营管理案例分析

【案例一】

《包公》邮票首发邮品定向开发

一、案例背景

包公首任定远知县不仅见于省、府、县旧志和《包氏宗谱》的文字记载,而且也留下了定远老人目睹过的许多遗迹和包公《判虎》《断乌盆》《斩黑鱼精》《斗庞三甲》等20多个民间传说故事。中国邮政定于2015年8月8日发行《包公》特种邮票1套2枚,小型张1枚。包公与定远联系如此紧密,在《包公》特种邮票即将发行之际,我们敏锐地察觉到可以利用此次契机举办邮票首发式。

二、开发过程

县政府以往与邮政有过多年的合作,对邮政的业务比较熟悉,经常利用邮册作为对外交往的宣传品。目前各级党政机关均在开展党风廉政建设,这与《包公》邮票的发行相得益彰。定远邮政分公司迅速抽调人员成立项目组,总经理亲自挂帅,与县政府负责人进行了深入的沟通。

然而,最初的几次沟通并不顺利,客户对举办大型的邮票首发活动不是很感兴趣,存在的顾虑很多。项目组针对方案,几易其稿,重点突出《包公》邮票与党风廉政相结合,《包公》邮票与定远文化历史结合,《包公》邮票与包青天廉政文化公园相结合的特点。总经理与项目组成员多次到县领导办公室汇报项目的构思,在前后为期六个月坚持不懈的用心服务下感动客户,最终达成邮册制作协议和邮票首发式活动意见。

因客户对邮册制作要求高,邮政策划设计人员加班加点,不厌其烦地对设计稿进行修改和送审。为将定远县的风光和包公相关景点全部展示,项目组人员多次赴包公阁和包青天廉政文化公园拍摄、采集图片资料,在最短的时间内设计出了带有浓郁地方特色又能形象生动展现定远县风貌的邮册,得到了县政府领导的认可。

8月8日上午9时,由定远县邮政分公司和定远县人民政府共同举办的《包公》特种邮票首发式在定远县包青天廉政文化公园隆重举办。首发式上人头攒动,集邮迷、包公迷们争先恐后购置邮品。为配合首发式的举办,定远县邮政公司推出了极限封、极限片和《清心直道秀美定远》邮票珍藏册等邮品,并在现场设置临时邮局,以方便广大集邮爱好者购买邮票、纪念封,加盖纪念戳。

三、开发效果

社会效益:将《包公》邮票发行与地方文化的特色相结合,打造定远城市特色品牌,促进城市的经济发展和社会进步。利用《包公》邮票来记载、传播、宣传我县形象,既满足了我县面向全国招商的需求,突出了公益性和正统性,又展示了我县城市建设的情况,具有一定的纪念收藏意义。取得了经济效益和社会效益的双丰收。县政府在相关活动中使用后,反响很好。

企业效益:本次活动共定制1 000本《清心直道秀美定远》邮票珍藏册,形成收入20.8万元。同时现场销售《包公》系列邮票和库存邮品6.4万元。并与县政府建立起良好的合作关系。通过该项目,将我们的企业形象、产品服务等信息精准地投送到其潜在目标客户手中,达到了推广宣传的目的。

案例分析

你认为这次定向开发的成功取决于哪些因素?

【案例二】

某市邮政局"母亲节"书信活动项目

世界上只有一位最好的女性,她便是慈爱的母亲;世界上只有一种最美的声音,那便是母亲的呼唤。有一种情感,她与生俱来,没有条件,绵绵不绝,她是母爱;有一个人,不管你给她的回馈是什么,无论你成功或失败,她永远爱你,她的名字叫母亲。母亲是伟大的!为了颂扬伟大的母亲,每年5月的第二个星期日被确定为母亲节。

为培育青少年集邮市场,打造邮政"情感使者"形象,为邮政事业创造经济效益的同时提升邮政的公益形象,从2005年的母亲节开始,××市邮政局和××市教育局、共青团××市委员会联手开展"我为母亲送祝福"的书信活动,通过一枚小小的邮票、一封薄薄的信,传递了孩子们对母亲的祝福及感恩之心。活动得到了广大师生的积极参与,沟通了母子情感,感动了许许多多的母亲,收到了很好的效果。

为让这一美好的感恩之情绵绵不断地承接下去,让孩子们抒发对母亲的热爱情感,为母亲与子女的沟通"牵线搭桥",同时加强对中小学生的传统道德教育,培养德才兼备的人才,继2005年"我为母亲送祝福"的书信活动后,2006年母亲节,××市邮政局决定与××市教委、××市团市委、××市日报社再次联合开展"谢谢您,妈妈"的有奖书信征文活动。

××市邮政局结合教委、学校对中小学生的传统道德教育,经过充分的市场调查及征求客户意见准备,在去年的活动方案上进一步突破,把活动方式从去年的单纯给妈妈寄一枚纪念封提升到与母亲的书信交流及学生的书信写作水平的培养,再次为全市中小学生搭建一个温馨、感人的母子沟通平台,让每位学生在母亲节期间自己动手给母亲写一封信,表达对母亲的祝福和感恩,让孩子们对母亲浓厚的感恩之情及母亲的伟大奉献精神得以绽放、发扬。

母亲节前期,××市邮资票品局积极策划,向市局提出具体方案。针对母亲节专题向国家邮政局申请印制发行"母亲节"个性化邮票,同时发行一套两枚的纪念封——亲情封和参赛封,并配套印制了专用信纸。亲情封贴母亲节专用个性化邮票,用于寄递孩子们写给妈妈亲收的信;参赛封为书信征文专用信封,用于参加征文比赛。

本着传承学生对母亲感恩的亲情,发扬传统集邮文化,宣传邮政服务业务,为邮政事业造势的理念,母亲节专用纪念封每套只售3元并赠送两张精美信纸。同时邮政为该批纪念封的邮寄方式开辟了邮政绿色通道。纪念封只需用相当于普通平信的邮资,但按挂号信的投递方式投递,并限时于5月13日母亲节当天向每个参加活动的家庭投送。

在前期的周密策划部署下,本次活动参与学校由去年的22家增长到43家,共销售纪念封8 000多套,销售额由1.9万元增长到2.7万元,取得了圆满的成功。活动本身的收入并不多,但所取得的社会效益是巨大的,活动本身的寓意是感人的。

活动期间,新闻媒体对此项活动颇为关注,××市电视台对母亲节活动从孩子写信给妈妈到信件如何通过专用的绿色通道投递给母亲进行了全程的跟踪拍摄及播报,报纸上进行了宣传报道。这项活动,在倡导孩子的感恩教育方面取得了教育局、学校、家长的认同和欢迎,引起了良好的社会反响,也为邮政的经营活动创造了良好的社会氛围。

"母亲节"书信活动后,随即就是六·一儿童节,给"SNOOPY"个性化邮折的发行带来了商机。邮品一到货,××市邮政局便在新闻媒体上作了较为集中的宣传报道,为邮品的销售作了强有力的铺垫;同时,××市票品局积极组织货源,做好销售推广策划,"SNOOPY"邮折销售出现了热销的场面,近3 000本邮折在6月1日前后两天便通过各集邮网点营业窗口销售一空。六·一儿童节当天,××市邮资票品局还联系了松柏小学和金鸡亭小学开展"快乐集邮"活动,到两所学校为学生提供现场集邮服务,精美价廉的集邮品受到广大师生的追捧,带来业务收入7 000多元,同时也丰富了学校的节日活动内容和气氛。

"母亲节"书信活动和"六·一儿童节"集邮活动项目,××市邮政局共创造了业务收入近14万元,利润6.35万元,获得了社会效益和经济效益的双丰收。

案例分析

1. 在此案例中,你获得了哪些启示?
2. 在这次掀起的青少年集邮热潮中,你有何进一步做市场开发的想法?

【案例三】

《黄晓明 & 杨颖结婚纪念》珍藏版邮品开发

一、开发背景

本案例开发单位,在2015年年初开始致力于拓展粉丝经济,通过对明星艺人粉丝市场的调研,梳理出当下公众曝光度高、媒体口碑好、粉丝群体覆盖面广、具备事件营销爆点的明星艺人专属邮品开发对象——黄晓明 & 杨颖。2015年2月至5月,开发人依靠人脉资源,跟踪黄晓明 & 杨颖两人的恋情进展,对其领取结婚证书等关键细节进行情报搜集,同期,不间断地与相关经纪公司关键人员进行磨合洽谈,逐步形成了《黄晓明 & 杨颖结婚纪念》珍藏版邮品开发的实施方案。

二、开发过程

实施方案首先从黄晓明 & 杨颖的婚礼大典的筹备环节切入,将关注点锁定婚礼大典纪念品和参加婚礼嘉宾的回馈礼品研发上。开发单位提出邮政可以专为黄晓明&杨颖的婚礼大典发行一套限量版专属珍藏版纪念邮品,这样不仅能作为参加婚礼嘉宾的回馈礼品,还可以作为婚礼大典珍藏版纪念品,让众多的粉丝在疯抢中,形成一种传播行为,既有喜传天下的功能,又有大众见证幸福的效果。

该创意经过6~7个月的讨论、修改、完善,终于得到了黄晓明&杨颖的一致认同。在2015年8月,邮政方开发人与黄晓明&杨颖的代理人、执行团队组成了联合项目工作组,针对"珍藏版纪念邮品"开发的每个细节进行反复沟通和分步推进。从个性化邮票的版式选择,到邮票附图的选定;从邮资纪念封关于婚礼纪念文字的斟酌,到明信片上邮品编码的编排;从黄晓明&杨颖的婚纱照图片保密工作协调,到各环节设计稿的逐步修改和反复给黄晓明&杨颖签字确认……由于,黄晓明&杨颖在此期间分别在国内外不同的地方拍戏和演出,而方案每一次的修改都必须得到黄晓明&杨颖的一致确认,方可继续推进,多方沟通的复杂性和操作难度可想而知。

经过数百回合的沟通与谈判,终于在9月中旬将邮品的组成、设计全部敲定,方案进入邮品报批审核环节。由于黄晓明&杨颖的婚礼大典定于10月8日,国庆节休假占去了7天,中秋假期又会占去3天;而基于婚纱图片保密的原因,黄晓明&杨颖的婚礼大典礼品又必须在上海由指定的执行团队进行包装成套。于是,对方提出邮政在9月30日交付邮品的需求。面对这一难以完成的要求,市邮政邮务局领导亲自出马,省集邮公司领导给出强有力的援手,从邮票报批到与印制局的接洽,从邮票图稿审核的协调到物流的绿色通道;各级报批审核人员紧密配合、悉心指导,终于按时完成了"无法完成的时限",在9月30日交付10 000套"珍藏版纪念邮品"。

三、案例成果

10月8日,黄晓明先生与杨颖女士喜结连理,各媒体争相报道;同日,《黄晓明&杨颖结婚纪念》珍藏版邮品在中国邮政的集邮网厅和"邮意思"微信平台同步首发,火爆的人气和粉丝关注让中国邮政的集邮网厅和"邮意思"微信平台获得瞬间爆棚的引流机遇,这不仅对宣传集邮网厅和"邮意思"微信有帮助,也对个性化邮票、邮资纪念封和明信片业务有着很好的宣传推广作用。

该套珍藏版邮品以黄晓明&杨颖结婚婚纱照艺术摄影、个性签名和2015年10月8日婚礼纪念为设计主题,每套包含:4枚特殊版式个性化邮票一版,邮资纪念封一枚,邮资明信片两枚。这是国内第一套以"明星艺人结婚纪念"为专题的邮品,限量发行10 000套,共计实现17.5万元的收入。

四、经验总结

其一,粉丝经济市场广阔,是邮品开发拓展的蓝海;其二,明星艺人的专属邮品开发不仅需要过硬的人脉资源,更需要打动客户的创意提报;其三,明星艺人的庞大粉丝群体是我们应当聚焦的潜在客群,他们不仅年轻,更是未来文化消费市场的主力。

案例分析

1. 该案例成功的关键点有哪些?
2. 本案例在操作中有哪些做法值得借鉴?

【案例四】

《中国人民抗日战争暨世界反法西斯战争胜利七十周年》纪念邮票首发活动

中国邮政于 2015 年 9 月 3 日发行《中国人民抗日战争暨世界反法西斯战争胜利七十周年》(以下简称《抗战》)纪念邮票 1 套 13 枚,小型张 1 枚,全套邮票面值为 20.80 元。作为第二届中国集邮文化季活动的重要组成部分,邮票发行当天,福建全省多个地市邮政分公司和县分公司均举办了邮票首发系列活动,共创收 137.42 万元。

《抗战》纪念邮票首发式暨全国巡展(福州站)在福州市三坊七巷隆重举办,邮票首发仪式于 3 日上午 9:30 在泔液境举行,集邮巡展在南后街 75 号宗陶斋举行,历时 3 天,吸引众多市民参观。本次邮展规模近 150 框,其中省内 140 框,省外 10 框,展品包括上海、贵州、浙江等省级(行业)邮协及福建省各地市邮协选送的优秀邮集,如《在方寸间回眸抗战的领袖和将帅们》《一代伟人毛泽东》《铭记历史振兴中华》《新世纪邮票设计艺术》,等等。

厦门市分公司在中山集邮专卖店举行了首发活动,热情的邮迷清晨五点多便在门外排成了一条长龙。邮品销售分成上午、下午各一场,分别安排 150 份邮折、邮票及 60 套首日封进行销售。现场销售火爆,并带动了其他邮品及邮政元素商品的销售,活动还吸引了厦门卫视和厦门电视台记者前来采访报道。

泉州分公司在新门街中国集邮专卖店举行《抗战》系列邮品展销活动。现场除了相关题材邮品的展销外,还设有小型抗战题材邮展,以及《抗战》纪念邮戳的免费加盖服务。

南平 6 个县市分公司分别举办了邮票首发活动,武夷山分公司在主题邮局内开展举办"纪念抗战 70 周年集邮文化展暨中秋品鉴会"活动,邮局大厅门口还特别放置了一台 48 英寸电视机进行大阅兵的实况转播,主题邮局门口的公交站台上拉起了《纪念抗战 70 周年》挂图。松溪分公司开展《抗战》邮票首发暨"倡导全民阅读共建书香松溪"精品图书展活动。

龙岩市分公司组织各县市开展首发日现场销售活动,各公司因地制宜,通过电子屏、短信和微信提前预告活动,活动现场设置拱门或横幅,免费加盖邮票发行纪念邮戳,吸引人气。

莆田、三明、漳州也分别举办了邮票首发活动,吸引众多市民前来参观购买,现场还为广大集藏爱好者提供"抗战"纪念戳加盖服务,活动现场热闹非凡。

案例分析
1. 该集邮公司在项目开发中采取了哪些营销策略,它的主要特点是什么?
2. 该项目有哪些成功经验可以借鉴?

本 章 小 结

本章主要介绍了集邮业务管理的基本规定、集邮部门计划管理、集邮进出口业务管理、集邮业务统计规定的相关知识,分析了集邮业务经营情况,对业务进行了详细的案例分析。

【阅读材料】

须重视集邮的窗口服务

现行的集邮营业主要有三种类型:地(市)级及以上集邮公司设立专门的集邮营业部,有独立的集邮门市;县(市)级集邮公司大多在城区较大营业厅设立集邮专柜,配有专门的集邮营业员;邮政支局(包括农村支局)普遍采用兼销集邮票品的做法,为集邮爱好者提供一般服务。

以上三种形式,从网点布局上看已经覆盖城乡,但在集邮服务上却未必能够满足需要。据观察,除地(市)级以上的集邮营业窗口能够配备专业的从业人员之外,县(市)级的集邮营业员一般都是由综合营业员调配使用,而支局则连指定的兼职人员也不能保证,这说明集邮窗口服务工作有待重视,亟须提高。

须培养专业化的集邮营业人员。从表象上看,集邮窗口服务无非就是订订年册、卖卖邮品,实际上并非如此。集邮是一种文化,邮品又是重要的文化产品,不仅具有一定的集藏价值,而且具有重要的研究意义,其中的深意隐而不现。所以,对于集邮从业人员,必须配备经过专门培训的"内行",使之有能力站好三尺集邮柜台。没有特殊情况,一般不要把集邮营业员混同于综合营业员一起调配或轮岗,以确保集邮营业员把专业化、个性化服务落到实处。

集邮营业人员须提升自身素质。集邮营业员不仅要有扎实的集邮知识做基础,还要不断学习和掌握新的集邮知识,研究新的集邮动态。比如,每次即将推出新的集邮产品时,都要提前将邮品的特色、价值及适合推介的对象等情况了解清楚,做出正确的评估,这样向集邮爱好者介绍时,就更容易引起他们的收藏兴趣。再比如,通过浏览集邮网站,随时了解、掌握集邮文化市场的变化和发展趋势,这样就会显得很专业,集邮者的信任度也会增强,产品销售就更容易成功。

集邮营业人员要注意维护客户关系。一要建立集邮档案。每当有新邮品推出时,可以根据集邮爱好者的需求,通过电话或短信进行沟通,这样的推介能够做到对号入座,有的放矢。二要对集邮爱好者讲诚信。王婆卖瓜式的只顾着推销,往往会让集邮爱好者产生一种提防被忽悠的心理。而通过聊天的方式,先了解集邮爱好者的兴趣,然后再根据其需求推荐内容适合、价格适宜的邮品,更容易让其接受。三要与集邮爱好者交朋友。对于集邮爱好者提出调剂或交换邮品的需求,可利用集邮公司和集邮协会的协调优势,尽力帮助其解决。新邮预订开始时,给邮友们发个短信提醒一下,对出差在外的集邮爱好者,适时帮他们垫资预订,逢年过节寄张喜庆贺卡、发个祝福短信等,都是与他们联络感情的好方法。用细致入微的服务团结起集邮圈子里的骨干力量,再通过这些骨干力量去影响身边的人。

所以,发展集邮,须重视集邮的窗口服务。把窗口建设成发展集邮业务的重要平台,营业员足不出柜也能挖掘出潜在客户。

资料来源:中国邮政报.

【综合练习】

1. 集邮业务的管理体制是什么?
2. 集邮的定位是什么?
3. 集邮业务的经营策略有哪些?
4. 方案营销的内涵是什么?

【案例分析】

某市成功举办单身青年联谊暨鸳鸯邮票首发活动

一、背景分析

为丰富青年人的业余生活,进一步发挥好青年在服务社会、奉献社会和构建和谐社会的生力军、突击队作用,并帮助他们在工作的同时收获丰硕的友谊和浪漫的爱情,团市委、开发区、文明办、工会、妇联等单位定于2015年8月20日举办"浪漫七夕,情定滨江"单身青年联谊活动,目的是通过此次联谊,拓宽我市未婚青年沟通交流的渠道,为其搭建情感交流的平台,切实帮助单身青年解决现实难题,借此机会海门邮政局在该活动上结合七夕同一主题开展鸳鸯邮票首发仪式。

二、营销过程

1. 前期精心策划寄送挂号信给集邮爱好者

鸳鸯邮票首发仪式在滨江活动准备之初,集邮公司精心策划了活动方案。在活动当天举办邮票首发仪式,并且在活动现场为举办方提供七夕礼品。集邮公司从数据库整理出大客户数据资料和集邮协会会员资料投递挂号信告知8月20日举办鸳鸯邮票首发仪式。

2. 通过文明办、文联、工会联合举办

鸳鸯邮票首发仪式与单身青年联谊活动相结合,主题鲜明,活动内容丰富多彩。整个流程包括报道、贴号入座,穿插游戏击鼓传花然后由代表上台进行才艺表演。游戏环节优秀选手就能获得主办方赠送的鸳鸯邮票。在现场由主办方提供的鸳鸯邮品就有10套。

3. 鸳鸯邮票主持人通过详细介绍进行集邮知识的科普

在活动过程中,主持人特别介绍了这款鸳鸯邮票。该款邮票由中国当代工笔画名家张桂微采用工笔画重彩的形式创作,作者以细微的笔触生灵活现地表现了一幅"鸳鸯荷花图",历史上,这个题材很受欢迎,寓意了恩爱成双,百年好合的美好憧憬,也特别安排在我国传统佳节——七夕节发行。

4. 集邮爱好者竞相购买

集邮公司在活动厅外搭建了小型展柜,里面摆放了各种鸳鸯相关的邮品。年纪稍长的一些集邮爱好者喜欢首发的鸳鸯邮品,其中各类邮折和金一贵金属产品深受青年们的喜爱。

三、取得成果

此次活动赢得收入5万余元。

四、开发心得

在筹备的一个月时间里,集邮公司通过挂号信的通知等一系列营销手段来吸引眼球。如今为打开大众集藏的这一市场大门,只有突破常规运用创新手段来实现营销赢得收入。此次活动反响热烈,一些青年们从一开始的不懂邮票到渐渐认识了解邮品,且鸳鸯邮票适合在青年联谊会的活动场合进行推广。在宣传过程中让在场的文化人能够了解到邮票更是一类收藏保值的产品。所以,集邮的好处是十分明显的。

五、项目点评

集邮公司把握时代步伐,创新合作方案提升价值。集邮公司在活动举办之初选择了具有代表性的联谊活动作为鸳鸯邮票首发地。场合的选择上非常合适,且该会现场参与人群大多都是年轻人,所以为鸳鸯邮票及集邮业务的推广也进行了一个很好的宣传。

思考题

1. 该案例成功的关键点有哪些?
2. 本案例在操作中有哪些做法值得借鉴?

第八章　邮政电子商务业务经营管理

【学习目标】

理解中国邮政发展电子商务的战略定位;掌握邮政电子商务的主要业务;了解邮政电子商务业务管理体制及经营活动;能够对邮政电子商务主要业务进行案例分析。

【关键概念】

邮政电子商务业务　"缴费一站通"业务　商旅票务业务　短信业务　"自邮一族"业务　邮乐购业务

【案例导入】

2010年,某省某市邮政局在"银信通"邮储短信业务经营中,从常规经营走向重点经营,从局面经营走向全面经营,从粗放经营走向科学经营,2010年发展"银信通"客户81 000多户,超某省邮政公司下达计划的一半还多,实现"银信通"业务收入240多万元,成为某局转型发展的一大亮点。

目前,传统的函件业务、包裹业务和报刊发行业务都面临着萎缩的局面,而电子商务发展越来越快,在这样的环境下,邮政企业如何在新的市场环境下,抓住电子商务的发展的机遇,准确定位,形成邮政电子商务业务的特色,本章将对这些问题加以阐述。

第一节　邮政电子商务业务经营管理基本内容

一、邮政电子商务业务概述

邮政电子商务业务是邮政在新形势下适应社会信息化需要开办的新型业务,是邮政适应社会信息化的需求,拓展服务领域,保持持续发展的重要途径,既是发展战略,又是服务品牌。邮政电子商务业务是指在邮政网络的基础上,依托信息技术和国家公众通信网,充分发挥邮政实物流、信息流、资金流相融合的优势,向社会公众提供的新型邮政服务。

(一)中国邮政发展电子商务的战略定位

结合我国电子商务发展的现状,以及邮政企业的基础资源优势,中国邮政发展电子商务的定位是,依靠科技进步,整合内外资源,搭建系统平台,发挥网络优势,培育现代邮政业务,提升企业核心竞争能力,实现三大战略目标。这三大战略目标一是要实现邮政业务的电子商务化,改造传统业务,提升服务品质,向用户提供方便、快捷、高效的新型邮政服务;二是要依托邮政"三流合一"优势,深化与社会电子商务公司的合作,开展对外服务,树立邮政电子商务服务商的品牌;三是要在做好支撑和服务的基础上,认真研究,加快论证,力争在某些细分市场参与电子商务的运营,逐步打造邮政电子商务运营商品牌。中国邮政发展电子商务的定位概括起来是"支撑、服务、运营"。

(二)加快发展邮政电子商务业务的重要意义

1. 支撑邮政业务的可持续发展

加快发展邮政电子商务,可以利用现代电子信息技术优化产业结构,降低运营成本,提高经济效益,实现产业链的延伸和价值链的增值,在愈演愈烈的市场竞争中,为邮政可持续发展提供新的契机和动力。

2. 促进企业资源的有效整合

虽然邮政同时拥有信息流、资金流和实物流,但在当前的运作模式中,资源分散,各自为战,无法形成核心竞争力。只有通过发展电子商务,才能有效整合企业内部各类资源,真正发挥"三流合一"的优势。

3. 推动邮政向现代化企业转型

发展邮政电子商务,有助于利用现代电子信息技术研发邮政新服务,在改造、提升现有业务的同时,促进产业升级,推动邮政向现代化企业转型。

(三)中国邮政发展电子商务的总体思路

围绕中国邮政发展电子商务的定位,发展邮政电子商务要以平台建设为支撑、以资源整合为核心、以模式创新为动力,适应时代和社会需求,依托"三流合一"优势,着力构建支撑、服务、运营三大业务体系,向社会公众和企业客户提供新型电子商务服务。在此基础上,运营具有邮政特点的电子商务产品,力争通过几年的发展,成为具备综合服务能力的电子商务运营商。

(四)中国邮政发展电子商务坚持的原则

中国邮政发展电子商务必须坚持以下原则。

1. 坚持整体规划、分步推进的原则

无论业务发展还是系统建设,都要在做好统筹规划的基础上,分阶段、分步骤有序推进。

2. 坚持整合资源、发挥合力的原则

要整合邮政企业的品牌、系统、客户、管理等各方面的资源,形成发展邮政电子商务的合力。

3. 坚持模式创新、突出特色的原则

要结合企业实际,突出邮政特色,积极创建"渠道+产品+客户"的运营模式。要坚持客户导向、集中管理、专业处理、流程最优、闭环控制的基本原则,创新商务模式和业务流程,实现外部跨行业、内部跨专业、跨区域的运营。

4. 坚持完善机制、培养人才的原则

要结合电子商务发展规律,不断优化和完善用人机制、激励机制和业绩考核机制;要着眼长远发展,注重人才培养,建设高素质的邮政电子商务专业队伍。

5. 坚持基础建设与业务发展同步推进的原则

发展邮政电子商务,离不开系统平台的支撑。平台的建设是一个不断升级、改造、完善的过程,业务发展要与平台建设同步推进,不能在等待中错失发展良机。

(五)邮政电子商务业务简介

邮政电子商务业务的种类繁多,并且随着业务的开展仍有不断增加的可能。目前,邮政电子商务业务的重点项目是"缴费一站通"业务、商旅票务类业务、邮政短信业务、"自邮一族"业务及邮乐购业务。

1. "缴费一站通"业务

"缴费一站通"业务是中国邮政面向全国推出的统一、方便、快捷、全面的一站式代收费业务品牌,涵盖了代收各种通信运营商服务费和公共企事业费等服务项目。一方面利用邮政自身丰富的网点资源,结合政府部门的"为民办实事"工程,解决相关单位缴费难问题,优化了政府形象;另一方面,有效扩大了业务的覆盖范围和影响力,为今后全面推广邮政便民业务奠定了基础。

"缴费一站通"业务具体包含以下业务。

(1) 代售类业务

代售类业务是指邮政作为战略合作伙伴或大分销商代理销售信息产品、电器产品、手机产品等,包括电信、移动或联通等运营商的各种卡类产品,常见的业务品种有预付费卡和充值卡等。

(2) 代收费业务

① 代收费

代收费是指按照与委托单位签订的协议,为委托单位收取某项费用,并通过归集、转账的方式将资金划至委托单位账户的业务,如代收话费。

② 代收款

代收款是指利用邮政电子化网点,代收水、电、燃气、税费等公用事业性收费及代收交警罚款等行政事业费,代收网络型企业营业资金(如代收烟草公司、石油公司营业款)等代收业务。

(3) 代办电信业务

代办电信业务是指利用计算机网络及遍布城乡的邮政营业网点、社会网点与各电信运营商合作,以虚拟运营商或代理商身份开办代放号、代售电信产品及话费分成等业务。

代放号业务是指代理各基础电信运营商移动、固定电话号码或账号开户工作,常见的业务种类有移动、联通、电信的手机号码、固定电话号码入网等。

话费分成是指邮政代理基础通信运营商发展客户,运营商按照客户的话费消费额向邮政支付一定比例酬金的业务。

2. 商旅票务类业务

商旅票务类业务是指邮政企业利用邮政网点终端、信息服务平台、实物配送网络,为客户提供的订房、订交通票、代理销售彩票、演出门票等邮政代理业务。商旅票务类业务以客户需求为中心,通过整合 11185 客户服务中心、电子化支局所等渠道平台,借助航空、铁路、演出公司等资源,为客户提供涵盖出行、旅游、娱乐一体化的商旅票务服务,是具有鲜明特色的电子商务示范性业务。

邮政目前代理的票务有代理交通票、彩票、门票、酒店预订及其他票务等业务。图 8-1 表明了目前邮政票务代理业务的主要范畴。

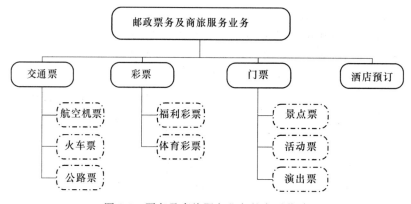

图 8-1 票务及商旅服务业务的主要范畴

(1) 交通票

① 航空机票业务

航空机票业务是一项典型的电子商务类业务。中国邮政集团公司在充分发挥网络资源优势的基础上,通过整合 11185 客户服务中心、邮政业务网站、电子化支局网点等渠道资源,深化销售合作,稳步提高市场占有率,力争成为国内覆盖最广、渠道最全、政策最优、服务最好的连锁航空机票代理商,逐步打响以航空机票业务为龙头的"邮政票务"品牌。

② 火车票业务

邮政利用网络资源优势,与铁路部门强强联合,利用邮政网点进行火车票代售,将铁路部门服务窗口有效延伸,扩大铁路部门售票网络覆盖面,拓展客票销售渠道,为广大居民尤其是农民群众打造方便、快捷的"绿色出行通道"。

③ 公路票业务

公路运输是短途客运市场的主力军,随着公路总量、等级公路及高速公路的相继增加,公路客运量快速增长。邮政依托邮政网点点多面广的优势,成为公路客运部门销售网点的主要补充,为广大旅客提供便利。

④ 彩票

邮政代理彩票业务包括即开型福利彩票和即开型体育彩票。中国福利彩票和中国体育彩票分别由中国福利彩票发行中心和国家体育总局体育彩票管理中心统一管理、发行和印制,以促进中国民政福利事业和中国体育事业发展,为中国民政福利事业、中国体育事业筹集资金。彩票是国家筹集公益资金的一种重要手段,邮政利用营业网点、便民服务站、报刊零售亭和"三农"服务网点等渠道优势,销售即开型彩票,实现对全国跨区域性的彩票业务整体运作,满足了体彩、福彩中心利用网点拓宽彩票销售渠道的需求。

⑤ 门票

中国邮政依托 11185 客户服务中心、电子商务信息平台、遍布城乡的网点和专业的投递队伍等优势,利用邮政的品牌影响力,通过和全国连锁的演出公司、国家旅游局合作,整合区域性票务业务,已成功销售 2010 年上海世博会门票、2010 年珠海航展门票等。

⑥ 酒店预订

酒店预订业务是以网络为载体,通过线上展示、受理,采用在线支付和柜台支付两种形式,为大众用户提供酒店客房的预订服务。商旅服务业务面向国内外各大企业与集团公司,以提升企业整体商旅管理水平与资源整合能力为服务宗旨,依托遍及全国范围的行业资源网络,以及与酒店、航空公司、旅行社等各大供应商建立的长期稳定的良好合作关系,充分利用 11185 客户服务中心、互联网等先进技术,通过与酒店、民航互补式合作,为公司客户全力提供商旅资源的选择、整合与优化服务。

3. 邮政短信业务

邮政短信业务是依托邮政企业内部的各项业务资源,根据用户的需求,为邮政各项业务,特别是邮政储蓄、电子汇兑、窗口速递和集邮专业提供相关的短信形式信息服务。

邮政短信业务主要包括储蓄短信、汇兑短信、速递短信、集邮短信等,具体内容如下。

(1) 储蓄短信

邮政储蓄账户短信业务在全国邮政短信业务接入系统的基础上,依托移动、联通、电信等运营商的移动短信平台,利用邮政和社会的各种资源,为用户提供手机短信服务业务。用户可以通过手机点播或网点窗口定制的方式得到邮政提供的短信服务,可以提供活期账户余额查询、活期账户变动通知,储户随时随地都能知道自己账户中存款余额和存取、入账情况。

(2) 汇兑短信

邮政电子汇兑短信息业务为邮政电子汇兑用户提供了利用手机短信息功能提供汇兑回音的服务。它实行单条计费,用户在前台加办时收取费用。

(3) 速递短信

EMS寄达短信业务基于全国邮政短信业务接入系统和邮政速递综合信息处理平台,这项增值业务以短信形式为用户提供邮政速递邮件相关信息通知服务。EMS寄达回音业务按件计收,用户在窗口交寄EMS邮件时提出加办申请,经过后台处理,其所寄EMS邮件被收件人签收后,寄件人指定手机将收到妥投短信。

(4) 集邮短信

集邮短信业务在全国邮政短信业务接入系统基础上,依托集邮业务管理系统,通过移动、联通、电信等运营商的移动平台,为用户提供短信服务。该业务可通过集邮联网网点窗口定制的方式加办。开办的业务种类有新邮预订通知、新邮预订征订、预订取票通知、集邮品推荐4种集邮短信业务。

(5) 彩信

彩信是基于彩信系统开发的彩信业务,包括彩信账单、彩信手机报、个性化彩信等。

4. "自邮一族"业务

"自邮一族"业务是邮政企业依托电子商务信息平台,利用营业网、投递配送网、11185客服中心、网站等多种渠道,采用会员制形式,为广大车主提供的综合、专业的一站式车辆代办服务和时尚、便捷的高端生活服务。

"自邮一族"可提供的服务有代办交通违章罚单;代缴车船税;代办车辆保险;交通违章信息告知;车辆税费、证件年审到期提醒;代办驾驶证、行驶证年审、换证服务;代办车主信息变更;加盟商家消费优惠服务等。集"汽车管家""金融支付""加油服务""商务增值""邮政VIP"等服务功能于一身。

(1) 全国基础服务

全国基础服务是指由集团公司统一洽谈或采购、向全国"自邮一族"会员提供的服务。各省会员均可享受全国基础服务。

(2) 省内服务

会员享受全国基础服务的同时,可享受所在省邮政公司叠加的车辆代办、加油优惠、信息提醒、洗车等省内个性化服务,并可跨省享受特约商户的优惠折扣。

5. 邮乐购业务

2010年中国邮政与香港TOM公司合资成立了邮乐网。这是中国邮政从在电子商务运营中单纯的寄递服务商的角色向商品的供应链上、下游延伸,包括商品引进、仓储、销售、寄递、售后服务、支付结算等各个环节,是一个集线上和线下销售于一体的B2C综合购物平台,定位于品牌商品的综合卖场。

在整个邮乐网中,中国邮政集团公司控股51%,TOM集团股权占49%。中国邮政利用其覆盖全国的线下网点资源优势,TOM集团利用其丰富的网站运营经验,两家公司欲联手打造一个优秀的、受欢迎的、品质有保证的B2C网购平台。两家合作成立的邮乐公司又可分为北京邮乐、上海邮乐和香港邮乐,北京邮乐负责综合管理,上海邮乐负责网站运营。

邮乐网目前涵盖了数码家电、品牌服饰、箱包鞋帽、个人护理等九大类商品,品类齐全、品种丰富。并且,正在不断引入众多国内外知名品牌。其中,"海外馆"包含了新西兰馆和澳洲馆,使消费者能直接从邮乐网买到国外原装进口产品。

邮乐购业务是基于邮乐网开办的一项重要的邮政电子商务类业务,具体包括邮乐卡销售、邮乐商品团购、邮乐商品邮政网点现金支付。业务开办的基础平台是邮政电子商务信息平台。

(1) 邮乐卡销售

邮乐卡是邮乐网推出的购物卡,可作为支付工具购买邮乐网上的所有商品。邮乐卡销售业务是指通过电子商务信息平台,面向个人用户与企业客户,在邮政网点或客户经理上门销售邮乐卡的一项业务。

(2) 邮乐商品团购

邮乐团购有别于现今团购网站的散单拼团的特点,主要针对政府和企事业单位员工福利劳保发放需求、商务礼品市场送礼需求和宣传定制品需求,通过邮政营销经理的主动营销,客户从邮乐网上可以以优惠的价格批量购买所需商品,从而满足客户需求的一项业务。

二、邮政电子商务业务管理体制

(一) 邮政电子商务业务的管理机构

全国邮政电子商务工作归口集团公司电子商务局管理。各省(区、市)邮政公司统一设立邮政电子商务局,负责全省邮政电子商务专业的经营管理。各省 11185 客服中心、电子商务信息平台、短信业务接入系统的运营管理归口省电子商务局(公司)。各省公司结合当地情况确定地市局和县局电子商务管理部门和管理人员,确保电子商务的建设和发展。如图 8-2 所示。

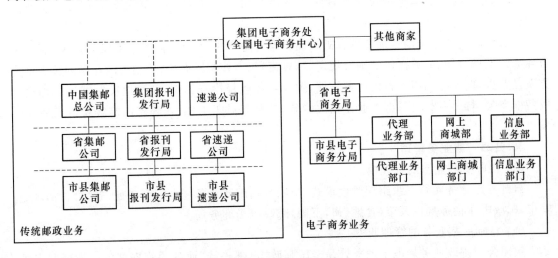

图 8-2 全国电子商务中心

(二) 邮政电子商务业务管理

邮政电子商务各业务都有各自的管理模式,具体内容如下。

1. 邮乐购业务管理

(1) 邮乐购业务的管理模式

全国邮政邮乐购业务采取三级经营、两级结算的管理模式。三级经营分别为总部经营、分省经营和各地市经营,总部与各省直接扣代理费后进行结算。

（2）邮乐购业务的管理职责

集团公司电子商务局负责业务政策的制定及宏观管理。主要职责为制定年度邮乐购业务发展目标；策划及安排部署阶段性邮乐购业务营销竞赛计划；完成奖励政策的制定；电子商务信息平台邮乐购业务系统的调整和升级；安排部署邮乐购业务全国宣传计划，并设计制作全国性的邮乐购业务宣传品；与各省完成业务对账并配合财务部门完成月度结算。

各省邮政公司电子商务局负责根据集团公司制定的业务发展目标，安排部署省内业务的发展和推进。主要职责为分解集团公司制定计划任务，制定省内业务发展措施和推进计划，结合集团公司制定的宣传计划，结合本省实际，进行业务宣传，组织实施本地特色营销活动；定期组织省内业务培训。

各地电子商务局主要负责本地邮乐购业务发展规划、业务操作细则及规定、业务奖励考核办法及营销推广方案的落实，组织实施本地特色营销活动；本地市业务发展的整体策划、组织管理、业务宣传、检查、考核等工作，定期组织本地业务培训。

2. 商旅票务业务管理

（1）商旅票务业务的管理模式

商旅票务业务采取三级经营、两级结算的管理模式。三级经营分别为全国票务经营、省票务经营、地市票务经营；两级结算分别为全国结算和省结算。

（2）商旅票务业务的管理职责

集团公司邮政业务局电子商务处负责全国邮政商旅票务业务的经营与管理。主要职责为，规划业务发展，制定操作管理、结算规范、奖励考核办法，策划全国性的营销推广及宣传投放工作；监督检查业务运营以及跨省业务的清分、结算和对账工作；完善系统支撑，协调总对总合作，特别是与民航客运管理机构及各航空公司总部的协调工作；处理旅客投诉及各类突发事件。

各省邮政公司电子商务局负责省邮政商旅票务业务的经营与管理。主要职责为，制定本省业务的发展规划、业务操作细则及规定、结算流程、考核奖励办法；规划省内业务的营销推广方案及业务宣传；定期组织省内业务培训，做好业务监督检查工作；与本地民航客运管理机构及各航空公司的协调工作；组织业务相关清分、结算和对账工作；处理省内旅客投诉及各类突发事件。

3. 自邮一族业务管理

（1）自邮一族业务的管理模式

自邮一族业务实行三级组织管理模式：集团公司邮政业务局电子商务处、省（含自治区、直辖市）邮政电子商务局以及市（含地、州，下同）邮政电子商务局。

（2）自邮一族业务的管理职责

集团公司邮政业务局电子商务处是全国邮政"自邮一族"业务的管理部门。主要职责为，统一设计"自邮一族"全网产品；策划全国性的营销推广方案，并制定发展指导意见；下达全国业务量收计划及考核办法；负责"自邮一族"品牌的宣传推广；负责全国的会员管理；负责"自邮一族"客户管理系统在全国的推广应用。

省邮政电子商务局是各省"自邮一族"业务运营管理部门。主要职责为，制定全省"自邮一族"业务发展规划、考核奖励办法；负责省级业务开发与支撑工作；策划全省营销推广方案，并组织实施；负责全省业务宣传、督导、检查、考核等工作；负责定期组织省内业务培训。

市邮政电子商务局是各市"自邮一族"业务运营管理部门。主要职责为，制定全市"自邮一族"业务操作细则及考核奖励办法;开发本地个性化业务;负责特约商户的洽谈、签约及维护;策划并组织实施本地特色营销活动;负责全市业务的宣传、培训、检查、考核等工作;负责会员的开发与维护;负责处理客户投诉。

4. 缴费"一站通"业务管理

(1) 缴费"一站通"业务管理的管理模式

代收代缴业务采取四级经营,两级结算的管理模式。四级经营模式分别为全国性和跨省性代收代缴业务经营、省级和跨地市代收代缴业务经营、地市代收代缴业务经营和县级代收代缴业务经营。两级结算分别为全国结算和省结算。

(2) 缴费"一站通"业务的管理职责

集团公司邮政业务局电子商务处负责全国邮政代收代缴业务的经营与管理工作,省电子商务局负责省邮政代收代缴业务的经营与管理工作,地市电子商务局负责地市邮政代收代缴业务的经营与管理工作。没有设置电子商务局的,代收代缴业务的经营与管理工作可放在市场部等相关业务部门。

全国邮政代收代缴业务的经营与管理工作主要有,规划业务发展,制定业务操作管理规范及奖励考核办法,策划全国性的营销推广工作;全国性业务宣传、检查、考核等工作;定期组织全国性业务培训;与通信运营商、行政管理和公用事业部门等总部的协调和合作洽谈工作;统计全国邮政代收代缴业务经营数据管理;基于网站、便民服务站、报刊亭、村邮站等渠道的邮政代收代缴业务的运营;制定全国邮政代收代缴业务的结算规范;网站邮政代收代缴业务和跨省业务的清分、结算和对账工作;对各省代收代缴业务的经营和结算进行监督检查;处理用户、合作单位投诉及各类突发事件。

各省邮政代收代缴业务的经营与管理工作主要有,制定本省邮政代收代缴业务发展规划、业务操作细则及规定、业务考核奖励办法;策划本省的营销推广方案,组织实施本地特色营销活动;省内业务宣传、检查、考核等工作,定期组织省内业务培训;与通信运营商、行政管理和公用事业部门的协调和合作洽谈工作;制定本省代收代缴业务结算相关管理细则,组织邮政代收代缴业务清分、结算和对账工作;处理本省范围的用户、合作单位投诉及各类突发事件。

各地市邮政代收代缴业务的经营与管理工作主要有,本地邮政代收代缴业务发展规划、业务操作细则及规定、业务奖励考核办法及营销推广方案的落实,组织实施本地特色营销活动;本地市业务发展的整体策划,组织管理,业务宣传、检查、考核等工作,定期组织本地业务培训;处理本地用户、合作单位投诉及各类突发事件。

各县邮政代收代缴业务的经营与管理工作主要有,本县邮政代收代缴业务发展规划、业务操作细则及规定、业务奖励考核办法及营销推广方案的落实,组织实施本县特色营销活动;本县业务发展的整体策划,组织管理,业务宣传、检查、考核等工作,定期组织本县业务培训;处理本地用户、合作单位投诉及各类突发事件。

5. 短信业务管理

(1) 短信业务的管理模式

中国邮政短信业务实行三级管理模式,即集团公司电子商务局、各省(自治区、直辖市)公司电子商务局以及各市(州、区)电子商务分局。

(2) 短信业务的管理职责

集团公司电子商务中心负责邮政短信业务的运营和管理。负责全国邮政短信业务的规划、发展、指导、考核和宣传等工作;负责办理短信业务资质年审、新业务开办,协调各大电信运营商,办理业务结算、业务申报、签订协议、投诉处理等工作;负责下达全国短信业务发展量收计划,制定业务发展指导意见,编制量收统计分析和经营通报;负责全国短信业务日常运行和投诉监督管理,办理各省邮政公司业务资金的清分和结算等工作。

各省公司电子商务局负责本省短信业务的发展和运营管理。主要职责为,按照集团公司要求,负责本省短信业务的规划、发展、指导、协调、奖励、考核和宣传等工作;负责配合集团公司在本省通信管理局办理短信资质备案、年检,做好当地各电信运营商的业务协调和协议续签、处理客户投诉等工作;负责本省短信业务量收统计分析和经营通报;负责拟订本省短信业务发展量收计划;负责省内业务资金的清分结算;负责本省和跨省投诉处理。

(三)邮政电子商务业务经营渠道

1. 便民服务站

便民服务站是指邮政企业通过授权加盟方式,委托个体工商户或者连锁企业,利用其接近城乡居民的便利条件和更为灵活的经营方式,为社会大众提供各种公共事业费和通信话费等代收代缴以及其他邮政服务的社会代办网点。

2. 11185客户服务中心

11185客户服务中心是建立在公共通信网络之上,依托邮政综合网,7×24小时不间断向客户提供邮政业务咨询受理投诉等服务的综合信息服务平台。

(1)呼入功能向客户提供邮政速递、报刊、函件、短信、票务、邮乐购物、自邮一族等业务的受理、咨询、查询、投诉服务。

(2)呼出功能主要承担对重点客户回访及电话营销工作。

3. 邮政业务网站

邮政业务网站(www.11185.cn,以下简称"网站")是中国邮政的网上营业厅,是邮政业务的互联网服务渠道、宣传媒体和经营平台。网站以支撑邮政业务发展为目标,实现邮政业务的电子商务化,向客户提供网上经营资讯、业务咨询、查询、虚实地址转换等服务,并实现家乡包裹、商业信函、商旅票务等业务的网站受理功能。同时,网站还链接整合了报刊订阅、中邮阅读、集邮商城、自邮一族等原有各专业已经建立的业务网站。

(1)服务提供

① 业务咨询、查询:在线查询是指邮政通过网站向已登录的客户,提供与邮政业务相关的信息服务,包括邮编查询、资费查询、国际给据邮件查询等功能。

② 虚实地址:为其他网站提供通过虚拟地址账号获取实际物理地址的网络服务。

③ 在线客服:为客户提供一个网站业务咨询、查询的线上服务窗口,实现与客户的实时交流。

(2)业务受理

① 家乡包裹:本业务依托各电子化支局,以电子商城的形式,向大众用户展示、出售具有地域特色的名优特产。

② 商业信函:本业务主要为企业客户提供商函模板选择、在线设计、名址产品应用,线下邮寄等服务。

③ 商旅票务:为用户提供航空客票、酒店预订,演出票、活动票、旅游门票的网上销售渠道。

④ 报刊订阅:报刊订阅网是邮政成功运营多年的主打业务,能够为用户提供准确、全面、快速、可靠的报刊订阅服务。

⑤ 报刊在线：中邮阅读网凭借中国邮政报刊发行网络、发行资源和品牌优势，运用互联网数字传播技术，为广大读者提供内容丰富的电子期刊、电子图书及有声书城等在线阅读产品。

⑥ 集邮商城：由中国集邮总公司主办、各省集邮公司协办，北京中集环讯技术有限公司创意制作和发布的国际互联网集邮网站。

⑦ 贺卡 DIY：为用户提供多种精美贺卡的网络邮寄服务，用户也可通过 DIY 亲手制作个性化贺卡。

⑧ 邮乐购：邮乐网由中国邮政与 TOM 集团携手呈献，是一个结合高端线上网购和线下零售于一体的独特创新购物服务平台。

⑨ 自邮一族："自邮一族"业务是依托邮政电子商务信息平台，为广大车主等中高端客户群体，提供车辆代办、商旅、机票、礼仪服务等在内的综合服务品牌。

⑩ 卡商联盟：以邮政贺卡为媒介，联合社会多方商业资源加盟，"邮企"联合共同搭建的优惠信息服务平台。

4. 邮政营业窗口

邮政营业窗口是邮政电子商务重要的富有特色的客户接入平台，利用邮政电子化支局系统和电子商务信息平台接口，可以完成窗口业务受理和网下结算服务以及物品配送的交接。基本运行管理方式暂按现行邮政营业管理方式运行。

三、邮政电子商务业务经营活动分析

（一）"缴费一站通"业务

"缴费一站通"业务是邮政电子商务业务的基础性业务，是邮政可以利用现有自身网络和客户资源开展的一类有基础的长效业务。

1. "缴费一站通"业务稳步发展

自 2001 年中国邮政在全国范围内开办代办电信业务以来，业务规模不断扩大，业务领域不断拓宽，业务模式不断创新。代办电信已经成为邮政业务发展新的增长点和重要组成部分。在几年的发展过程中，邮政代办电信业务呈现出以下特点。

（1）业务管理体制逐步健全。几年来，在代办电信业务得到迅速发展的同时，各地邮政因地制宜构建起适合当地特点的业务经营机制和运行管理机构。

（2）合作对象逐步增加。目前，全国 31 个省（区、市）局全部与中国联通、中国移动进行了业务合作；部分局与中国网通、中国电信、中国卫星通信签订并实施了业务合作协议。至此，中国邮政与国内几大电信运营商的合作在全国范围内都已经开展起来，同时各省（区、市）局与其他信息业运营商也进行了不同程度的合作。

（3）业务合作范围不断扩大。随着合作的不断深入，邮政代办电信业务范围由原来的以售卡为主发展到现在包括代放号、代售卡、代收话费、代售电信器材、代维终端、代发账单等在内的多个领域。黑龙江、内蒙古、云南、安徽等省（区）局还结合市场情况和实际需要，积极探索了准虚拟电信运营模式，取得了较好效果。

2. "缴费一站通"业务发展迅速

在市场竞争日趋激烈和消费者对服务的要求日益提高的情况下，社会大众通过服务平台缴纳各种费用的需求将长期存在。邮政打造"缴费一站通"品牌是邮政发挥网点覆盖优势，提高资源利用效率，促进企业经济效益增长的重要手段，是邮政服务社会、服务"三农"的重要方式。依靠遍及城乡营业网点和先进的网络平台优势，邮政完全可实现跨运营商、跨行业、跨地

域的运营,为各运营商、企事业单位和政府提供多种方式的代收费业务,为百姓提供更便捷的服务,真正实现缴费"一站式"服务。代收费业务自开办以来强劲增长,2011年,全国便民服务站新增7.52万个,数量达到12.2万个以上。2011年,全国邮政代收代缴业务实现收入4.87亿元,同比增长16.5%,占邮政电子商务业务收入的13.73%,其中代收公共事业费收入同比增长76.4%。2011年代收代缴业务收入位列全国前五位的省份为福建,四川,贵州,浙江,黑龙江。

(二)短信业务发展分析

目前信息业务呈现平稳发展态势。信息业务顺应了我国信息化进程和国民经济发展现状,符合我国现阶段电子商务实际和通信市场发展,能为用户提供多样化、个性化、信息化的邮政服务,符合世界邮政发展的大趋势。

邮政短信业务借助百年诚信品牌,广阔的服务网点,众多的业务与客户群,丰富的信息资源优势提升了邮政服务品质,进一步满足了客户的用邮需求。自2006年开办以来,短信业务一直保持着快速增长的态势,邮政短信收入三年突破5亿元。客户数量不断增加。客户需求是业务生存的基础,很多省(区、市)邮政在短信营销中从客户的需要出发,首先解答客户为什么要加办短信业务、短信业务能够带给客户哪些便利这一问题,再进行有针对性的推广,为资金流量大、变动频繁的商户们提供资金动态提醒,确保账户安全;为外出务工、求学等异地家庭提供到账提示,承载亲情的温馨提示,让客户从心底里认同邮政短信服务的价值。为了增强短信业务的生命力,也为了提升更多邮政业务的附加服务水平,2009年,在储蓄短信基础上,还扩展了速递、集邮、电子商务类等短信,效果显著。速递短信自2009年4月开办以来,经过几个月的发展,目前单月订单量接近600万笔,成长性非常好,在提升服务的同时,也带来了较好的收益。

2011年全国邮政短信业务累计收入20.56亿元,同比增长46.18%。

(三)票务市场表现活跃

近年来,随着中国经济的快速发展,航空客运保持了高速的增长,中国邮政抓住机会积极发展航空票务。2003年12月9日,原国家邮政局与某省航空股份有限公司签署了《国家邮政局与海航集团有限公司合作框架协议》和《国家邮政局与某省航空股份有限公司国内航空客票销售合作协议》,正式启动了中国邮政航空票务业务的全面发展。这项业务经过持续的发展,全国各省陆续开办航空票务业务。

随着春运铁路"一票难求"供需矛盾的深化,公路客票购票便利的优势逐步凸现。仅2009年1月15日当天,某省代理公路客票就突破4万张,销售额接近500万元。另外,世博会门票代理业务收获"并蒂莲"。世博会门票代理业务具有较强的地域特点,各省(区、市)邮政在业务发展中扬长避短,发挥自身特色,取得了不错的成绩。利用邮政便利的网点优势以及11185电话购票渠道,方便客户购买世博会门票;利用邮政营销队伍,对大客户采用"围栏"战术,进行一对一的营销,效果显著;依托邮政电子商务信息平台、11185中心、网站等信息化平台,整合世博会票务和特色产品,丰富业务品种,开展产品组合营销;利用短信平台,通过在短信通知中附加世博会门票宣传语,加大了世博会票务业务的宣传力度。截至2009年11月底,全国邮政累计销售世博会门票近260万张,名列境内四大代理商之首,得到了世博会组织方的高度评价,取得了良好的经济效益和社会效益,对打造邮政"票务专家"品牌具有很强的借鉴意义和标杆意义。

(四)"自邮一族"项目落地开出创新花

"自邮一族"项目源自广州局结合当地实际、与交管部门合作开发的面向车主的特色会员服务,由于该业务需要与交警等政府部门合作,各地在学习借鉴广州模式时,在公关中遇到了很多困难。然而机会总是留给勇于创新的人,很多地(市)局在学习和分析了广州局成功的经验之后,从当地实际出发,因地制宜地创新发展,紧紧抓住"自邮一族"依托邮政网点优势、为广大车主提供各种便捷优质的增值服务这一主线,对服务的内涵进行了新的诠释,涌现出了某市警邮合作、烟台商户加盟、金华商旅服务等新型发展模式,取得了很好的收益,也给其他地(市)局业务发展带来了启发。

"自邮一族"全国会员卡和全国会员服务的推出,快速拉动了"自邮一族"业务的增长。如推进与邮储信用卡合作,建立稳定会员服务依托载体;加强自邮一族与邮政自有业务整合营销,建立会员的积分回馈模式;与机动车服务市场的供应商合作开展车辆消耗品团购服务;洽谈车辆保险产品丰富会员服务产品内容等。

截至2011年,中国邮政自办"自邮一族"业务以来,29个省168个地市启动业务,累计会员达到190多万名,特约商户1.5万家,实现收入1.9亿元。河南和江苏分别在2011年年初和年末发力,会员数达38万名和6万名。

(五)邮乐购业务发展分析

邮乐网在2010年8月正式上线运营,几年来发展迅速。

销售方面,2011年全年销售额已超过3.4亿元,而且在继续攀升,截至2012年上半年,邮乐网的日均浏览量超过60万次,日订单数达2 500单,日均交易额超过50万元,客单价达到200元,团购完成2 002笔,交易金额3 144万元。

商品方面,网站的商品种类正在不断丰富,截至2012年上半年,供货商家突破1 100家,总商品数量已超过9万个。商品类别包括9大类(家居百货、品牌服饰、箱包鞋帽、个人护理、居家生活、食品保健、运动户外、母婴用品、数码家电),以及两大特色专区(地方名优特产专区、国际专区)。

价格方面,热销的商品价格政策上保证要低于同类电子商务网站价格,保持市场竞争力,并在控制风险的前提下,通过各省推行经销和代理销售两种经营模式。

配送服务方面,发货速度原则上要求下单后第二天发货,即T+1天发货。目前T+1天的发货比例已从之前的70%提升到90%以上,平均发货时间由8天降至4.1天,商品退货、退款时间缩短至两个工作日以内。

第二节　邮政电子商务业务经营管理案例分析

【案例一】

某省邮政机票营销案例

一、背景分析

某省是中国有名的"岛省",四面环海的地理环境决定了飞机是一种不可或缺的交通工具。随着生活水平的提高,除了公务出行,越来越多的人也选择飞机作为私人出行的交通工具。航空客运市场是一个潜力巨大、前景广阔的市场,近年来一直都保持着稳定高速的增长。某省邮政在代理业务方面已经积累了丰富的经验,并且在电子商务方面有了一定的尝试。开办航空票务代理业务只需借助现有的营业、投递网络和11185客服资源,无须太多的额外投入,是一种见效快,投入少的业务。这种利用邮政三流资源的业务不仅能作为一项代理业务,还能作为电子商务的突破口,进而提升传统邮政业务。

二、市场分析

(一) 航空票务市场特点

(1) 航空代理费较高。现行航空公司给机票代理人的代理费标准为3‰+X,如果以700元平均票价来计算,航空票务代理人平均销售一张机票最少可获得21元的收入。正是由于其高额利润,代理人纷纷抢滩航空票务市场。

(2) 航空票务市场进入门槛较高。《民用航空运输销售代理业管理规定》中明确规定:经营一类空运销售代理业务(经营国际航线或者中国香港、澳门、台湾地区航线的民用航空运输销售代理业务)的,注册资本不得少于人民币150万元;经营二类空运销售代理业务(经营国内航线除中国香港、澳门、台湾地区航线外的民用航空运输销售代理业务)的,注册资本不得少于人民币50万元。销售代理人每增设一个分支机构或者一个营业分点,应当增加注册资本人民币50万元。

(3) 航空票务代理市场较为混乱。主要体现在以下几方面。①代理点过多,代理层次过多,各种违规行为接踵而至。最典型的是高额促销费与暗扣盛行,代理人操纵市场,票面价与实收价之间的差额被代理瓜分,造成航空公司收入的流失。②虽然航空公司多次强调要销售明折明扣的机票,但由于各种原因的存在,市场上仍存在各种低折扣的包机票、团队票。

(二) 某省邮政进入航空票务代理市场的自身情况分析及应对措施

(1) 某省邮政在代理业务方面已经积累了丰富的经验,且利用现有的网络资源即可开办航空票务代理业务。即以11185客服系统为信息接入端,受理客户订票信息,然后由11185客服系统通过邮政综合网将客户信息、订票信息传至各市县调度中心以及营业厅,营业厅收款后回单,形成闭环操作流程。

(2) 邮政代理机票的优势在于点多面广,但缺少注册资本,所以某省邮政开办航空代理业务不能走代理人的路子。在实际操作中,采取了和航空公司战略合作的方式,即某省邮政的邮政营业厅相当于某省航空的直属营业厅,这样就解决了资质的问题。由于航空票务代理业务具有较强的专业性,考虑到邮政营业员兼职办理该业务的特殊性,将专业性最强的终端处理部分全部交给11185专业台席处理,营业厅的主要工作是填开机票凭证和收款。

(3) 航空客票代理业务始于20世纪80年代,经过了20多年的"磨炼",很多代理人不仅能够灵活运用航空公司政策,并且已经通过各种手段形成了固定的客户群体。某省邮政作为初入者进军航空票务市场,需要大力发展自己的客户。由于邮政自身的体制关系,决定了某省邮政在航空票务市场运用政策的灵活度将大大低于社会代理人。基于此进行了明确的定位:以服务取胜,即以点多面广的优势服务于农村客户,并在机场提供特别的登机服务。

三、开发过程简述

2002年8月,某省邮政尝试和海航金鹏公司合作航空票务代理业务,即以11185客户服务热线作为客户订票接入电话,租用金鹏公司一台订票终端,每月给海航支付专线费,邮政每销售一张机票收取3‰代理费。这是某省邮政进入航空票务代理市场的一个突破口和关键契机,但最初的尝试并不成功,每月高额的终端使用费几乎侵蚀了所有的代理费,这让我们更加清晰地认识到要发展机票业务,就必须充分利用邮政各项资源,降低信息源费用支出。经过认真研究分析和总结,做到扬长避短,发挥邮政的三网资源和点多面广的优势,逐步形成投入小、收入大的业务模式。

2003年某省邮政开发了"登机易"业务。"登机易"业务是某省邮政根据航空公司授权,利用其所提供的票务信息源,采用邮政自己开发的机票代用凭证——"登机易",利用11185客服系统、营业、投递网络等资源,在全省开展的航空票务代理服务。客户用邮政机票代用凭证在机场换取机票并享受特别的"登机易"服务,全省各市县局以统一的"登机易"模式开展机票代售业务。

四、营销策略

为了区别于社会机票代理人,某省邮政的服务策略为:让客户以优惠的价格享受贵宾似的服务,即除了可以一个电话享受订票、送票的全过程外,在机场还可以享受海航提供特别通道的旅客服务。

为了让社会尽快接受"登机易"业务,2003年6月18日,全省正式开办"登机易"当天,邀请了省电视台、省日报等多家新闻媒体全程参观"登机易"完整的业务流程,通过新闻媒体的舆论导向作用,使旅客转变消费惯性,较快认同并主动使用"登机易"。

为了将"登机易"推上一个新台阶,筹划了2003年新生入学优惠活动。与某省航空公司为大学新生"量身定做",联合推出大学新生入学购买"登机易"优惠活动,新生及随行家长往返"登机易"可以5折购票,这为"登机易"在竞争中争取主动奠定了基础。购买"登机易"学生票不仅价格优惠,服务也到家。某市市内学生可免费乘坐民航大巴到机场,学生和家长可以享受专门的新生服务专柜、休息室及绿色通道;同城市、同院校的新生还可以安排在同一航班出发,以便彼此照应。一系列贴心服务,赢得了家长和新生的广泛赞誉。这样某省邮政在短时间内迅速取得经济效益和树立品牌形象的双重利益,从而实现了质的突破。推出学生票之后,又和海航联手推出"购登机易抽奖活动",即从在某省邮政购买登机易的客户中随机抽取中奖客户,奖励分为机票免票、邮政集邮品、航空公司礼品等。除此之外,邮政还不定时开展各种现场营销,在各种会展、会议等现场设立"登机易"销售点,把服务做上门。

由于航空票务是一个不断变化和整合的市场,某省邮政航空票务代理业务随之保持同步发展。从2004年开始,电子客票逐渐取代了本票的发展,我们也相继开办了海航电子客票、南航电子客票业务等。

五、取得成效

经过几年的发展,某省邮政航空票务代理业务不论在经济效益还是社会效益上都取得了一定的成效。截至2006年6月,某省邮政机票订送总收入超过235万元,并由此形成具有某省邮政特色的某省邮政机票销售模式。该模式获得了原国家邮政局的充分肯定,并于2004年在全国进行推广。在实践的基础上,某省邮政还承担了原国家邮政局的软课题研究《中国邮政与航空公司合作国内航空客票业务开发经营模式》,研究成果获得了2005年度原国家邮政局科学技术奖评审的二等奖。

案例分析

某省邮政在成功开发2003年新生入学购"登机易"优惠活动实施了哪些营销策略?

【案例二】

重拳出击——邮政进军演艺票务市场

一、背景分析

某市地处苏南"长三角"区域,作为"开放之城、活力之都、灵秀之地",某市凭借独特的秀丽风光,承接丰厚的人文底蕴,依托发达的现代文明,已成为当代中国最具发展活力和潜力的城市之一。近年来,该市更是将"建设文明某市,打造文化名城"纳入该市的五年规划。该市通过积极申办国内、国际知名文化活动,不断提高其在全国乃至世界的文化影响力和竞争力。同时,该市更是将文化演艺业作为一个文化产业来培养。该市演艺市场自2004年《同一首歌》开始,就一直呈现"你方唱罢我登场"的繁荣景象,规模档次也愈来愈高。先后有齐秦、周华健、张学友、蔡琴等著名歌星演出。演艺市场的活跃,带来了票务市场的无限商机。在这样的大环境下,作为具有信息、金融、实物三流合一优势的该市邮政有理由参与市场的博弈。

二、市场分析

演唱会的增多,也衍生了很多门票销售的代理公司,但从实际销售情况看,各家公司以在部分商场、超市等门点销售为主,每场零售出票也都只是在几十张到百来张,销售额都不理想。而演出商的票务销售也局限于以团体销售为主,为此演出承办方、市政府相关部门对此都不是很满意。不管是代理商,还是演出商,票务销售额之所以上不去,主要是因为销售方式不能满足客户方便的需求,服务深度达不到客户的要求。各个代理商都有自身的优势,但也有其局限性,如有的体现在起步早,票务运作经验较好;有的与新闻媒体的合作关系较好;有的本身是广告公司代理,具有广告宣传优势;有的在关系营销上有独特的优势等。

在今天高节奏、高效率的信息时代,随着人们生活水平的不断提高,客户对文化产品的需求逐渐呈上升趋势。据某市邮政的市场调查,有50%的中青年对文艺演出感兴趣,客户的需求总体突出在方便、快捷、价格等方面,关键是否能满足客户不同层次、不同程度的需求。

而邮政遍布城乡的联网网点、完善的投递网络、健全的营销体系、功能强大的11185信息平台、全省联网的票务系统等,都是邮政参与票务代理得天独厚的优势,也是任何一个演出商都看重的资源,具有任何一个社会票代理商无法比拟的优势。这也是邮政适应和满足客户需求的最为有利的条件。

该市邮政存在的主要劣势:一是进入票务市场时间比较晚,经验不足;二是自身资源没有有效整合;三是广告宣传力度与竞争对手相比有一定的差距。从该市邮政启动代理演出票务以来,正因为存在以上不足,导致实际销售情况并不理想,零售市场份额始终不到10%。

基于以上分析,只要发挥出邮政综合资源的优势,本着以市场为导向,以客户为中心,认真研究市场、开发市场,寻求突破,尽力满足客户需求,就一定能真正使邮政票务赢得市场,从而树立起邮政票务良好的品牌。

正值此时,从"三百六十度文化艺术传播有限公司"传来拟于2005年8月31日承办《刘德华中国巡回演唱会(某市站)》的信息,演出场地定在新体育场,届时可接纳观众近3万人。此次演唱会无论是规模还是演员的票房号召力都是近年来该市场罕见的。这是一次该市邮政重新定位自己、塑造品牌、奠定票务市场地位的有利时机。

根据预测分析,邮政制定了在该场演出必须达到30%以上零售市场占有率的目标。

三、营销策略

这是邮政第一次大规模介入演出票务市场,为了确保市场运作的成功,根据营销目标,确定了营销策略。

(1) 该市邮政局信息业务局为这次票务活动的牵头部门,指定专门的联络人,分别对外部、内部运作进行协调。成立活动项目小组,成员有市场部、11185 客户服务中心、城区营业局及各区分局、速递业务局、信息业务局。市场部负责广告宣传策划,11185 客户服务中心负责电话受理业务,城区营业局及各区分局负责门店销售,速递业务局负责投送、信息业务局负责整个项目的营销策划、各方协调和联络以及各项支撑工作。

(2) 在各营业网点实行现场销售,现场出票;在 11185 客户服务中心接收电话预订,"11185"接到电话立即通知投递部门按址按时进行投递。

(3) 对大客户制定了团体优惠政策,对一次性购满一定金额的客户给予相应的折扣优惠;对在网点购满两张以上的客户赠送小礼品和明星海报等。

(4) 运用广告宣传、人员推广、网点销售等促销手段。根据市场特点,分别在主要闹市区设立宣传摊点,在邮政报刊亭和邮政支局(所)张贴宣传海报和发放宣传品;成立了营销小组,分区负责对大客户进行有针对性营销;在网点通过实行总额承包奖励的策略推动全员营销。

四、开发过程简述

刘德华在中国举办的历届个人演唱会中,几乎场场爆满,但是其运作成本也相当高,为此《刘德华中国巡回演唱会(某市站)》主办方提出条件相当苛刻,所有票务代理必须现款包销,不得退、换票;每次代理费率以每次请票数多少为核定标准。

风险和机遇并存,邮政要实现票务代理业务的突破必须接受挑战,当然也必须把风险控制到最低,投入最少的资金而获取最大的利润。为此,主要采取以下几个方面进行操作。

1. 力争最好的代理费率政策和确定最优的购票策略

首先,积极加强与主办方的沟通,通过一系列公关洽谈,最终在主办方那里争取到了计核代理费率的请票数以此次票务代理结束时邮政代售的总票数为计量标准的优惠政策。

其次,充分考虑确定各种票额的请票数量,以达到既能降低风险,又能取得较高利润回报的目的。由于本次票务代理费率以出票张数多少确定,因此第一次请票在选择票额种类和张数很关键。低价票利润低但容易销售,能保证销售张数;高价票利润高但不易销售,且销售张数少。按以往的销售经验,一般是低价和高价的票开始好销,在低价票几乎售完后,客户再购买中价票,演出商总票房中价和高价的票始终货源充足,据此决定在首次请领的票中,买断票房大部分低价票,只购入少量高价票和中价票,以后以销售回笼资金补充中、高价票,这样就能确保有较高的利润率和资金周转率。

2. 销售形式必须要突破

由于本次营销难度大,销售目标高,本次营销形式必须有所突破,才能确保此次营销成功,故整个营销过程始终围绕"突破"二字来做文章。

(1) 广告宣传的突破

前期工作已准备就绪,目标也已确定,接下来考虑如何具体运作。首先就是有关信息传达、广而告之方面的问题。虽然主办方在报纸、户外广告中附有"邮政订票:11185(免费送票)"等字句,但版面位置、字体大小和颜色均不醒目,效果很差。户外广告又不尽人意。怎么办?靠人不如靠己,舍得投入,才有收获!该市邮政利用报纸专栏和几个电台进行"以我为主"的宣传,主要抓住炎炎夏日人们不愿外出的心理,突出介绍邮局提供省时、省力、省心的免费送票上门的服务,以此为突破口来吸引购票者。

同时制作了 3 000 个印有"轻松订票、自邮享受"等字样的票套,在送票时与票套一并投送给用户,以增强用户对邮政票务的认知度。在利用短信平台方面也做了尝试,与运营商合作发布了"拨打 11185,免费送票上门"的短信广告。在这种密集式广告轰炸下,电话订票量明显增多,特别是最后十天内,电话订票量骤增。

(2)销售方式的突破

为进一步扩大出票量,在以 11185 电话订票为主的情况下,局里制定了相关的营销奖励政策,发文要求营业局和各区分局营业网点全面联动,在所有网点进行门店现场销售。同时利用以往收集的客户资料,通过客户的联络电话,由 11185 话务员进行电话营销。另外还主动与省信息业务局票务中心联系,一方面积极取得业务指导,另一方面请求省局发文通告各地方局"11185"联动出票,以争取外地客户,同时也打响"11185"全省联动的品牌。此外还采取了闹市设摊、客户经理专项营销等多种方式进行销售,都取得了很好的效果和经验。

五、取得成效

截至演出开始前,累计销售 3 088 张票,总金额达 135 万元,纯利润 15 万元左右,其中 11185 电话预订 1 500 多张,各网点销售 750 多张,兄弟局销售 250 多张,其他形式销售 500 多张。该市邮政是本次票务活动中所有零售票代理商中销售金额最高的,占零售市场份额的三分之一强,取得了社会知名度和经济效益的双丰收,品牌效应明显增强,初步奠定了该市邮政在票务市场的地位。

案例分析

你认为邮政代理票务业务有哪些优势,你认为如何做好该项业务?

【案例三】

整合资源　创新经营　强力推进航空票务代理业务发展

一、背景分析

国际航空运输协会 2005 年前开始启动无纸化"电子机票"计划。从 2007 年 11 月 5 日起,国际航空运输协会已停止向中国的机票代理人发放纸质国际机票,这意味着中国开始全面推行电子机票。由于没有出票地点的限制,可以在全国范围内联网销售,电子客票的广泛推广给邮政带来前所未有的发展契机。

二、市场分析

2006 年我国民航运输实现了快速增长,全年累计运输旅客 1.6 亿人,增长 15.4%。2007 年旅客运输量达到 1.8 亿人次。2007—2020 年间,客运周转量年均增长率将达 13.24%;其中 2007—2010 年为 13.50%,2011—2020 年为 13.12%,并且支线航班的密度将大大增加,发展空间巨大。2007 年某航空客运量突破 1 000 万人次,比 2006 年增长 25%。因此,航空票务市场潜力巨大,某市邮政公司坚定信心,把航空票务代理业务做大做强。

三、开发过程简述

1. 领导重视,统一认识

某市邮政公司领导班子历来十分重视新业务的培育。2008 年初,市公司把航空票务代理业务确定为 2008 年重点营销项目,制定了发展目标,要求全市上下提高对航空票务代理业务低本高效性的认识，变"要我发展"为"我要发展"，抓好航空票务代理业务。3月19日，市公司召开了2008年全市航空票务代理业务推进电视电话会，全市各区县局局长及相关管理人员参加了会议。会上，市公司总经理、副总经理作了重要讲话，部署了2008年航空票务代理业务的各项工作，要求市公司市场部、计财部、人力部，以及信息技术局、电子商务公司通力配合实施，力争把邮政航空票务代理业务做出规模、做出品牌。同时，市公司决定将航空票务代理业务收入的50%用于业务发展，其中，30%用于业务营销费用，20%用于业务宣传费用，为航空票务代理业务的快速发展提供了有力的政策保障。

2. 整合资源，搭建平台

邮政发展航空票务代理业务有网点资源、客户资源等优势，但如何将这些优势转化为核心市场竞争力，该市邮政作了积极的探索。2006年3月，该市邮政局与该市民航凯亚信息技术有限公司（中航信在该市的分支机构）本着双赢的目的，签订了战略合作协议，共同开发了电子客票销售系统；并与其控股的该市乘风航空票务服务有限公司（代理人）签订了合作协议，共同拓展该市航空票务市场。为了进一步扩大电子客票销售范围，充分利用邮政的资源，2007年3月，该市邮政将该系统植入到邮政综合计算机网，实现了全市688个电子化支局均能销售航空票的目标，当年9月，再次对电子客票销售系统进行了升级，系统升级后，各网点可以自行打印正式行程单，完善了系统功能。

电子客票销售系统除了利用互联网销售航空客票外，同时实现了利用综合网依托电子化支局现有设备、人员等资源，实现各航空公司实时航班信息查询、预订机票和打印行程单等功能。该系统采用纯中文界面，操作简单、方便、快捷。使用该系统可以充分利用邮政现有资源，投入少、见效快，很适合邮政企业快速进入机票销售市场。全市36个区县局已全部采用电子客票销售系统开展航空票务代理业务，有319个电子化支局实现了机票销售，逐步形成了遍布城乡的邮政机票销售网络。很多邮政支局通过该系统发展票务业务也取得了较好的成绩，如巴南区木洞支局，该局2008年1—2月销售机票130多张，市场占有率达到了60%以上，通过加大宣传和提升服务，该支局已经将2个社会代理商挤出了当地市场。全市正在推进电子化支局航空票务代理业务的开办率，不断扩大网络覆盖面，进一步增强邮政票务的服务能力和竞争能力。

3. 加强培训，规范管理

航空票务代理业务是一项新业务，也是一项专业性很强的业务，为提高从业人员的业务水平，电子商务公司与合作方乘风票务公司共同组织人员，对10个城区、片区邮政局及37个区市县局逐一进行了现场培训，对各级管理人员、前台受理人员和营销人员进行了业务操作和营销的培训。为了支撑基层单位的培训工作，电子商务公司在1月份制作了《航空票务业务知识手册》，下发到各区县局营业员手中，方便营业人员学习航空票务知识。

市公司还出台了《某市邮政航空票务业务处理办法》，对全市邮政航空票务业务处理流程、结算等进行规范。同时，加强了机票资金解缴管理，落实专人定时编制日报表、月报表，保证机票票款结算和代理费列账的准确无误，促进了全市航空票务代理业务的规范化发展。电子商务公司还建立了月通报、周通报制度，通过排名形式督导各区县局加快发展。另外，电子商务公司还建立了航空票务业务QQ群，加强与区县局管理员、营业员之间的交流和沟通，收集和整理各局的业务经验，积极向各局进行推广，带动业务发展差的局迎头赶上。

四、营销策略

1. 加强宣传，树立品牌

系统上线以后，为配合机票销售工作，全市加大了航空票务代理业务宣传力度。一是强化了窗口宣传,采取在营业厅门外显著位置摆放"人字模"和"易拉宝",粘贴机票最新折扣的宣传海报的广告形式,让客户能及时了解到最新的折扣信息;同时,在营业网点摆放售票台席标识,对每一位前来咨询的客户进行当面宣传。二是印制了航空票务代理业务宣传册和卡片 30 万份,摆放在全市各邮政网点,突出"想飞就拨 11185""轻松订票、自邮享受"等广告语;与此同时,各区县局也按照市公司的统一要求,印制订票热线宣传卡和机票业务某 M 广告单等,通过投递员送达千家万户及各企事业单位。三是利用短信宣传,市公司利用区域短信平台的群发功能,及时将航空公司推出的优惠产品向邮储用户、单位客户、邮票预订户等发送机票业务宣传短信。通过这些方式,使该市邮政票务品牌深入人心,现在,老百姓都知道邮政局不仅可以寄信、寄包裹,还可以买到价格优惠的机票。

2. 强化营销,提高效益

为促进全市航空票务代理业务营销工作的开展,市公司在 2008 年年初召开的邮政工作会上下发了《2008 年某市邮政航空票务项目营销策划方案》,对营销目标、营销策略、营销措施进行了明确;并开展了"航空票务代理业务春季营销活动",要求各局抓好年初机票销售旺季,实现 2008 年"开门红",各区县也采取了形式多样的营销活动。

全市重点采取了窗口营销、重点营销和大客户营销相结合的方式。一是通过营业员与用户面对面的宣传,进行窗口营销;二是针对具体的客户群进行重点营销,如春节返乡的外出务工人员和学生等;三是针对党政机关及企事业单位客户进行大客户营销。2008 年以来,全市新开发航空票务代理业务大客户 18 个,形成了一批忠实于邮政品牌的固定客户。例如,巴南区邮政局,该局定期组织营销人员上门宣传,积极建立大客户关系,日常维护工作也细心周到。目前已开发了当地政府办公室、人寿保险公司、人民法院、人民检察院、行政审批中心、工业园区办公室等多家大客户,1—2 月销售大客户机票 600 多张,占出票量的 30% 以上。另外,云阳、璧山等区县则开展了"购机票送洗衣粉"等活动,月销量均超过了 120 张,取得了不错的成绩。

五、取得成效

该市邮政航空票务代理业务发展采取与代理人合作的经营模式,通过建平台、抓宣传、促营销,业务发展取得了长足的进步。2007 年,该市邮政累计销售航空客票 4.1 万张,实现收入 94 万元。2008 年 1—2 月份,全市邮政累计销售航空客票 9 658 张,同比增长 102.64%,累计收入 19.6 万元,业务发展态势良好。这也为争取更好的代理费收入和销售政策增添了筹码,形成了一个良性循环。该市航空票务代理手续费也由开办初期的 3% 上升到 5%,全市邮政销售机票享受与市场接轨的代理费政策,同时,电子客票销售系统还可以销售由航空公司给予代理人的特价机票,丰富了产品内容。

案例分析

1. 某市航空票务的营销采取了哪些有力措施?
2. 某市在开发航空票务业务中哪些经验值得推广?

【案例四】

某市邮储对账短信项目案例

一、背景分析

随着手机的普及使用和国内金融信息服务需求的日益增多,国内各大专业银行均陆续推出以手机短信为载体的金融信息服务产品。2005年8月,某省邮政部门为适应市场需求,提升邮政储蓄对外服务水平,利用自身信息资源优势,开通了邮政储蓄对账短信业务。它是利用某市创易软件公司提供系统软件平台及技术支撑、由某省邮政长盛公司负责提供硬件及短信内容、通过各地市邮政局负责市场营销,采取多方合作经营、利润分成的经营模式,在邮政储蓄活期账户资金变动时以短信方式将变动信息发送到用户手机的一种信息服务。

该市邮储对账短信业务是在省局短信业务平台的基础上,通过充分的市场调查分析,创造性地引入了"项目带动发展"的经营理念,并在业务发展过程中不断探索和完善,培育了市场,深化了项目带动,业务发展规模和经营效益均取得了初步的成效。

二、市场分析

1. 市场环境分析

短信作为一种新的大众媒体,与信件、报刊、广播、电视等传统媒体相比较,具有传播范围广、速度快、成本低、传播方式多样化、参与性和互动性强等鲜明的特点和优势。这些特点使短消息需求空前繁荣,对公众和社会生活的影响力不断扩大。利用短信作为邮政储蓄活期账户变动通知方式,是信息技术发展的必然。

2. 客户需求分析

目前,我国移动电话用户总数已达到13亿户,手机已经基本普及。邮政储蓄活期储户中有很大一部分是有较高收入、账户变动频繁的商务群体,需要及时了解账户变动情况;有一部分是企事业单位代发工资的职工,对工资何时进账较为关心;有一部分是委托代扣的用户,很想实时了解扣款及余额。这些用户普遍持有手机,有一定的文化素质,基本上都会使用手机发送、接收、阅读短信,因此开办邮政储蓄对账短信业务正好满足了这些用户的需求。

三、营销策略

1. 产品服务策略

邮储对账短信业务目前仅局限于账户资金变动通知一项,业务功能较为单一。为使该业务有更高的使用价值和更大的灵活度,由技术部门配合,借鉴其他金融机构做法,增加邮储对账短信业务更多的服务功能,如账户余额定期通知、账户余额上下限警示通知、大额警示通知、短信临时挂失等。同时,还可为短信用户发送节日问候类短信、假币鉴别等金融常识类短信、税款缴费期提醒类短信等,从各个方面提供优质的短信业务服务。

2. 价格策略

大力推行客户短信体验冲浪活动,对集团用户、短期促销用户等制定了一系列的优惠政策,引导客户需求和增加业务亲和度,采取了针对不同客户群体实施不同的免费体验活动,让客户了解业务,欣赏并满意此业务,形成借力宣传态势,使产品的美誉度进一步提升。

3. 重点公关策略

立足现有邮政储蓄平台代收代扣用户群体,做好几个行业合作单位的集团客户的批量拓展攻坚工作。业务合作直接切入单位领导层、财务管理部门等,如代发工资户,减轻了代发单位的业务操作及后续处理压力,确保集团用户员工代发工资安全,提升集团单位的信誉度、诚信度。再如,代扣税款户由税务部门配合,提供平台,一次性明确用户代扣的手续,在窗口受理委托缴税业务时,便能立即征取纳税人的同意,给予批量加办。

4. 抽奖回馈促销策略

在全区范围内核定一定数额活动费用,用于策划开展了"定制对账短信赢大奖"等促销活动,通过抽奖活动给在网邮储短信用户一定的回报,促进邮储短信业务健康、快速的发展。

四、开发过程简述

1. 提高发展认识、强化执行

邮政储蓄对账短信业务开办初期,由于受近年来短信诈骗及其他不良垃圾短信的影响,使大多数用户降低或丧失了对短信通知的信任度。邮储对账短信业务的开拓存在相当大的难度,许多单位一直停留在是否应该开办短信业务的论证上,业务发展进度缓慢。该市局领导立足长远,在充分分析各单位具体情况后,及时开展专项营销竞赛活动、召开专题协调会、确立"项目带动发展"战略,制定了项目负责制管理模式。详细阐述发展对账短信业务的必要性,从不同的角度描绘该业务的发展前景,并把对账业务将改变邮政储蓄收入增长方式和提升邮政储蓄对外服务形象上作了重点剖析,从较深层次解决各层面经营管理者发展意愿问题,有力促进经营发展观念的转变。全区各单位上下一心,共同努力,知难而进,业务规模得到快速扩张。

2. 精确市场定位,有的放矢

针对邮储对账短信业务特点,认真研究市场需求,立足现有活期储户,给邮储对账短信业务做出了明确的市场定位,具体为邮政储蓄活期户、账户资金变动频繁、经常用于代收代付及消费户、有资金安全监控要求者等,如代发工资户、银证通户、代缴话费户、代缴税款户、代缴水电费户、持卡消费户、异地结算及跨行交易户等。

3. 多种营销渠道,互为补充

(1)邮政储蓄网点渠道:利用邮政储蓄营业员在储户到邮政窗口办理存取款等储蓄业务时,通过发放业务宣传单、与用户面对面沟通、填写用户意见征求函等方式,引导储户订制短信对账业务。

(2)专兼职营销员队伍渠道:充分发挥电信、邮储营销队伍贴近用户的优势,在上门发展业务时进行宣传、沟通,引导储户定制短信对账业务。

(3)广而告之的媒体宣传渠道:通过邮政储蓄窗口宣传横幅、中邮专送夹报投放业务宣传单,利用广播电台热门频道、有线电视黄金时间、繁华地段户外楼体广告、小区电梯广告等大造宣传声势,力求广而告之。

五、取得成效

(1)截至2006年6月30日,该市邮储对账短信累计发展短信用户11.88万户,2006年1—6月,共计产生业务收入85.6万元,实现收支差额74.2万元,预计全年可实现业务收入180万元,邮储对账短信业务已成为邮政新的利润增长点,是发展前景广阔的邮政信息业务。

(2)邮储对账短信业务的开通,不仅给企业带来了丰厚的效益,同时也给广大的邮储用户带来了很大程度上的安全与方便。目前,除了在用户普遍关注的系统的稳定性、短信服务项目以及收费方式灵活度等方面尚有不足外,客户对该业务的"对账—理财—安全监控"的开发初衷均较为欢迎,接受程度较高,特别是闽南经济活跃地区,用户对该业务的使用情况较为满意。

(3)邮储对账短信业务的开发,发挥了技术对业务的巨大支撑作用,实现了邮政金融产品对账理财需求与邮政信息业务的完美结合;同时,在邮储对账短信业务的营销开拓过程中,培养和锻炼了邮储员工的营销意识和营销理念,逐步将企业的经营活动引入了以客户需求为导向,以客户关系管理为中心的新思维中,更有效地推动邮政储蓄业务的全面发展。

案例分析

对账短信业务的开发带给你什么启示,如果你是该市邮政局的负责人,你认为下一步应该如何继续做好该项业务?

【案例五】

某市邮政与移动公司战略合作案例

一、背景分析

某市邮政与某市移动一直保持着良好的业务合作关系。2004年,某市邮政共代办移动手机放号61 419部,代收话费8 542万元,为移动公司市场拓展做出积极贡献。移动公司在开展客户积分回报和新客户入网促销活动时使用邮政报刊、鲜花、邮品、日用品和农资等项目全额合计约338万元,双方战略合作伙伴关系初步形成。

二、市场分析

邮政与移动的合作既对双方业务市场拓展意义重大,也与移动的主要竞争对手联通公司密切相关。移动公司担心邮政若与联通密切合作会影响其市场拓展,因此对邮政分销渠道特别是村级邮政代办所的潜能日益重视。作为移动通信市场的领跑者,其在客户管理上仍面临十分棘手的问题,老客户流失问题严重,新客户开发竞争加剧,迫切需要在客户关系管理和农村市场拓展上寻求合作伙伴。

三、开发过程简述

(一)每月坚持召开联席会

双方领导班子和有关部门负责人通过联席会议坦诚交流,达成了广泛共识。各县市局和分公司也保持定期的联系。在市邮政局年初召开全市邮政工作会议和下半年召开的重点业务调度会期间,市移动公司召集全区各分公司经理到某市,双方举行恳谈会,双方关系进一步加深。

(二)根据形势变化签订协议与备忘录

鉴于村级邮政代办所建设日趋完善以及移动公司经营策略逐步向农村电信市场延伸,邮政与移动签订了《业务发展合作协议》,规定村级邮政代办所只办理移动入网,移动公司为代办所统一标识牌赞助资金并享有广告位;随后又签订了《合作备忘录》,移动公司承诺积极使用各类邮政业务,每年支付该市邮政局的费用占该市移动客户回报费用的比例,不低于当年该市邮政局放号量所占该市移动总放号量的比例,移动公司在合作有效期内每月委托该市邮政局邮寄账单或商函量不低于4万份。

四、营销策略

自2005年起,该市邮政局确立了"通过局部排他争取政策,通过渠道合作争取双赢,通过业务联动争取更多收益"的营销策略。

(一)在局部区域和特定时间段采取相对倾斜的策略,刺激移动公司给予邮政更优惠的放号政策

市局根据各县市的实际情况,指导部分县局与联通公司在一段时间内开展营销活动,从而影响了移动与联通在区域市场的格局,增加了与市移动公司谈判时争取政策的筹码。针对移

动公司的要求,我们承诺在邮政移动合作营业厅和部分农村支局只办理移动入网业务,从而争取到更有利的爬坡奖励政策,最多可实现收益80多元。

(二)加快农村营销渠道建设,增强村级邮政代办所手机放号的能力,吸引移动公司的关注

在全市范围加快村级邮政代办所的建设步伐,实现了行政村95%以上覆盖率的目标。通过积极引导,6 000余处代办所月均放号量合计达到数千部,初步显示了邮政强大的销售能力。为节约代办所标识牌制作成本,我们提出了商业化运作的思路,向移动公司推介广告位,移动公司则提出了广告合作与渠道合作并举的要求,迎合了邮政需求。通过磋商,移动公司承诺向全区6 750个代办所标识牌每个提供100元,协议有效期两年。同时,邮政承诺,在此期间内各代办所只办理移动手机入网业务。

(三)加强外部公关和宣传造势,加速启动账单业务

针对移动公司话费账单寄递量偏低的状况,我们通过联合市经贸委、消协等单位召开账单业务推介会、新闻媒体宣传等做好社会宣传,放号时引导客户申请,加强投递质量管理和名址核实等工作,积极争取移动公司的认可,要求其逐步增加账单寄递量。经过努力,移动公司账单与商函寄递量达到每月4万余份以上。

(四)业务联动营销,深入开展客户回报和新业务拓展方面的合作

经过近年的运作,邮政"礼仪专家"的品牌形象初步得到市场认可,依托全网联动的核心竞争优势,邮政已具备进入企业客户关系管理外包服务领域的能力。2005年我们向移动公司主推《特别关注》杂志,以及其他畅销报刊订阅、鲜花礼仪、邮品等收益较高的业务。在移动公司开展的新入网客户送礼包、客户积分回报、点信有礼等活动中,均推出了相应的邮政服务项目,设计印制了"邮资卡",移动公司赠送客户后,客户持卡到全市邮政网点或拨打11185办理业务。

经协商,移动公司集中订阅《特别关注》杂志2万份,用于回馈大客户和开展促销活动。2005年中秋节前夕,移动公司集中从邮政渠道购进价值近15万元的月饼和茶叶等礼品,用于客户回馈和职工内部福利。

五、取得成效

2005年,该市邮政局累计代办移动手机放号98 168部,同比增长59.83%,实现代放号与话费分成收入360余万元,代收费金额7 701.09万元,收入42.91万元;邮寄账单7万余份,收入5.6余万元;为配合移动开展客户回报、新客户入网、新业务促销等活动,实现《特别关注》流转额120万元,创收72余万元,积分回报卡和邮资卡等其他服务项目金额375万元,收入约100万元;中秋营销收入6余万元;村级邮政代办所标识牌广告收入67.5万元;另外实现特快专递、中邮快货、中邮专送广告等业务收入10余万元,共计收入660余万元。

2006年上半年,全市邮政代办移动放号累计达到61 400余部,实现收入225万元。该市邮政已与移动达成合作协议,移动公司使用邮政报刊业务对全区某IP客户进行2006年度回馈,预计可实现报刊流转额200余万元。

案例分析

1. 某市邮政局是如何深度挖掘客户需求的,你认为如何深度开发客户?
2. 你认为如何做好大客户营销?

【案例六】

某市"自邮一族"项目案例

一、背景分析

随着经济的飞速发展、社会生活节奏的不断加快,同时政府不断增强为民意识、提高办事效率,社会需求呈现高层次、多元化的发展趋势。经过充分市场调研和分析,某市局将有车一族定位为终端目标客户群,整合了车主相关业务及邮政资源,基于邮政传统业务平台,创建邮政会员服务平台,于2007年3月推出了"自邮一族"会员服务业务,开创了与政府机构、商业企业及会员的共赢局面,为邮政电子商务业务开辟出一个新的发展方向。

二、市场分析

(一)"自邮一族"业务价值点

市场调研数据显示,某市每年都有许多车主错过公路费缴纳的优惠期,甚至考虑因忘记及时缴纳相关费用而被追加滞纳金,每年大约有2万的粗心车主遭遇了驾驶证未及时年审被注销的危险,给车主带来巨大损失;另外,目前某市每辆车平均每年罚单超过了4宗,车主也必须为缴纳罚款奔波于交警部门与银行之间。"自邮一族"业务是一站式综合服务,可为车主提供代办交通违章罚单、车船税、养路费、年票、车辆保险、驾驶证年审、换证等一系列服务,为车主节省大量时间,并且避免了劳顿奔波之苦,同时通过精挑细选加盟商加入邮政品牌,为车主制定性价比高的服务包,使车主用得安心、放心。

(二)汽车经销商需求分析

汽车经销商主要通过以下几种方式获得收益。

(1)吸引客户,售车收益。在同等车型,性能、价位的情况下,哪家经销商提供的服务性价比越高、增值服务种类越丰富实用,哪家就能吸引更多客户购车。

(2)维系车主,服务收益。经销商通过节日问候、抽奖、资费折扣、定期组织车友活动、优惠换季保养等方式维系老客户,获得售后服务收益。

(3)提升服务,满意车主。经销商通过向车主提供实用的增值服务作为实现在售后服务方面全面提升客户满意度的承诺目标,获得车主认可的口碑收益。

(三)合作模式

(1)团购产品。汽车经销商团购"自邮一族"产品赠送给购车客户或以调查返礼的方式将产品寄给老客户。此举既可以为新车主提供增值服务,又可以为老车主提供关怀服务,可有效提高客户满意度。

(2)双方资源共享合作。汽车经销商将自身的4S店开放给邮政"自邮一族"会员,作为会员可选择的服务商。"自邮一族"为其提供增值服务,充实其对客户的服务内容。

(3)通过联名卡进行合作。通过发行联名卡起到互相宣传作用,同时为车主提供了"自邮一族"服务、金融理财服务、汽车经销商现有服务,丰富了售后服务内容,可以吸引和维系新老客户。

三、开发过程简述

(一)产品设计

1. 产品命名

现代人特别是有车族等中高端客户喜欢追求自由和时尚。"自邮"借"自由"的谐音,蕴含着使用邮政电子商务的一种境界,暗合"来自邮政,自由自在"之意,希望通过邮政的优质服务,帮助他们释放压力,使他们成为时尚的"自由一族"。"自邮一族"凸现邮政电子商务的服务诉求。

2. 产品定位

某市局针对中高端客户群体,初期以有车一族为主要突破口,以机动车类业务为切入点,充分引入函件、速递、储蓄、集邮、票务、礼仪等相关产品,并逐步叠加实物产品销售服务。某市局希望在3年之内,将该业务打造成某市最具特色的中高端客户电子商务平台,使其成为中高端客户了解、享受邮政服务的窗口和途径。

(二) 赢利模式

以会员制模式运作,产品的主要赢利模式为:会费+代理服务手续费+产品销售提成+数据库营销广告收入+衍生邮政产品收入。

四、营销策略

围绕车主需求,分阶段、有重点、有策略地逐级推出既有邮政特色,又是车主急需,而且符合电子商务消费特征的业务。

(1) 以机动车类业务为切入点,吸引车主会员。经与某市交警部门、地税局、公路局等部门沟通,成功开发了代缴车船税和路桥通行年票、养路费及代理保险等业务,并叠加了交通违章通知书寄递和异地交通违章确认及代理缴费业务,依托邮政网点、投递网络和语音平台等资源优势,为车主提供打包服务,帮他们解决办理手续烦琐、费时费力费心的难题。某市局还与中经石油下属公司合作,使"自邮一族"会员可享受优先加油服务和一定的油价优惠,使车主成为邮政稳固的中高端客户群体。

(2) 叠加演出票、机票配送及鲜花礼仪等电子商务业务。通过会员优先办理方式,将演出票、机票配送及鲜花礼仪等电子商务业务叠加到"自邮一族"平台,让会员初步感受到了成为"自邮一族"的优越感以及邮政电子商务服务的方便、快捷和时尚,满足了中高端客户观看演出、外出旅游等需求。

(3) 叠加储蓄、集邮、礼仪、报刊等业务。通过与邮储联合发行绿卡"自邮一族"联名卡,使客户的现金结算方式转变为账户结算的电子支付方式,满足了中高端客户日益增长的电子结算需求。同时,向会员提供优先预订新邮和礼仪咨询、产品受理服务,创造性地开发了报刊礼仪卡,挖掘出了中高端客户在文化、礼仪方面的巨大消费潜力。

(4) 叠加代理服务、实物产品及广告业务。针对中高端客户希望通过一个平台能够轻松、便捷地实现全面服务的需求,借助"自邮一族"网站、call center、邮政网点及客服专员队伍为他们提供全方位的电子商务服务。另外,充分利用会员数据库和客服专员队伍为企业客户开辟一条针对性强的广告发布渠道以及能够密切跟踪广告发布效果的渠道,帮助其实现真正意义上的直复营销。

(5) 通过实行会员等级制度,提供差异化服务。"自邮一族"会员卡主要分为普通会员卡、绿卡"自邮一族"联名卡两种,普通卡可办理代缴车辆税费、代理保险等基本业务,联名卡则在普通会员卡上增加了储蓄、刷卡消费、加油等功能。随着业务的发展,还将增加白金卡、钻石卡等级别会员卡,让会员享受到更尊贵的服务。

(6) "七个一"建设提供核心能力的保障。为实现会员非面对面、非现金间接办理"自邮一族"业务,某市局提出了建设"七个一"的思路,以提供强有力的核心能力保障。

① 建设一个语音平台,建立沟通渠道。依托11185平台,申请了969185号码,为会员提

供专线服务。该市局配置了50名话务员,还构建了一支外呼专员服务队伍,为会员提供及时的信息提醒服务以及电话预约受理服务。

② 建设一个特色网站,提供电子商务服务。建设并开通了具有汽车管家、11185总票房、礼仪商城等功能的电子商务网站,目前正根据业务发展情况及客户使用意见,逐步对网站内容进行完善。

③ 建设一个支付平台,提供便利的电子支付手段。将电子商务资源与邮储资源结合,发行了绿卡"自邮一族"联名卡。该卡在绿卡和"自邮一族"会员卡基础上,融合了邮储借记卡、刷卡消费积分卡及邮票预订卡等功能,为客户提供了高品质的服务,同时也减少了邮政服务成本。

④ 建设一个信息化系统,记录会员的点点滴滴。建设了"自邮一族"会员信息化系统,实现了会员信息收集和会员业务办理的功能。目前正在对系统功能进行完善,以实现会员积分及客户数据分析等功能。

⑤ 建设一支专业队伍,提供专业的会员服务。充分利用社会资源,建立了一支40人的客服专员队伍,负责维护和发展会员客户,为会员提供个性化服务,帮他们解决业务办理和使用过程中的问题。随着业务规模的扩大,这支专业服务和营销队伍还将逐渐扩充。

⑥ 推出一本高品位的会刊,提供高品位的生活。推出符合"自邮一族"口味的高品质会刊,通过展示邮政业务特点、提供邮政产品信息,使其成为邮政的宣传窗口。

⑦ 建设一个标准化营业平台,树立标准化服务形象。依托邮政营业网,逐步在全市网点内建设由专柜、专区及专业厅组成的"自邮一族"连锁服务网点,会员在此可享受到统一的标准化服务。首批已建成"自邮一族"电子商务中心9个、专柜10个。

五、取得成效

服务车主为邮政带来了良好的收益。从经济效益层面看,"自邮一族"业务一经推出,便引起了市场的强烈反响。截至2007年10月,会员数已达3.98万户,并带来了约1230万元的收入。其中,会费收入近400万元,交通违章通知书寄递收入400万元,演出票、机票配送和鲜花礼仪业务收入140万元。截至2008年12月,该市局已发展会员15万名,实现业务收入2700万元,并拉动了邮政速递物流、函件、储汇等专业收入,在2008年集邮新邮预订营销活动期间,该市局推出了"自邮一族"会员优先预订服务,"自邮一族"部分会员发展成为新邮预订的新生力量,出现了2008年新邮预订供不应求的好局面。奥运前夕,为"自邮一族"会员提供奥运邮品特供服务,每天接听1000多个会员咨询电话,700多个订单量,"自邮一族"会员5天就预订了奥运邮品100多万元,占整体预订量的20%,而且55%的会员采用了银行账户划扣服务。"自邮一族"业务充分发挥了邮政"三流合一"的整合优势,成为邮政部门电子商务业务开展的重要增长点。

从社会效益层面看,"自邮一族"服务的推出,既为政府服务机构分担了服务压力,又为车主解决了后顾之忧,彰显了邮政服务公众、服务社会、服务政府的新形象,得到社会各界广泛的认可和支持,形成了车主舒心、政府满意、邮政得益的良好发展局面。邮政的"自邮一族"车主会员服务已在社会及市场上具有较好的口碑,在该市已逐渐成为服务车主市场的一个强势品牌。

案例分析

1. "自邮一族"业务的赢利模式有哪些?你认为还可以增加哪些?
2. 该市邮政局是如何推广"自邮一族"业务的?

本 章 小 结

本章主要介绍了中国邮政发展电子商务的战略定位及邮政电子商务的主要业务,详细讲述了邮政电子商务业务管理体制及经营活动,在此基础之上,重点对票务业务、短信业务、"自邮一族"业务及邮乐购业务进行了详细的案例分析。

【阅读材料】

某省邮政公司强力推进商旅票务业务发展

近几年,某省邮政公司将航空机票业务作为"一把手"工程,着力打造邮政"代理票务专家"知名品牌,2010年全省邮政销售航空机票10万张,与上年相比增长255%。截至2011年11月月底,全省邮政已累计代理航空机票18.04万张,同比增幅达110.04%。

一、加大宣传力度,增加抢占市场的砝码

成本低、收益高的特点,使得航空机票代理业务的市场竞争日趋激烈,如何在其中争得一席之地?2011年,该省提出了"骨干网点做散户、营销队伍做大户、11185做支撑、社会代理做规模"的总体发展思路,重点抓出票的总规模,积极探寻航空机票业务规模化发展之路。

对于进入市场相对较晚的邮政来说,不断提高知名度是首要选择。为此,该省邮政一直注重加强宣传,他们在全省各邮政网点制作了宣传标志,以"X"形展架的宣传方式让客户及时了解航空机票最新价格信息,在所有安装有LED显示屏的邮政网点进行业务滚动宣传,把当日打折票和航班信息进行不间断宣传。出票量最大的该省省会市邮政局还印制了业务宣传海报和航空机票知识手册,实现了重点网点有桌牌、有海报、有宣传单的窗口宣传,为营销员配备了内容涉及特殊票种操作流程、航班信息、机场服务热线、机场大巴停靠站点等内容的航空机票知识手册。为发展协议客户和回馈散客客户,该省会局还统一制作了钥匙扣、鼠标垫、晴雨伞等小礼品,同时不定期在当地报纸等平面媒体上开展广告宣传,各分局、便民驿站则根据区域情况印制了订票宣传卡片。某地级市邮政局利用自有车辆和公交车车身开展广告宣传,并且在网点出具的每张行程单、收款收据、保险单、其他业务单式空白处加盖"邮政机票"宣传戳记。

二、加强培训,打造多渠道的销售网络

由于航空机票业务专业性强,该省邮政对相关人员进行了持续、深入的培训。通过对管理人员、前台营业人员和营销人员进行航空业务知识、票务系统操作、民航销售政策等内容的培训,提高相关从业人员的业务熟练程度,坚决杜绝网点营业人员不能办理航空机票业务的问题,提升网点的出票能力。目前,他们已经形成了以重点网点为中心,充分发挥营销队伍的作用,利用便民驿站等渠道抢占市场份额的模式;并积极研究网站销售、电话销售等新模式,力争打造无缝式订票网络。

三、抓住世园会契机

2011年,该省省会召开了世园会。为了抓住世园会178天、1 200万人次中蕴含的商机,该省省邮政电子商务局特别提出要做好世园会门票与交通票的整合营销,开展订航空机票享有世园会门票优先、优惠购买权等组合营销活动。作为世园会"主战场",占全省邮政代理航空机票最大份额的省会局适时推出"穿梭中国世园览胜"航空机票营销活动,对于持2010年世博

会门票和 2011 年世园会门票的客户,在该省邮政各网点及邮政便民驿站订航空机票享受立减 5 元的优惠并赠送 5 元代金券一张,同时推出"买机票,送世园会门票"活动,即购买标准舱机票两张或购买头等舱机票一张赠送世园会门票一张。在此项活动的带动下,省会局的出票量至 5 月底便突破了 4 万张,同比增幅达 206.36%。

为紧抓旺季契机,实现航空机票业务突破性发展,结合集团公司开展的全国邮政航空机票营销竞赛活动,该省邮政公司 5 月 1 日至 10 月 31 日在全省范围开展航空机票业务"迎世园、战旺季"劳动竞赛活动,活动将全省十个市局分为 3 组,将县域市场、政府市场、中小企业市场、现有大客户市场、个人增量市场、校园学生市场、会展市场、二级代理市场等定位为目标市场开展营销,并确定了数据库营销、大客户营销、时点营销、服务营销、渠道营销及航空机票+世园会门票组合、航空机票+保险组合等整合营销策略。

四、打造邮政大交通票模式

在航空机票业务发展过程中,该省邮政公司提出以票务专厅建设为契机,在发展航空机票业务的同时,打造以航空机票、铁路客票、公路客票为一体的"邮政大交通票"概念,为客户出行提供一站式服务。同时发挥邮政业务综合资源优势,实施整合销售,将航空机票业务与其他商旅服务组合打包,推出买航空机票送保险、送彩票等一系列优惠服务套餐,多渠道、全方位为客户提供优质、高效、温馨、便利的服务。

对票务专厅的建设,该省邮政的目标是力争每个市局建成 2~3 个、每个县(市)局建成 1 个服务面积在 100 平方米以上的旗舰票务专厅。目前,全省邮政已建成 19 个票务专厅,各市局配备统一的售票电话。此外,他们通过挖掘社会资源,加快渠道建设速度。如某地市局与机场售票处签订直接代理协议,收购当地最大的民航售票处作为邮政航空机票专厅,该专厅正式营业的当月,该局的出票量比上一个月提高 336.52%。

此外,该省邮政经过对航空机票和报刊第三方订阅主要目标客户的梳理,提出对航空机票和报刊第三方订阅项目大客户实行业务整合营销,将两项业务的营销与其他邮务类业务产品组合打包,推出一系列优惠服务套餐,实现了双赢发展。此外,为提升邮政商旅服务质量,提高客户满意度,该省邮政还在全省范围内推广主要针对航空机票业务的邮政商旅秘书短信服务,包括 24 小时起飞提醒、目的地天气预报、3 小时起飞提醒、接机提醒、航班实际起降信息、航班延误信息等。

【综合练习】
1. 简述邮政电子商务业务有哪几类。
2. 中国邮政发展电子商务的战略定位是什么?
3. 邮政电子商务各业务的管理模式分别是什么?
4. 邮政电子商务业务的经营渠道有哪些?

【案例分析】

思路决定产品出路　客户需要真诚服务
——某市电子商务局开发某市供电局邮乐卡营销案例

一、背景分析

某市供电局是一家大型国有企业,承担着该市云岩、南明、金阳、乌当、白云、小河、花溪、修文、开阳、息烽 7 区 3 县,清镇 1 个县级市以及黔南州的龙里、惠水、长顺、罗甸 4 个县,共 15 个区、县、市的供电任务。该市邮政局同该市供电局建立长期战略合作伙伴关系,长期在代收类、邮务类等业务方面进行项目合作,通过邮政平台为电力市场的优质服务创造高效、友好的客户服务应用环境,全面提升该市供电局客户服务水平,邮乐卡项目的成功运作得益于前期良好合作奠定的坚实基础。

二、开发过程简述

2011年3月,某市电子商务局在对该市供电局进行代收电费项目后续跟进拜访和沟通时,无意中得知供电部门正在筹备为女职工发放女工慰问费工作。借着与客户闲暇攀谈的机会,电子商务局负责人得知,供电局将按照人均数百元的标准,以现金的形式给女职工发放慰问费。回到单位后,电子商务局当即与客户服务部联系,最后通过联合开发的方式成立了邮乐项目攻坚小组,并按照客户部负责方案策划、专业局负责专业实施的模式全面推进开展。

攻坚小组成立后,客户部立即组织召开专项方案策划会议,策划方向主要围绕如何使客户改变用纯现金发放女工慰问费的方式,并全面或部分采用邮乐卡替代现金。围绕这个中心问题,项目攻坚组成员认为"礼物"绝对比现金更能表达情意,通过在邮乐网上自行选择的方式,又能有效地解决统一订购礼物而带来的"不实用"的个体差异风险,顺着这个思路,通过几个小时的商议,"'礼最温柔'——某市供电局'三·八'节女职工礼品慰问方案"孕育而生。

第二天,项目攻坚小组带着方案,登门拜访客户,正式向客户进行邮乐卡业务推介。整个推介过程进展得非常顺利,供电局分管女工慰问的部门领导当即就表示出浓厚的兴趣,还用办公电脑登录了邮乐网。但是,就在大家认为当天就能拿下该项目的时候,客户却提出了疑虑:"这个方法倒是好,但是网站上的商品还是显得不够丰富,我们的人均慰问经费也还不算少,如果全部慰问金都用在这个上面,怕职工觉得选择的面窄了些……"。听到这一席话,攻坚组成员并没有放弃,带着客户的疑虑,进行了方案的二次修订。

通过再分析、再商讨,最终攻坚小组在原方案的基础上新增加了"请代表企业,向您的母亲说一声'节日快乐'"的新思路。调整后的方案指出,针对企业女职工的慰问,企业仍可继续选用现金发放的形式,但为更进一步地凸显人文关怀,方案建议企业抽取一部分慰问金替换成邮乐卡,希望女职工在邮乐网上,为母亲买一件适宜的礼物转达企业在"三·八"节之际对老人的问候。新修订的方案,既成功回避了由于慰问经费较高而显得邮乐网初建阶段产品不够丰富的弊端,又使供电局本届女工慰问的工作更具人情味,一改原先"现金慰问"的简单方式。更重要的是,本次邮乐卡业务的推介从真正意义上体现了为客户提供高品质的贴心服务宗旨。毋庸置疑,攻坚组成功地拿下了该市供电局邮乐卡项目攻坚的任务,成功实现了邮乐卡项目的首单开发。让攻坚小组倍感意外的是,时逢"三·八"佳节,邮乐网专门针对女性用品做了一系列的优惠活动,而且网页也围绕这个主题来设计,该举措为整个项目的后期运作更添锦绣。

三、营销策略

提前策划、精心准备、联动营销是该市市局邮乐卡营销成功的关键。整合市场信息,紧抓"三·八"妇女节这一节日市场契机是基础。营销方案从客户角度出发,该方案实事求是地分析展现了邮乐卡业务与客户需求的有机结合,针对目标客户特点制定合适的产品组合和营销策略。为了让客户了解邮乐卡到底是一种什么卡,攻坚组上门讲解邮乐网的优势和特点,演示购物流程,让客户一点点熟悉起来。可对邮乐网熟悉之后,客户对使用邮乐卡作为员工福利是否合适还是心存疑虑,攻坚组迅速转变营销思路,在原方案的基础上新增加了"请代表企业,向您的母亲说一声'节日快乐'"的新思路,最终在营销员的耐心讲解和数次登门推介后,客户充分认可了邮乐卡这一新形式。

四、取得成效

2011年签订该市供电邮乐卡销售协议,实现销售额3.81万元。通过该项目的启发,部分城区分局、郊区县局均借鉴案例的成功经验,利用母亲节、端午节等节日礼品市场契机,实现邮乐卡销售任务的超额完成;不仅如此,此项目成功运作,营销经验的复制推广,提高了各局营销的积极性,强化各局对邮乐卡业务的认识程度,大大提高了各局营销的成功率,也增强了营销员的信心。

思考题

1. 某市供电局邮乐卡业务的开发带给你什么启示?
2. 如果你是该市电子商务局的负责人,你认为下一步应该如何继续做好该项业务?

第九章　邮政特快专递业务经营管理

【学习目标】

了解中国邮政速递专业的改革与发展背景；理解特快专递业务经营管理的内容；掌握特快专递的主要业务及其特点；了解特快专递业务管理、营销、客户维护等具体工作内容，通过案例学习特快专递业务经营管理的方法和策略；能够对邮政特快专递业务进行案例分析。

【关键概念】

速递专业化经营　速递网络运行　速递营销管理　国际速递业务　国内标准快递业务　国内经济快递业务

【案例导入】

"辽宁到广东，29日发，30日到，神啊！"这是辽宁邮政速递物流葫芦岛分公司电子商务客户——某泳衣网店老板对EMS的评价。该网店连续5年都是淘宝网泳衣类产品销售状元。之前，他们使用e邮宝业务发寄，由于速度慢，买家投诉不断。面对客户的投诉与质疑，葫芦岛分公司按照股份公司总部对重点B2C客户资费调整的要求，通过对包装用品用具、生产作业流程、网运线路等方面的优化调整，于2013年3月27日起，正式对该泳衣网店邮件按标准业务发寄，实现了EMS服务的华丽转身。

据介绍，该泳衣网店发往长三角、珠三角的邮件占总发货量的40%，均属于南京集散经转范围内。葫芦岛分公司采取散件外走的封发方式，加快调整作业场地和人员，以速度最快、转发量最多为原则，实行多频次收寄、封发、转运流水作业，进一步加快邮件经转速度。为更好地服务客户，针对该泳衣网店出货时间为16点以后，兴城、葫芦岛两地邮件盘驳时间长，省内干线汽车发车时间早，邮件处理时间短等问题，及时调整了省内干线汽车发运计划，增加了40～50分钟的处理时间，提高了邮件集中出口量。同时，由于新运营标准的实施，全国大网在投递环节服务质量大幅改善，特别是邮寄到56个重点城市的邮件都能做到当日、当频及时投递，为EMS改善服务提供了支撑。

"现在我们使用EMS标准业务发货，速度一下就上去了！兴城营业部还设置了专门的客服人员，每天反馈头一天的邮件信息，服务非常周到！现在客户好评不断，我们的销量也提高了。"泳衣网店老板兴奋地说。

特快专递业务的经营管理，是企业内部管理与外部营销的结合，做好业务经营工作，既要提高自身的服务能力，包括网络建设、服务水平提升等，还要顺应市场需求调整产品结构和服务内容。特快专递业务首先要体现快速这一基本特征，其次是不断提升服务品质，因此，在特快专递业务经营管理的各项活动中，要围绕快速以及服务的市场做文章。

第一节　邮政特快专递业务管理基本内容

大多数国家的邮政过去一般都与电信结合在一起，作为国家政府的职能部门，管理和经营本国的邮电通信。直到 20 世纪 80 年代初，以英国邮政脱离政府序列、组建国家邮政公司为开端，拉开了邮政领域实行政企分开的新一轮改革序幕。进入 20 世纪 90 年代以后，改革成为世界各国邮政的主旋律，公司化、专业化已成为世界邮政改革的总体趋势。特快专递业务作为邮政领域内主要的竞争性业务，成为改革的重点。在改革中，体制改革是结构性的改革，改革成功与否直接体现在市场地位和市场竞争力上。

随着经济全球化的浪潮，UPS、DHL、TNT、FedEx 等跨国快递公司纷纷进入邮政市场，邮政速递遇到前所未有的竞争。这些跨国公司凭借强大的实力和灵活的机制，为用户提供比邮政更为快捷、方便和周到的服务，在有赢利的快递市场夺走了相当一部分原本属于邮政速递的市场份额。

在我国，快递市场的竞争格局已形成，以四大国际快递巨头为代表的国际跨国快递公司、以顺丰、申通等为代表的国内民营快递公司，以及以邮政 EMS、民航快递为代表的国有快递公司，这三大竞争集团展开了激励竞争。邮政特快专递在快递市场由垄断经营，变为竞争的参与者，并且市场份额正逐年减少。

长期以来，邮政企业被非营利性、公益性的性质所限，虽然不断进行改革，但在经营活力、对市场需求的响应等方面还存在一定的问题，从全球来看许多国家邮政处于亏损经营状态。要想在市场竞争中站稳，尤其是以特快专递业务为典型代表的竞争性邮政业务，要从经营管理体制入手，顺应市场需求。

一、邮政特快专递业务的管理体制

在邮政业务中，特快专递业务是商业性和竞争性很强的业务，尤其随着内外部环境的变化，邮政特快专递业务的体制性和机制性问题日益突出，严重制约了业务发展和市场竞争的能力。据专家测算，近 10 年，中国快递业规模的年均增长率在 20% 以上，中国快递市场增长速度仍将保持在 20%～30%。邮政速递国内市场占有率正逐年减少，其他快递公司的收入规模迅速上升，邮政、外资和本土快递三足鼎立的格局已经形成。

（一）邮政速递专业化改革的背景和历程

以我国邮政体制改革为契机，特快专递业务的改革不断深化，特别是从 2005 年始，特快专递业务的经营管理体制发生了较为明显的改革。

2005 年《邮政体制改革方案》出台。2005 年 7 月 20 日，国务院总理温家宝主持召开国务院常务会议，讨论并原则通过邮政体制改革方案，并于 8 月 19 日以正式文件下发。我国邮政体制改革工作，开始步入具体实施操作阶段。

2006 年，邮政业正式实施了政企分开的改革。国务院批准重组国家邮政局及省（区、市）邮政监管机构"三定方案"后，国家邮政局开始了积极稳妥的重组工作。

2007 年，重点城市实施速递专业化经营。北京、上海、广州、大连等 100 多个重点城市的邮政速递专业实现市、县一体化经营。推进邮政速递重点城市的专业化经营，是中国邮政集团公司贯彻落实国务院邮政体制改革工作任务的重大举措，是邮政主业改革的重要内容之一。

邮政速递专业改革是要逐步改革邮政混业经营的现状,在市、县局速递业务一体化和损益核算的基础上,重点城市初步建立适应市场竞争的速递专业化经营管理体系,使速递业务竞争能力显著提高,业务规模迅速扩大,实现邮政速递更快发展。

2008年,中国邮政继续深化体制改革和机制创新,加快了邮政速递物流专业化经营改革的步伐,明确了邮政速递物流的发展目标和定位,从总部和省(区、市)两个层面推进专业总部整合和省市县一体化专业经营整合。

2009年4月24日新《中华人民共和国邮政法》顺利通过,并于2009年10月1日起正式实施。为速递物流专业化改革奠定了法律基础。

2009年12月29日,国务院正式批复关于邮政速递物流改革的报告,2009年7月14日,中国邮政速递物流专业完成总部整合,迈出了速递物流专业化经营改革,乃至中国邮政整体改革十分关键的一步。

2010年6月10日,由中国邮政集团公司联合各省邮政公司共同发起设立中国邮政速递物流股份有限公司。

2012年5月,证监会审核通过中国邮政速递物流股份有限公司的IPO申请。

(二)特快专递业务的管理体制

在2007年邮政政企分开、2008年成立邮储银行之后,2009年邮政改革的重点是实施速递和物流业务的整合和专业化改革,成立中国速递物流公司,对各省、市要成立的邮政速递公司进行专业化管理。从2008年开始,中国邮政集团公司下属的一些省、市公司已经率先进行了速递、物流业务的整合工作,从2008年12月,云南、北京、宁夏先后宣布成立了邮政速递物流公司。自2010年6月开始,新成立的中国邮政速递物流股份有限公司,统领全国特快专递业务的管理,以及进行特快专递业务的持续的改革发展。

随着各地速递物流专业化改革的深入,速递和物流两大公司的整合主要涉及速递物流业务经营管理体制、业务产品和客户资源等方面,实现营销、仓储、配送一体化的运作模式,为客户提供国际、国内、同城的快递服务、一体化物流、仓储配送、国际包裹等业务,对于用户来说,速递和物流两项业务将可同时办理。

1. 特快专递业务的管理层次

邮政特快专递业务的管理一般分为三个层次,即中国邮政速递物流股份有限公司总部、省速递物流公司及地市速递物流分公司。县级及以下经营单位成立速递物流经营部,隶属地市速递物流分公司管理。

现代企业的管理趋向于扁平化,有些省份的速递物流公司实施了省、市、县一体化改革,全省的特快专递业务在同一个管理平台上经营,减少了管理和业务作业之间的层次,使特快专递业务的管理更市场化,有利于对客户需求的满足。

2. 特快专递业务的管理职责

(1) 中国邮政速递物流股份有限公司总部主要业务管理职责

中国速递物流公司市场部负责特快专递业务的发展,指导和监督管理全国各省特快专递业务的开展。主要职责有:

- 负责制订年度经营计划并组织实施;
- 负责经营分析工作;
- 负责市场研究、产品体系研究、产品开发和推广工作;
- 负责组织综合营销工作;

- 负责综合性大客户的开发与维护工作,综合业务客户及战略客户的管理工作;
- 负责资费标准的制定工作;
- 负责协调公司内相关部门的业务关系。

(2) 省速递物流公司主要业务管理职责

省速递物流公司市场部是特快专递业务管理的主要部门,其主要职责有:

- 负责落实本省特快专递业务的年度经营计划;
- 负责本省特快专递业务的经营分析工作;
- 负责本省市场研究和营销管理工作;
- 落实上级部门布置的业务管理工作;
- 指导所辖各地级城市特快专递业务的开发与管理;
- 联系其他省(市),协调异地或区域特快专递业务的开展;
- 协调公司内相关部门的业务关系。

(3) 地市速递物流分公司主要业务管理职责

- 负责落实本市特快专递业务的年度经营计划;
- 负责本地区特快专递业务的经营分析工作;
- 负责本地区特快专递业务的经营和管理工作;
- 负责本地区特快专递业务营销和客户管理工作;
- 指导基层生产单位经营管理工作;
- 负责制定特快专递业务项目营销方案并推广;
- 负责实施组织综合营销工作;
- 落实上级部门布置的业务管理工作;
- 负责协调公司内生产单位的业务关系。

【阅读材料】

机制活发展才更快——某省邮政速递物流公司机制创新纪实

2009年1月1日,新组建的某省邮政速递物流公司确立了"一年速变、二年扭亏、三年翻番实现良性循环"的发展战略,以支撑业务发展和平稳推进改革为主线,以建立与市场竞争和现代企业制度相适应的运行机制为目标,加大改革创新的力度,以新机制运行新体制,以新体制促进新发展。截至2009年7月底,全省累计完成业务收入1.9亿元,同比增长8%,其中速递1.07亿元,物流0.68亿元,分销0.15亿元。

一、建立新型组织模式

2009年1月1日两大专业整合,该省邮政速递物流公司积极探索了一条机制创新之路。在公司组建过程中,该公司按照集团公司"精简、高效、统一"的机构设置要求,在省公司设8个内设部门,各市公司设4个内设部门,县公司一律不内设部门,并强化了省公司机关对专业的垂直掌握能力。为尽快融合两大专业和人员,该公司制定了《全员竞聘上岗实施方案》,按照先省公司机关后市、县公司,先管理人员后生产人员,采取个人申请、资格审查、面试考评、企业与个人双向选择等程序,历时13天,在全省开展了全员竞聘上岗活动。通过竞聘上岗,省公司机关人员比原来减少55%,全省职能机构减少35%,管理人员的比例由23%下降到7.8%,全省精减劳务派遣人员近300人。

目前,该省邮政速递物流公司已建自有网点730个,发展农资连锁加盟网点678个,销售化肥3.1万吨,销售农药2 200万元。

二、探索有效激励机制

速递物流两大专业整合之后,为调动市县公司积极性,该公司制订了《市县公司分类管理暂行办法》,将全省11个市公司和市公司本部分成4类,全省84个县公司打破区域界限,分成8类,把分类结果与岗位职级、生产月奖、绩效考核、工资总额分配以及人事管理等挂钩,从收支差额绝对值、收入规模绝对值、劳动生产率和人均收支差等四个指标进行考核评比。

路线确定以后,干部就是决定因素。该公司取消了机构和人员的行政级别,取消了原来按年龄改非的干部退出机制,为优秀年轻干部提供成长机会。着力打造一支懂经营、会管理、高素质的干部队伍。该公司下属A市公司总经理岗位空缺后,采取公开竞聘方式,14名符合条件的干部参加了竞聘,通过笔试、面试和答辩,有3名干部入围,并列入考察。

企业的发展离不开人。随着企业用工制度的改革,劳务派遣人员已经成为企业的主力和骨干。为增强企业凝聚力,该公司每半年开展一次优秀劳务人员的评选活动,把物质奖励与评先表彰相结合,把评先表彰与身份转换相联系,调动劳务派遣人员的积极性和主动性。连续两次评为优秀的、享受招聘制员工待遇,连续多次评为优秀的、符合任职条件的可以参加领导和管理序列的岗位竞聘,并优先转为合同工B类。同时,该公司制定了"营销人员升降级考核机制",对业绩突出的,除了晋升岗位职级、组织疗养等外,连续三年被评为全省邮政营销精英的,另奖励一部小汽车;对于没有取得营销人员远程培训合格证的、没有通过邮政营销职业技能鉴定以及只完成当年营销计划80%以下(或所维护客户年用邮总收入低于20万元)的,则予以降级、转岗或辞退的惩罚。

为最大限度调动员工的积极性,该公司对营销、技术、操作三个序列的2 000多名员工按新的岗位职级体系进行了套改。

三、完善管理管控体系

为进一步强化企业基础管理,该公司在半年时间内先后出台了40多项制度,涉及人力资源、财务管理、营销体系等各个方面。该公司按照现代企业制度的要求,制定《某省邮政速递物流财务管理暂行办法》,构建了"一级管理、二级核算、三级运用"的财务管理框架,建立"双预算、双包干、双集中"的成本管控模式、"一网、两池、三集中"的资金管控模式和"集中预算、集中审批、集中支付"的投资管控模式,以及"稳健投资、量入为出、双管齐下"的资金管控机制。将成本资金向高效、长效业务倾斜,重大投资决策,先考虑风险因素,再考虑收益水平,切实防患经营风险。

四、加快经营发展步伐

2009年4月份,该公司将各单位的主要领导、分管领导作为代收货款业务管理考核的责任主体,并按进口投递业务量的大小缴纳垫付款。垫付款收益与回款率、妥投率、退回率、投递服务质量进行挂钩考核。到6月底,全省代收货款业务量增长了2.7倍,7天内的回款率达84.4%,比4月份提高20个百分点。

由于区域发展的不平衡,该省70%的快递物流收入集中在30%的市、县公司,该公司提出把重点区域作为实现增长的主攻方向,按照地方工业规模大、有市场挖掘潜力、便于网络组织等条件,选择市公司现业和15个县公司作为"十强县"培养对象,要求到该年年底市现业和十强县完成速递物流收入不低于2.67亿元,占全省68%;到2011年业务规模实现翻番。为支持市现业和"十强县"尽快做大做强,该公司在财务、经营、网运、人力资源等方面出台了一系列扶持政策。

省市县一体化改革后,市县公司的专业管理职数相对较少,为提高管理绩效和节约管理成本,该公司把扁平集中作为营销管理的主要手段,强化省公司项目牵头和组织功能,做到方案集中策划、项目集中开发、活动集中组织,加大市县项目开发的组织推进和考核力度,搭建起一个从上到下的项目开发和推广平台。同时,通过面向社会招聘和内部培养选聘相结合的方式,不断充实专业营销队伍,使全省营销人员的比重达到30%。在省会N市公司设立了21个网格化的营销中心,其他市公司成立客户营销中心,配若干名专职客户经理。县公司按照规模大小分别配备2~3名专职客户经理;并组建一批专家虚拟团队,提高企业开发、服务大客户的能力。该公司从全省范围内,专门针对医药等六大行业目标大客户开发,组建了集营销谈判、方案制定、投标议标、运营组织、指导管理于一身的8名物流专家团队,在全省一体化物流项目的开发中发挥了重要作用。

五、提升服务保障能力

该省已经培养130名整合社会资源的"土专家",逐渐探索出了一条具有该省邮政速递物流特色的科学发展之路。百元物流收入邮件运输费由上年的91.3元下降到当前的79.4元,运输成本同比下降21.4个百分点。为了缩短速递邮件传递时限,该公司专门组建了业务视察室,配置了4名责任心强、熟悉业务的人员;制定了"质效考核办法",从时限、投递、信息、专项业务和综合服务5大类38项指标,实施奖罚并举的质效考核,加大考核管理力度;对查实的符合服务质量日常考核标准的问题,按月进行考核,在各单位月工资总额中兑现,由各市公司落实到具体的责任人;建立专项激励机制,奖励对全网运行质量有突出贡献的单位。

揽投队伍是速递业务发展的核心力量。按照"网络全覆盖、市场全接触、客户全掌握"的工作要求,该省邮政速递物流公司比照竞争对手的情况,加快揽投队伍建设步伐,细化片区,增人扩段,确保年底全省速递揽投人员总数达到1 000人以上,建立与业务收入规模相适应的揽投队伍滚动配备机制,积极推行业务外包或带车加盟等灵活的增员方式,制定全省统一的揽投业务外包合同,解决好用工计划不足的问题,满足业务发展需要;比照社会快递公司的薪酬水平,实行"底薪+提成"或计件工资等灵活的分配方式,适当提高薪酬水平,稳定揽投人员队伍。统一为揽投人员配备手持终端设备,统一为揽投车辆安装利用全球定位系统,提高揽投车辆的管理水平,加快揽投车辆的响应速度,提升邮政EMS整体形象和品牌影响力。

二、邮政特快专递业务经营状况分析

(一)特快专递业务面对的环境

我国市场上的快递企业竞争主要来自三种力量,即国际快递业巨头企业、国有性质快递企业和国内民营快递企业。快递业格局也由这三种力量形成,目前此三种力量分别在各自领域内竞争。

国际快递企业的竞争优势在于国际快件业务,依靠母公司的强大实力和丰富的快递行业管理经验,以及国际快递市场的固有优势,在我国迅速形成高规格、高质量的快递服务形象,占据快递行业的高端市场。

国内民营快递企业发展速递最快,近十年来,是民营快递企业的黄金发展期。我国快递市场随着经济的发展爆发式的增长。民营快递的迅速崛起,很大程度上弥补了市场需求与发展的不平衡,并且民营快递依靠人力、机制、业务覆盖范围等方面的低成本运作,在我国快递市场上,特别是快递同城业务、区域范围业务或特定的跨区域的业务上占据一席之地。

国有快递企业在我国快递市场上的发展相对较慢,市场占有量虽巨大,但呈现逐年下降的趋势,随着国有快递企业的资产整合和机制改革,市场竞争力逐渐加强。国有快递企业依靠固有的传统优势(民航快递依靠航空邮路的保障、中铁快运依靠强大的铁路资源)在一定领域内具有不可动摇的优势,赢得一定的市场份额。国有快递企业在我国快递市场的较广范围上具有优势。

(二)特快专递业务发展情况分析

1. 业务收入情况

据统计资料显示,我国国内生产总值(GDP)每增长1%,快递业务需求增长2.93%,邮政特快专递业务近年来均以20%以上的增幅发展,与快递市场的发展基本保持同步。2007年业务收入已达到100亿元以上,并努力力争用较短的时间实现业务收入的翻番。

2. 业务收入构成分析

特快专递业务根据客户需求及业务运行组织,2011年中国邮政速递物流公司的收入结构如图9-1所示。

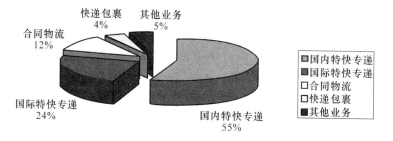

图9-1 2011年邮政速递物流公司业务收入结构

由图9-1可以看出,2011年特快专递业务各项业务中,国内和国际特快专递业务收入占公司各主要业务总收入的比重最大,达到79%,其次为合同物流业务,占比为12%。通过该图还可以看出,邮政特快专递业务是速递物流公司的收入主要来源,其竞争也较为激烈。

三、邮政特快专递业务经营管理的内容

邮政特快专递业务经营管理以企业科学快速发展为根本前提,按照公司化运作的要求,使得特快专递业务在业务规模、经济效益和社会效益等多个方面实现发展。邮政特快专递业务管理的主要内容是对业务营销、网络及运行质量、人力资源等方面的管理。

(一)业务营销管理

特快专递业务营销管理是指为了实现邮政速递的企业目标,建立和保持与目标市场之间的互利的交换关系,而进行的业务营销分析、规划、实施和控制。营销管理的实质,是需求管理,即充分研究客户对产品和服务的基本需求以及增值服务的需求。

1. 客户需求分析

特快专递业务的产生与发展与客户的直接需求密不可分,并且随着市场发展,客户需求更加多样化、个性化。因此,邮政特快专递业务要紧密围绕客户的需求不断调整业务营销策略。

目前，特快专递业务营销活动中，既要考虑客户对特快专递服务的基本需求，即特快专递服务中客户所要求的快速、安全、准确、方便，还要满足日益变化的客户对特快专递的增值服务要求，例如，代收货款、揽收投递的个性化、服务过程中的承诺等。

在营销活动中，要能够按照客户需求特点将客户分类，以便能够更好地服务客户，实施客户管理。

总之，在竞争激烈的快递市场中，邮政特快专递要牢牢把握客户的需求才能在市场中准确定位，业务才能良好发展。

2. 特快专递产品分析

（1）按照寄递区域分类

国际及港澳台业务：主要包括国际速递业务和港澳速递及中国台湾地区快件业务，中国邮政通过与其他国家和地区的邮政部门合作，共同完成跨国界和跨区域的邮件寄递；还通过与国际上的非邮企业合作，共同完成跨国界和跨区域的快件传递。

国内业务：主要包括省内异地和省际异地业务，通过邮政网点实现邮件的最快寄递。

同城业务：在城市规定的范围内，实现邮件的快速寄递。同城的范围各地有所不同，当前邮政速递广泛推出"大同城"概念。

（2）按内件性质
- 文件型特快专递
- 物品型特快专递

（3）按照时限分类
- 标准型：国内标准 EMS、国际 EMS 业务、速递礼仪业务等
- 经济型：国内经济快递、中速经济快递、国际 e 邮宝业务等
- 增值型：代收货款、收件人付费、第三方付费业务等

（4）速递业务其他种类
- 速递礼仪（端午、思乡月、五节连送、家乡包裹）
- 单证照（交通罚款单、身份证、驾驶执照等）
- 同城自助快件
- 法院专递
- 高考通知书
- 留学生国际速递
- 收件人付费

可以看到，邮政速递产品种类丰富。在业务营销中要能够根据客户需求准确找到客户适合的特快专递服务产品或产品组合，让客户享受到邮政特快专递多种服务的同时，为客户节省成本。

【阅读材料】

"客户数据库营销"——邮政速递业务经营的利器

就国内快递业发展而言，不论是卓越型业务、标准型业务还是经济型业务的发展，最核心

的焦点最终还是归结在对客户的占有率上。如何在邮政速递业务营销上做到"未雨绸缪""运筹帷幄""决胜千里",是摆在邮政速递面前的一道亟须解决的难题。一种新的经营思路——"客户数据库营销",以期能"拨开云雾现青天",开创速递一片更广阔的新天地。

企业经营的最终目标是收益最大化,邮政速递企业也不例外。企业的财富取决于企业为客户创造的价值。

美国著名的计算机制造商戴尔公司的创富模式给我们新的启示。1984年,迈克·戴尔以1 000美元和一个在个人计算机业中前所未有的理念建立了戴尔公司,即避开给产品增值较少的中间商,直接向最终用户通过"客户数据库"促销的方式销售为其量身定制的个人计算机。通过这种创新的直线订购方式和在业界率先倡导的服务和支援方案,戴尔公司已成为全球顶尖的个人计算机供应商之一,并且是领先的计算机直线订购公司和全球发展最快的计算机系统公司。从以上的案例我们可以看到,戴尔公司的经营核心就是做好了三件事:①建立一个客户数据库;②培育客户对企业的信任;③促销企业的商品(或服务)来盈利。有些问题值得思考——邮政速递企业的客户数据有多少?速递企业是否对客户"培育信赖感"?怎样让客户的"购买决策"选择邮政速递而非其他快递公司?

"客户数据库营销"是一种比较有效的客户营销方法,也可以回答上述问题。

- 建立客户数据库

利用邮政速递企业自身能力建立客户数据库;"借力"建立邮政速递企业的客户数据库。

- 培育客户对邮政速递企业的信赖感

邮政速递企业需要建立强大的忠诚度培育计划。邮政速递企业的主要利润仅仅掌握在一部分消费者手中,这是80/20规则。因此,系统性的、计划性的让顾客忠诚已成为对企业具有战略意义的营销规划之一。

邮政速递企业忠诚度计划应用主要包括以下几个方面:①实施有形的、延续性的促销营销战略;②保持顾客对邮政速递企业的持久记忆,维系良好的客户关系;③顾客奖励计划的实施,提高顾客的忠诚度及其变更成本。

(二)网络及运行质量管理

时限是快递企业的根本生存依据,也是对快递企业的基本要求,对于邮政速递而言,运行质量一直是邮政生产过程。

为了不断提高特快专递服务质量,邮政速递逐步建立了"两个体系",即"特快专递运行质量监控管理体系和协调改进机制"以及"特快专递专业运行质量指标考核管理体系"。

1. 运行质量监控管理岗位职责

(1)邮政速递物流公司网络及运行质量监控部

- 负责全国速递运行质量监控管理和应急指挥调度体系的建立和组织;
- 监控全国速递运行质量,并定期向全国通报情况;
- 根据工作需要向相关运行单位下发运行监控调度令,协调和应急指挥处理运行中出现的重大问题;
- 组织开展全国速递专业运行质量监控和改进工作的实施和考核。

【阅读材料】

EMS在56个城市承诺次日达

"限时未达,原银奉还",EMS的这条广告语引人关注。2012年10月,EMS已在包括北京、上海、广州、深圳在内的56个城市全面提速,并承诺"今日邮,明天到",否则免费。从优惠降价到现今全面提速,EMS快速网络的发展战略日渐清晰。

据EMS内部人士透露,次日递产品前期在京沪广深四个地方推出,此次扩大至全国56个城市,魄力之大前所未有。与此同时,开通免费短信投递预约告知业务。

EMS类似的产品并非首次推出,早在2009年EMS就在100个城市推出限时服务,但是最终效果并不乐观。

"EMS不是打价格战,在降价的同时,服务质量也在进步。不改不行,现在国内快递市场竞争太激烈了。"EMS内部人士表示。

EMS内部人士透露,在2012年5月中邮速递IPO过会之后,公司一直在等待一个合适的时间窗口,同时也制定了一系列的战略以扩大快递的市场份额,但目前尚处于上市缄默期,不方便向外界透露。

---

(2) 省速递物流公司网络及运行质量监控部或视察室(人员编制原则上不少于3人)
- 负责本省速递业务运行质量管理的总体工作;
- 设置"两岗":质量检查岗、监控分析岗;
- 建立"两账一表":速递运行质量重点监控项目台账、速递运行质量指标台账、速递运行质量重点监控项目报告表;
- 健全特殊情况应急反应机制。

2. 运行质量监控管理的工作要求

(1) 邮政速递物流公司网络及运行质量监控部

不定期调阅、抽查各省质量台账的建立和管理情况。

(2) 各省速递物流公司网络及运行质量监控部(视察室)

根据"两岗"职责负责填写"两账";按月下发省内速递运行质量通报,并上报省公司和集团公司速递局;每月5日前上报速递运行质量重点监控项目报告表。

【阅读材料】

某省速递物流公司提升运行质量工作侧记

网络质量是快递企业的生命。2009年2月26日,中国邮政EMS率先在全国100个城市推出时限承诺服务。刚刚组建完毕的某省邮政速递物流公司,以专业化改革为契机,以"降本增效"的经营理念及"执行、闭环、持续改进"的管理理念为指导,多管齐下,全面提升EMS运行质量。自2009年3月份起,该省全程时限准时率始终保持在95%以上,并由2008年12月份的86.22%上升到2009年6月份的96.79%,全国排名自1月份的第8名跃升为6月份的第1名。国内进出口邮件次日递隔日递率及国内进口邮件及时妥投率稳步上升,至6月底,已达到90.3%和75.76%,分列全国第1和第3位。

- 自我加压,高标准促生高质量

通过对全省逾限邮件各环节的分析以及与主要竞争对手时限差距的比对,该省速递物流公司自加压力,在全省范围内开展"提高服务质量,提升品牌形象,促进业务发展"专项活动,活动提出了明确的指标要求:国内进出口邮件全程时限准时率≥96%(高于集团公司速递局指标要求1个百分点),国内进口邮件及时妥投率≥75%(高于集团公司速递局指标要求5个百分点),国内进出口邮件次日递隔日率88%(高于集团公司速递局指标要求3个百分点)。在此基础上,该省速递物流公司多次举办全程时限管理培训班,提出"杜绝主观原因逾限,大幅度减少客观原因逾限"的要求,及时发现问题,指导、督促各市分公司从优化作业流程、加强现场管理、适当增加投入等方面入手,稳步提升运行质量。

- 重点突破,打造省内、区域精品网络

从2009年4月份起,该省速递物流公司在全省开展了省内速递业务品质提升工程。一是提出了两个指标:省内互寄"次晨达"邮件全程时限准时(妥投)率达到95%以上,省内互寄标准型速递邮件全程时限准时(妥投)率达到95%以上;二是通过实行与投递质量挂钩的实质性结算办法,促进各公司主动加强投递能力建设,改善速递业务投递水平,提高省内互寄标准型速递业务"省内互寄次日上午递"的稳定性;三是在全省范围内开展省内互寄品质提升项目检查工作,通过各市公司自查与互查及省公司组建检查组督察的方式,切实提高省内网络管理水平、提升省内网络运行质量。

- 科技先行,资源整合,实现降本增效

科学技术是第一生产力,同时也是提升质量和效率的推动力。该省速递物流公司通过对特快邮件在中心局内部处理环节的分析发现,由于各地每天处理的速递邮件量很大,为了及时将邮件封发运输出去,处理中心往往会省掉开拆环节,直接对邮件分拣封发,这样对多件少件的情况无法控制,影响到生产质量的提高。该省速递物流敏感地意识到,必须通过技术手段进一步优化生产作业流程。

- 人力资源全面支撑,提升末端服务质量

人力资源是生产力的携带者,网络整合及流程优化的成效最终都要通过"人"的能动性来实现。对于快递企业来说,"最后一公里"的投递服务往往对全网的成败起着决定性的作用。要想提高网络质量,如何采取有效措施抓好"人"的因素?一是定员定额,推行投递人员强制分布。根据投递人员投递业务量定额以及实际投递业务量,对各市公司投递人员的人数进行强制分布,确保投递人员的工作质量。二是总部控制,集中发放投递人员薪酬。在充分了解全省速递物流投递从业人员及薪酬发放情况的基础上,该省速递物流公司组织开展全省投递人员薪酬集中发放试点工作。同时要求市公司根据省公司有关投递质量的考核指标和考核标准,严格对投递人员的投递质量进行考核,从而进一步提高末端服务质量。三是主动介入,抓好揽投派件员标准作业的培训工作。

时限承诺服务推出近半年来,该省速递物流公司通过不懈的努力,网络运行质量对业务的支撑作用日益显现,然而,还要认识到,在优化网络组织、提升网运质量这条道路上,路漫漫其修远兮,与竞争对手的网络相比、与客户的服务要求相比,仍有不小的差距。随着集团公司时限承诺服务范围的不断扩大,该省速递物流公司已经做好迎接挑战的准备,整装待发,打造服务品牌,提升公司价值,以充分竞争的心态迈向新的征程!

(三) 人力资源管理

特快专递业务专业化运作以来,企业对人力资源的配置和使用越来越重视,越来越重视企业员工的创造力,也越来越重视人力投入与产出的效率问题。高效率地使用人力资源、合理配置岗位及员工,是当前邮政速递物流公司成立之后重点考虑的问题之一。

对于邮政速递物流公司而言,人力资源管理不但可以为企业降低成本,还可以为企业创造更高的价值。具体表现在以下几个方面。

(1) 通过合理的管理,实现速递人力资源的精干和高效,取得最大的使用价值。并且人的使用价值达到最大也就意味着人的有效技能最大地发挥,企业从中获得的效益也最大。

(2) 通过采取一定措施,充分调动邮政速递物流公司广大员工的积极性和创造性,最大地发挥人的主观能动性。快递行业中,企业的运行受到多种因素制约,例如,上一个传递环节超出了标准作业时限,就需要下面所有的环节"赶时限",才能赢得客户的信任。快递企业如果不能充分调动员工的积极性,不能让员工与企业站在一个角度服务客户,企业将难以立足。

(3) 培养全面发展的速递员工。企业的发展,最终都要落实到人。目前,速递物流公司教育和培训的地位越来越高。员工的培训不仅仅停留在本职岗位上,还要让员工了解其他岗位员工所从事的工作,以便了解其所从事的工作在全网中的作用。在培养员工的过程中,注重发现员工的优势和特点,让员工能够全面发展。

下面一段材料,说明了公司化运作后的邮政速递物流公司对人力资源的重新认识,以及企业对员工配置和使用的问题。

【阅读材料】

交叉作业　凸显人力优化成效

自速递物流专业公司化运作以来,邮政速递物流业务在新形势下的管理模式到运营方式,要紧紧围绕市场开展工作,特别是作业组织上,尽量简化作业环节,压缩作业时间,在应用最少的人力资源的情况下,力求作业时间最短化,从而追求经济效益的最大化。本着上述的人力资源管理目标,某省 B 市速递物流公司成立后,在人员短缺的情况下,对分拣环节的作业组织进行优化和调整。

• 工作写实,掌握基础数据

分拣岗位:原有人员 12 人,承担着全区 165 个投递网点(段道)的特快专递邮件的分拣封发处理工作,日均处理邮件 1 700～1 900 件。作业时间大体为上午一次频 C 市—B 市的邮车 7:30 到达 B 市转运部门,处理后,到达分拣封发作业现场是 7:50—8:00,10:00 交转运处理,发往各县,分拣作业时长 2 小时;下午二次频 S 市—T 市的邮车 14:00 到达转运部门,到达分拣现场在 14:30 左右,15:30 处理完毕,分拣作业时长 1 小时。因此,分拣岗位每日累计工时 3 小时。

内部作业处理岗位:揽收系统处理原有人员 4 名,上午的主要工作是填报上一个工作日的报表及同城邮件的系统处理,由两人操作,每人的作业时间在一个半小时左右(8:00—9:30),下午 13:30 以后,揽收件陆续进局,两人负责系统录入工作,一人负责邮件称重及封发,作业时间持续到 17:30 左右。

- 交叉作业盘活人力资源

自分拣环节划归速递物流专业管理以后,为了更快地缩短邮件在分拣环节停留的时间,我们针对现有各作业环节作业时间的不同,决定利用科学的人力资源管理方法,合理配置人力资源,对现有作业组织进行调整,从而达到提高工作效率的目的。

(1) 对分拣和揽收内部处理、投递作业环节进行调整

针对分拣和揽收两个环节作业时间上的特点,将揽收环节从原来的内部处理班组划分出来,把原有的4人精减成2人,与分拣班合并,形成一个分拣揽收大班组,对两环节作业组织进行调整。即上午从揽收处理环节中抽出1人,协助分拣人员进行进口邮件的分拣封发,另一人独立完成相关报表及同城邮件的系统处理。二是下午从分拣环节中抽出2人,进行揽收回来的出口邮件的称重及封发工作。三是让负责包裹分拣封发的两名人员,集中处理国际包裹和代收货款邮件,等区内邮车发运后,再进行普包和快包的分拣封发。但是,经过这样的调整后,该班组14人轮班作业,人均工时仍旧不饱满,若再减1人,又无法满足现有作业需要。结合这一情况,该市速递物流公司采取交叉作业法,从市公司三个营销团队的3名投递员中抽出一名,在分拣现场对市内的进口EMS邮件进行二次分拣,缓解分拣人员工作压力的同时,减少了邮件处理时长。

这样,加强内部工序的管理,尽可能压缩内部处理时限,不但保证了市内邮件的及时投递,还把发往各县的邮件提前了半小时,便于各县局的县本邮件尽早组织投递,对邮件的及时投递及网上信息反馈起到了一定的推进作用。

(2) 节约人力,提高员工对企业的贡献率

综合上述调整,B市速递物流公司在增加一个分拣台席的情况下,不但没增加人员,反而将原来揽收处理的4人调整成2人,人均日累计工时由原来的5.5小时,增加到7小时;将原来的分拣环节的12人调整成11人,人均日处理邮件量增加了50件。同时,揽收环节节约下来的2人与新分配的大学生组成一个专项营销团队,主攻"商厦"及电子商务市场。营销团队的成立,对"商厦"及电子商务市场的开发起到了很好的促进作用,2009年上半年,该市的电子商务市场占有率在7%~9%左右,9月份,已达到26.86%,提高近20个百分点。

- 考核激励,调动积极性

针对分拣岗位现在的工资标准,本着责任与利益、贡献与所得两个平衡的原则,结合进口业务量及现有人员结构,公司利用工资总额承包的办法,对分拣封发作业实行了计件考核。上午处理的一次频邮件,业务量在1500件以内的,必须严格按照局里规定的时间与转运交接,每迟交10分钟,扣罚当班人员30元/人;超过1500件或特殊情况,需及时上报市场部,酌情处理。下午二次频邮件,必须于当日全部处理,并及时将相关单式交由公司档案室,便于进行信息系统录入工作。核算个人所得时,每月从个人奖金中扣除100元,参加考核。剔除一切因分拣员本身工作原因造成的差错后,通过主副台等角度按件进行核算,改变了过去干多干少一个样的工作态度,有效避免了积压延误、人为延长作业时间等现象的出现,充分体现了贡献与所得相平衡的原则。

四、邮政特快专递业务的经营活动分析

(一) 经营活动分析的意义

开展邮政特快专递业务的经营分析,对于经营管理情况、交流经验、发现和解决问题,以及理清工作思路具有非常重要的作用。特别是在快递这种高竞争行业里,常规性的经营分析(目

前邮政速递的经营分析活动每月各级企业进行一次)可以及时总结经验、发现问题和调整工作内容。邮政特快专递业务的经营分析活动已经成为特快专递业务日常管理的重要内容之一。

(二) 经营活动分析的目的和内容

邮政特快专递业务经营分析的目的在于适应市场竞争环境,快速发展业务,通过经营分析使各速递企业得到良好发展。因此,速递经营分析的依据是各速递企业的经营数据。

邮政特快专递业务经营分析的内容主要包括:速递业务量收的分析,重点业务、重点项目、重点工作的专题分析,并对当前存在问题的分析,下一步主要工作等内容。

1. 速递业务量收的分析

速递业务量指按照收寄特快专递邮件的数量计算的业务统计数据。通过速递业务量的分析可以了解速递业务处理能力的大小以及市场占有率的大小。

速递业务收入指按照收寄特快专递邮件的金额计算的业务统计数据。通过速递业务收入分析可以了解速递业务增长的速度。

一般而言,特快专递业务业务量收分析是业务管理的基础,通过增长率分析动态管理业务发展,增长率分析包括两方面:同比增长率和环比增长率。

(1) 同比增长率

同比增长率,一般是指和去年同期相比较的增长率。计算公式如下:

特快专递业务业务量收的同比增长率=(本年的指标值-去年同期该指标的值)/去年同期该指标的值

例如,2009年5月与2008年5月的比较就是同比增长率。

(2) 环比增长率

环比增长率,一般是指特快专递业务本期量收和上期相比较的增长率。业务统计期一般以月、季度为主,是相邻的两个统计期的对比,计算公式如下:

环比增长率=(本期的量收指标的值-上一期量收指标的值)/上一期量收指标的值

例如,2009年5月与2009年4月的比较就是环比增长率。

2. 特快专递业务的分项业务分析

按照特快专递业务种类进行分项分析。

当前的分项业务分析主要包括两大类。第一,按照业务寄达的区域范围的不同,特快专递业务可分为国际业务、国内异地业务和国内同城业务三类,通过分析可以衡量一个地区分项业务的结构、发展趋势等,提供业务管理参考;第二,按照开办的业务特点的分类的种类,进行专项业务分析,如电子商务速递、代收货款业务、经济快递业务等,通过分析可以衡量一定时期内分项业务的开展情况、经验和存在的问题,能够较直接地反映单一业务的具体情况。

3. 经营异常点分析和监控

特快专递业务在业务开展过程中,通过业务量收的分析,可以反映一个地区的经营状况,特别是特快专递业务经营过程中的异常情况。

例如,2008年上半年一些外资企业撤资,导致沿海一些省份的国际业务大幅下降。2008年5月份以来,受奥运安全因素影响,速递业务的增长明显缓慢,一些业务、一些地区出现负增长。为此,通过经营分析以及异常现象的监控,及时调整政策和策略,挽回了一些市场份额。

4. 速递运行质量分析

特快专递业务的生命力在于邮件在传递过程中的快速、准确、安全和方便。

通过对特快专递业务运行质量的定期分析,其中重点关注特快专递业务服务中的关键指标(全程时限准时率、次日隔日递率、投诉率等指标),达到明确表示当前特快专递业务运行质量基本状况和业务发展趋势分析的目的,使特快专递业务的开展向着良性、健康方向发展。

5. 速递投诉分析

客户通过电话、网站等途径可以对特快专递业务进行评价,其中投诉是主要评价的内容。

据统计,客户在不满意时,不投诉的"客户回头率"是9%,投诉了但没有有效解决的"回头率"是19%,投诉了但给予解决的"回头率"是54%,投诉并且迅速解决的"回头率"是82%。

可见迅速分析客户投诉信息并通过分析投诉信息的整体情况,采取补救措施,是特快专递业务优质服务的必然选择。

(三)经营分析的层次

经营分析是特快专递业务的日常工作之一,各级经营单位都需要定期进行经营状况分析。经营分析的层级包括中国邮政速递物流公司总部、省速递物流公司、地市速递物流分公司和揽投班组工作会四层次。

【阅读材料】

某省邮政速递经营分析工作浅谈

近年来,某省邮政速递不断取得新的成绩,经营分析工作起到了不可或缺的作用,同时也积累一些独到的做法,下面从5个方面介绍该省速递经营分析的基本情况。

- 领导重视,建立了三级经营分析制度

某省近年来逐步建立了三级经营分析制度,第一级是省速递公司积极参加集团公司速递局召开的月度经营分析会。省速递公司领导、各部门主任、业务管理人员、省会速递局相关领导均每月参加。第二级是省速递公司每月6日召开内部经营分析会,国际、国内、同城业务主管通过PPT形式就当月业务发展情况进行分析,省速递公司领导亲自参加并进行点评。第三级是省速递公司每季度组织召开"全省邮政速递专业经营分析会议",对全省速递业务发展情况进行分析,并安排部分市局就本局经营情况和重点项目进行专题分析。

该省三级经营分析制度是集团公司速递局、省速递公司、市速递公司、县(区)速递分局重要且有效的沟通平台。通过这个平台,能将集团公司、省公司政策精神,及时传递到各市、县(区)速递分局,及时将全国、全省好的做法和经验进行推广,有力地促进了该省速递业务的发展。

- 数据统计是经营分析工作的基石

目前某省在业务量收完成数据有三个方面来源:一是量收系统;二是每月3日从省公司财务部取到财务收支月报表;三是省速递公司自行开发了一套业务数据采集系统,收集了各市、县(区)局业务口径完成情况,系统整理了市、县(区)局法院、银行、公安等单个项目业务的数据,是量收系统和财务收支月报表的有效补充。

- 采用多种经营分析方法,立足客观事实

一是要用数据、事实说话,实事求是,客观分析。二是要开展专项调查研究分析。因为当前速递市场竞争激烈,速递市场、竞争对手、消费者需求变化很快,有许多新问题、新情况需要调查分析,每月的市场经营分析难以涵盖这些内容,在搞好每月市场经营分析报告的基础上,持续不断地开展专项调查研究,对专项问题进行更加深入细致的分析,对速递业务发展显得至关重要。

2008年第3季度该省就奥运禁限寄进行了专题分析。针对受损情况，全省上下采取了一系列补救措施，如省公司积极寻求新渠道的合作伙伴、探讨应急组开区域汽车邮路，各市局加大安全客户的开发力度，有效地弥补了部分损失。事实证明，客观科学的分析对业务发展至关重要，科学的使用分析结果更能对业务发展起到极大的促进作用。

- 经营分析人员要有高度的责任感和良好的工作规范

经营分析负责人整天与报表、数据打交道，每个月初固定几天都要做大量经营分析工作，平时还要给领导提供各种各样的数据需求或专题分析，非常烦琐、枯燥和辛苦，有时难免会有应付的心理和行为，这时候就需要相关人员有高度的工作责任感，克服懒惰心理，并积极收集一手信息，组织好分析材料。

- 深入基层，掌握过硬的业务技能和信息收集方法

针对邮政速递经营分析人员，具体表现在以下几个方面。一是要扎实掌握速递业务知识。平时要注意信息的收集，多阅读行业报纸、杂志、书籍，办公系统文件要全部阅读，及时了解各层面的动态和信息。二是经营分析工作要深入。平常要多与各市局业务管理人员、速递分公司经理等基层同事进行交流，注重基层信息收集，认识交往一些基层的揽收、投递、分拣等环节同事，有问题多征求他们的意见，了解实际情况。三是形成上下一体的分析制度。该省经营分析制度要求各市局每月6日以前向省速递公司报送本市局经营分析材料，这就能及时发现各市局存在问题和值得在全省推广的经验，对于指导和规范各市局生产经营分析工作，对省公司决策将起到积极作用。

第二节　邮政特快专递业务经营管理案例分析

【案例一】

某邮电局开发安利公司案例

一、背景分析

总部是跨国公司配置资源的中枢，总部所在地，必然会带来密集的资金流、物流、技术流、人才流等，促进所在地和相关地市场的繁荣。对当地经济发展具有带动性。中央政府机构、在中国的国际组织、中国最重要的银行和保险公司的总部都设在D市，驻点在D市的总部公司涉及的行业有高新技术产业（包括电子产品、数码、手机）、人才、信息咨询业、制药业、食品、金融机构、房地产投资、货运代理、航空代理、船舶货运代理业等。

EMS与总部经济公司的合作。据对具有总部经济公司的了解和分析发现，其中美资总部公司与EMS合作较多，像宝洁公司、摩托罗拉公司等。这足以说明，国际知名度较高的大公司，尤其是国内有厂家的美资公司出于对展示自身形象和实力的考虑，会优先选择有信誉、有历史的合作伙伴，所以选择与中国邮政合作的美资公司是非常普遍的。

二、开发过程

安利公司作为大客户，与该邮电局某所合作已有6年的历史。6年来，安利公司在该局享受到了细致周到的邮政服务，同时随着安利公司在国内市场的业务发展和经营策略的调整，其

发生的业务收入也在不断增长,从最初合作的国内特快专递业务到后来的国内物流、同城速递等,业务种类不断增加。特别是随着国家直销法规政策的出台,安利公司调整了在华的销售方式以及营销策略,在京各行政区不断设立新的店铺,而每家店铺每月都会有将近40箱的特快专递寄往广州。

了解以上情况后,该局某所本着维护与开发并重的原则,重点加强了对安利公司人员人脉关系的了解和情感交流。功夫不负有心人,2005年安利公司美国老板到中国,准备通过DHL邮寄一些物品到美国,这些物品是他在视察期间购买的高档刺绣和价值很高的高级工艺品,由于DHL在发票和报关手续上出现了问题,致使这批物品迟迟没有寄走,美国老板非常生气。营销员白某得知此消息后,认为这是一个打开客户国际业务的好机会,于是马上找到安利公司相关人员,着重宣传EMS承诺服务,特别是强调报关手续的便捷和价格上的优势。由于宣传到位,公司决定通过特快专递邮寄这批工艺品。营销员在收寄这批邮件时,特别注意了收寄质量,详细地填写了物品种类、价值。在货物寄出后营销员及时查询,并且在第一时间将查询签收结果反馈到安利公司,看到邮件签收结果并且确认邮件及时邮达,美国老板非常满意。从此以后,该公司便使用EMS邮寄美国邮件。

与此同时,安利公司为了简化结账手续和邮寄环节,提出以后准备由总部统一付款,统一选择一家邮寄服务商的思路,这种模式的推出使安利公司形成了以D市为基地的总部经济。营销员借此机会乘胜追击,找到安利公司行政部商谈签约事宜,最终以中国邮政的品牌,周到的服务,细致的工作赢得了客户的信任,使安利公司每月在邮政速递交寄邮件的费用,增加了约7千元。

案例分析

1. 案例中,安利公司的需求主要是什么?
2. 该邮电局某所是如何对安利公司进行深度开发的?
3. 根据案例,分析该邮电局成功开发客户的关键是什么?

【案例二】

某省特快寄递录取通知书业务营销案例

一、背景分析

某省内重点高校不多,全省有普通高等专科以上学校66所,2006年计划招生20.65万名,较去年高考招生人数有所下降(去年实际招生22.1万名)。与此同时,该省民办普通高等学校发展迅速,规模较大,现有在校学生4万人以上的民办本科院校2所,1万人以上的高职院校8所。这10所民办普通高校在开展国家批准的普通本、专科学历教育的同时,还开展自考助学教育、成人高等教育、中专教育等,自主招收非普通高等学历教育的学生,年招生规模达5万人以上。

除一年一度的高考外,每年还有中考以及成人高考。2006年,全省成人高考报考人数7.38万人,中考招生58万人,其中各类中等职业学校招生28万人。根据政策规定,三年制普通中专招生学校可直接组织生源,建立学生档案,学生先入学再办理录取手续。招生对象只要求是初中及以上毕业生,不受年龄限制,不受是否参加升学考试和考分多少的限制。

二、市场分析

经过多年的市场培育和宣传,邮政EMS寄递录取通知书已得到社会的认同,具有市场认知度高、信誉度良好,客户基础广泛的市场开发优势。但随着近几年各局对全日制公办院校高考录取通知书业务的开发,特快寄递业务量收得到了快速增长,市场占有率已达到较高水平,在当前高招人数不变甚至下降的情况下,公办院校的高考录取通知书寄递业务市场开发空间逐渐减少。但是,近年来,民办高校招收生源竞争激烈,而且到校率低也困扰着高校招生人员,为了提升学校形象和加大宣传,民办院校有使用特快寄递寄送录取通知书的愿望,中考、成人高考的录取通知书寄递市场也处于待开发状态。随着各校招生规模的扩大,特快寄递录取通知书市场有较大的开发潜力。

因此,某省把2006年的工作重点放在开发民办高校、中考、成人高考的录取通知书特快寄递业务上,以期促进该业务的迅猛发展。2006年年初,省局成立了由省局分管领导为组长,相关部门为成员的录取通知书特快寄递业务项目组,提出要深挖校园市场潜力,着力推进速递业务校园工程,并将录取通知书特快寄递业务列入2006年十大重点项目之一,明确提出了录取通知书业务量50万件、业务收入800万元的发展目标。

三、开发过程

(一) 紧抓重点,找准主攻市场

据统计,全省高校资源80%集中在E市,民办高校中有8所在N市,2006年高招工作也在E市举行。因此,某省将E市作为高考录取通知书业务的重点区域,以民办学校为重点,大力发展成人高考、电视大学、重点中学、中专学校等市场。

(二) 调查摸底,进行定向开发

5月份,省局要求各局对校园录取通知书市场进行专题调查,摸清市场情况后,实行项目营销责任制,各市速递局局长和县(分)局局长为项目责任人,要求高校录取通知书协议签订必须百分之百。大家通过对高校实行一对一的营销,及时掌握了各院校今年招生人数情况和学校录取工作动态,做到了有针对性的营销。

(三) 创新营销,主动争抢市场

在市场调查的基础上,各局有的放矢,事先制定营销方案,主动与各大中专院校沟通,把需要营销公关的院校有针对性地分配给客户经理,要求客户经理进行一对一服务。E市邮政局通过1名领导、1名客户经理和1名服务代表的"1+1+1"营销方式,将机关人员下派到分局协助营销,采取县局领导定期走访、服务代表日常服务的方式,建立起多层次的营销网络,形成市县局领导、分局人员、客户经理、服务代表的多种营销合力,对录取通知书市场进行深入挖掘,对潜在客户主动上门公关,对已开发的用户进行维护,赢得了用户的信赖和合作。

(四) 因势利导,引导使用特快

在考虑成本的情况下,部分院校仍然选择使用挂号信邮寄录取通知书,针对此情况采用差异化营销,将使用特快寄递通知书的院校学生收到大红喜字通知书的喜悦的心情与收到普通挂号信的心情进行比较;将使用特快寄递通知书的院校学生到校率与使用挂号信寄递通知书的院校到校率进行比较。通过比较发现使用特快寄递录取通知书学校的形象得到了提升,学生到校率得到了提高,因此2006年某省所有公办高校使用了特快寄递录取通知书业务。

针对民办高校这一重点潜力市场,重点从使用特快寄递录取通知书能提升学校形象和宣传学校的角度制定营销方案。由于录取通知书是一个非常明确的宣传载体,因此,民办高校都认可该营销方案,他们提出寄出10封通知书只要有一个到校就行,其余9封通知书就相当于进行宣传。2006年,某省民办高校录取通知书签约率100%。E市邮政局抓住民办高校希望吸引更多生源、彰显大牌高校气势、树立校园形象这一需求,通过列举其竞争对手使用特快寄递录取通知书取得的效果,用数据说明特快寄递录取通知书的优势,促使其选择邮政 EMS。蓝天学院、E市理工学院、E市大宇职业技术学院、服装职业技术学院、科技职业学院经对比考虑后,全部选择了邮政 EMS。为扩大宣传面,部分高校还捆绑使用了特快寄递招生简章业务,进一步扩大了录取通知书寄递的业务范畴。

(五)个性化服务,提高客户满意度

为了让客户满意,E市局还精心为一直使用挂号信邮寄录取通知书的该省师大、该省财大、该省交通大学和蓝天学院四个院校分别设计制作了印有学校形象和详细地址的个性化录取通知书特快封套,为喜庆的录取通知书锦上添花,获得了校方的好评,四个院校将录取通知书全部采用特快寄递。

为体现特快寄递的优良服务,各局紧抓服务质量,对各大院校实行全方位服务,不仅主动上门揽收,而且还代打印详情单和代封装,解决学校手工填写详情单和组织人员封装的烦恼。

四、营销策略

(1)品牌差异化营销策略。以邮政 EMS 品牌、信誉为基础,着力宣传 EMS 在安全保障、封发处理、专人投递以及对外品牌形象优势特性。通过对比分析,让学校主动提出使用 EMS 寄递录取通知书。

(2)服务差异化营销策略。为各大高校设计制作个性化信封套、提供随叫随到上门揽收、打印录取通知书名址等服务,使客户感受到与其他业务不同的差异化服务。

五、营销成效

2005年全省共寄递高考录取通知书42.5万件,比2004年同期增长了37%。2006年,某省共寄递录取通知书52万份,实现业务收入1 073万元,同比增长35%以上。其中,N局寄递录取通知书42万份,创收648万元,业务量收同比增长30%以上。

案例分析

如果由你来继续开发高校录取通知书特快专递市场,除了不断扩大不同类型的高等学校(公办的、民营的)、中等学校的用邮量外,是否可以考虑提高录取通知书特快专递邮件的附加值,想一想,实地调查一下,你所在城市的速递公司,你家乡的速递公司都做了哪些新的探索和尝试?

【案例三】

某省特快寄递第二代居民身份证开发案例

一、背景分析

(一)《中华人民共和国居民身份证法》的颁布,为业务开发提供了基础

2003年6月28日,第十届全国人民代表大会常委会第三次会议通过了《中华人民共和国居民身份证法》。自2004年起,公安部启动第二代居民身份证(以下简称二代证)项目。某省公安厅2004年4月印发了《某省换发第二代居民身份证工作实施方案》的通知,并对二代证换发工作进行了统一安排,2005年开始试点,2007年完成全省换证工作。

(二)国家速递局高度重视,为业务开办提供了有力支撑

国家速递局高度重视二代证的开发工作,将二代证业务列入近一时期同城业务开发的重点,并通过信息、会议、报刊等多种形式,介绍二代证的有关情况,为开办业务提供了有力支撑。

(三)警邮良好的合作关系,为业务开发提供了有力保障

2003年3月,该省邮政局速递局与该省公安厅户证处联合下发了一代证业务开办通知。

全省各级邮政部门高度重视,积极开办一代居民身份证业务,截止到2004年年底,开办县局已达95个,占全省的86.37%,特快寄递身份证125.9万件,实现收入1579.1万元,为开办二代身份证业务打下了良好的基础。

二、市场分析

(一) 身份证换发规模大

《中华人民共和国居民身份证法》较正在实施的《居民身份证条例》有多方面的创新,其中之一是扩大了身份证发放范围,军人、武警、未满16周岁的公民均可自愿申领居民身份证。S省是人口大省,有9183万人口,换发身份证需求量很大,约有6000万人需要换发或办理二代证。根据安排,S省换发二代证工作拟在3年内完成。

(二) 有良好的市场需求

按照二代证制作流程,居民申办二代证后,需要60天才能领到证件。使用EMS寄递二代证,仅需15天,缩短了居民领证时间。

三、组织实施

结合二代证的特点和该省实际,针对二代证开发工作,制定了"集中开发、分层操作、全省联动、整体推进"的指导原则。

(一) 实行项目管理

省局领导高度重视特快寄递二代证业务,于2004年将特快寄递二代证业务作为全省重点开发项目,实行项目管理,安排省速递局全面负责业务开发工作。省速递局成立以局长为组长的业务开发小组,负责与省公安厅相关部门的全面公关工作。各市、县局成立以局长为组长的业务开发小组,负责与当地公安部门的公关工作。全省联动,整体推进,全力开发特快寄递二代证项目。

(二) 建立沟通机制

按照省公安厅的安排,二代证制证机构由16个减少到3个,除两个城市单独设立制证所外,其他15市二代证统一到省公安厅制证中心制作。由过去各地分散制作改为集中制作,公关协调工作的重心也随之上移,对省公安厅的公关工作成为特快寄递二代证业务开发的重中之重。省速递局领导班子经过细致的分析研究,决定实行"分层公关、定期沟通、逐步协调"的策略,全力开发二代证业务。省速递局班子成员主要与公安厅户政处主要领导进行协调沟通,速递局市场部与公安厅相关科室协商,并建立每周两次的定期会面制度,而且根据需要,出现问题随时协商解决。实践证明,这种有效的沟通机制增加了双方的了解,建立了深厚的友谊,为顺利开办特快寄递二代证业务起到了至关重要的作用。

(三) 制定行之有效的业务开办方案

为更好地开办特快寄递二代证业务,该省局结合警邮双方的实际情况,制定了详尽的方案,做到了"四个"统一,即业务流程、资费、时限、服务标准全省统一。

(四) 充分准备、积极推广

在邮政各级领导的共同努力下,2005年3月该省公安厅与该省邮政局联合下发了《关于采用邮政特快专递第二代居民身份证有关问题的通知》,标志着特快寄递二代证业务正式启动。对二代证业务好的做法和经验,省局通过会议、信息和传真电报的形式在全省推广。同时,为促进二代证业务的开展,统一为各局配备了二代证读卡机和其他相关设备,为业务开办提供了有力支撑。

(五) 加强调度和质量监控

为做好特快寄递二代证业务,省速递局建立了每周调度和每月通报制度。每周将全省开办局的业务量收情况进行分析和研究,对异动情况进行及时了解和解决,并及时掌握未开办局的进展情况。针对部分市局进展缓慢的情况,省速递局班子成员多次到基层调研,对不好解决的问题,及时与省公安厅相关领导协商解决。

四、营销成效

截止到2006年10月底,全省共有15个市局、101个县(市)局开办特快寄递二代证业务,开办市、县局占全省市、县的88.24%和89.38%,共受理二代证490.73万件,实现收入7 360.95万元。2006年1—10月份,共受理二代证邮件354.73万件,实现收入5 320万元,同比增长281.09%,新增收入3 924万元,占当年全省速递新增收入的44.17%。

案例分析

1. 本案例中,寄递二代身份证业务的开发采取了哪些营销策略?
2. 结合案例及你身边的实际情况,谈谈寄递二代身份证业务开发中应注意的问题。

【案例四】

某省邮政开展中秋"思乡月"专项营销案例

一、项目背景

2006年的中秋营销活动呈现出一些与往年不同的特点,给该省中秋营销活动的组织和策划带来一定的难度。主要表现在以下几个方面。

一是国家对月饼外包装出台强制性政策,对联动产品的设计产生一定影响;二是中秋与国庆节重叠,9月30日各企事业单位都开始放假,造成联动产品供应高峰期提前了一个星期,给厂家生产和总仓物流调配造成了较大压力;三是节日重叠对投递等后台作业产生压力,且由于邮航停飞和民航旺季等因素而导致干线运力紧张;四是竞争对手切入中秋礼仪市场,老牌的民航快递、中铁快运等继续主打批量寄递和主要城市散户寄递,而宅急送、顺丰等开始模仿邮政的"销售+寄递"一条龙的经营模式,与当地的月饼厂家或酒楼结盟,开展免费速递业务;五是消费习惯出现变化,消费者对水果月饼和五仁月饼产生了新的需求,为此应迎合消费者追求健康和时尚的新观念开发有针对性的产品,进一步扩大市场。

面对种种不利因素,同时也注意到,该省中秋营销活动经过几年的运作,已积累了丰富的节日营销经验,掌握了丰富、优质的供应商资源,邮政中秋礼仪服务品牌得到了社会的认可,这为2006年该省中秋营销活动的顺利发展提供了坚实的基础。另外,国家邮政局2006年将进一步加大对"思乡月"服务品牌的推广力度,推出"驿月"全国邮政统一联动产品;在业务指导、运作资源投入、业务宣传等各方面也将进一步加大对各省的支撑,这为2006年中秋营销活动实现新突破提供了保证。

二、市场分析

(一) 4P分析

运用4P分析工具对2006年中秋营销活动进行分析,如表9-1所示。

表 9-1　某省中秋营销活动分析表

4P		分析内容
4P分析	产品	① 省局统一进行招标确定供应商,全省分三大区域选择 3 家月饼供货商,互为备份;华美厂家 2006 年与全国各省邮政展开中秋月饼合作,知名度较高;大力推广"御香月"自有 OEM 品牌产品;低端市场以精品御香月和精装御香月为主,在中端市场,以豪华御香月、至尊御香月为主; ② 大力推广标准化礼仪服务:在高端市场,以福字礼盒为主要载体,推广礼仪服务产品; ③ 继续大力推广"销售＋寄递"一条龙服务,产品功能全面,对中、低端市场竞争力强; ④ 包装:大客户需要个性化外包装,散户附带祝福卡片。
	价格	① 月饼价格定位在 29～128 元范围内,以 48～68 元为主; ② 进货价格折扣在 50%以上; ③ 采取阶梯式优惠价格体系引导用户提前交寄。
	渠道	① 销售渠道:采取网点销售、上门服务、大客户营销及驻点销售等方式; ② 运输渠道:省局运维部制定并下发了《G 省 2006 年中秋旺季网络支撑方案》,以广州、深圳为主要出省枢纽,采用飞机、火车、汽车直运的方式,组织中秋立体运输网络,寻求运输时限、质量和成本的最佳平衡点; ③ 配送渠道:国家速递局已协调好各投递局并已做好充分准备。
	促销	① 利用"思乡月"和"御香月"两个服务品牌,开展多种方式的促销活动; ② 国家局和省局在收视率较高的电视台、报纸等国家级、省级大型媒体进行宣传推广,给中秋活动造势;同时统一制作了一批宣传单张和海报等促销品;各地市局利用邮车、营业厅、单张、海报等因地制宜开展宣传,吸引客户眼球; ③ 各局积极利用与当地移动、电信等企业良好关系,开展方案营销。

(二) 2006 年中秋营销活动目标

(1) 全省实现业务总量 258 万盒,与 2005 年基本持平;

(2) 收入达到 6 800 万元,较 2005 年增长 8.8%,其中联动产品实现 80 万盒销量;

(3) 为配合国家局"驿月"产品品牌的培育,省局将国家局"驿月"产品统一纳入全省联动产品进行促销,实现 5 万盒销量目标。

三、营销策略

(一) 产品策略

该省在总结 2005 年实施总仓支撑、分区供货,避免中秋货品短缺,降低经营风险经验基础上,2006 年将继续实施联动产品省总仓负责全省支撑供货和分区域供货模式,同时为降低运营成本,减少寄递高峰运输压力,提高整体经营效益。2006 年,在四川成都设立分仓,对全省寄往四川、重庆区域的联动产品尝试产品"提前发运、异地配送",通过详情单或信息传递,成都分仓处理出口模式。为更全面地满足客户个性化要求,提高产品市场份额,对 2006 年中秋营销活动经营产品进行了一系列创新,包括新开发两款中高端产品,按照国家对月饼包装的新规定重新设计新包装,为大客户定制个性化御香月 OEM 产品外包装;针对外来人员寄递月饼时希望传递问候的需求,在联动产品中加入可供用户自行填写的礼仪心意卡,以提高用户满意度。

(二) 价格策略

2006 年,利用价格杠杆有效提高整个中秋营销活动的经济效益,从而促进中秋活动从规模型向效益型转变。一是联动产品全省统一售价,二是在调查分析的基础上,将精装御香月单价由46元提高至48元,三是为有效缓解寄递压力,针对当年国庆与中秋重叠的特殊情况,以"早到的祝福"宣传并通过联动产品阶梯式价格体系诱导用户提前交寄。

(三) 渠道策略

充分调动邮政资源,营业网点、11185、邮政网站、183网站、EMS网站等资源全力投入,柜台、电话、网站全方位的立体销售渠道全面铺开,充分显示邮政销售实力。对于工厂密集的园区和目标客户集中的地方驻点销售,设置专柜或流动网点销售,对大客户采取一对一的上门营销方式。根据各地情况,开发月饼票、同城礼品卡等适合当地业务发展的产品形式,满足消费者送礼的消费需求和心理需求。重点推荐广州局礼品卡的成功做法,统一设计明信片模板并下发给各地(市)局。省速递局编制大客户营销手册用于指导各地(市)局开展大客户营销,对大客户各局要提前派客户经理开展一对一营销,积极参与大客户的投标工作,同时还要做好大客户的促销活动,充分运用公共关系营销开发行业集团大客户,对行业集团大客户大力推荐个性化包装设计OEM产品,并全面推行"前台受理,后台封装"的集中寄递模式。

(四) 促销策略

根据国家局EMS"思乡月"全国中秋月饼速递服务宣传推广方案的统一部署,2006年中秋营销活动广告宣传工作,在加强自有渠道宣传的同时,将进一步加大电视、报纸等外部媒体的宣传力度。各局在实施中秋宣传时注意把目标放在客户需求上,把流程优化和宣传重点体现在如何为用户增值方面,突出邮政寄递服务的特点。充分发挥邮政寄递核心竞争能力,宣传时应把邮政速递在长距离的"寄"和短距离的"递"的优势体现出来。广告宣传方案要提早实施,把市场宣传抢到第一位,比月饼厂家提前了半个月开展业务广告宣传,营造出寄递月饼的氛围。

(五) 客户服务策略

该省各地(市)局普遍建立了售前、售中和售后服务机制,全面提升中秋营销活动客户服务水平。各地(市)局均建立了中秋营销活动用户回访制度,规定各局必须抽取一定比例的用户进行回访,及时了解用户的满意程度,纠正不足,改善服务。

(六) 考核激励策略

为进一步增强中秋奖励办法的合理性,鼓励先进,鞭策落后,促进中秋营销活动从追求量的规模向追求收益利润转变。2006年中秋激励办法以收入目标完成率、重点高效产品收入占比等效益型指标作为主要评奖指标,以销量等规模型指标作为辅助评奖指标。从激励机制上引导各地(市)局推进高端产品的销售,并以实现收益为目标。

四、实施过程

(一) 领导重视、组织到位

省局成立以副局长为组长,省局相关部室、省邮政速递局领导参加的专项营销活动领导小组。领导小组下设工作组,具体营销组织策划工作由省邮政速递局负责,各地(市)局也相应成立了中秋营销活动工作机构,营销管理设在各市速递分局,充分发挥速递专业化经营管理的效能,体现了中秋营销组织责任、权力、利益相统一,达到了高效运作、灵活机动的效果,确保了中秋营销活动的顺畅开展。

(二) 明确目标、支撑到位

各级领导高度重视网络支撑工作,省局运行维护部、省速递局、广州市邮政局和广州邮区中心局领导多次亲临现场了解运作情况,并召开现场会议,及时解决存在的问题。

(三) 尊重市场、大胆决策

经过周密的市场调查、科学分析和深入探讨，60%以上受访用户认可精装"御香月"定价于48元。省局工作小组果断大胆做出决策，在结算成本不变情况下将精装"御香月"从2005年的46元提高到48元，最终实现了精装30多万盒的销量，仅此一项就为企业带来60多万元的直接经济效益。在广泛听取客户需求和邮政营销人员的意见的基础上，2006年新开发的豪华水果月和金尊华月受到客户的热烈欢迎，出现了提前10天就脱销的局面，仅这两项产品就赢得了385万元收入。事实证明，决策必须基于调查结果，要从事实中来，回到事实中去。

(四) 定位准确、效益显著

实现中秋专项营销活动"从规模型向效益型转变"是该省2006年确立的经营思路。2006年该省中秋实现总销售额1.49亿元，业务收入7 507万元，销售毛利率达到50.3%，比2005年的47.96%上升了2.34个百分点，中秋营销产品的策划由往年低中端逐步向中高端转化，其中豪华莲蓉月的业务量、收占比分别提高了3.65和3.59个百分点，新推出的豪华水果月和金尊华月两个品种一上市即取得了36 851和7 194盒的销量，收入占比分别达到4.98%和2.69%。仅此三项产品即贡献新增收入717.02万元，占联动产品新增收入的65%。同时低端产品的精品和精装御香月所占量收比重均有所下降，特别是精品御香月的业务量占比下降近4%。仅联动产品的收入就创造新增收入近1 000万元，经营效益显著提升。

(五) 突出品牌、搞好宣传

该省根据国家邮政局2006年EMS"思乡月"营销活动品牌宣传指导思想和邮政中秋营销的总体战略部署，营销宣传工作继续坚持统一策划、统一品牌、统一形象、统一时间、统一口号的原则，分阶段、分层次进行宣传。特别要求全省各级单位在宣传工作中注意与国家局、省局宣传重心保持一致，站在全国全网的高度，兼顾地方实际。

五、取得成效

2006年在国家局和省局各级领导的高度重视和精心组织下，在全省速递战线全体员工的共同努力下，该省邮政中秋"思乡月"专项营销活动组织协调紧密连贯，经营策划贴近市场，网运流程畅通无阻，全网联动能力增强，品牌效应充分发挥，营销创新亮点突出，经营效益明显提升，量收超过预期目标，速递物流和包件三大专业累计"销售＋寄递"业务总量达到276.3万盒，营业总额1.49亿元，实现业务收入达到7 507万元，同比分别增长7.09%、14.6%、20.2%，超过目标计划的6.26%、6.4%和10.3%；其中速递专业实现业务量265万盒，同比增长2.7%，销售额1.43亿元，业务收入7 217万元，同比分别增长10%和15%。速递专业全省联动产品累计"销售＋寄递"业务总量达到94万盒，超过目标计划的20%，其中御香月品牌以65万盒的骄人销量继续成为该省第三大月饼品牌，珠三角和山区对御香月品牌认可度进一步得到提升。这标志着该省中秋专项营销活动的经营组织、营销策划日趋成熟，邮政速递在该省中秋月饼运递市场的强势地位进一步得到巩固和增强。

案例分析

1. 本案例中，中秋"思乡月"业务营销目标体现了哪些业务定位？
2. 在中秋"思乡月"业务开发的策略中，渠道策略是成功营销的关键之一，谈谈你对业务营销渠道的理解？

【案例五】

H市局国内代收货款业务营销案例

一、背景分析

随着电子商务、网上购物及其他商务交易活动的迅速发展,代收货款业务以其向社会提供一种购销两便、安全可靠的服务方式,对加速和扩大商品有效流通范围,丰富和提高人民生活质量起到了良好的促进作用。

中国邮政速递局开办的国内代收货款业务,是针对具备一定畅销商品的生产企业、厂家、较大的经销商、商品直销代理商推出的电视购物、网上购物代理厂家、商家,通过邮政速递部门向消费者寄递商品并代为收取货款的一种特快专递业务。该业务要求入网企业或商家具有良好的商业信誉,其产品、商品必须合法且经过商检、技监、卫生等权威部门检验认证、国家允许流通,但企业或商家入网注册手续繁杂,收费标准、邮寄量门槛较高。

为解决企业或商家入网的"三高"问题,H市邮政局以该市邮政速递局的名义,向中国邮政速递服务公司提出加入特快专递代收货款服务入网企业的申请,于2005年9月获准正式成为中国邮政速递服务公司特快专递代收货款服务入网企业。这样,中小企业、经销商、商品直销代理商即可以加盟方式获得特快专递代收货款服务入网企业资质,以该市邮政速递局名义向全国各地寄递商品。代收货款业务一经推出,便以购销两便、安全可靠的服务方式,寄递时限快、货款风险低的优势,越来越受到生产企业、经销商和广大消费者的青睐。

二、开发过程

H市邮政速递局获得入网企业资质后,经过几个月的精心准备和积极运作,充分利用"入网企业"的资源优势,积极着手进行客户资源调查、寻找适合入网企业。该副局长及代收货款项目负责人深入到适合寄递的畅销产品生产厂家、经销商、各类邮购公司、电视购物、电子商贸公司、商贸企业、专卖店等进行走访,并就以下内容进行宣传:邮政速递具有品牌、信誉和网络资源优势;特快专递代收货款业务具有迅速准确的时限优势;特快专递代收货款业务回款率高、货款风险低;H市邮政速递局具有"入网企业"的资源优势;免费提供仓储处理场地;具有地处京津之间的区位优势等。在中速公司、省速递局的大力扶持下,H市局精心谋划、悉心准备,印制了15万份专用详情单,安装调试网络设备,请中速公司负责代收货款业务人员对速递局相关人员进行了多次业务培训。2005年11月,代收货款业务顺利开办。业务开办以来,业务量逐月稳步攀升,发展势头良好。

三、营销策略

(1) 确定代收货款业务项目负责人。H市邮政局设立项目部,确定一名主任专职开发代收货款业务。该负责人先后参加了在I市、J市召开的全国电视购物暨产品展销推介会,尤其是9月1日在H市第一城举办的"第七届中国媒体商务2006年秋季博览会暨电视购物行业现场采购大会",H市局积极做好展会的前期准备工作,制作展板、印制宣传单,向参会各界广泛宣传介绍L市的地理区位优势、寄递时限优势、扩大邮政代收货款业务知名度,并广泛收集适合于速递寄递代收货款的产品、商品信息、与代理商密切接触洽谈。H市局以真诚的合作态度、娴熟的业务技巧、优质的服务条件赢得了参展商的好评。19家厂商、电视台、媒体表现出极大的合作兴趣,H市局通过对参展的商家进行梳理,对各类客户采取不同的营销策略。

(2) 为加盟商家提供免费仓储封装场地。H市局克服种种困难,为6个加盟速递局入网企业提供仓储、封装、处理场地600平方米。

（3）市局大力扶持新业务的发展。随着代收货款业务量的不断增长，市局加大了设备投入和人员配备，L市局现有代收货款邮件营业受理人员6名，6个代收货款邮件信息录入台席，保证信息全部及时上网，12名人员专职负责接收、邮件处理、分拣封发，大力扶持代收货款业务。

（4）为加盟经销商提供优质服务，做好把关工作。H市局针对代收货款邮件退回率较高的问题，与经销商加强沟通协调，联合对出口代收货款寄达地和收件人进行严格把关，核实准确地址，对非开办局不予收寄。

（5）重视进口代收货款邮件的投递和回款工作。针对进口代收货款邮件退件率高、回款慢的问题，与递送部门协调，安排2名投递员专门投送代收货款邮件，并增加小夜班投递，此举大为提高进口代收货款邮件的投递质量和回款速度。

四、取得成效

截止到当年10月底，加盟L市速递局代收货款企业的经销商共17家，涉及电视购物、目录购物、网络购物、厂家直销、收件人付费等23类产品，日均业务量在700件，单日最高量达到900件。1—10月份，累计收寄代收货款15.91万件，收入254.18万元，完成2006年项目工程确定目标的127%，代收货款业务收入占速递收入16%，占新增国内速递收入的48%，成为L市局速递专业的支柱型业务。该项目进展顺利，发展势头强劲，对速递业务收入的增长起到了很好的促进作用，业务收入年底有望突破300万元。L市速递局不满足现状，下一步发展重点放在县（市、区）局，指导协助县局开发代收货款业务，把代收货款业务做大做强。

五、存在问题及解决办法

H市邮政局对代收货款业务开办近一年的成效和不足进行了全面回顾、梳理和总结，在看到实实在在的效果的同时，找到了4点制约业务发展的问题并研究解决的办法。

一是代收货款邮件退回率较高的问题。经与经销商加强沟通协调，联合对出口代收货款寄达地和收件人进行严格把关，核实准确地址，对非开办局不予收寄。

二是货款回款周期过长造成客户周转资金困难的问题。速递局已向市局提出请示，由市局解决，通过合理合法的渠道筹集一笔资金作为货款准备金，在确认代收货款邮件已经妥投的前提下，提前为客户结算部分货款，减轻客户资金周转压力。

三是随着加盟入网企业的不断增加，业务处理场地和仓储已经略显紧张的问题。经请示，该市邮政局已同意进一步扩大处理场地。

四是所属县、区局代收货款业务开发未取得实质性进展的问题。在11月中旬召开的速递专业会议上作为一项重点业务来推进，主要是为明年业务发展打基础，H市邮政局已确定继续将代收货款业务作为2007年速递专业项目工程。

案例分析

分析H市速递局是如何开发代收货款这项新业务的。

【案例六】

速递银行票据交换业务案例

一、背景分析

为了加快银行间资金结算周转速度,从1984年起,K市人民银行牵头成立了K市银行票据交换中心,由其所辖市区各银行自己组织人员和车辆,进行同城票据交换。到1998年,参加交换的银行网点发展到333家,业务量每天2万笔左右。为此,银行共投入汽车45辆、摩托车40辆,人员333人,成本支出约740万元。由于网点、人员、业务量急剧增加,票据交换业务出现了大量差错,银行内部人员挪用结算资金的案件时有发生,K市人民银行深感管理比较吃力。邮政速递介入银行票据交换业务成为可能。

二、市场分析

银行对票据交换业务的要求:一是快速、准确;二是覆盖范围尽可能广;三是安全;四是降低成本开支。通过EMS进行银行票据交换,快速、准确和覆盖范围广是毋庸置疑的;EMS一向以邮件的安全保障性著称,同时,由于排除了银行网点以外的银行内部人员接触票据,银行内部人员挪用结算资金的案件基本可以杜绝;邮政速递公司作为专业快件运营商,运作成本肯定低于银行自己组织交换,同时,因为是同城速递,票据交换业务的整体运行过程、全部生产环节,以及价格制定权限,全部由K市邮政局掌控,该业务的运行质量和成本效益控制能得到有效保障。

K市EMS的目标是:市区所有银行网点之间的交换均囊括在内,并逐步扩大到本市所辖的W、Z两个县级市,年收入达到400万元以上,通过优质服务,使银行的票据交换对EMS形成永久依赖,杜绝将来同行企业参与竞争的可能。

三、营销策略

通过对市场的分析,K市300多家银行网点,EMS现有的同城网络根本无法消化;日均2万笔票据,按照EMS现行的同城速递价格,银行也无接受的可能。到底如何解决?K市邮政局针对该情况制定了相应的策略,具体做法如下。

(1)投入:1998年K市邮政局购置了17辆汽车、25辆摩托车,一次性投入388万元和43人,为票据交换业务,组建了K市EMS同城快递网。

(2)价格:采用包月方式,根据银行营业点距离远近分为800元、1 200元、1 400元三个档次,各交换点对应相应的收费区。

(3)时限:11:00前揽收的票据,当日15:30前全部送达,16:30前揽收的票据,次日10:00前送达。

(4)运作流程:划分若干段道,每个段道从8:30开始投递,10:00投完,返程沿路进行揽收,12:00前回处理中心分拣,14:30开始投递,15:30开始回程揽收,当晚交处理中心进行分拣,次日上午投递。

四、开发过程简述

1998年,时任K市速递公司经理的祝某拜访客户时,听到人民银行副行长抱怨当时的票据交换业务摊子越来越大,管理越来越难,几乎成为一个包袱,祝经理敏锐地感觉到这是邮政企业的机会,随即拜访了负责银行资金结算的该行会计处处长,双方一拍即合,经双方领导同意,很快付诸实施。

五、取得成效

参加交换的银行网点 2005 年发展到 402 家,交换范围由 K 市区扩大到所辖的 2 个县级市,形成覆盖整个区域的大同城网。K 市所在省的 13 个地级市局中,有 12 个局开展了银行票据业务,全省银行票据交换业务年收入 950 万元以上。

K 市局 1998 年固定资产一次性投资 388.5 万元,当年收入 459 万元,当年就收回投资。按 5 年平均折旧,年投资回报率达 48% 以上。2005 年收入达到 560 万元,利润率达到 40% 以上。银行自行进行交换,仅 2005 年需要支出 1 072.5 万元,实际支出仅需 560 万元,节约 512.5 万元,节约开支 48%。

银行的成本费用大幅降低,交换速度加快,交换范围扩大,资金安全得到保障。银行的票据交换已离不开邮政 EMS。

六、业务开发的难点和机遇

1. 难点

(1) 有的城市的银行票据交换员是各银行的现有职工,业务交由邮政速递公司后,人员安置有一定的困难。

(2) 有的城市现承担票据交换业务的人员,多为人民银行和其他银行领导、职工的家属子弟,收入很高,业务交给邮政速递公司后,银行内这部分人的既得利益将受到影响。

(3) 部分社会快递公司已经涉足该项快递业务,竞争将导致该业务被其夺走,或使 EMS 收益水平大幅下降。

2. 机遇

(1) 作为专业快递公司,邮政速递公司的效率大大优于银行,这是各家银行的共识。

(2) 随着银行上市和商业化进程不断深入,银行对成本的控制和监督日益迫切,迫使银行要选择专业的快递公司承办票据交换业务,邮政速递公司是最好的选择。

(3) 银行的改革和改制,使其对冗员的分流不再像以往那么困难。

3. 业务开发的关键

(1) 人民银行是业务成功开发的关键。

(2) 采取各个击破的战略,先攻某一专业银行,再攻相对容易的交通银行和建设银行;在专业银行的交换业务中,先涉足市、县银行之间的交换。

(3) 在 EMS 投递网尚未大量投入改造,或新建同城快递网之前,利用现有网络运作时,务必保证票据邮件的传递质量。

案例分析

分析 K 市邮政速递成功开发银行票据交换业务的关键在哪里。

本 章 小 结

本章主要介绍了中国邮政特快专递业务经营管理的内容,包括业务管理体制、业务经营现状及业务管理内容,详细讲述了特快专递业务的营销管理、网络运输管理、运行质量管理及企业人力资源管理等。在此基础上,重点对速递国际业务、国内标准快递业务、同城业务等业务的经营管理进行了详细的案例分析。

【阅读材料】

县域 EMS 发展如何破解难题
——探访江西乐平市营业部单证类速递业务管理

县域市场发展难、困难多,如何破解难题?江西省乐平市邮政速递物流营业部从战略高度加快开拓市场、围绕地方经济做好服务,他们仔细梳理市场,充分利用邮政速递物流的人员、设备、网络等优势,有计划、有步骤地拓展单证类速递市场。目前,该营业部比较突出的单证类速递业务项目有:金融行业项目、学生档案寄递、成人高考毕业证寄递、法院传票寄递、出入境证件项目等。通过强化管控、提升服务、优化流程,该营业部打造出核心竞争力,单证类速递业务渐入佳境。

1. 市场调研精准专业

作为县级市,乐平市域速递市场小,而竞争异常激烈。为拓展单证类速递业务市场,乐平营业部自 2012 年初起成立了单证类速递业务大客户开发团队。业务开发前期,该营业部要求各揽投段道全面开展市场调查工作,并详细填写县域单证类市场业务调查表。调查内容包括:目标客户单位名称、详细地址、负责人姓名及联系电话、业务经办人姓名及联系电话、目前用邮情况等。通过对区域市场的走访、摸排、分析,建立起县域城区所有行政执法及企事业单位等单证类潜在客户资料库,进而有针对性地开展单证类速递业务"地毯式"的深入摸底调研。

该营业部经仔细分析后,利用当前广泛倡导便民服务的社会背景,积极与公安、法院、银行、教育等行政部门及企业单位沟通联系;针对县域目标客户进行走访,在完成单证类发展战略布局和重点客户公关后,将县域单证类速递业务市场开发重点锁定在教育、金融、公安三大类。

锁定目标后,该营业部通过积极沟通、重点公关,凭借邮政速递物流特有的专业、可靠、安全、保密等优势,与其他快递公司展开面对面的激烈竞争,并最终与上述部门达成单证类寄递合作意向。目前,乐平营业部已经形成了以金融类项目为核心,分别发展以学生档案项目、出入境证件项目为主体,重点发展关键政务类业务的单证类速递业务发展模式。

2. 提供一流专属服务

为进一步融合邮政、速递两大板块的资源优势,提升单证类速递服务水平,该营业部与乐平市邮政局协商,共同制定了《邮速业务发展管理办法(试行)》,其中邮政局、营业部协议客户明细表所列客户分别归属邮政局和营业部维系与管理,避免日常业务及"思乡月"项目开发时出现重复营销;除此以外的客户,邮政、速递协商共同开发,增强了市场的竞争能力,也确保了为单证类客户提供优质高效的专属服务。

金融类项目是单证类速递业务的支柱之一。由于合作的客户都是银行,在合作中既要适应客户的服务需求,又要符合金融部门的安全要求。为进一步提升专属服务品质,该营业部抽调一名优秀员工,专人服务金融类项目及到各银行揽收。其中农业银行网点因押款车排班紧张,每天的银行票据都要在 20:00 之后才能收齐,交到揽收员手中,但他们毫无怨言,风雨无阻提供服务,赢得了银行的信任和尊重。自金融类项目拓展开发后,EMS 在 2011 年金融类项目的客户市场占有率达到 100%。

针对发展势头迅猛的出入境证件项目,该营业部从源头着手,与市公安局国保大队协商调整了原有的出入境证件办理模式,改变居民的业务办理习惯。在第一次办理签证时即告知 EMS 的该项服务,为后续的业务办理做好铺垫。同时,对国保大队出入境窗口办证人员进行了相关培训,使他们积极引导客户选择方便快捷的特快寄递方式来节省时间,用这种积极主动的专属服务营销方式大幅提升了业务受理量。

3. 打造一流专职队伍

为提高全体揽投员的服务水平,乐平营业部狠抓揽投人员的素质教育,2011 年共组织相关培训近 10 次,提高了管理人员的管理水平,提升了揽投人员营销技巧,强化了后台人员操作技能,建立了符合营业部发展的绩效考评体系和用人激励机制。

同时,该营业部十分注重对后备营销力量的培养,今年又新增 4 名揽投人员,并继续加强对揽投人员的业务培训,让他们协助单证类项目团队开展营销服务,为单证类速递业务发展提供了营销人才的储备保证。

为了拉近与客户的距离,更快速地响应客户的需求,该营业部始终把加强揽投营销团队建设作为经营工作长期良性发展的基础,并设立了单证类专职项目团队并进行了项目责任划分,建立了项目责任管理制度,下设一名项目经理和一名专职揽投员、一名兼职揽投员,全力做好客户维护工作,按照业务分类,分头行动,协助公安、银行、教育等部门为乐平市民提供优质高效的单证类速递服务。

4. 优化项目运作流程

优化梳理重点项目的操作流程,一直是乐平营业部营销团队推动单证类业务发展的重要手段。去年,该营业部贴近市场需求,调整业务结构,针对出入境、金融类等支柱类项目以及学生档案等具有巨大发展潜力的业务,进行了一系列业务流程的优化,进一步规范了业务操作流程,提高了内部运作效率,在满足证照、档案寄递的时效性和窗口服务的规范性、项目运作的安全性等方面,都取得了明显的成效。

在深度拓展出入境证件业务市场的同时,他们加强对其余各类证件加签业务的宣传。在客户邮寄的新证里夹寄一张省际商务件寄递的宣传单,扩大宣传范围,通过"一条龙"的服务方便客户。他们还加强对学生档案寄递的安全管理,不再将所有学生档案都搬至营业部,而是先电话咨询预约,确认学生有服务需求,再到当地教育局高招办提取档案,提供寄递服务,杜绝了学生档案在搬运保管过程中意外丢失的隐患。

他们在优化流程中注重挖掘现有客户资源,引导潜在客户的业务需求。2012 年年初,在梳理金融类项目流程时,该营业部敏锐地发现了开办建行汽车贷款资料寄递业务的潜力。经过缜密的营销分析、与建行相关负责人沟通协商,最终双方取得了携手共赢的共识,建行汽车贷款资料寄递业务得以逐步做大。

面对县域经济发展速度相对缓慢、市场资源有限、县域民营快递公司势力扩张的现状,乐平营业部迎难而上,敢于亮剑,强力推进单证类速递业务发展。2012 年单证类业务完成收入较上年增长 57%;学生档案寄递项目无一起投诉,银行票据、出入境证件妥投率达 100%。EMS 的综合实力和服务水准受到公安、银行、教育等部门的高度认可,进一步扩大了 EMS 在县域的整体战斗力和品牌影响力。

【综合练习】

1. 按照寄递区域分,邮政特快专递业务有哪些业务?
2. 简述邮政特快专递业务经营管理的层次。

3. 简述地市速递物流分公司业务管理的职责主要有哪些？
4. 简述特快专递业务经营活动分析的内容。

【案例分析】

L市邮政速递展览品配送项目案例

一、项目背景

L市所在地区是重要的轻工业制造基地，客户对展览品配送有巨大的需求，当地企业广泛参加全国各地的产品展览会，特别是每年参加几项影响力较大的展览会，已经成为这些企业的主要经营活动。

二、项目开发与服务过程

1. 市场引力

L市邮政速递公司早在2006年初就敏锐地洞察到展览品配送市场潜力巨大，特别是省南部地区是重要的轻工业制造基地，客户对展览品配送有巨大的需求。2006年春交会伊始就涉足广交会直通车业务，为当地参展客户提供展品配送业务，即去程上门揽收、运输、装卸展品至客户指定展台，回程摊位收回、运输、上门配送、运费结算。L市参加广交会的商家从最初的几十余家发展到现在的400多家，运量也由最初的十几吨至现在的100多吨。L市的参展品多为服装鞋帽、树脂陶瓷工艺品、日常消费品等地方名优特产，怕挤易碎。原先参展商各自带着展品到广交会，或委托社会物流公司带运至展馆外，再由客户自行带进展馆非常不方便，而邮政配送则给客户带来了极大的便利。参展商前脚到馆，展品后脚就到，方便独特的门到门、柜台到柜台式的服务让客户非常满意。面对方兴未艾的会展经济，L市邮政速递敏锐地观察到，各种商贸洽谈会、工业博览会、华东博览会等一个接一个，并以每年20%以上的速度递增。这是一个邮政速递物流有能力、市场有需求的潜力业务。会展汇聚了L市众多优秀企业，邮政速递物流可以利用会展汇集大量客户信息，创新客户管理体系，建立客户服务平台，更好地拓展业务空间，将业务做大做强。

2. 营销功力

2009年3月初，市公司成立了展览品配送项目组，把会展配送当作潜力业务来抓，不"临时抱佛脚"，引入项目经理负责制，组建了16人展览品配送开发项目小组，落实责任人、选派专人负责与各公司、分部、413家展商的沟通、洽谈，积极争取省速递物流公司部署展览品配送事宜，开展全省联动。

项目组经过详细的考察和周密的策划，从展品揽收、参展到展会结束返回配送的一条龙服务，从待客上门，到找米下锅，根据客户需求拟订设计方案，制作出客户满意的个性化展品运送方案。为做大广交会业务，还专门以特快专递的形式把宣传单送到展商高层领导的手中，并在2009年3月初安排专人走访客户，调查发货量、货运方式。印制宣传品时，突出邮政品牌优势及社会信誉度，组织专门人员逐户发放宣传品、走访客户，进行营销公关。一是对预定客户的货物揽收及仓储进行周密安排，由专人专车上门揽收，整理粘贴展览特快专递清单，详细填写客户摊位号、件数、重量、联系人、联系电话等资料。二是对大宗展品邀请客户一同称重，让客户放心更省心。

3. 质量下力

L市速递展览品配送项目在营销过程中让客户充分体会到了邮政全程全网、三流合一的优势使其有能力为"展会经济"提供优质的一站式速递服务。主要表现为如下几点：一是缩短展览品的传递时限是满足项目服务质量"瓶颈"的硬件前提；二是提高末梢服务环节是项目取胜的有效手段，如为客户提供免费箱子、免费寄存展品、为撤展客户打包展品等细节服务；三是优质的网络运行服务是项目运作的有力支撑，也是项目发展的重要环节，因此，优质、高效的网络传输是时效与价值的体现。

4. 寻找合力

在"展览品配送"项目的引领及成功运作下，作为国有企业，L市邮政局与各大参展商有着一样的目的，就是要"双赢"。而展览品配送只是各大展商与邮政速递的初次合作，邮政速递将通过建立展览品配送的服务平台，提供便利的服务通道，进而介入通过平台服务的企业其他业务，即更深层次地拓展业务，如国际EMS业务、国内、电子商务等业务，以做大业务规模。

三、项目成果

2009年年初，L市邮政速递"展览品配送"项目正式启动，经过前期的项目策划、项目培训、市场推广，中期的流程跟踪，后期的成效总结，已经初步达到了预期效果：全市共配送120多吨展览品，实现业务收入60万元，其中，中交会春季业务收入50多万元，华东博览会配送业务收入近10万元。展览品配送项目的顺利实施，得益于L市邮政速递物流省市县一体化改革后迸发出的生机，是对邮政企业三流合一、全网联动、服务周到、信誉可靠等优势的充分展示，开辟了L市邮政速递物流公司"展会经济"发展的蹊径，也对全省"展览品配送"起到了引领和辐射作用。

思考题

1. 展览品配送项目是速递新开发的业务之一，其适应的市场条件是什么？
2. 开展展览品配送项目，其关键要素有哪些？

第十章 邮政物流业务经营管理

【学习目标】

了解中国邮政物流业务专业化改革的历程和管理体制;了解中国邮政进军物流市场的SWOT分析;掌握中国邮政物流业务的业务体系和市场定位;掌握邮政现代物流业务经营的基本理念和思路;了解邮政物流业务的经营分析

【关键概念】

合同物流 SWOT分析 供应链金融

【案例导入】

UPS创建于1907年,由一家信使服务小公司开始,最终发展成为一个完全的供应链管理服务公司和物流巨头,这与UPS独到的战略眼光分不开。例如,在2002年时,根据竞争对手的分布情况和业务发展战略,UPS将拉美地区作为重点关注的战略高地,一口气在阿根廷、巴西、智利、哥斯达黎加、厄瓜多尔、墨西哥、波多黎各、委内瑞拉和美国的维京群岛投资建设了11个物流中心、70多个仓库,这些物流中心的位置均选在这些国家和地区的重要商业中心。利用在拉美地区的70多个仓库,UPS接收来自世界各地的零部件,经拣选、包装、流通加工后,再配送到分布在各地用户的手中。这些零部件大多是高科技设备修理和维护的关键部件,客户对配送的时限要求较高,UPS承诺在1~4小时内及时送到,一周7天、每天24小时提供配送服务。

中国邮政速递物流股份有限公司,是经国务院批准,中国邮政集团公司于2010年6月联合各省级邮政公司共同发起设立的国有股份制公司,是中国经营历史最悠久、规模最大、网络覆盖范围最广、业务品种最丰富的快递物流综合服务提供商。中国邮政速递物流秉承"珍惜每一刻,用心每一步"的服务理念,为社会各界客户提供方便快捷、安全可靠的门到门速递物流服务,致力于成为持续引领中国市场、综合服务能力最强、最具全球竞争力和国际化发展空间的大型现代快递物流企业。本章将对邮政物流业务的发展作重点阐述。

第一节 邮政物流业务经营管理基本内容

中国邮政速递物流公司,是中国邮政集团公司旗下最新整合组建的专业经营和管理全国邮政速递物流业务的现代综合快递物流企业。拥有国内最为知名的EMS特快专递和CNPL中邮物流等专业品牌,拥有专用揽收、投递(配送)、运输车辆3万余台,业务通达全球200多个国家和地区、国内2 800多个县、市,年业务规模超过210亿元,可为社会各界客户提供方便快捷、安全可靠的门到门速递物流服务,最大限度地满足客户和社会各界的多层次需求。

邮政物流业务是邮政速递物流业务中的主要业务,它伴随着我国邮政改革开放和经济发展,迅速成长起来。专业化改革后,围绕精益物流服务,确立了合同物流、供应链金融、货代和陆路快运四大块物流产品,是邮政企业在整合自身及社会各方资源的基础上,为满足社会需求,利用现代信息技术,将实物流、信息流和资金流进行有机整合,为客户提供的运输、仓储、搬运、包装、流通加工、配送、信息处理等服务。

一、邮政物流业务的管理体制

在邮政业务中,物流业务随着内外部环境的变化,体制性和机制性问题日益突出,严重制约了业务发展和市场竞争的能力,邮政物流业务的专业化改革和管理体制再次提上日程。

(一)邮政物流专业化改革的历程

以我国邮政体制改革为契机,物流业务的改革不断深化,2005年《邮政体制改革方案》出台,我国邮政体制改革工作,开始步入具体实施操作阶段;2006年,邮政行业正式实施了政企分开的改革。国家邮政局开始了积极稳妥的重组工作;2008年,中国邮政继续深化体制改革和机制创新,加快了邮政速递物流专业化经营改革的步伐,明确了邮政速递物流的发展目标和定位,从总部和省(区、市)两个层面推进专业总部整合和省市县一体化专业经营整合;2009年4月24日新《中华人民共和国邮政法》顺利通过,并于2009年10月1日起正式实施,为速递物流专业化改革奠定了法律基础;2009年12月29日,国务院正式批复关于邮政速递物流改革的报告,2009年7月14日,中国邮政速递物流专业完成总部整合,迈出了速递物流专业化经营改革,乃至中国邮政整体改革十分关键的一步。2010年6月10日,成立中国邮政速递物流股份有限公司。2010年6月29日,中国邮政速递物流股份有限公司隆重揭牌。中国邮政速递物流股份有限公司是中国邮政集团全资子公司,注资资本80亿元。

(二)物流业务的管理体制

在2007年邮政政企分开、2008年成立邮储银行之后,2009年邮政改革的重点是实施速递和物流业务的整合和专业化改革,成立中国速递物流公司,对各省、市要成立的邮政速递公司进行专业化管理。2008年开始中国邮政集团公司下属的一些省、市公司已经率先进行了速递、物流业务的整合工作,从2008年12月,云南、北京、宁夏先后宣布成立了邮政速递物流公司。对于用户来说,速递和物流两项业务可同时办理。

邮政物流业务的管理一般分为三个层次,即中国速递物流公司、省速递物流公司及地市速递物流公司。县级及以下经营单位成立速递物流经营部,隶属地市速递物流公司管理。

现代企业的管理趋向于扁平化,有些省份的速递物流公司实施了省、市、县一体化改革,全省的特快专递业务在同一个管理平台上经营,减少了管理和业务作业之间的层次,有利于对客户需求的满足。

二、邮政发展物流业务的 SWOT 分析

SWOT 分析方法是物流企业进行战略规划常用的战略分析方法,其中 S(Strength)——企业优势、W(Weakness)——企业劣势、O(Opportunity)——机会、T(Threat)——威胁。通过对邮政发展物流业务的 SWOT 分析,帮助邮政清楚地认识自身发展物流业务的优势、劣势、机会、威胁,从而选择出适合自身发展的战略。

（一）优势

1. 网络优势

邮政拥有覆盖全国、沟通城乡，集水、陆、空等多种运输方式和投递方式的集散型立体实物传递网；拥有全国联网的邮政金融网；邮政储蓄计算机网是全国最大的零售金融服务网。此外，邮政还拥有集图像、语音和数据传输功能为一体的邮政综合计算机网，形成了由绿卡网络、电子汇兑、网上支付、代理业务平台四大体系。信息网、物流网和金融网的融合，使信息、资金与物品能安全、快捷、高效地流动，实现了信息流、资金流和物流的合一。

2. 品牌优势

长期以来，邮政担负着为广大人民群众提供普遍服务的义务，在大众社会生活中扮演着非常重要的角色，树立了诚实可信的良好信誉和企业形象。进入电子商务时代后品牌效应将发挥更大的作用，企业信誉是用户选择物流企业服务时首先要考虑的问题。因此，"中国邮政"的服务品牌和信誉是邮政介入现代物流市场和发展物流业务的一大优势和资源。

3. 经验优势

邮政具有百年的大型、综合的网络组织管理经验，从国家邮政局到各大区、省、邮区中心局，已建立起一整套较为完善的、强有力的调度、管理体系，在收寄、分拣封发、运输、投递作业过程中，邮政掌握了传统物流配送运营经验，培养了一大批具有丰富实际经验的组织管理人员。这是全国邮政实物网运行畅通的保证，也为邮政发展物流业务提供了难得的作业经验。

4. 政策优势

国家已把信息化产业作为重点发展的支柱产业加以培养，邮政业作为信息化产业的一个部分，也得到了国家相关部门的大力支持和扶植，并将物流运输平台为第一内容的"电子邮政"列为国家电子商务示范工程。国家科学技术部立项开展了"邮政行业发展电子商务的模式研究"；原国家经贸委立项开展了"邮政物流中心处理技术"研究；原信息产业部同意中国邮政以"11183"为特服号开展计算机信息网络国际联网业务，以"11185"为特服号开展电话信息服务业务。国务院国办[2005]27号文件《邮政体制改革方案》中把"重点发展电子商务、现代物流等新业务，逐步向现代邮政业转变"作为调整邮政业务结构的首要措施。2005年、2006年、2007年连续三年中央一号文件中都明确地提出了"鼓励邮政系统开展直接为农民生产、生活服务的连锁配送业务"，随之，各省市相继出台了一系列支持邮政服务"三农"、开展连锁配送业务的政策办法，颁发了邮政物流经营资质、证照，为邮政物流业务发展提供了有利的政策环境。

（二）劣势

1. 管理体制滞后于物流发展

现代物流要求一体化管理、市场化运营，而目前邮政的体制是分环节管理，按专业经营，没有很好地形成全网的综合合力，结算体系条块分割，不利于企业整体运行效益的提高。

2. 个性化服务能力不足

邮政网是基于普遍服务的职能建立起来的，不能灵活选择最优路线以最快速度和最低成本配送物品，不能提供客户满意的最佳物流解决方案和个性化服务。而现代物流需要个性化的服务，在运递时间、服务内容上的要求可能千差万别，这需要邮政物流能够灵活应变，根据邮政自身的实力为客户设计可行的物流方案，并针对不同的客户提供不同的服务承诺。

3. 信息系统建设相对落后

首先，现代物流配送体系应当提供物品的全程实时跟踪查询以及收件人的电子签名，但是邮政综合计算机网还没有与合作伙伴实现系统对接,也没有收件人的电子签名,不能为物流客户提供完善的物品实时跟踪查询服务。

其次,物流配送过程中配送中心与上游生产企业和下游销售企业的信息链接、最优库存控制、货物组配方案、运输的最佳路线等都需要信息系统来提供决策支持,但是,目前中国邮政物流业务的流程管理还是基于人工,综合计算机网还未发挥应有的优势,物流信息系统中的客户关系管理系统、企业资源计划等也尚未建设。

4. 物流专业人才的缺乏

目前,邮政虽然员工众多,但人才整体素质不能适应邮政发展物流的需要,邮政缺乏从事物流专业的方案策划人员、信息管理人员、市场营销人员、运行调度人员和财务结算人员等大批专业技术人才和经营管理人才。高学历(大学本科以上)人才在员工总数中的比例严重失衡。

(三)机会

1. 物流市场潜力巨大

在 GDP 中,中国的物流成本为 17.8%。2014 年,中国 GDP 首破 60 万亿元达到 636 463 亿元,计算出的物流成本为 113 290 亿元,这的确是一个巨大的物流市场。

2. 物流技术、物流行业规范和物流标准化逐步完善

现代信息技术和自动化技术日新月异的发展为邮政高起点进入物流市场创造了机遇和条件。"物流术语"国家标准,为邮政发展现代物流业务从一开始就走上规范化的发展道路。降低因规范、标准的不一致而在市场竞争中落后甚至被淘汰的风险提供了条件。

3. 电子商务为邮政物流带来希望

2015 年我国电子商务市场规模达 16.2 万亿元,增长 21.2%,预计 2018 年将达到 27.5 万亿元的规模,电子商务市场开始步入产业成熟期。电子商务的发展离不开社会化的物流大配送,所以,电子商务为邮政物流配送市场带来了无限商机。

(四)威胁

1. 传统运输行业对中国邮政发展现代物流的威胁

近年来,铁路、交通、民航等传统运输行业都利用各自在运输、仓储以及长期积累的客户资源等方面优势,积极发展现代物流业务。

2. 国内外第三方物流企业迅速崛起

目前在我国现代物流市场竞争中比较有地位的第三方物流企业,如宝供、宅急送、中外运、华宇等,这些先进企业都有科学的管理机制,都在充分分析市场的前提下,在"低成本、差异化和专一经营"方面下足了功夫。美国联合包裹公司(UPS)、联邦快递(FedEx)等快递业的巨头在物流领域的发展定位都是作为专业化的"第三方物流"供应商进入物流领域。

三、邮政物流业务体系

速递物流业务整合后,速递物流业务是与邮务类业务、金融类业务并行的独立业务板块,其中物流业务是邮政速递物流业务中的一种,是邮政企业在整合自身和社会各方资源的基础上,为满足社会需求,利用现代信息技术,将实物流、信息流和资金流进行有机整合,为客户提供的运输、仓储、搬运、包装、流通加工、配送、信息处理等服务。主要包括合同物流、供应链金融、货代和陆路快运四大类别,下面重点介绍前两种业务。

（一）合同物流业务

合同物流业务是利用"三流合一"的优势，综合使用邮政集散网、邮政大网及整合社会资源，综合根据第三方物流市场定位的客户群体和重点行业，选择效益好、市场占有率高、物流量规模大且稳定的重点企业，开展两个功能（环节）以上的物流业务（合同物流业务）。合同物流按照运作范围可分为全国性合同物流和区域性合同物流。

作为邮政物流的核心业务，主要提供综合性、个性化的服务。重点面向高科技、汽配、快消品、医药、烟草、服装、冷链等行业大客户，以多批次、高时效、高附加值、小批量、小体积、小重量的物品为重点对象。根据客户需求，定制从订单处理、运输、配送，到库存管理、流通加工、信息服务、退货处理、代收货款的端到端的一体化物流解决方案，为客户提供实物流、信息流和资金流"三流合一"的供应链管理服务。

合同物流的客户标准包括以下四个方面：签署合同，且合同期在 1 年以上；客户信誉度高，物流总规模较大，预期年物流收入达到 100 万元以上；实现了规模投入、规模运作和规模收益，服务涉及多个环节；客户的成长性、营利性好。

目标客户可以概述为"450 客户"+"2 900 客户"，"450 客户"是集团公司经过对《财富》世界 500 强、《福布斯》全球 2 000 强和中国制造业 500 强的筛选，根据其在中国的经营情况，结合合同物流业务的目标行业，锁定千万元级的目标客户 450 家。由中邮总部与各省共同推进开发的目标客户。"2 900 客户"是指各省锁定的、年收入百万元级的省内合同物流项目目标客户。其中东部 9 省每省锁定 150 家，中部 10 省每省锁定 100 家，西部 11 省（不含西藏）每省锁定 50 家，共锁定 2 900 家百万元级目标客户。对于百万元级客户的开发，主要以各省为开发主体。

目标行业可以概括为"3+2+2"。3 为高科技、汽配和快消品；2 是医药和烟草；2 是服装和冷链。这 7 个行业是中邮合同物流业务的主要目标行业。中邮合同物流业务不同行业典型客户如图 10-1 所示。

图 10-1　中邮合同物流业务不同行业典型客户

（二）供应链金融业务

一个特定商品的供应链从原材料采购，到制成中间及最终产品，最后由销售网络把产品送到消费者手中，将供应商、制造商、分销商、零售商直到最终用户连成一个整体。在这个供应链中,竞争力较强、规模较大的核心企业因其强势地位,往往在交货、价格、账期等贸易条件方面对上下游配套企业要求苛刻,从而给这些企业造成了巨大的压力。

而上下游配套企业恰恰大多是中小企业,难以从银行融资,结果最后造成资金链十分紧张,整个供应链出现失衡。"供应链金融"最大的特点就是在供应链中寻找出一个大的核心企业,以核心企业为出发点,为供应链提供金融支持。

一方面,将资金有效注入处于相对弱势的上下游配套中小企业,解决中小企业融资难和供应链失衡的问题;另一方面,将银行信用融入上下游企业的购销行为,增强其商业信用,促进中小企业与核心企业建立长期战略协同关系,提升供应链的竞争能力。在"供应链金融"的融资模式下,处在供应链上的企业一旦获得银行的支持,资金这一"脐血"注入配套企业,也就等于进入了供应链,从而可以激活整个"链条"的运转;而且借助银行信用的支持,还为中小企业赢得了更多的商机。供应链金融业务三方合作示意图如图10-2所示。

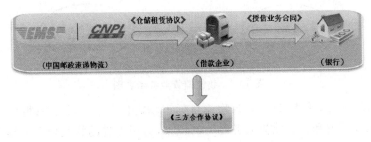

图 10-2 供应链金融业务三方合作示意图

供应链金融是商业银行根据产业特点,围绕供应链上核心企业,基于交易过程向核心企业和其上下游相关企业提供的综合金融服务。它目前是邮政速递物流公司物流业务板块中,增值性的新型业务,同时具有发展潜力大的特点。

供应链金融运作模式可以分为以下三种:
(1) 存货类:静态或动态抵质押监管模式
(2) 预付类:先票后货标准模式
(3) 应收类:保理类业务监管模式

供应链金融业务为物流企业延伸出物流监管业务。物流监管业务是物流企业和银行等金融机构合作,银行向客户提供金融服务,物流企业向客户提供物流服务,并在服务过程中,代理银行占有和管理抵质押物及其有关的单据、权利凭证,帮助银行控制风险的业务。

物流企业在整个过程中是监管,而不是担保。物流监管过程我们面临最大的问题就是风险。物流监管业务示意图如图10-3所示。

为了有效控制供应链金融业务风险,中国邮政速递物流集团公司以"分级管理、逐级审批"的原则,对开展该业务的省市公司提出相关控制措施,确保该业务风险得到有效控制。中国邮政速递物流自2009年开始开展物流融资监管业务,截至2014年9月,全国已有19个省份实现融资项目上线运作,累计开发监管项目409个,已与27个金融机构开展总对总、分对分合作。业务范围涵盖汽车、食用油、谷物、造纸、轮胎、板材等多个行业。

四、邮政物流业务的市场定位

根据对中国邮政物流进行市场细分,可以发现,目前邮政物流可按照不同的细分标准对其进行细分。如按服务对象或客户群体细分为大中型国有企业、知名"三资"企业、电子商务网站企业为主要服务对象;按物流活动可细分为生产物流、供应物流和销售物流;按照邮政物流涉足的行业细分为电子、医药、出版、汽车配件、高档消费品、烟草、电子商务等高附加值的行业等。

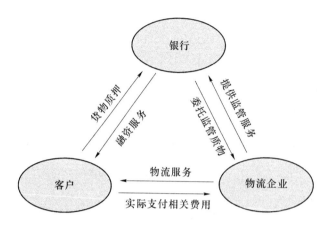

图 10-3　物流监管业务示意图

按照物流市场细分,总体来讲,邮政物流目标市场定位——专注于一些特定的行业,通过对行业知识的深入了解和行业物流服务经验的积累,运用先进的物流理念和技术手段,为客户提供定制的物流与供应链解决方案,实现一体化、精益化的物流服务。

(一)按照客户群体定位

邮政物流以国内外大中型制造企业、具有良好品牌的流通企业及电子商务企业为主要服务对象。这三类企业对高效的专业化、社会化物流服务的市场需求,将成为支撑国内邮政物流发展的主要市场基础。

(二)按照服务层次定位

以高层次物流市场为主,为社会提供精益化的物流服务。帮助客户整合其与供应商、贸易伙伴和用户之间的供应链,通过优化设计或对现有物流网络的重组,把客户的物流网络改造成为一个涵盖进货、仓储、出货、配送、退货、代收货款、信息跟踪与查询整个供应链的一体化的系统。

(三)按照服务方式定位

根据客户的要求,中国邮政物流可以采取灵活多样的服务方式,主要以签订物流服务协议为主,从部分区域、业务或产品入手,逐步为客户提供全方位的物流服务,形成长期的物流合作伙伴。

(四)按照市场对象定位

根据中国邮政实物投递网的特点,以及网络运行和客户服务经验,中国邮政物流应以高附加值、小体积、小重量、多批次、高时效的物品为主,同时根据客户的要求提供其他物品种类的物流服务。

高价值:主要包括电子元器件、汽车零配件、药品、图书音像制品、品牌日用消费品等,单位重量与体积的价值较高,物流服务的附加值也相应较高。

时效强:发挥中国邮政网络全、投递快捷的优势,提供快捷响应和及时送货等服务。

小包装:小包装物品可以充分利用中国邮政的投递网络进行末端配送服务。

(五) 按照物流活动定位

物流市场按物流活动可细分为生产物流、供应物流和销售物流。

对于生产物流,企业在商品制造过程中所涉及的仓储、保管等物流活动与生产过程紧密相关,一般由生产企业自己完成,邮政物流难以进入;对于销售物流,调查数据显示第三方执行的比例不断上升,呈现出社会分工趋势,社会需求正在不断扩大,产成品销售物流作为整个物流过程最后一个环节的活动,它涉及的不仅仅是单纯货物运输,而是面向批发商、零售商乃至消费者个人的 B2B、B2C 形式的物流配送。而在此领域,中国邮政具有绝非一朝一夕可以形成的遍及千家万户的网络基础,以及丰富的 B2C 模式的速递经验,这是邮政物流介入销售物流的优势所在。

以中国邮政的能力,目前在整个物流活动过程中的末端配送这一个环节上,邮政的优势不言而喻,应重点发展;远期可以逐步向企业供应链推进。

(六) 按照涉足的行业定位

按国务院发展研究中心对我国公众消费趋势和主要产业发展趋势的预测,文化类、电子类出版物及音像制品类以及通信器材类商品将成为消费热点;医药行业、通信产品制造业、纺织服务业将继续保持高速增长。中国仓储协会的有关调查也表明,食品、电子、日化、医药等行业在积极选择新的物流代理商。这些行业对现有的物流服务最不满意,选在新的物流服务商的意愿最高。同时,在广大的农村,农资市场的物流现状也亟待改进。

邮政物流涉足的行业,应以电子、医药、出版、汽车配件、高档消费品、烟草、电子商务、农资等高附加值的行业为主。

综上所述,中国邮政发展物流市场的总体定位是,作为一体化物流解决方案(第三方物流)和功能(环节)性物流服务提供商,以高层次物流服务市场为主,运用先进的物流理念和技术手段,遵循"从小做起、从简单做起"的原则,以国有大中型企业、知名"三资"企业,专业电子商务网站、邮政电子商务以及合适的农资企业为主要服务对象,以适应邮政运输的多批次、高时效、高附加值的小件物品为主要配送对象,为社会提供定制的、高层次、精益化的从生产厂家到批发商、零售商直至消费者个人的 B2B、B2C 模式的物流服务。

【阅读材料】

"宅急送"和"宝供"的物流市场定位

"宅急送"的企业发展战略——转基因型,这一成立于1994年的公司在当时中国现代物流观念还没有形成的时候,就立志于挑起中国快运追赶世界水平的目标,宅急送的理想是做中国的"宅急便",公司从成立到战略目标、市场定位、业务模式、网络结构等,都借鉴日本"宅急便"这个原型,甚至连品牌的名字"宅急送"也与原型只有一字之差,难怪有人称"宅急送"是"克隆"出来的产业。"宅急送"在中国的发展,是注入了日本"宅急便"的优良基因,并不断适应中国市场环境的新企业,同时它也不断吸收了像 UPS、联邦快递、中外运等先进企业的基因。这一模式的成功要点在于,企业发展战略要有前瞻性,在体制上、机制上确保战略目标的一致性。宝供的企业发展战略——进化型。宝供物流企业集团的发展战略可以概括为储运—物流—供应链的三变。在宝供发展初期,我国现代物流理念和环境还不成熟,宝供并没有明确的企业发展战略,对物流市场没有明确的定位,宝供的发展是一种摸着石头过河的方法,这种方法,使得宝供不知不觉懂物流,不知不觉搞物流。就是这样一种最普通的方法,造就了我国最成功的第三方物流企业,这种企业发展战略可以概括为进化型,这种模式的要点在于不断发现市场需求,适应市场变化,不断修正战略目标和市场定位,不断改进服务水平,形成竞争优势,达到顾客满意,以获取回报。

宅急送选择的市场定位是快速物流服务,即门到门快递服务,宅急送的定位是在公司成立之时确立的,当时中国的国内快递行业还是空白,中国邮政 EMS 业务只限于信函;其次选择这一定位是日本"宅急便"的实践证明。宅急送的定位体现了市场差异化的战略,这种战略定位为客户提供了与众不同的物流服务,同时由于竞争者少,成熟度低,使得企业以较低的成本进入这一领域,并有可能成为行业规则的制定者。宅急送在发展过程中,对物流服务市场进行了更为精确的定位,一是将客户群由零散客户向大客户转变,这是为了适应中国市场环境和政策、法规的转变;二是放弃国际快递高利润的诱惑,专攻国内快递,使得宅急送在发展初期得以与国际快递大鳄和平共处,共同发展。如果说宅急送的战略定位是"快",那么宝供的战略定位则是"准"。宝供的准时物流服务定位的选择是在宝供向现代物流企业转型中逐步确定的。由于宝供服务的企业大多集中在企业的生产、流通环节,其定位于企业供应链物流服务也是顺理成章的事。宝供从给宝洁当学生,到建立信息系统,再到建立物流基地,逐步体会到更准确、更敏捷、更及时、更高效的准时物流服务的精髓,宝供战略定位的变化自始至终都围绕着一个"准"字,从储运—物流—供应链,从货运代理—物流资源整合—物流资源一体化,这种变化源于对"准"字的不断认识、不断理解和不断实践。这样一系列的准确,就使得宝供必须组织所有资源来满足这一要求,而只有建立起一套基于信息系统的物流仓、储、运一体的,集商流、物流、信息流、资金流一体的现代化物流运作网络,才能在战略定位的差异化中取得竞争优势,从而连续保持中国第三方物流的领先地位。

五、邮政现代物流业务经营的基本理念和思路

(一)树立客户为中心的理念

树立以客户为中心的经营服务理念,按照现代物流的发展规律,通过调整、改造、优化自身生产作业系统和作业组织方式,满足不同客户的个性化需求,为客户提供安全、迅速、准确、方便、高效的物流服务。

(二)建立现代物流的运作模式

按照市场运行规律,建立适应大客户需要的运行机制和经营机制。运用现代物流理念和技术手段为客户提供定制化的物流服务,逐步发展成为企业供应链的参与者、策划者和整合者。在与客户结成"伙伴"式的供应链联盟同时,实现企业价值最大化与客户价值最大化的统一。

(三)形成中邮物流品牌

坚持以"中邮物流"品牌为核心,调动一切有利于邮政物流业务发展的积极因素,充分利用好国家集团公司给予的激励政策和全网核算、结算政策,努力发展一体化"精益物流"。

(四)确定目标市场

市场定位是以高层次物流市场为主,为社会提供精益化的物流服务(即"精益物流")。以

客户需求为中心,提供准时化服务,提供快速服务,提供低成本高效率服务,提供使顾客增值的服务。

目标市场可以从城市市场和农村市场两个方面进行分析。

1. 城市市场

(1)市场对象:以汽车(电子)零配件、医药用品、通信产品、高档日用消费品、图书出版物等小体积、小重量、多批次、高时效的物品为主。

(2)重点行业:以电子、医药、电信、化妆品、烟草、出版、汽车配件、服装、电子商务等高附加值行业为主。

(3)客户群体:以国内外大中型制造企业、高新技术企业、具有良好品牌的流通企业和电子商务企业为主。例如,电信(电子)设备制造商、电信运营商、医药制造(流通)企业、商业连锁企业、生产、经营高档服装及化妆品的知名企业等。

2. 农村市场

(1)市场对象:以科技含量高、高附加值的种子、液肥、农药等农资用品和生活日用消费品为主。

(2)重点行业:高附加值的农业生产资料、生活资料生产等行业。

(3)客户群体:国内(外)大、中型生产、经营农资用品的企业和科研院所及生活资料用品的企业。

六、邮政物流业务经营分析

邮政发展现代物流业务是企业的战略选择,是融合邮政优势、顺应市场需求、做强企业的重要业务之一,如何做好现代物流业务成为新课题。为了促进邮政物流的发展,有必要从业务发展状况、服务能力和对市场与客户评价三方面对邮政物流发展现状进行评估。

(一)邮政物流业务的发展现状分析

近年来,邮政物流整体发展保持了较快的增长速度,业务收入稳步提高。例如,2008年物流业务总收入达到37亿元,剔除分销业务收入(分销业务以前属于物流业务分类)达到28.5亿元,增长幅度为37.73%。但2009年前9个月的业务累计收入达273 346万元,为2008年收入的73.9%,同比增长率为9%,增速有所放缓。

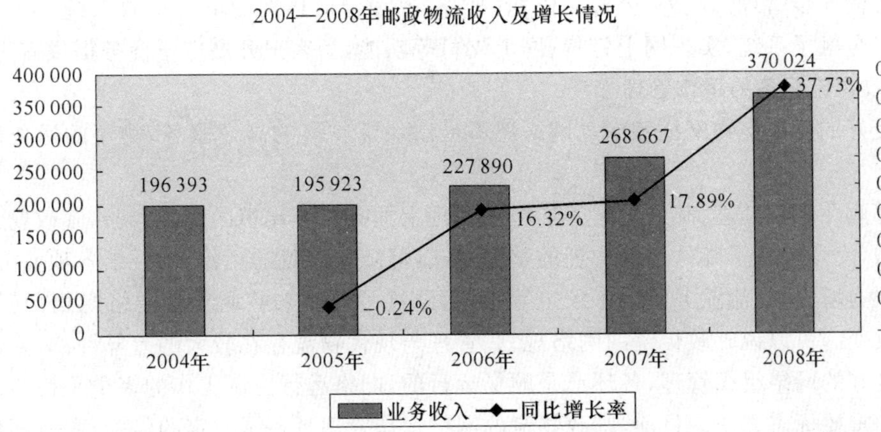

图 10-4 2004—2008年邮政物流收入及增长情况

(二)邮政物流服务能力分析

第三方物流企业的本质是为企业(客户)提供物流解决方案的,其服务能力应围绕市场的需求来建设与发展,应因客户而异,但其最核心能力是网络建设,这包括实物和信息的传递网络,还包括物流网的运作管理。

1. 邮政物流的实物运输网

中国邮政在全国大中城市建有 201 个较大规模的邮件处理中心,覆盖全国 2 800 多个县级以上城市。邮件处理场地 4 300 万平方米。经整合后,约有 300 万平方米的场地可以作为物流仓储库或物流集散中心。依托这些资源,中邮物流拥有中国覆盖最广、最全的物流运营网点来承担物流的处理、存储、配送等服务。实现了北京、上海、武汉、广州、成都、西安、沈阳 7 个一级分拨中心间门对门配送时限 36 小时,7 个一级分拨中心区内地市配送时限 48 小时,全国范围 72 小时的门到门配送服务。

为了进一步支撑邮政物流的发展,中国邮政先后组建了分别以北京、南京、广州(长沙)、成都、西安为中心的北方、华东、南方、西南、西北五大物流区域集散网,并通过京广、京哈、京沪、京乌和沪广五大行邮专列和干线邮路,将其连接成为统一指挥、统一运作,覆盖全国 31 个省(区、市)、300 多个地市、1 800 多个县的现代物流集散网络。集散网共计开通(利用)了 75 条一级干线邮路,并采取集中交换式网络结构,做到实物、信息运行同步,实物一票抵达,服务一站到位。中邮物流品牌得到进一步提升,核心竞争力进一步增强。中邮物流成为拥有规模覆盖全国,运行高效、安全,管理技术领先的全国性快货运输网络。

2. 邮政物流的信息网

中邮物流立足于与国际物流行业发展同步、接轨,并发建设了适合现代和未来物流企业发展需求的信息系统。中邮物流公司拥有覆盖全国主要城市的一体化物流信息系统(CNPL)。该系统可为业务受理、仓储、运输、跟踪查询等提供信息支持。其功能包括:以订单流为主线,实现对货物的全程跟踪与查询管理;业务受理支持电子形式(183 网站)及传统形式(11185 电话、传真等);可采用 XML、TXT、EXCEL 等数据格式与客户信息系统无缝对接,实现双方数据交换与共享;提供仓储的入库、出库、库存、移位、盘点、仓库预警等功能。

中邮物流结合中邮物流集散网的建设,开发了支持中邮快货业务的专用信息平台,通过订单输入、上行在途、中心处理、下行在途和投递反馈五种状态的信息管理,实现了快货业务实物流与信息流的同步管理。此外,公司还依托中国邮政综合信息网的电子邮政系统(网上支付、认证系统)、金融子系统,实现网上订货、网上支付等功能,为客户开展电子商务提供有力支撑。

3. 邮政物流服务的运作管理

拥有良好的物流实物网络和信息网络还不足以保证物流的高效服务,物流的运作流程也是关键点。

中国邮政在邮件处理、邮件运输等环节的管理上拥有无可比拟的管理经验,邮政物流在业务开办之初,完全继承了邮件运输管理的整套模式,但随着项目的运作,出现了各项业务交织,造成网运压力增大,物流业务时限不稳定等问题,经过了几年来的调整和网络规划,其管理模式也随之改变。可以说邮政传统的网络规划、管理与现代物流存在较大的差异性。

一个良好的网络组织管理,各环节是顺畅运行的,网络运行协调工作的多少是检验网络运行的好坏的重要标志之一。目前,邮政物流的网络运作管理具备了一定的经验,同时面对市场的种种需求,邮政物流的网络运作管理水平还需要进一步加强。

(三) 邮政物流业务的市场及客户分析

1. 邮政物流的市场分析

邮政物流根据自身特点和业务发展方向，面向着两个重要市场，即一体化合同物流市场、供应链金融，这两个市场又存在着邮政的优势细分市场。

其中，在一体化合同物流市场方面，以大客户营销为主要手段，目前在电子IT市场、医药市场、快速消费市场、汽车配件市场上已经开发了一些大客户，并建立了具有优势的物流服务项目的运作经验，在我国一体化合同物流市场上占据了较为重要的位置。这与邮政物流在成立之初的精准定位不无关系，特别是近年来对大客户的挖掘方面，取得了较大的成效。

数据显示，我国的一体化合同物流的市场容量在800亿元以上，市场广阔，涉及的物流服务多样。邮政物流在合同物流市场上还需要进一步通过树立品牌、提升客户满意度来扩大市场影响力，通过提供更便捷的物流综合服务和多样的个性化增值服务来扩大自身的竞争实力，开拓更广阔的市场，服务更多的行业领域，不断扩大业务规模。

2. 邮政物流的客户评价分析

物流客户对物流的评价主要依据的是物流质量和物流服务的个性化体现，物流企业只有站在客户的角度思考物流服务，才能获得真正的市场竞争优势，才能使客户满意，建立相互信任的客户关系，拥有忠诚的客户。

邮政物流在业务运作中，建立起较为完整的服务质量保障体系，包括时限、投递、信息、专项业务、综合服务五大方面的各项指标，通过指标监控物流服务的质量。

例如，对于合同物流客户，围绕客户的基本需求和个性化的要求，在合同中设定KPI指标，满足和保障客户对物流服务的关键需求，这些个性化的指标既是客户对邮政物流服务的要求，也是邮政物流核心能力的努力方向，促进邮政物流的积极发展，同时也不断满足客户，提高客户的满意度。这就要求邮政物流具备良好的物流服务能力和整合资源的能力。

3. 邮政物流的盈利能力评价分析

物流服务是一个长期过程，这就要求企业的投入有回报期，在竞争激烈的市场上，回报期或盈利周期相对较长。国外的物流企业在我国的物流市场上已经做好了长期亏损做市场的准备。

盈利能力是检验一个企业的竞争能力的重要指标，拥有广阔市场的物流行业目前正处于混乱竞争的局面，真正规范的第三方物流市场还未形成或正在形成，物流行业的振兴需要多方的努力。

邮政物流经过了几年的高速发展，在发展中扩大了业务规模，扩大了客户数量，提高了客户质量，树立了物流品牌，拥有了物流项目的运作经验，体现了新业务的市场适应力和强大的生命力，这充分说明邮政发展物流业务的准确定位。在竞争激烈的物流市场，选择业务规模还是利润是一个战略问题。

目前，邮政物流的多个项目运作充分体现了企业对于市场规模和盈利的考虑。如一体化合同物流业务，服务方案中充分的预算保障了该物流项目的基本利润（一般至少为10%），通过上述举措保证了一定的利润水平。

在广阔的市场前景下，以及当前的竞争环境下，业务的规模和业务的盈利是企业的战略抉择。通过优良的网络、精细化的管理，赢得客户信赖是关键所在，可以在业务规模和业务盈利水平间寻找平衡点,锁定客户。

第二节 邮政物流业务经营管理案例分析

【案例一】

中邮物流与某公司的物流合作

一、背景分析

某化妆品公司是全球知名的化妆品制造商,也是某国最大 500 家企业之一。自 1990 年进入中国以来,业务发展迅猛,到 2002 年已发展成为在全国各大中城市拥有 2 000 个专柜、5 000 多个专卖店,销售 1 000 余种产品,年销售收入 12 亿元的大型企业。

全球年销售额达 53.6 亿美元,通过 300 余万名独立营业代表和拓展中的零售渠道,向全球 137 个国家和地区的女性提供 2 万余种产品,在 45 个国家和地区有直接投资。1990 年,该化妆品企业(中国)有限公司进入中国,总部设在广州。该化妆品企业公司原有物流体系如图 10-5 所示。

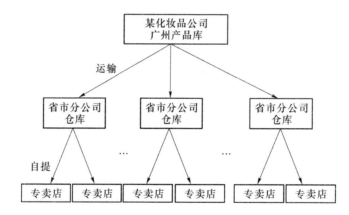

图 10-5 某化妆品企业公司原有物流体系

二、市场分析

在我国,化妆品市场潜力巨大,但随着国内市场的开放,行业间的竞争将更加激烈。在如此激烈的竞争环境下,某化妆品企业公司要想将品牌经营维护且最大化地延长品牌生命周期,就不是仅重视营销便能解决的,还必须要有一个高效的物流体系来支撑化妆品企业所关注的成本控制、运作效率、服务改善等一系列战略依托。目前化妆品市场已进入成熟期,销售物流的结构也逐步趋向扁平化,要求该化妆品企业公司与消费者有更直接、更快捷的沟通。化妆品的市场销售一切以消费者的满意为目标,这就要求产品要以最方便的途径让消费者购买,要求该化妆品企业公司要以快捷的速度对消费者的购买需求做出反应。随着该化妆品企业公司规模越来越大和品牌影响力的增加,对产品的辐射范围的深度和广度的要求也越来越大。化妆品企业之间在产品质量、价格方面的竞争潜力不断缩小,竞争的重点不断向物流环节转移。

三、物流体系的建立

2001年8月,中国邮政物流设备展期间,国家邮政局同该化妆品企业公司签订了物流合作框架协议,并进行一个月的测试。2002年招标会上,有七家物流公司参加竞标,邮政总分第一。

2002年起,中邮物流与该化妆品企业公司在产品的运输、仓储和配送方面进行全面合作。根据该化妆品公司从工厂到专卖店的产品直销模式,中邮物流与其一起重构了产品销售物流体系,并与该化妆品公司实现了信息系统对接,又开通了网上代收货款服务。使该化妆品企业公司项目成为集中体现中邮物流"三流合一"(三流即实物流、信息流和资金流)服务优势的成功案例(如图10-6、10-7、10-8所示)。

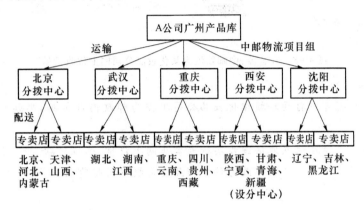

图10-6 实物流:中邮物流为某化妆品公司设计的配送网络

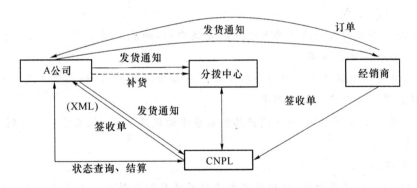

图10-7 信息流:中邮物流与某化妆品公司实现信息系统对接

随着合作的进一步加深,逐步形成了该化妆品公司现代物流体系,具体内容有以下几点。

1. 分拨中心的确定

该化妆品公司在广州、北京、上海、重庆、武汉、郑州、沈阳、西安建立八大分拨中心,并将北京、重庆、武汉分拨中心的仓储、配送业务委托给中国邮政。

2. 配送体系的建立

配送成本的分析,配送时间,货物在途信息的跟踪,货款的回收及服务可靠性的控制等。自该化妆品公司选取第三方物流供应商为其提供物流服务以来,该化妆品公司全国各个分公司的管理成本呈现下降趋势,同时改变了专卖店店主上门提货、长途车取货等配送方式,服务质量、水平明显提高。

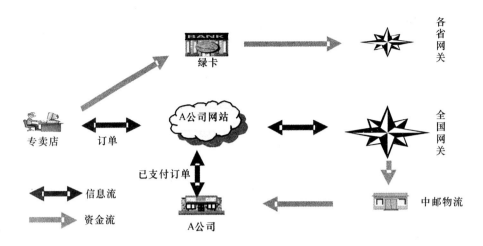

图 10-8　资金流：中邮物流为某化妆品公司网上代收货款

3．信息流与资金流

对接的信息系统可以自动转换该化妆品公司单据为邮政内部单据，邮政物流部门无须录入物流单据。

该化妆品公司已经在试点地区逐步实行专卖店网上订货、远程付款、将产品直接配送到专卖店的新型销售配送模式。中国邮政为该化妆品公司提供代收货款业务。

四、取得成效

中邮物流和该化妆品公司的合作可以说是共赢的，以下从两个方面来总结取得的成效。

（一）该化妆品公司

由77个省市分公司仓库减少为8个区域分拨中心，物流人员由600人减少到182人，降低了物流成本和物流资产占用。

将专卖店到仓库自提产品改为由分拨中心向专卖店配送产品，加上信息跟踪和网上代收货款，明显提高了对专卖店的服务水平。

各分公司专注于市场开拓，一年间产品销售量平均提高了45%，北京地区达到70%，市场份额不断扩大。

（二）中邮物流

物流业务量增加，仅华北区，该化妆品企业公司产品配货量由一年前的每天400多千克增至现在每天4吨。

物流服务能力提高，配送准时率、完好率达到99%以上，信息反馈率达到96%以上，客户满意率达到95%以上；实现了"三流合一"的一体化物流服务。

通过与世界知名企业的合作，锻炼了队伍，积累了经验，树立了第三方物流品牌形象。

案例分析

1．中国邮政与该化妆品公司的合作可以说是实现了共赢，请问在合作过程中体现中国邮政的哪些优势？

2．对于本案例中的化妆品企业这类大客户，中国邮政物流公司统一进行谈判和运营，请问这种管理模式有哪些优势？

【案例二】

某省邮政物流某公司汽车配件配送案例

一、市场背景

某汽车股份有限公司是一家合资公司。公司于1992年成立,1996年才开始投产,该公司投产后的汽车市场竞争已趋白热化,当时的国产轿车市场已被上汽大众与一汽捷达瓜分。

整车制造因产量不多,成本高居不下,销售额始终徘徊在1~2万台左右。要抢占轿车市场,降价销售是目前中国市场的一大绝招,降低制造成本已成为大势所趋。而物流成本的降低又是公认的最大可控空间,于是该公司于1998年提出了"零库存"概念,即要求全国近300个汽车配件协作商自建仓库,就近供货,取消原设的配件库存,2001年又提出取消中转库,要求供应商直接将配件送上轿车流水线。

在此市场背景下,外地轿车配件供应商要抢占该公司这一大客户,在物流运作上,就面临两个选择,一是自建仓库,增加人员设备,保证供货;二是选择物流伙伴,整体外包。

该市邮政敏锐地意识到这一发展契机,利用自身的地域优势、人员优势和信誉优势,该市邮局选择了某汽车配件中保险杠这一轻泡件作为切入点,开始了与该汽车公司和保险杠供应商之间的合作。

二、发展过程

1. 第一阶段

市邮政为了发展运输,开拓货运市场,把一些闲置的车辆集中,成立了邮政运输公司。发展之初,目标方向并不明确,有一车做一车,成本高、效率低,还浪费了大量的人力资源。1996年恰逢该公司开始试产,日产量不足100台,汽配的物流运输量还不大,并与该汽车公司有了第一次接触。

为了做好汽车保险杠运输,运输公司的车辆从7台增加到了15台,运能从30吨增加到近百吨,而当时的运输量为每月约60台次。该汽车公司有自己的仓库,市邮政运输公司只负责把保险杠从生产厂家运输到某仓库,每台车运输周期为5天。

2. 第二阶段

随着汽车产量的增加,物流成本也随着加大,为了降低成本,提高效率,轻装上阵,该汽车公司决定联合仓储货运一并整体外包。这对邮政来说是机遇同时也是挑战,机不可失,经过多轮谈判,邮政不但继续扩大该公司的配货运量,同时还承接了整体仓储服务。

经营仓储虽然运营成本提高了,但是以整体来看,仓储的租金、货物的中转,收入比单纯的运输还是增加的,更重要的一点,从现代物流的发展来看,仓储是物流生产链中不可缺少的一部分。

3. 第三阶段

随着汽车市场的竞争日益加剧,该公司汽车市场的不断扩展,其日产量到2000年已增加到日均400台,随之提出了"零库存"生产的概念,取消中转仓库,要求供应商直接将配件送上轿车流水线。

这又迫使该市邮政改变当前只局限于货运和仓储的运作模式,还要必须加入到该公司汽车的生产中去,成为该公司汽车生产链的一部分。真正开始了集运输、库管、配送、质量检测和反馈信息于一体的一条龙物流运输方式。

三、营销策略

（一）品牌策略

通过对竞争对手的分析，可以发现其优势是价格低，原因是充分利用各地返程车辆，而其劣势是没有一个整体的形象，信誉度不高，因此针对这些竞争对手，首先要充分利用邮政的品牌优势，对外展示统一的企业形象，统一的服务理念："迅速、准确、安全、方便、诚信"。

（二）服务策略

物流不仅仅是将货物安全准点送到，更重要的是要为客户提供一个良好的服务。在某种意义上，邮政物流的服务也代表了供方的形象，服务质量的好坏，直接影响到供需双方的经营活动。

（三）价格策略

价格是物流业务最敏感、最重要的一个环节。为了获得一个有竞争力、有说服力的价格，一方面，努力说服客户，好的品牌，优势的服务，必然也应有一个合理的价格；另一方面，对内实行灵活调度，尽可能地联系返程货物来降低成本；对外实行广泛合作，加强信息的沟通，与信誉好的大物流公司进行适当合作。这样一来，就可以给客户一个稳定合理的价格。

四、结论与分析

某省是汽车制造大省，这已经构成该省地方经济的一大特色。

跻身汽车行业物流，就面对一个巨大的市场，有了巨大的发展空间，也就有了更多的发展机会，这是邮政企业的市场机会。

案例分析

1. 该市邮政物流成功运作某公司汽车配件配送案例中哪些经验值得推广？
2. 该市邮政物流与该汽车公司的合作如何实现物流的基本效用（物流效用、空间效用等）？

【案例三】

开拓创新　另辟蹊径　向更高层次发展转型
——某市速递物流公司仓单质押业务营销案例

一、营销背景

随着物流行业列入2009—2011年国家十大产业调整和振兴规划后，其市场发展空间日益广阔，而其行业竞争也渐趋白热化，如何应对市场变化？以差异化经营方式获取市场优势地位已成为物流企业制胜的关键。为提升邮政物流差异化竞争能力，实现邮政物流业务向更高层次发展转型，某省邮政速递物流公司与该省信用担保股份有限公司达成战略合作协议，联合开展仓单质押业务，利用现代金融手段促进物流业务快速发展，以新的业务模式开辟了邮政物流发展的新天地。

二、营销过程

1. 领导营销，与县担保公司建立良好合作关系

县担保公司作为省信用担保公司的分支机构，负责各项工作的具体操作等事宜。邮政物流公司领导意识到，与县担保公司加强联系，建立良好合作关系是成功开发仓单质押业务的前提。为此该分公司总经理多次亲自登门与县担保公司进行联络沟通，了解该市有关企业的状

况,为仓单业务的开发打下了良好的基础。

2. 市场调查,寻找符合条件的合作企业

仓单质押是发展第三方物流的新形式,对业务管理要求极其严格,存在着一定的风险,用于质押的仓库物品必须具备易保管、价格稳定等条件。为寻找符合仓单质押业务开发条件的企业,该公司领导协同客户经理进行了市场调查,对该市规模较大的企业进行了筛选,把重点放在有融资需求且信誉度高的企业上,同时选择县信用担保公司推介的企业进行了重点跟进。

3. 反复论证,锁定最终目标客户

通过市场调查,该公司了解到该市某食品有限公司和某实业有限公司两家企业分别有1 500万元和300万元的融资需求,且两家企业多年来信誉度都很高。其中,该市某水产食品有限公司是一家以淡水鳗鱼养殖、加工、销售为一体的出口创汇型外商独资经营企业,投资总额1 500万美元,产品远销日本、美国、韩国、新加坡、东南亚等国家和地区,是省重点联系和扶持的龙头企业之一,并于2008年被农业部评为国家农业产业化龙头企业;该市某实业有限公司创建于1997年4月,拥有资产3 200万元,集建材批发、加工制作、汽车销售、汽车修配、客货运输、机动车辆检测、触摸屏研发生产等于一体的综合型企业,公司年营业额达到5亿元,多次被政府评为优秀企业。通过与县担保公司共同论证,最终把目标锁定在这两家企业上,食品有限公司以冷冻库藏的鳗鱼作为质押物,实业有限公司以库存的钢铁作为质押物,两家企业将不低于贷款额度250%的库存交邮政监管。

4. 感情营销,加大对客户的宣传推介力度

由于是首次开展仓单质押业务,客户对业务的认知程度不高,对邮政物流实施仓库监管的能力感到质疑并对收取监管费用的行为感到不理解。为此,该公司领导多次与食品有限公司和实业有限公司两家企业的老总及财务科长等"关键"人物沟通联络,反复宣传推介仓单业务的开展流程,强调邮政物流第三方企业参与仓单质押业务的必要性和可靠性,实施仓库监管必须付出相应的人工成本,同时还现场为客户演示了邮政仓储信息管理系统的应用。通过不懈的努力,客户被该公司领导和客户经理的诚意打动了,对邮政物流的仓库监管能力表示赞同,并认可了监管费用的支付,最终签订了动态质押监管合同和仓库保管安全协议。

三、营销成果

(1) 通过实施仓库监管,共实现监管收入9.6万元,其中食品有限公司8.5万元,实业有限公司仓库1.5万元,且资金到账及时,两家企业在邮政物流实施监管前将监管费用一次性付清。

(2) 进一步加强了邮政物流与企业的联系,带动了其他速递物流业务的发展。在仓单质押业务开展的基础上,该市邮政速递物流还与食品有限公司协商国际特快业务的合作,预计能实现国际特快收入10万元以上。

四、营销启示

1. 勇于创新,敢为人先是开发仓单质押业务的前提

该市邮政速递物流公司能充分抓住省邮政速递物流公司与省信用担保股份有限公司达成战略合作协议这一契机,转变观念,大胆创新,在没有现成经验和模式的情况下勇于摸索,成为第一个吃螃蟹的人,并实现了很好的经济效益。

2. 省速递物流公司领导的重视和指导是业务开发的基础

该市邮政速递物流公司在这次全省首例仓单业务开发的过程中,得到了省公司领导的高

度重视和支持,省公司领导多次亲临该市现场指导工作,与客户联络沟通,解决了一系列的问题。

3. 风险控制是业务开发的关键

仓单质押是发展第三方物流的新形式,对业务管理要求极其严格,业务管理得好,能够带来较好的经济效益并能够带动仓储、运输、配送及其他多种业务的发展;业务管理一旦出现问题,就会出现经营风险,甚至给企业带来较大的损失。业务开发过程中必须加强对业务的管理和风险防范研究,在项目选择上慎之又慎,在项目运营上强化管理,加强检查把关,确保安全运营。

案例分析

1. 该市邮政公司是如何进行仓单质押业务营销的?
2. 请总结案例成功的因素。

【案例四】

邮政拓展 IT 企业物流业务案例

某 IT 公司是一家著名的跨国公司,1999 年成为全球最大的 PC 电脑服务器供应商之一。20 世纪 90 年代初,该公司开始为亚太地区的商业、政府、大型机构和个人提供服务,1998 年 8 月该计算机公司进入中国,在某省设立"中国客户中心"(CCC),在生产、管理、营销、财务等各个方面都按照某模式运作,并于 2001 年 3 月获得 ISO9001(2000 版)和 ISO14001 认证。该 IT 公司在中国发展迅速,PC 电脑直销是其主营业务,据国际数据公司(IDC)2002 年第一季度的报告,以单位付运量计算,该计算机公司在 2002 年第一季度中国十大个人电脑供应商排名中位列第四,占有 4.3% 的市场份额。

该 IT 公司在中国地区的第一个物流服务商为大通公司,已合作三年。大通公司在 B2B 大规模运输方面积累了较丰富的经验,其核心产品及主营收入主要是提供港到港、仓到仓、点到点运输服务,虽然大通公司也提供 B2C 服务,但缺乏地面服务基础设施支撑及配送经验;另外,大通公司网络资源及配送能力在一些地区,特别是西南、西北地区,无法满足该公司的要求。因此,该 IT 公司有意寻找其他物流服务供应商。

中国邮政拥有遍布全国的营业、投递服务网点和运输网络,具备开展大型物流项目的良好资源。当中国邮政将发展的目光聚焦于现代物流服务时,该公司进入了中国邮政经营管理者的视野。

一、谈判

2000 年 7 月,国家邮政局与该 IT 公司中国总部管理层就中国邮政与该公司计算机(中国)有限公司的合作达成共识。2000 年 8 月底,邮政部门开始与该计算机公司进行接触,随后进行了七轮艰难的谈判。

1. 第一阶段

谈判初期,该 IT 公司的谈判代表对邮政的信息管理能力、财务能力(投资能力)、物流运作经验、仓储管理能力、质量管理系统(过程质量控制)、项目管理经验、递送经验等均抱怀疑态度。他们认为,邮政是传统的物流供应商,在为用户提供个性化、一揽子服务方面缺乏经验。针对这一情况,中国邮政谈判小组准备了大量资料,系统、详尽地向该公司介绍邮政从事大型物流项目的资源优势及所具备的管理能力和经验,通过多次沟通,消除障碍,使中国邮政作为现代物流服务提供商的身份逐步被该公司所接受。

2. 第二阶段

为提出一个合理的报价,中国邮政谈判组进行了大量调研,参照社会运输成本,结合邮政实际,同时详细研究该IT公司项目流程,终于于2000年12月底完成报价工作。

3. 第三阶段

据该IT公司要求,2001年1月该公司对广东邮政、厦门邮政的分拣中心、仓储中心进行了实地考察,并现场参观了邮政物流跟踪查询系统的现场演示,基本确定了双方合作事宜。随后中国邮政成立了该IT公司项目现场工作组,到该IT公司进行培训,并进行模拟运作。至此,中国邮政与该IT公司的合作正式开始,中国邮政成为该IT公司的第二个国内物流服务商,自2001年2月起,为该IT公司提供福建、广东两省的整机配送、特快专递、限时递、特殊项目物流配送等服务。

二、运作

由于与国内的大通公司在物流服务方面已经有三年的合作经验,因此,该IT公司对邮政物流服务提出了高标准的要求,包括准时投送率98%以上,信息反馈率100%;实行门到桌服务;预约派送;不得将破损、水湿及污染邮件送给客户;24小时派驻服务;尊重并善待客户等。其中很多指标是大通公司经过多年运作才达到的。为了满足该IT公司个性化、高品质的服务需求,中国邮政在充分借鉴国际大型物流服务提供商成熟运作经验的基础上,研究制定了计算机配送一揽子解决方案,对生产作业、配送时限、信息跟踪等作了明确的要求。

(一) 成立物流项目工作组

在某省某市成立中国该IT公司项目工作组(负责接收、封装与交运、信息录入及处理)和该IT公司邮件配送中心(负责缮制路单和发运),在该省其他八个地市成立该IT公司项目组,配备专人负责该IT公司邮件的接收、转发和邮件信息的录入及处理工作,并在进口量大的邮局成立专门投递小组,选派责任心强、综合业务素质高的人员负责投递。其中该IT公司项目现场工作组派驻该IT公司,以不同于邮政传统作业体制的运行机制组织该IT公司邮件配送。

(二) 提供全方位服务

提供24小时派驻服务。

对该IT公司邮件进行二次再分拨及二次包装。

接收该IT公司订单信息,并将相关数据登录上网、发布。

每天制订、调整运输计划,计算运输成本,以达到最佳配置,并严格符合该IT公司时限要求。

对该IT公司邮件的接收、运输、仓储管理、配送服务进行全过程的跟踪及监控,防止质量事故的发生。

为该IT公司物流管理部门提供完善的售后服务、解决客户投诉、提供整改报告。同时,对该公司的特殊需求及时反应。

每天提供POD报告,每月底提供库存报告。

解决突发事件。

与该 IT 公司物流部密切合作，争取更大合作空间。

(三) 提高配送质量

与正常邮件不同，该 IT 公司邮件全程运递实行另单另卸，在各作业环节严格文明作业，确保该 IT 邮件整体完好无损且外包装不受污染。此外，优化网络资源，在该省内该 IT 公司邮件的运输都以邮路运输的方式进行，省际运输则依靠多种方式完成，如图 10-9 所示。

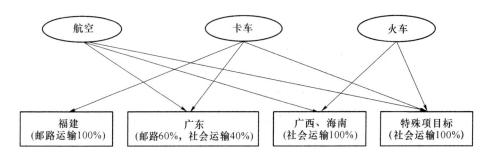

图 10-9　该计算机公司邮件的运输图示

(四) 该计算机公司邮件的运输

2001 年 2 月，该 IT 公司项目开展以来，邮政配送服务基本上达到了该公司的要求，其邮件投送及时率达 98% 以上，信息反馈率 100%。该公司对邮政的网络优势和配送能力也给予了肯定。经双方协商，2001 年 12 月 3 日该 IT 公司项目扩展到广西、海南两省；2002 年 3 月 28 日正式完成该 IT 公司与邮政的信息链接，并于 4 月 3 日开始运行，使该公司和中国邮政实现了物流信息一体化，同时也加强了对邮政配送该 IT 公司邮件过程的全面监控。2001 年该 IT 公司项目给邮政部门带来 514 万元收入。

案例分析

1. 若你是邮政负责人，你接下来还会做哪些工作来促进邮政 IT 业务的进一步开展？
2. 该 IT 公司项目成功运作的经验是什么？

【案例五】

某药品集团药品配送案例

一、背景资料

1. 客户背景

某药品集团成立于 1988 年，是天然药物、基因工程药物、合成药物、新型制剂研制的大型骨干制药企业，是国内实力最强的药物科研、中试、生产基地之一，先后被国家科技部评为实施火炬计划先进高新技术企业，被国家中医药管理局评为全国中药行业优秀企业，被列入全国重点高新技术企业及国家中成药重点企业，被某省人民政府列入省扩张型企业。

该集团具备胶囊剂、较胶囊、片剂、注射液、冻干粉针、口服液及颗粒剂等剂型生产能力，其中胶囊剂生产量 35 亿粒/年，片剂 40 亿片/年，注射液 8 000 万支/年，冻干粉针剂 300 万支/年，颗粒剂 100 吨/年，滴眼剂 1 000 万支/年，口服液 6 000 万支/年。2000 年该集团净产值达 14 亿元，实现利税 4 亿元。

2. 市场背景

该集团以其所属某医药有限公司为核心，在全国29个省、市、自治区设立了销售事务所（分公司），药品行销全国。销售事务所的运营建立在畅通的药品流通网络之上。流通渠道调度有序，才能尽快地把药品由销售事务所转移给最终的消费者。该药品集团药品分销渠道策略产生对高品质物流运输的需求，形成众多物流运输企业垂涎三尺的大蛋糕。许多非邮政货运公司，利用各种关系，想方设法介入该集团物流运输，取得长期合作的机会，因此导致市场竞争异常激烈。

二、运行前的营销及策略

1. 转变营销观念

提供优质的服务应当是邮政长期的课题。单靠等客上门的窗口服务已远不能满足社会的需求，要想在市场竞争中立于不败之地，除了强化窗口服务外，必须扩大营销队伍，主动走进市场，参与市场竞争。

2. 深刻领悟客户企业文化

深刻领悟客户企业文化，是商业社会中发展用户的敲门砖。在拜访客户时了解到，该药品集团秉承"致力于人类健康，培育药物研究、生产、营销的核心能力，成为世界一流制药企业"的宗旨，集团上下努力发扬"务实、创新、诚信、奉献"的精神，其企业宗旨和精神在发展轨迹中得到了充分的印证。由此认定，该客户重视效率，注重敬业精神和踏实的工作作风。邮政应从尊重客户企业文化开始，把握对方思维的脉搏，寻求业务拓展的突破口。

3. 深入分析竞争双方优、劣势

深入分析竞争双方优、劣势，争取客户时，才能有的放矢，开展有针对性的营销。针对该集团铺货面广的特点，邮政应着重突出独有的大网优势，使仅仅局限于各大城市、网络狭小的非邮政运货公司难以参与竞争或在竞争中处于尴尬境地，以赢得主动。

三、运行中的一体化物流配送方案

1. 交寄环节

推行业务经理（或业务员）派驻制。不仅要向客户提供优质服务，而且还要将优质服务的内涵和外延进一步拓展，以高速、有效的服务来吸引客户，满足客户的需要。为提高揽收效果，业务经理（或业务员）调整了工作方式，改变了以往按部就班的工作习惯，并向客户郑重承诺，保证按需服务，以求不放过每一个揽收的机会。结合该客户邮件发运的特点，承诺由邮局负责所有邮件单式的打印工作，为杜绝差错，同时提高工作效率，保证发运时限，临时调派人员突击打印各类单式，并且严把质量关。偶有所给地址不详的情况，业务人员充分调动主观能动性，也尽量想办法弥补，以保证邮件的顺利投递。

2. 仓储环节

运用邮政闲置库房周转客户交寄邮件，是该局为重点客户服务的双赢策略。首先，缓解客户仓储压力，降低客户的仓储成本；其次，通过货物的提前交接，可以缩短邮件的交寄周期，缓解大批量交寄邮件带来的邮件处理压力，有利于维护井然有序的生产秩序；同时，有利于提高运递时限，为客户渠道调度、市场竞争赢得先机。对特殊客户要采取特殊服务，尤其对大客户的服务，必须树立以用户为中心的思想，打破常规，根据客户的特点，为其提供个性化的服务，使客户产生信任感和效益感，从而接受业务。这种租借邮政场地作为仓库的做法，得到了双方的一致肯定。

3. 运输环节

运输环节是该药品集团药品一体化物流配送环节的重要一环,运输效果的好坏,直接关系到客户满意程度的高低。其中,邮件传递时限完成与否是直接关系到邮政物流运输质量和有效性的关键问题。该局作为"中国邮政"这个庞大第三方物流提供商的一个分支机构,及时与生产环节的邮件运输部门进行接洽和沟通,密切业务分工和合作,另外,派驻的业务人员执行"一竿子插到底"的服务方针,全权负责客户邮件的跟踪和查询,不忽略每一个质量保证环节。

4. 配送投递环节

为了确保药品配送及时到达该药品公司的各销售事务所,依据客户反馈信息,在由于客观原因出现延误、水湿或者破损的情况下,利用邮政 EMS 跟踪查询系统,提供优先快捷的邮件查询服务,及时跟踪了解妥投信息,确保投递及时准确,力求做到及时查询,合理解释和处理好善后工作。

四、运行管理

在合作伊始,该局认识到,邮政凭借百年品牌,在社会上享有良好的信誉,这是开展业务的优势,但同时,面临激烈的市场竞争,根据上级规定的优惠政策对大客户给予优惠,让利不让市场,扩大市场占有率。

在发展业务时,选择主攻方向,一切从客户利益出发,提供了一系列差别业务,满足客户多方面需求:批量邮件,选用直递包裹业务种类;时间要求不急的,建议选用普通包裹业务种类;急件或经济价值高的小包,建议客户使用特快业务种类。为客户精打细算的结果,赢得了客户单位上至领导下到普通员工的高度赞赏,时时处处为客户着想的营销意识和不懈努力,逐步赢得了客户的信任,不仅巩固了原有的老客户,而且众多的新客户又被老客户引荐进来,揽收渠道和营销效果得以不断拓宽和提高。

内部作业管理方面,对特大型客户实行派驻制,即针对一个大型客户,专人专车,提供代封、代填、代发、代投一条龙服务,业务人员由邮政派驻,随时掌握客户动态需求,并提供深度个性化服务。对每件邮件都尽力做到一丝不苟,对客户的每一次业务咨询都做到耐心详尽的解释。资金结算采用月结的形式,账单往来经由同一业务人员全权负责。同时,充分利用邮政全程全网搭建的网络平台、信息平台,做好网络协调和信息的跟踪与处理。

五、经营成果

1. 经营效果

1995年下半年,该药品集团开始试探性地将东北区药品配送交由邮局来做,随后相继把几个重要片区的药品寄递权交给邮政速递。为该集团做物品配送以来,它就一直是某分公司的大用户、重点客户。其年配送收入最高达到1000万元。对该药品集团的成功开发和维护,产生了"连锁"效应,通过客户销售部经理的引荐和介绍,邮政某分公司又相继与本地制药二厂等几大制药公司签订了邮件揽收合同。这是近年来成功开发的特大型客户的典型。

2. 资源整合

该药品集团药品配送,得到了各级领导的高度重视,开拓了经营思路,锻炼了该分公司上下沟通协调能力,为宝洁、雅芳等其他配送业务提供了有益的借鉴。

3. 经验教训

邮政有别于一般意义上的第三方物流提供商,作为传统的通信企业,邮政内部有着一套严密的收寄、分拣、封发、运输、投递业务流程,把邮政局(所)和邮路按一定方式组织起来,构成邮政实物传递网络。邮政物流建立在网络平台和业务平台之上,严格执行邮件规定的封装标准,但实际操作与企业规定存在一定的差距,急需明确直递物品的处理规则。这有别于纯粹的第三方物流提供商。需要在完善流通加工功能以及信息处理与信息反馈功能的基础上,确立适宜的配送中心地址、货物组配方案、运输的最佳途径、最优库存控制系统,从而提供一体化物流配送方案,实现从订货、订单汇总、到货接收、验货、分拣、储存、加工、包装、组配、装车、送货等一系列流程的再造。

案例分析

1. 中国邮政运作某药品集团公司项目的优势是什么?
2. 中国邮政为了这个项目做了哪些努力?
3. 一体化物流运作对于项目的成功起到哪些作用?

【案例六】

发挥邮政网络优势　抢占分销物流市场
——某省邮政分销物流案例

一、市场分析

(1) 市场调查。2001年某省的社会消费品零售总额近2 000亿元;城镇居民人均可支配收入5 267元,农民人均纯收入2 098元。

(2) 市场细分。针对城市和农村两大市场,瞄准农村市场,以种子配送为切入点,重点拓展农资市场、酒类市场和日用消费品市场等。

(3) 优势分析。该省邮政现有营业网点3 400多个,城乡投递员18 000人,发展农村业务代办员30 000多人;处理、转运、仓储等生产地110万平方米;该省邮政183网站已成为永不闭幕的"产品展销会";邮政金融计算机网络已连接全省所有市及部分发达乡镇共976个邮储网点。通过三年多的建设,形成了覆盖全省、沟通城乡、联系千家万户的物流配送网络平台,为发展邮政分销物流提供了强有力的能力和技术支撑。

(4) 市场定位。立足该省省情,以服务城乡居民生活,促进地方经济发展为宗旨,充分发挥邮政网络资源优势,针对城市居民和农民群众的不同需求,大力开拓农村和城市分销物流市场,打造邮政物流品牌,实现规模发展、规模效益。

二、营销策略

1. 种子配送——分销物流的切入点

(1) 该省是农业大省,种子需求量巨大。全省每年播种面积1.7亿亩,约需各类种子量为10亿千克。但长期以来,巨大的种子市场却被部分质劣、价高的假劣种子所困扰,加之一直存在着的对农技推广的棚架现象,农民群众渴望以低廉的价格、优质的服务、快捷的时限得到他们需要的良种。

(2) 寻求合作伙伴。省农科院是该省唯一的省级农业综合科研单位,该院有科研人员560人,其中博士31人,硕士85人,科研实力雄厚,每年都有30多项品种选育的科研成果问世。但如何把科技成果应用到农业生产实践中,成为农科院紧迫的重要任务。强强联合就成为服务农民的最佳方式。

(3) 组建"县邮政局—乡镇邮政支局(所)—村邮政代办点"的种子配送网络。依托邮政的网络和投递队伍的优势,在农业科研单位与广大农村的农民之间构建一条"良种搭邮车,科技送万家"的绿色通道,架起一座"农业科研向生产力转化"的致富桥梁。为农民提供种子配送,同时可以取得可观的经济效益,如果邮政每年配送种子量占全省的10%,配送手续费按包裹资费标准,则形成的业务收入为 10亿千克×10%×0.6元/千克=6 000万元。

(4) 制定办法,加强培训。种子这种商品具有特殊性。为保证种子配送健康发展,制定了《某省种子邮寄管理办法》(本办法也被当时的国家邮政局同时转发),加强和规范业务管理。要求对农民宣传要实事求是,不夸大功效;征订要代表供种单位与农民签订协议;配送要封样等。为了种子配送业务的持续发展,邮政部门与农业部门合作,加强对邮政种子配送业务员和农村业务推广员的农业科学知识、农业技术和邮政业务知识的培训,使其在发展邮政业务的同时,又成为一名合格的农业信息技术推广员,以此形成了以县局长为中心,乡镇邮政支局(所)长为组长,邮政投递员为纽带,连接农业信息技术推广员的"专家型"种子配送和农技服务队伍。在配送种子起步阶段,要求"村村有试验田,乡乡都有示范田"(已建试验田10 000余块),聘请农业专家做技术顾问,指导农民科学种植。

通过种子配送,为全省培养了一支善经营、会管理,既懂邮政业务,又熟悉农业技术知识和商业经营技巧的分销物流队伍,为邮政分销物流的全面、快速发展积累了经验,储备了宝贵的人力资源。

2. 营销宣传——分销物流的重要手段

通过有声有像的电视、有图有字的DM和报刊以及召开商品推介会,广泛宣传,提高邮政物流的信誉度和知名度并多次在《经济日报》《×省日报》《×省电视台》《中国邮政报》、《×省科技报》等新闻媒体进行报道,宣传邮政物流服务企业、振兴地方经济的效果,宣传邮政物流"科技下乡、服务'三农'"的意义。还主动请一些媒体为种子配送宣传出谋划策,正面宣传报道,介绍典型经验,共同把好的产品、农业技术推广普及到农村。强大的宣传攻势,为发展物流创造了良好的外部环境,同时也为争取各级政府的政策支持创造了条件。

3. 网络建设——分销物流的有力依托

在成功组织种子配送基础上,组建当时省邮政物流局,下辖18个市物流局,113个县(市)邮政局成立了物流营业部(县物流局),实行省、市两级管理,按专业化公司体制运作,向农村、城市两个物流市场推进。

在农村建立"省邮政物流局—市邮政物流局—县邮政物流营业部—乡镇邮政支局(所)—村物流业务代办点"的逐级辐射、五级联动的物流分销网络;全省2 331个乡镇支局(所)开办了物流分销业务,每个支局(所)所在乡镇的行政村,至少有1个物流业务代办点和1名物流业务代办员。乡镇支局(所)所辖的行政村通过投递网络、农村电话系统,由支局(所)定期向市、县局反馈营销及回款情况,明确规定了"市物流配送中心—县物流配送中心—支局配送站—村配送点"的信息流、物流、资金流的处理时限要求。对销售商品的业务收入,各乡镇邮政支局(所)统一利用邮政绿卡定期向县、市局划款。真正形成了集信息流、物流、资金流为一体的"三流合一"的农村邮政物流网络平台。

在城市建立"省物流配送中心—市物流配送中心—物流配送站—社区服务点"的同城物流配送网络,面向社会商业网点、团购等分销和配送日用生活必需品。利用"185"建成集信息受理、存储、整合、调度等功能为一体的物流配送信息平台,市区用户只要拨通"185"提出需求后,物流配送信息平台立即迅速准确地对信息进行处理,然后将数据传输到物流配送调度中心,调度中心再将信息反馈给距用户最近的配送站,配送员以最快的速度将用户所需的商品送到家。

全省初步形成了依托省邮政快速运递网运输、邮政绿卡支付、邮政"183"和"185"信息服务的城乡分销物流配送网络体系。

4. 打造品牌——分销物流的灵魂

"选择优良品种哪里去，邮政种子配送最满意"已成为农民的口头禅。通过与省农科院种子配送的成功合作，显示了邮政物流配送网络的强大实力，吸引了省内外众多企业。该生化有限公司生产的绿色肥料，自1982年推向市场后，一直销售不畅。2001年5月，该公司正式与该省邮政部门合作，利用邮政物流网络销售，全省农村销售覆盖面达到80%。某酒业集团自1996年起销量逐年下滑，尤其是2001年在对企业进行股份制改造后，仍未扭转经营困难的局面，自2002年1月25日开始与邮政合作至2002年2月8日，短短15天的时间里，就销售该品牌的酒5.3万件。该酒集团总经理把能搭上邮政的"经销快车"，看作是自己在任期间做的一件"利在当代，功在千秋"的大事。与邮政合作的企业还有该省某味精集团、省油脂公司、省鸿邮米业公司、上海福临门、西安荣氏集团、北京汇源公司等，其产品也都进入了邮政物流网络。

案例分析

1. 中国邮政运作分销物流的优势是什么？
2. 中国邮政针对农村市场提供这项物流服务有什么意义？

本 章 小 结

本章主要介绍了中国邮政物流业务专业化改革的历程和管理体制，中国邮政进军物流市场的SWOT分析，中国邮政物流业务体系和市场定位，邮政现代物流业务经营的基本理念和思路，邮政物流业务的经营分析。在此基础上，重点对一体化合同物流、中邮快货等业务的经营管理进行了详细的案例分析。

【阅读材料】

德国邮政启示录

中国邮政想要从德国邮政改革中得到启示的话，首先需要了解德国邮政改革过程中，在商业创新、管理创新和信息技术方面做了些什么。从1990年开始到2005年，德国邮政公司化经历了三个阶段。

重组和减亏阶段(1990—1997年)，在开始政企分离时，完全国有的德国邮政每年亏损达到4亿欧元之巨，而且服务态度极差，在社会上作为没有效率的公用事业案例而招致多方批评。在这样的状况下，德国邮政希望通过引入战略投资者或者上市融资几乎没有可能，要么只能采用低价格的方式出售资产。德国邮政通过管理层的积极组织和业务重组，在各家咨询公司的帮助下，实施了各种降低成本和进行改革的转型项目，安排和分流了10万名员工。1997年德国邮政第一次出现了两位数15亿欧元的盈利，为进入第二阶段打下基础。

购并转型和全球扩展阶段(1998—2000年)，德国邮政许多重大的行动是在这三年完成的。在2000年的整体上市中，德国联邦政府出售了25%的股权资产，获得了丰厚的回报；1998年动用7亿美元收购了快递巨头敦豪公司(DHL)25%的股权，并逐步通过增持控制了

DHL 股权,以此为平台打造全球物流业务;这个阶段前后,一共购并了不同地区和不同业务的公司达 30 多家(包括 AirExpress、Danzas 等著名品牌)。至此,德国邮政完成了全球布局和服务产品结构的调整,这个后起之秀开始直接挑战联合包裹服务公司(UPS)和联邦快递公司(FedEx)这两大巨头的全球地位。

  实现合并效果和整合后台阶段(2001—2005 年)。购并使得德国邮政从 30 万名员工成长为拥有 50 万名员工和超过 500 亿美元营业额的全球最大物流公司。如何管理这个迅速变大的巨人,打造新的公司文化和理念?如何通过销售网络的整合和品牌组合为客户提供全面服务?如何整合各家公司原有的后台应用系统、结合新技术实现供应链流程的无缝连接?为了迎接这三大挑战,德国邮政股份集团公司首席执行官(CEO)克劳斯·祖文克尔(Klaus Zumwinkel)和他的管理团队启动了名叫"星"(STAR)的整合工程,该计划花费 8 亿欧元的管理整合成本。

  2005 年,德国邮政股份集团公司的利润达到 30 亿欧元,标志着第三阶段整合任务的完成,业务增长重新回到了议事日程上。2005 年年底,德国邮政耗资 5 亿多欧元购并了英国物流巨头英运物流有限公司(ExelLLC),2006 年 9 月,获得了英国国家卫生服务管理署(NHS)下属医院未来十年中 320 亿欧元的采购和配送业务(包括 5 万多种品类)。这是一个标志性的变化,意味着德国邮政开始了转型战略的第四阶段:从竞争激烈的物流业务向利润更高的全球采购和外包服务领域转型,并且率先占据了重要的制高点,改变了行业规则。

  可以说,在这三个阶段,技术创新特别是信息技术的应用都为德国邮政的管理和业务转型提供了重要的贡献。比如在重组和扭亏的第一阶段,德国邮政应用新的大规模自动分拣技术建设了 83 个集中的邮件"分拣中心",替代了原来分散在全国的 1 000 个左右的分拣站。网络优化的结果是关闭了 1.6 万个分理处(占总数的 50%)之后,仍然要处理每天的 7 000 万邮件(包裹),管理 8 万辆运输车,1.3 万个分点,服务线路和任务的优化、车辆调度以及设施管理等都要求高性能的生产运营管理系统。德国邮政内部有一家软件公司,负责内部的解决方案开发,开发了大量适用的业务应用软件,在行业内颇有名气。

【综合练习】

1. 合同物流的业务体系是什么?
2. 合同物流的客户标准包括哪几个方面?
3. 合同物流的目标行业是什么?目标客户是什么?
4. 邮政经营现代物流业务的基本理念和思路是什么?

【案例分析】

某市邮政物流市场营销手段独到

  2003 年年初以来,某省邮政物流配送服务有限公司某市分公司通过整合内部资源,积极开拓区域物流业务,使区域物流月收入从开发初期的 5 万元跃至现在的 25 万元。该公司区域物流业务拥有 YCC 快货、航空货代、汽运货代、海运货代、批量直递和仓储、配送一体化物流等多个品牌,在当地物流市场地位举足轻重。那么,该市的邮政物流公司是如何做到这一步的呢?让我们来仔细看看。

一、快货业务拓市场,坚持"快货不打折"

为了抢占某市物流业务市场,2002年12月,某市邮政物流分公司利用某省局推出珠江三角九城市"当日交寄,当日投递"的快货业务的契机,打出"YCC快货,说到就到"的广告,通过邮车车体、报刊、电台等多渠道展开广告宣传攻势,大力宣传此业务价格低、时限短、服务好的优势,积极拓展区域物流业务,尤其是珠江三角物流业务。

YCC快货在某市推出之后,对该市物流市场产生了较大冲击。社会上各物流公司纷纷采取对策,从价格和服务等方面入手,通过各种手段,同YCC快货进行竞争。该市邮政物流公司积极应对变化,及时调整策略,成立了区域物流办公室,锁定电子、医药、服装等目标客户,坚持"快货不打折",以服务第一、品牌第一、盈利第二的原则,分区分片拓展市场,对重点大客户大力进行关系营销和方案营销,使YCC快货收入从月均几千元发展到月均6万元,快货业务量居全省三甲之列。

二、营销结构扁平化,降低运营成本

YCC快货是邮政全程全网的典型体现,线路完善,服务好,但成本相对较高。该公司认识到,在现阶段邮政运输能力有限的情况下,要想使物流业务快速、健康地发展,唯有整合社会资源,降低运营成本,才能提高竞争力,做大业务规模。为此,该公司利用社会运输资源,发挥邮政品牌等优势,积极开发运行成本相对较低、成交额较大的航空、汽运、海运等货代业务。

由于货代业务是利用社会资源运作,对外部的依赖性较强,合作线路的选择就显得尤为重要,原来的营销结构很难适应业务发展的需要。为确保业务的顺利发展和邮政物流品牌的塑造,该公司将营销结构扁平化,成立航空和海运、汽运项目组,采用专职营销为主,兼职营销为辅,利用社会资源参与营销,做到"市场专、竞争对手专、线路组织专"。半年来,该公司先后开发了丽珠、飞利浦、卡索等大客户的货代业务,每月创造业务收入10万元,推动了该市邮政区域物流的发展。

三、服务内容一体化,注重品牌塑造

直递业务是该局近年来发展较好的一项物流业务,此业务发展较为稳定,松下马达与东信和平就是该公司合作多年的老客户,每月有几万元的业务收入。在此基础上,该市YCC利用邮政品牌和网络优势等自身条件,积极给客户提供时限短、安全性高、贴身的个性化服务,拓展一体化物流市场。

一体化物流是该市邮政物流分公司新开发的物流项目,主要为客户提供仓储、配送一条龙服务。由于附加值和利润较高,是各物流公司的必争之地。为此,该公司出台一系列政策,与各综合分局联手,采取多种营销措施,使一体化物流业务从无到有,业务呈现跳跃式发展,不仅受到企业的欢迎,还得到政府部门的充分肯定。该公司最初为吉之岛百货提供仓储、配送服务,在积累经验的同时,树起了邮政一体化物流品牌,引起了该市各大企业的注意,飞利浦、丽珠、华光等客户,纷纷把一些区域物流业务交给该公司来做。

该市邮政一体化物流的快速、健康发展,也引起了政府有关部门的关注。该市外经贸局在对物流市场进行详细考察后,两次主动将该公司定为该市企业赴埃及和印度参加博览会的产品的国内运输商,该公司均圆满地完成了任务,受到政府部门的赞扬,并在本地树立了邮政物流服务的品牌。

思考题

1. 什么是一体化物流?其特点是什么?
2. 试述该邮政物流公司在物流业务的开发中采取了哪些营销手段?

参考文献

1. 赵轶,韩建东.市场调查与预测.北京:清华大学出版社,2007.
2. 程宏伟.企业综合经营分析.成都:西南财经大学出版社,2008.
3. 王观锠.邮政商函业务与市场开发.北京:人民邮电出版社,2009.
4. 赵栓亮,陈军须.邮政业务与管理.天津:天津大学出版社,2010.
5. 黄志平.电子商务管理案例分析.武汉:武汉理工大学出版社,2006.
6. 黄健康.企业电子商务管理与战略.南京:东南大学出版社,2004.
7. 吴清烈.电子商务管理.北京:机械工业出版社,2009.
8. 骆念蓓.电子商务管理.北京:对外经济贸易大学出版社,2009.
9. 邹昭晞.企业战略分析.北京:经济管理出版社,2002.